ENCYCLOPÉDIE INDUSTRIELLE
Publiée par M. C. LECHALAS, Insp. général des Ponts et Chaussées en retraite

ASSOCIATIONS OUVRIÈRES

ET

ASSOCIATIONS PATRONALES

PAR

P. HUBERT-VALLEROUX

AVOCAT A LA COUR DE PARIS, DOCTEUR EN DROIT

Cet ouvrage a obtenu le premier prix au
CONCOURS DE CHAMBRUN (1898)

PARIS

GAUTHIER-VILLARS, IMPRIMEUR-LIBRAIRE
DE L'ÉCOLE POLYTECHNIQUE, DU BUREAU DES LONGITUDES, ETC.
55, quai des Grands-Augustins

LES ASSOCIATIONS OUVRIÈRES

ET

LES ASSOCIATIONS PATRONALES

ENCYCLOPÉDIE INDUSTRIELLE
Fondée par M.-C. Lechalas, Insp^r général des Ponts et Chaussées en retraite

LES ASSOCIATIONS OUVRIÈRES

ET

LES ASSOCIATIONS PATRONALES

PAR

P. HUBERT-VALLEROUX

AVOCAT A LA COUR DE PARIS, DOCTEUR EN DROIT

Cet ouvrage a obtenu le premier prix au
CONCOURS DE CHAMBRUN (1898)

PARIS

GAUTHIER-VILLARS, IMPRIMEUR-LIBRAIRE

DE L'ÉCOLE POLYTECHNIQUE, DU BUREAU DES LONGITUDES, ETC.

55, quai des Grands-Augustins

1899

AVANT-PROPOS

Le travail qui suit a obtenu le premier prix dans le concours ouvert au Musée Social en 1897 par M. le comte de Chambrun. Voici du reste quelques extraits du rapport sur ce concours fait par M. Lyon-Caen, membre de l'Institut, professeur à la Faculté de droit de Paris.

Mesdames et Messieurs,

M. le comte de Chambrun continue sans interruption le cours de ses actes de haute générosité. En 1895, il avait donné au Musée Social une somme de 25.000 francs pour ouvrir un concours sur la *Participation aux Bénéfices*.

Au début de 1896, M. le comte de Chambrun a de nouveau mis une somme de 25.000 francs à la disposition du Musée Social pour un second concours sur les *Associations ouvrières et patronales*.

Les mémoires devaient être déposés au plus tard le 31 décembre 1897. Les concurrents avaient ainsi environ deux ans pour composer leurs travaux. Ce n'était certainement pas un délai trop long ; le sujet est d'une étendue si considérable que plusieurs de ses parties auraient pu facilement, peut-être avec avantage, donner lieu à des concours distincts.

Le haut intérêt de ce vaste sujet et l'importance du prix, dont la valeur dépasse celle de la plupart des prix de l'Institut, ont contribué à attirer de nombreux concurrents : 19 mémoires, dont plusieurs ont une étendue de plus de 500 pages, et dont l'un en dépasse 1.600, ont été déposés.

M. le comte de Chambrun, d'accord avec le Comité de Direction du Musée Social, a constitué un jury de onze membres, présidé par M. Jules Siegfried, sénateur, ancien ministre du Commerce, et composé de personnes qui, par leurs occupations ou par leurs études, ont paru spécialement au courant des questions économiques, financières, juridiques ou morales concernant les associations ouvrières et patronales.

Après avoir examiné successivement les divers mémoires le rapporteur continue :

A une assez notable distance du mémoire de M. Merlin, le jury place au premier rang le mémoire n° 3. Il se compose de 807 pages manuscrites. L'auteur en est M. Hubert-Valleroux, avocat à la Cour d'appel de Paris, vice-président de la Société de législation comparée. Le jury lui accorde un prix de 12.000 francs.

M. Paul Hubert-Valleroux a mieux compris le sujet que tous les autres concurrents ; il a bien aperçu qu'il ne s'agissait pas simplement de présenter un tableau des faits, mais qu'il fallait les soumettre à une critique sérieuse et indiquer, autant que possible, les réformes à faire, les usages ou les pratiques à modifier.

Dans une préface à la fois courte et substantielle, M. Hubert-Valleroux, après avoir établi cette vérité d'évidence que, si l'association est utile à tous, elle est surtout indispensable aux faibles, divise en trois catégories, en s'attachant à leur but, les associations dont il doit s'occuper. Il y a d'abord celles qui tendent à augmenter les gains des travailleurs ou à améliorer les conditions du travail ; ce sont principalement les sociétés coopératives de production. Mais ces associations ne peuvent pas s'appliquer aux ouvriers de la grande industrie. Cependant ceux-ci ont intérêt à s'associer ; ils peuvent ainsi débattre avec plus de force et de chance de succès les conditions du louage de services. C'est là le but principal des syndicats professionnels d'ouvriers. Du reste, les patrons eux-mêmes et les agriculteurs forment des associations analogues pour la défense de leurs intérêts collectifs.

Les ouvriers, et surtout les petits patrons, ont besoin de matières premières et d'outils ; pour s'en procurer, il leur faut recourir à des emprunts ou à l'escompte. Les sociétés coopératives de crédit, les banques populaires urbaines et rurales peuvent leur donner satisfaction à des conditions moins onéreuses que les banquiers ou les établissements de crédit.

Mais il n'est pas toujours aisé d'arriver à augmenter son gain, il faut souvent se borner à restreindre ses dépenses, à faire des économies. Les sociétés coopératives de consommation permettent aux ouvriers et même, en général, aux personnes de toutes les conditions, d'atteindre ce but. — L'habitation est un grand souci pour les ouvriers peu aisés des villes. Il y a là, pour eux, une dépense importante ; de plus, les habitations sont souvent insalubres et insuffisantes, au grand détriment de la santé et des mœurs. Les sociétés coopératives de construction se forment dans le but de construire des habitations salubres et d'un prix abordable pour tous.

A côté des besoins quotidiens de l'existence, les ouvriers doivent songer aux besoins extraordinaires et imprévus que certains événements, la maladie, les accidents industriels, la vieillesse, la mort, pourront faire naître pour eux ou pour leurs familles. L'association peut parer à ces maux ou les restreindre. C'est le but des sociétés de secours mutuels et des diverses associations d'assurances mutuelles.

L'auteur, convaincu avec raison que les organisateurs du concours se sont proposé avant tout un but pratique, annonce qu'il s'efforcera de montrer l'utilité de chaque genre d'association, d'exposer la voie à suivre pour en tirer le meilleur parti, de signaler les écueils à éviter pour ne pas aller au devant d'échecs désastreux.

M. Hubert-Valleroux ne reconnaît aux chiffres qu'une importance secondaire. Aussi ne s'est-il pas proposé de donner des statistiques complètes. Enfin, de propos délibéré, il consacre son travail avant tout aux associations françaises et ne s'occupe des pays étrangers que pour y trouver des comparaisons curieuses ou des exemples utiles.

Après avoir indiqué ainsi, dans sa préface, la méthode générale qu'il suivra, l'auteur traite dans trois parties distinctes de chacune des trois classes d'associations qu'il a distinguées et, à propos de chacune, en se fondant plus sur les faits que sur des raisonnements théoriques, il montre comment les associations se constituent, comment elles fonctionnent, quels échecs certaines d'entre elles ont subis dans le passé, quels succès elles ont obtenus, quelles ont été, selon lui, les causes de ces échecs ou de ces succès et, par suite, ce qu'on doit faire pour échapper aux premiers, pour obtenir les seconds.

Par exemple, il croit trouver les causes des échecs des sociétés coopératives de production, spécialement de celles qui ont été constituées en France en 1848, dans l'exagération des sommes distribuées à titre de bénéfices ou de salaires aux associés et dans l'intrusion des préoccupations politiques.

Du reste, M. Hubert-Valleroux ne croit pas que la coopération de production soit destinée à remplacer le salariat. Outre que les ouvriers n'ont pas tous les qualités morales et l'expérience commerciale nécessaires, beaucoup préféreront toujours un salaire fixe et certain aux risques d'une entreprise commerciale ou industrielle. Mais, du moins, les sociétés coopératives de production peuvent contribuer à améliorer le sort d'un certain nombre de travailleurs formant une sorte d'élite par leurs qualités morales et professionnelles et à faire une féconde propagande contre le collectivisme, en montrant aux membres de ces sociétés les avantages que présente l'appropriation individuelle du capital.

Arrivant aux syndicats professionnels dont il fait l'historique, comme, du reste, de chacune des espèces d'associations qu'il étudie, M. Hubert-Valleroux jette un coup d'œil sur le trade-unionisme anglais. Il distingue, pour la France, les différentes espèces de syndicats et, parmi elles, les syndicats mixtes ont toutes ses préférences. Aussi en regrette-t-il le petit nombre. Il constate le caractère quelque peu confessionnel de quelques-uns ; mais ce caractère n'est pas fait pour lui déplaire.

Trop souvent les syndicats ont porté atteinte à la liberté du travail. Ce sont là des abus qui ne prouvent pas contre l'institution elle-même. Il importerait, pour les restreindre, de consacrer le droit de dissoudre les syndicats qui les commettent et de reconnaître la responsabilité personnelle des syndiqués envers les personnes lésées par les agissements de ces associations qui, généralement, n'ont qu'un capital très restreint.

Il est regrettable qu'à propos des syndicats professionnels, M. Hubert-Valleroux n'ait pas abordé et traité avec les développements qu'elle comporte la question des syndicats obligatoires. Les tendances de l'auteur, qui est adversaire résolu de l'intervention de l'État dans les relations entre patrons et ouvriers, doivent faire supposer qu'il ne réclame pas ce retour au moins partiel aux institutions d'un autre âge.

A propos des syndicats agricoles, M. Hubert-Valleroux montre bien la transformation profonde qui peu à peu se fait dans nos campagnes depuis que, grâce à la loi de 1884, les agriculteurs ne vivent plus à l'état d'isolement. Mais, malgré la similitude des noms, les syndicats agricoles diffèrent profondément des syndicats professionnels de l'industrie. Dans les campagnes, il n'y a guère d'antagonisme entre les ouvriers et les patrons qui sont les propriétaires ruraux ; les ouvriers sont souvent propriétaires eux-mêmes et, en fait, les syndicats agricoles ne comprennent ainsi que des propriétaires.

La première partie du mémoire se termine par quelques pages relatives aux sociétés de crédit mutuel urbaines et rurales. Cette partie est un peu écourtée, elle ne fait pas connaître d'une façon complète la situation ni de la France ni de l'Italie, au point de vue du développement de ce genre de sociétés.

La seconde partie, consacrée aux sociétés ayant un but d'économie, telles que les sociétés coopératives de consommation et d'habitations à bon marché, est, au contraire, très complète. Elle est remplie de notions pratiques telles, qu'on doit présumer que l'auteur s'est livré à des observations personnelles et a été quelque peu mêlé au mouvement coopératif.

Après avoir réfuté les objections dirigées souvent contre les sociétés de consommation, il en fait ressortir très nettement les avantages multiples. Outre qu'elles permettent de se procurer à meilleur marché les divers objets nécessaires à la vie, elles rendent les fraudes pratiquées au préjudice des consommateurs plus rares, et donnent à leurs membres des habitudes d'épargne dont les effets moraux sont des plus salutaires.

Mais longtemps s'écoulera encore avant que le mouvement coopératif ait atteint en France l'extension qu'il a reçue en Angleterre, et jusqu'ici, nos sociétés de consommation françaises n'ont pas réalisé les bénéfices nécessaires pour pouvoir les consacrer, comme beaucoup de leurs sœurs anglaises, à

l'acquisition d'immeubles et à la diffusion de l'instruction.
Tout au plus, en France, ces bénéfices sont-ils parfois employés à la constitution de quelques modestes pensions de
retraite.

Du reste, en se proposant un but trop élevé, les sociétés de
consommation risquent de préparer leur ruine, Elles ne sauraient devenir un instrument de transformation complète de
notre organisation sociale.

Dans la troisième partie, les sociétés de secours mutuels et
les diverses associations d'assurances mutuelles, spécialement
celles qui ont pour but de prévenir ou de réparer les accidents
du travail, sont successivement passées en revue. C'est sur les
sociétés de secours mutuels que l'auteur s'arrête surtout, et il
n'omet aucune des questions importantes concernant leur organisation et leur fonctionnement. Il réclame notamment pour
ces sociétés une plus grande liberté et souhaiterait que, sans
faire aucune distinction entre les différentes espèces de sociétés de secours mutuels, toutes fussent investies d'une person-
nalité civile suffisante pour qu'elles eussent la capacité d'acquérir même des immeubles. Il voudrait aussi qu'on leur accordât la liberté du placement de leurs fonds. Il reconnaît que
les cotisations sont souvent trop faibles pour permettre à ces
sociétés de donner des secours suffisants. Mais, selon lui, les
ouvriers auraient facilement les ressources nécessaires pour
supporter des cotisations plus fortes si les habitudes de tem-
pérance étaient plus répandues parmi eux. Il préfère un petit nombre de sociétés de secours mutuels, comprenant chacune beaucoup de membres, à une grande quantité de petites
sociétés, et souhaite que la mutualité s'étende aux campagnes,
où jusqu'ici elle semble exister à peine.

Sans doute, il y a pour les associations de prévoyance et
d'assistance des périls divers. Mais, selon l'auteur, le plus
grand de tous est celui qui pourrait résulter d'une intervention exagérée de l'État. Les individus ne songent pas à être
prévoyants quand ils peuvent compter que l'État est là pour
suppléer à leur manque de prévoyance.

En définitive, on ne peut guère faire de cet excellent travail
que trois critiques : les chiffres indiqués ne sont pas toujours

pris dans les statistiques les plus récentes ; les quelques pages consacrées aux sociétés coopératives de crédit ne donnent pas, nous l'avons dit, une idée complète de l'état de développement de ces sociétés, et l'auteur a peut-être passé un peu rapidement sur les renseignements concernant les pays étrangers. Ce sont là de légers défauts qu'il sera facile de corriger. Le jour où M. Hubert-Valleroux aura pris soin de les faire disparaître, son mémoire pourra être très utilement publié ; il lui fera le plus grand honneur ; ce sera le meilleur ouvrage général que nous ayons sur l'ensemble des associations ouvrières et patronales.

Pour donner satisfaction aux critiques contenues dans le rapport les chiffres portés dans le mémoire ont été remplacés par les plus récents existant au moment de l'impression de ce volume. Il a été ajouté un chapitre sur les *Syndicats obligatoires* et la partie concernant les sociétés de crédit mutuel a été développée ; on y trouvera notamment plus d'indications sur les sociétés étrangères que le mémoire n'en contenait ; l'étendue de l'ouvrage s'en trouvera augmentée.

Outre ces changements apportés au mémoire, il y a été fait quelques additions ou corrections de détail, par exemple à raison de la loi sur les sociétés de secours mutuels votée en 1898 ou de quelques autres faits survenus depuis que le mémoire avait été déposé. Toutefois, aucune de ces corrections ou modifications ne touche à l'essentiel du travail ; c'est bien au fond le mémoire couronné qui sera sous les yeux des lecteurs.

PRÉFACE

Raison d'être de l'association. — On dirait volontiers de l'association qu'elle est l'arme des faibles, si ce n'était la trop rabaisser ; combien d'œuvres, en effet, que l'homme le plus opulent, le plus érudit, le plus habile ne peut accomplir seul ? Quel riche particulier aurait pu construire les grandes voies ferrées, percer l'isthme de Suez ? Quel savant pourrait faire le travail d'une de nos sociétés littéraires, scientifiques, juridiques ? Son temps et ses moyens sont limités et il est toujours sous le coup de l'un de ces accidents qui arrêtent ou abrègent la vie humaine. *Væ soli !* dit l'Ecriture ; que l'homme se souvienne qu'il n'a pas été créé en solitude et que ce n'est pas sans dessein que la Providence a fait les nations et a voulu que la terre se peuplât.

Si l'association sert à tous les hommes, sauf peut-être à quelques génies rares qui se peuvent suffire sans s'appuyer sur autrui, il est assuré qu'elle est surtout utile à ceux qui ont individuellement peu de forces, peu de connaissances, peu de ressources et que ce sont ceux-là surtout qui doivent tendre à s'associer. Ils le doivent d'autant plus que dans notre société moderne, les hommes quoique rapprochés en fait, sont légalement très isolés. Les fortes compagnies : associations de métiers, confréries charitables, groupes de paroisses ou de quartiers qui les unissaient jadis n'existent plus et n'ont pas été remplacées ; seules les associations volontaires peuvent compenser aujourd'hui leur faiblesse.

Pour nos ouvriers, pour nos paysans qui manquent de capitaux, d'instruction souvent ; que la maladie, les accidents, la mort prématurée menacent sans cesse, l'association est indispensable, car c'est par elle qu'ils peuvent obtenir des résultats qu'ils n'obtiendraient jamais en restant isolés et conjurer dans la mesure du possible pour eux et pour leurs familles les rigueurs de la vie.

L'association toutefois n'est qu'un moyen, qu'un instrument, elle n'est pas une fin, elle a par suite des buts très divers et doit prendre des formes très variées ; ce sont ces formes qu'il faut étudier en li-

mitant la présente étude au but marqué par le programme, à savoir :
les associations d'ouvriers, soit urbains, soit ruraux et associations
non d'ouvriers salariés seulement, mais aussi d'artisans et de cultivateurs travaillant à leur compte et ensuite les associations de patrons. Quant à l'ordre à observer dans un sujet si vaste, voici celui
que je prétends suivre :

Ordre du présent travail. — Le premier souci de l'ouvrier est d'ordinaire de tirer de son travail le meilleur parti, et on gagne plus en
travaillant à son compte qu'en travaillant comme salarié pour autrui.
Mais il faut pour s'établir des ressources, une capacité spéciale ; la
difficulté est moindre en se mettant à plusieurs : on forme plus facilement et plus vite un capital, on peut mieux utiliser les capacités
diverses, on se soutient mutuellement dans les moments difficiles,
on ne faiblit pas tous ensemble. Il y a là une première sorte d'association qui a reçu de l'usage le nom de *Société coopérative de production* ;
il faudra exposer ce qu'elle est et ce qu'elle vaut.

Ces sortes d'associations toutefois ne peuvent guère prospérer que
dans la petite ou dans la moyenne industrie ; dans ces industries
même, elles seront toujours difficiles et le fait d'une minorité d'élite.
Les autres ouvriers, c'est-à-dire le grand nombre, ceux aussi de la
grande industrie qui ne peuvent user que rarement de cette forme
d'association ont cependant avantage à s'associer pour convenir avec
leurs patrons des conditions du travail, car un groupe traite à de
meilleures conditions qu'un isolé. Les associations qu'ils font dans
ce but sont dites : *Syndicats professionnels.*

Cette forme d'association n'est, du reste, pas particulière aux ouvriers ; les patrons forment aussi des syndicats afin de défendre avec
la force que donne l'union les intérêts du métier moins bien et moins
fermement défendus par des isolés. Les cultivateurs à leur tour ont
fait de ces syndicats pour soutenir leurs intérêts communs, mais
surtout pour acheter à de meilleures conditions les choses nécessaires à leur culture : engrais, semences, animaux reproducteurs,
comme aussi pour procurer la vente de leurs produits. Nous retrou-
vons alors l'espèce de société appelée *Coopérative* dans quelques-unes
de ses variétés convenables à ceux qui travaillent à leur compte et
non plus aux salariés : *Associations pour l'achat en commun de matières premières destinées à la production ; Associations pour la vente en
commun* des produits venant du travail particulier des associés.

Il ne faut pas seulement produire des matières premières, il faut
encore et surtout de l'argent. Les artisans, les cultivateurs ont souvent une peine très grande à s'en procurer. L'association ici encore

vient à leur secours et peut faire des merveilles ; on le fera voir en parlant des *Sociétés coopératives de crédit* ou *Banques populaires* ; tant urbaines que rurales.

Passons maintenant à un autre ordre d'idées : on ne peut augmenter ses gains que dans une certaine mesure, parfois même on ne peut du tout les accroître. On doit, dans ce cas, et même lorsqu'au moyen de l'association, on aurait pu les accroître, s'appliquer à réduire ses dépenses. L'association permet de le faire, de diminuer ses consommations, parce qu'on les obtient à meilleur compte. C'est ici une forme spéciale de l'association accessible aux personnes de toutes conditions, la *Société de consommation* qui procure à ses membres les objets nécessaires à la vie courante : nourriture, combustibles, vêtements à moindre prix et de meilleure qualité.

L'habitation qui ne préoccupe guère les personnes de la campagne parce qu'elles ont presque toutes leur maison est, au contraire, un grand souci pour les habitants des villes, pour ceux surtout des villes importantes. Non seulement le loyer est pour eux une dépense importante, mais l'hygiène et la propreté même manquent souvent dans ces logements qu'il leur faut payer cher. Ici encore le principe d'association offre son secours. Des *Sociétés de construction* se sont formées pour construire des maisons salubres et d'un prix abordable ; il faudra les décrire.

A côté des besoins quotidiens de l'existence, les personnes de petit avoir doivent songer aux éventualités de la vie : la maladie, la vieillesse, les infirmités prématurées ou non et enfin la mort qui ôte à la famille son soutien, en lui ôtant son chef. L'association encore permet de parer, au moins dans quelque mesure, à ces éventualités, parce que la maladie, les accidents, la mort ne frappent que peu de personnes à la fois sur un grand nombre, et qu'ainsi les cotisations des membres valides, celles des membres atteints, mais versées antérieurement suffisent pour procurer des secours. C'est l'objet des *Sociétés de secours mutuels* avec leurs formes variées et leurs buts multiples : assistance dans la maladie, assistance en cas d'accidents, retraites dans la vieillesse, allocation à la famille qui vient de perdre son chef.

Ainsi, les associations propres aux travailleurs de la ville et des champs sont de trois sortes : celles qui servent à améliorer leurs gains ou l'exercice de leurs professions ; celles qui ont pour but de diminuer leurs dépenses et d'accroître leur bien-être ; celles, enfin, qui se proposent de les secourir en cas de maladie, d'infirmités, de vieillesse ou d'aider leur famille lorsqu'ils viennent à mourir.

De quelle manière aussi traiter un sujet si étendu, car il y a, si l'on veut tout dire, la matière de plusieurs volumes ?

But précis de ce travail. — Il me semble que celui qui a proposé le concours a eu surtout un but pratique ; il a désiré qu'on marquât précisément en quoi l'association peut, dans ses diverses manifestations, servir la classe laborieuse, ce mot entendu dans un sens large. Il faut donc montrer comment chaque forme d'association peut être utile ; quelle voie on doit suivre pour en tirer parti et quels écueils aussi ceux qui voudront en faire usage devront prendre garde d'éviter ; ce dernier point est d'importance et doit être marqué tout exprès.

Il ne s'agira donc pas de donner les plus complètes et les plus curieuses statistiques : les chiffres sont utiles, mais à condition qu'ils ne tiennent qu'une place accessoire et secondaire. Je ne prétendrai pas non plus faire un complet historique du mouvement, ni chercher l'inédit, mais seulement faire voir où et comment chaque sorte d'association a commencé en marquant ce qui, dans le passé, peut servir d'exemple et montrer la bonne voie ou ce qui, au contraire, doit être évité comme un écueil. Décrire la manière la meilleure de pratiquer chaque sorte d'association sera le principal et l'essentiel de mon étude.

C'est pour les associations françaises que ce travail est surtout écrit, je m'occuperai donc principalement de mon pays, mais sans négliger l'étranger : on y trouve des comparaisons curieuses à faire et des exemples qui peuvent servir.

Mais en voilà assez sur les préliminaires, il est temps d'aborder le sujet même.

PREMIÈRE PARTIE

DES ASSOCIATIONS DESTINÉES A ACCROITRE LE GAIN DE LEURS MEMBRES

———

Les premières en ce sens et celles qui tendent directement à ce but sont les *Sociétés coopératives* de production. Commençons par elles.

CHAPITRE PREMIER

SOCIÉTÉS COOPÉRATIVES DE PRODUCTION

§ 1. — Ce qu'elles sont.

Que des hommes de même profession et surtout de profession manuelle s'unissent pour exécuter ensemble un travail dont ils partageront les produits, c'est un fait ancien et dont on peut rapporter divers exemples. On a cité parfois celui des bateaux de pêche armés à frais communs par ceux qui les montent, ou encore l'exemple d'une mine de fer exploitée d'une façon très primitive depuis le XIIIᵉ siècle par les habitants de la petite commune de Rancié (Ariège) suivant des règles convenues d'ancienneté. Ces associations et quelques autres analogues restent particulières à un seul lieu ; au contraire, l'organisation du travail qui était connue jadis sous le nom d'*Association ouvrière*, qui porte aujourd'hui celui de *Société coopérative de production* date du siècle où nous sommes. Elle n'est pas un fait spécial à une région et venue seulement de la tradition, c'est l'application d'un principe, d'une théorie si l'on veut, mais ordonnée et complète, conçue et arrêtée par un penseur et mise en pratique sous des formes et avec des fortunes diverses par les ouvriers de tous les pays.

§ 2. — Historique.

Les débuts. — Ce penseur, celui qui a le premier décrit ce que pourrait l'association libre parmi les ouvriers de l'industrie et comment elle devrait être organisée, est un Français, J. P. Buchez, et il importe de rappeler son nom trop oublié aujourd'hui.

Période de 1848. — La première application du système a été faite sous ses yeux et par des ouvriers qui s'honoraient d'être ses disciples ; ils fondèrent en 1834 la première association ouvrière, celle des bijoutiers en doré. Cette association resta seule pendant seize ans ; un journal fondé et rédigé par des ouvriers : l'*Atelier*, s'efforçait de répandre la doctrine. Puis tout à coup, lorsqu'éclata la Révolution de 1848, l'association eut une surprenante faveur. On voulait voir dans ce mode de travail un moyen de changer la condition des ouvriers salariés et d'améliorer leur sort à jamais. Avec l'ardeur, la générosité et aussi avec les illusions qui furent le propre de cette époque, les ouvriers s'empressèrent de former des associations ; il s'en fonda des centaines et dans presque tous les corps de métiers.

Presque toutes étaient à Paris et très peu devaient durer. A côté de quelques-unes qui s'étaient formées uniquement pour avoir part au prêt de trois millions voté en leur faveur par l'Assemblée constituante ou aux travaux de l'Etat qui leur étaient, en certains cas, attribués avec des faveurs spéciales, à côté de celles-là, s'en trouvaient d'autres dont les membres étaient vraiment des hommes dévoués qui donnèrent sans compter leur temps, leur peine, leurs épargnes pour faire triompher un principe dont ils attendaient la rédemption des hommes de leur classe.

Comment ne pas admirer cette association de formiers (1) parisiens (elle existe encore) qui se constituait intrépidement avec un capital de 2 fr. représentant tout ce que les associés avaient pu réunir ?

Comme avec 2 fr. il était impossible d'opérer, un des associés, beauceron de naissance, se souvint des travaux de sa jeunesse ; il partit pour son pays d'origine, s'y loua comme moissonneur et rapporta à ses co-sociétaires ce qu'il avait gagné, 30 fr., avec quoi l'association commença.

On commençait avec moins. La société des lunettiers, aujourd'hui la première maison de Paris dans son genre où les associés avaient,

(1) Fabricants de formes pour chaussures.

il y a vingt ans déjà, des parts complètes de 25.000 fr., raconte ainsi ses débuts dans l'*Historique* qu'elle a tenu à écrire et à faire imprimer.

« Les premiers associés étaient au nombre de 13 (chiffre qui ne leur a pas porté malheur). Ils trouvèrent un petit patron qui leur céda — sans exiger aucun paiement comptant — son établissement et son matériel estimés 650 fr. Aucun des associés n'ayant d'argent, ce fut donc avec 650 fr. de dettes, leurs bras pour ressources et la foi dans l'avenir que le 19 mars 1849, l'association fut mise en pratique.

« Ils ne tardèrent pas à s'apercevoir que travailler beaucoup, recevoir peu, faire des sacrifices de toutes sortes est et sera toujours le lot des débutants en matière d'association.

« Nos lunettiers furent obligés de faire des journées de quatorze heures et de passer la nuit souvent, car les trois cents francs qui devaient composer leur apport en espèces étaient au bout de leurs bras.

« Pendant plus d'une année, ce ne fut que la misère, quand un beau jour, une commande de 1.200 fr. fut offerte à la société.

« Après la joie vint la stupeur, il fallait six mois pour l'exécuter et pas un sou à toucher jusque-là. Comment faire ? Il y avait longtemps que les sociétaires n'avaient plus rien à mettre au Mont-de-Piété. Il fut résolu que, coûte que coûte, la commande serait livrée ; que pour y arriver, chacun ne recevrait que 7 francs par semaine pour les besoins de sa famille. Dès ce jour, l'association était véritablement fondée, car elle pouvait compter sur le dévouement de ses membres. »

« Pendant dix-huit mois, racontait un ouvrier tailleur dont le récit se trouve dans un livre du temps, l'*Histoire anecdotique des associations ouvrières*, par Gilland, ouvrier serrurier et représentant du peuple, pendant dix-huit mois, chacun de nous, du premier jusqu'au dernier, était réduit à deux francs par jour.

« Je ne vous parle pas de ce que nous avons souffert, ceux qui avaient de la famille surtout, je vous le laisse à penser... Personne ne se plaignait pourtant. Notre gérant nous donnait l'exemple : pendant tout un hiver il a vécu plus mal qu'un mendiant ; il a marché du matin au soir dans la neige à peine vêtu et avec des souliers troués. Le pauvre homme a manqué de le payer cher : la tâche était trop au-dessus de ses forces. Une maladie grave lui est survenue et l'a mis à un doigt de sa perte. Nous avons eu grand peur ! C'est que nous nous aimons tous ici, voyez-vous ! Et celui qui a du mal est bien sûr d'être plaint et assisté par tous les autres. Nous avons soigné le pauvre malade, nous l'avons guéri et vive Dieu ! il est encore des nôtres aujourd'hui. »

Ces tailleurs se faisaient honneur de n'avoir rien reçu des trois millions, alors que tant d'autres associations sollicitaient des prêts. « Ce que nous possédons est le fruit de notre travail, de nos économies et de nos sacrifices de chaque jour. Chacun de nous se fait pauvre pour que l'association devienne riche. Nous n'aurons rien en propre à transmettre à nos enfants, mais nous avons l'espoir de leur léguer un meilleur avenir et la conviction que l'exemple que nous donnons fructifiera pour eux et pour le monde ! »

Les tourneurs en chaises (qui ont duré bien après 1848) n'avaient non plus rien voulu réclamer des trois millions. « Nous n'avons rien voulu devoir qu'à nous mêmes et rester libres ! »

Faut-il citer encore l'association des ferblantiers-lampistes qui débuta avec 10 francs en caisse pour 40 associés ? Pendant plusieurs semaines, la seule commande fut une lanterne de 12 francs et à la fin de l'année 1848, il ne restait plus que trois associés « la faim avait chassé les autres ».

Ces trois membres restants tinrent bon et en juillet 1849, ils avaient fait des recrues, ils étaient quatorze, lorsque ces économies si péniblement amassées furent volées. En apprenant ce malheur les autres associations (qui prenaient alors le titre de fraternelles et entendaient justifier leur nom) voulurent secourir la société éprouvée et lui reconstituèrent son capital par des apports de 15 à 20 francs chacune. Les ferblantiers acceptèrent, mais à titre de prêt et ils rendirent plus tard ces sommes à raison de 5 francs par semaine.

Je n'ai pas craint de citer ces exemples (et j'aurais pu en rapporter d'autres analogues) pour longs qu'ils puissent sembler par rapport à l'ensemble du travail, parce que je ne vois rien de meilleur à proposer aux ouvriers. Il est de nos jours trop ordinaire de leur parler seulement de leurs droits et non de leurs devoirs ; de leur montrer comme but unique le succès personnel. N'a-t-on pas été jusqu'à leur proposer l'égoïsme comme la doctrine qui devait être la règle de leur conduite et inspirer leurs actes ?

Il faut leur montrer, non par des raisonnements, mais par des faits, que l'égoïsme souvent est de mauvais conseil parce qu'il porte à se relâcher et que c'est au contraire avec un dévouement comme celui dont on vient de voir les preuves, avec des hommes désintéressés et plus soucieux de faire triompher un principe que de s'enrichir, que les associations réussissent.

C'est pourquoi de tels exemples ne sauraient être trop rapportés et méritent d'être proposés aux ouvriers de tous les temps et de tous les pays.

Pourquoi donc — et mettant à part les associations qui s'étaient fondées seulement dans un but intéressé : pour avoir part aux prêts ou aux adjudications de l'Etat — pourquoi ces institutions érigées par des hommes dévoués et même enthousiastes ont-elles, pour la plupart, eu si mauvais succès ? C'est qu'il ne suffit pas seulement d'être bien disposé et même d'être convaincu pour fonder une maison et faire prospérer une industrie. Nombre d'ouvriers avaient alors d'étranges illusions ; ils s'imaginaient qu'il leur suffisait de s'assembler, de signer des statuts et de prendre le nom d'associés pour de suite avoir une maison florissante. L'expérience venait bientôt ôter ces illusions et alors les uns persévéraient, se corrigeaient et duraient ; les autres découragés quittaient l'association.

Sans doute, les temps étaient difficiles et les maisons ordinaires, même anciennes, ou tombaient, ou se soutenaient péniblement, et toutefois le prêt fait à nombre d'associations par l'Etat ne profita qu'à peu d'entre elles.

Défauts de beaucoup d'associations ouvrières. — « C'est le fond qui manque le moins », a écrit Lafontaine, et rien n'est plus vrai, même pour les associations ouvrières. Ce qui manqua au plus grand nombre d'entre elles, ce furent moins les ressources pécuniaires que la valeur technique et les vertus intimes sans lesquelles une institution ne se soutient pas.

Il ne suffit pas, pour conduire une entreprise, de bien exécuter un produit, il faut savoir vendre ce produit, acheter la matière première, régler les échéances, enfin savoir être chef de maison. Ces qualités se trouvent rarement chez des ouvriers : elles peuvent, s'agissant d'établissements au début très petits, s'acquérir peu à peu ou se découvrir chez quelqu'un des sociétaires. Il faut alors que ceux qui ont ces qualités soient appréciés par leurs collègues et soutenus par eux ; or ce n'est pas — il faut insister sur ce point pour l'enseignement des ouvriers — ce n'est pas ce qui arrivait d'ordinaire.

Les gérants (on donnait ce nom à ceux des associés qui étaient mis par les autres à la tête de l'association) les gérants étaient souvent rebutés par les mauvais procédés de leurs co-associés.

Tantôt on prétendait les rétribuer moins que les autres sous prétexte que ne travaillant pas de leurs mains ils avaient moins de peine, qu'ils étaient trop heureux d'être dans un bureau ou de faire des courses au dehors et d'être vêtus comme un bourgeois ; ou bien on refusait de leur obéir disant : ils ne sont que nos égaux, nos mandataires et ils nous commanderaient ?

Il a toujours été très difficile de faire comprendre aux ouvriers qu'une maison industrielle ou commerciale même étant association ouvrière a un intérêt immense, capital, à avoir un bon directeur et que même en le payant cher, bien plus cher que les autres, elle fait une bonne opération, puisque de lui dépend le succès ou la ruine de la société. Les sociétés de consommation anglaises (dont il sera parlé plus loin) commencent à le comprendre, les associés de 1848 ne voulaient pas l'admettre. Plusieurs de ces gérants vraiment capables, mais trop mal traités par leurs collègues les quittèrent, s'établirent à leur compte et réussirent. Ils auraient fait réussir la société si elle avait voulu seulement être juste envers eux.

Quelle erreur aussi aux ouvriers de croire qu'ils sont, parce qu'ils se mettent en association, dispensés d'avoir un chef et de lui obéir ! Le chef alors est un gérant élu, mais ne faut-il pas qu'il ait la même autorité qu'un patron et obtienne la même obéissance ? L'obéissance, pour être volontaire, ne doit pas être moindre, le succès est à ce prix et trop d'associations sont tombées pour avoir oublié ou méconnu cette nécessaire vérité.

D'autres prospérèrent pour l'avoir comprise. Voici ce qu'écrivait alors M. Louis Reybaud, dans un rapport à l'Académie des sciences morales, en parlant de l'association des chaisiers : « Jamais patron n'aurait osé imposer à ses ouvriers une discipline aussi sévère. L'insoumission, les injures ou violences, la paresse, l'incapacité, l'inconduite furent des motifs suffisants pour évincer un membre de l'association et plus d'un exemple témoigna que le gérant ne laisserait pas ce droit s'énerver entre ses mains. Rien ne demeura impuni, pas même les mauvaises habitudes. C'est ainsi que les absences du lundi tolérées ailleurs furent frappées d'une amende et en cas de récidive, de l'exclusion. Il n'y avait pas d'exemple que des ateliers eussent été conduits avec cette rigueur ». Et il citait d'autres associations « où le pouvoir du directeur était appuyé sur des règlements dont la rigueur ne serait probablement pas supportée dans les ateliers libres » c'est-à-dire, ici, non associés.

Un autre observateur, M. Villermé, décrivait l'association des fondeurs en cuivre qui « au bout de six semaines a renoncé à l'égalité des salaires pour transformer le gérant élu en véritable maître dans le bureau duquel nul ne peut entrer et que l'on ne peut interpeller qu'en assemblée générale. Le règlement d'atelier est rigoureux au-dessus de tous les autres. »

Le vicomte Lemercier, visitant une association prospère, l'imprimerie Ramquet, s'étonnait du respect qui entourait le directeur. « A l'exception du prote, son vieil ami et son vieux camarade, nul ne penserait à supprimer le « monsieur » devant son nom. Il peut adresser de sévères reproches à ses co-associés, aucun d'eux ne songe à s'en formaliser. C'est en un mot, plutôt un imprimeur au milieu de ses ouvriers qu'un gérant au milieu de ses associés ».

Voilà de ces faits qu'il est bon de rappeler comme les précédents : ceux qui montrent l'énergie et les sacrifices des fondateurs des premières associations aux ouvriers de nos jours. Nuls exemples ne sont meilleurs ni plus opportuns à citer, parce qu'ils portent à la fois le précepte et la démonstration. Les sectes socialistes excitent volontiers les ouvriers contre les patrons ; ces excitations sont coupables, il faut dire franchement aux ouvriers : la qualité de salarié vous semble lourde ? vous pouvez, au moins dans un grand nombre de cas, vous en affranchir par l'association, mais sachez aussi à quelle condition une association peut réussir et apprenez par l'exemple de vos devanciers que le succès ne vient qu'à force de sacrifices et de discipline. Mais poursuivons notre historique.

De 1852 à 1863. — Très peu d'associations ouvrières existaient encore en 1852. On a accusé la politique du gouvernement impérial et il est certain que les mesures prises, ou contre les associations, ou contre les associés, au moins contre les chefs des associations en divers départements, détruisirent un certain nombre de sociétés. Mais à Paris où le mouvement avait été surtout intense, où l'on pourrait presque dire qu'il s'était concentré, il n'y eut aucune sorte de persécution. Presque toutes les associations fondées en 1848, 1849, 1850, tombèrent d'elles-mêmes parce qu'elles manquaient de solidité, ou parce que leurs membres manquèrent de persévérance ; ce n'est pas, quoiqu'on l'ait dit quelquefois, une cause extérieure qui les a ruinées.

Les associations parisiennes subsistantes continuèrent à vivre sans éclat comme des maisons d'industrie ordinaires ; plusieurs devinrent rapidement prospères, celle des maçons notamment qui en 1852 avait un local de 175 francs, rue St-Victor, et qui, douze ans après, bâtissait la nouvelle gare du chemin de fer d'Orléans, une grande partie de la place de l'Europe et des rues adjacentes et soumissionnait de gros travaux.

Reprise du mouvement en 1863. — En 1863, le mouvement reprit tout à coup de la force sous un nom nouveau venu de l'étranger et qu'il a conservé depuis : celui de *Coopération.* C'est alors que les *Associations ouvrières* prirent le nom de *Sociétés coopératives,* qui est seul employé aujourd'hui. Les temps étaient propices : les esprits et les activités auxquels la carrière politique était interdite, se portaient vers les questions sociales. Le gouvernement impérial laissait faire ; des associations se fondèrent en grand nombre sous l'impulsion et avec l'aide de plusieurs banques populaires dont la principale était le *Crédit au travail* qui eut bientôt autour d'elle un groupe nombreux de sociétés créées à son incitation et grâce à ses avances.

Ces fonds, fournis d'ailleurs par des particuliers — les banques en question étaient des institutions privées — et avec une facilité parfois excessive, décidèrent la fondation de sociétés que leurs membres n'auraient certainement pas établies s'ils avaient dû le faire avec leurs seuls sacrifices. On ne trouva pas d'ailleurs en 1863-65, l'ardeur, la foi véritable qui avaient fait la force et qui feront la gloire éternelle de nombre d'associations de 1848.

Son échec en 1868. — Le succès ne fut pas meilleur et la chute du *Crédit au travail*, arrivée en 1868, entraîna celle de nombre de sociétés, ses débitrices. Une société analogue la *Caisse d'escompte des associations populaires*, tomba presque dans le même temps et le mouvement fut arrêté, sans que cette fois on pût en accuser les mesures prises par le pouvoir public.

Ce qu'il faut retenir, parce que l'histoire du passé doit servir de leçon pour l'avenir, est que la tentative faite par des particuliers généreux en 1863-68 n'a pas eu meilleur succès que la tentative faite avec les fonds de l'Etat en 1848. Il n'est résulté de ces deux tentatives que des créations éphémères et ensuite des ruines, car ce n'est pas avec de l'argent seulement qu'on fonde une association, c'est avec du courage, du travail, de la persévérance accompagnés de capacité technique.

Les essais de 1848 et de 1865 ont coûté cher, l'un aux contribuables, l'autre — et ceci a été plus sensible — aux partisans de l'idée, et on peut se demander si le spectacle des ruines survenues, surtout en 1868, n'a pas été plus nuisible à cette idée, que l'on avait prétendu défendre, que l'impulsion donnée d'abord au mouvement ne lui avait été utile.

Le legs Rampal. — On ne saurait trop s'étonner que ces deux leçons aient été complètement perdues. Le mouvement coopératif commençait à reprendre et des associations nouvelles se fondaient après une stagnation de douze ans, soit vers 1882, lorsqu'un ami de l'idée, M. Benjamin Rampal, légua à la ville de Paris sa fortune — plus d'un million — pour être employée en prêts aux sociétés coopératives.

Cette générosité réussit aussi mal, plus mal peut-être que les deux précédentes. « Jamais, écrivait dans l'*Association ouvrière* de février 1894 un publiciste qui connaissait ces questions pour avoir suivi le mouvement de 1863-68, M. Abel Davaud, jamais légataire ne s'acquitta aussi mal de sa mission, jamais legs ne fut aussi fâcheusement gâché, perdu... Toutes les mains se tendirent, des associations improvisées pour la circonstance se présentèrent sans titre et sans mérite et furent accueillies ». Les titres, dit un autre rédacteur de la même feuille, furent les recommandations des conseillers municipaux dans un but électoral. Il ne faut point s'étonner si une bonne partie des sommes prêtées fut perdue (1). Le niveau moral des emprunteurs était certainement plus bas qu'en 1848 parce que les illusions généreuses de cette époque n'existaient plus, et qu'en cas pareil, c'est-à-dire lorsqu'il y a une somme d'argent à prétendre, on verra toujours des gens simuler une association uniquement pour toucher une somme d'argent et parfois pour se la partager entre eux.

§ 3. — Etat actuel.

Nombre des Associations. — L'*Almanach de la Coopération* pour 1899, publication privée qui a repris après vingt-cinq ans la série des *Almanachs de la Coopération*, publiée de 1864 à 1870, donne le chiffre de 110 sociétés de production dont 66 à Paris et 44 en province.

D'une étude publiée en 1898 par l'*Office du travail*, bureau officiel, et donnant les résultats d'une enquête minutieuse, il résulte que l'on comptait au 1er janvier 1897, 184 de ces associations « déduction faite d'une vingtaine de sociétés dans lesquelles on n'a pas trouvé les éléments fondamentaux de l'association ouvrière. » Enfin le *Bulletin de l'Office du travail*, publication officielle, de septembre 1898, assure qu'il existait, au 1er janvier 1898, 214 de ces sociétés.

On voit par ces divers chiffres qu'une statistique précise des sociétés de production n'existe pas, les mutations étant d'ailleurs nombreuses, par suite des naissances et des décès de sociétés.

Leur situation. — Les associations parisiennes, les seules pour lesquelles on ait relevé des chiffres précis, comptaient 4.500 associés en 1885 et seulement 3.500 en 1895 ; le chiffre total du capital dont elles disposaient était de 5.350.000 fr. en 1885 et 6.350.000 fr. en 1895, d'après la récente publication de l'*Office du travail*. Les associations françaises avaient ensemble, en 1895, 9.000 membres, un capital

______

(1) D'après le rapport publié par l'*Office du travail* en 1898 (Les Sociétés coopératives de production), — Sur 794.700 fr. prêtés il y avait au 1er janvier 1895 : 350.912 fr. remboursés, 42.000 fr. échus et douteux, 150.992 fr. irrécouvrables. Le reste ou un peu plus de 200.000 fr. n'était pas encore échu.

total de 13 millions, elles avaient fait dans l'année 30 millions d'affaires et 2.400.000 fr. de bénéfices, mais la moitié seulement des associations étaient en gain. Le rapport qui donne ces chiffres, fait remarquer combien ils sont faibles. Le nombre total des ouvriers en France étant de 3.600.000.

Il faut considérer, en outre, que les diverses Sociétés présentent les plus extrêmes différences. Ainsi la Société des lunettiers dont on a vu les faibles commencements en 1849 (il reste encore quatre à cinq sociétés de cette époque) compte aujourd'hui cent trente membres avec 2.200.000 fr. de capital. Elle occupe au moins douze cents auxiliaires ou simples ouvriers au regard desquels la société est un vrai patron. Ces ouvriers sont dispersés dans plusieurs maisons sises hors de Paris, car l'association a trouvé avantage à faire travailler à la campagne où la main-d'œuvre est moins chère parce que la vie y est moins coûteuse. Elle fait vivre encore de nombreux commis-voyageurs, employés, comptables, même de petits patrons qui travaillent pour elle. C'est en un mot, une grande maison industrielle différente en ceci seulement d'une maison patronale qu'au lieu de un ou trois ou quatre patrons, il y en a cent trente, travaillant presque tous de leurs mains.

Les deux associations des ferblantiers et des lithographes issues l'une et l'autre du mouvement de 1863 (il n'en reste pas plus de cette époque que de la période 1848, chose notable) avaient respectivement 78 et 85 membres avec 382.000 et 450.000 fr. de capital. Parmi les associations plus récentes « le Travail » société d'ouvriers peintres avait de 1882 à 1894 exécuté pour 3.447.000 fr. de travaux, payé 1.094.000 fr. de main-d'œuvre et fait 521.000 fr. de bénéfices bruts. La Société des charpentiers de la Villette avait en 1893, fait pour 800.000 fr. d'affaires ayant donné 124.000 fr. de bénéfices nets aux associés, sans compter les sommes mises en réserve et la part versée à la caisse des retraites (1).

Ce sont là de gros chiffres, on les cite volontiers, il y a, à côté, beaucoup de sociétés, qui ne comptent que peu de membres, qui cherchent leur voie et qui vivent avec peine ; il y a de fréquents insuccès, mais qui arrivant individuellement et non par masse comme en 1868, ne font pas de bruit et n'émeuvent pas.

Au total, on pourra trouver la situation peu brillante et le chiffre des associations bien faible si l'on songe que le mouvement remonte à plus d'un demi-siècle et que, depuis longtemps déjà, l'idée coopé-

---

(1) En 1895, elle avait ait 666.692 fr. de travaux avec un bénéfice net de 68.000 francs.

rative est vue avec faveur, soit par les pouvoirs publics, soit par l'opinion. C'est une preuve de l'extrême difficulté qu'il y a dans ces fondations. On verra plus loin que les sociétés de consommation, celles de crédit ou de secours mutuels se multiplient rapidement ; au contraire, pour les sociétés de production, la situation est depuis longtemps presqu'invariable.

Qu'on n'accuse pas le caractère français, nous progressons et nous maintenons nos progrès dans d'autres branches de la coopération et les étrangers que l'on vante souvent et qui, en d'autres parties : consommation, crédit, construction, obtiennent de si beaux résultats sont pour le fait de la société de production (1) dans une moins bonne situation que nous.

Deux Institutions spéciales, auxiliaires des sociétés de production. — Deux institutions spéciales veulent être signalées, parce qu'elles exercent sur la situation une certaine influence : ce sont la *Banque coopérative des associations ouvrières de production de France* et la *Chambre consultative des associations de production* qui, malgré leur titre différent, ont des rapports intimes et d'abord un même local (rue du Faubourg St-Martin, 27). L'une et l'autre se proposent, ou pour être plus exact, elles se proposent ensemble de propager le mouvement et favoriser son essor à la fois par des prêts et des avances ; c'est l'œuvre particulière de la Banque coopérative et par des incitations et encouragements de toutes sortes ; c'est surtout l'affaire de la seconde institution : la *Chambre consultative*.

La Banque coopérative. — La *Banque coopérative*, pour commencer par elle, a été fondée en 1894 avec un capital de 540.000 fr. versés effectivement et fournis : 50.000 fr. par le budget de l'Etat qui contient depuis quelques années un subside à l'adresse des Sociétés coopératives et 500.000 fr. par un généreux anonyme, disciple du communiste Fourier. Depuis, 63 associations et quelques particuliers y ont ajouté 48.300 fr. de souscriptions, ce qui donne un total de 598.300 fr.

La Banque, bien qu'elle ne soit pas dirigée par un financier de

---

(1) Il ne faut pas être abusé par quelques statistiques étrangères où l'on voit figurer en grand nombre des sociétés de production. Les établissements auxquels on donne ce titre ne sont pas nos sociétés de production, ce sont, par exemple, en Angleterre, des fabriques installées par les sociétés de consommation, lesquelles jouent le rôle de patron au regard des ouvriers qui y travaillent. Ce sont, en Allemagne, des sociétés formées de petits artisans qui s'unissent pour acheter leurs matières premières, ce que nous appelons en France sociétés pour l'achat en commun. Elles sont destinées non à produire en commun, mais à faciliter la production individuelle de leurs membres ; il en sera parlé plus loin.

profession, mais par le gérant d'une association ouvrière, d'abord par M. Buisson, peintre en bâtiment, actuellement par un menuisier. M. Machuron, a eu jusqu'ici la sagesse d'éviter ce qui a fait la perte des institutions similaires précédentes, savoir : les prêts à longs termes et à découvert.

Elle fait surtout des avances sur travaux déjà exécutés, ce qui, toutefois, ne peut servir qu'aux associations du bâtiment. Ainsi le compte 1895 donnait 421.000 fr. avancés sur travaux contre 98.000 fr. d'escompte de papier de commerce. Encore sur les 421.000 fr. de travaux, 220.000 étaient faits pour le compte de la Ville de Paris, 100.000 pour l'Etat et 45.000 fr. pour le département de la Seine.

Elle avait, d'après le rapport de l'*Office du travail* de 1898 fait en 1896, 1.068.000 fr. d'affaires (faible chiffre pour un capital de près de 600.000 fr.), contre 1.263.000 fr. en 1895 et 1.399.000 fr. en 1894. On voit que la Banque ne pèche pas par excès d'audace. Elle avait fait dans le dernier exercice : 1896, 25.452 fr. de bénéfice contre 10.113 fr. de frais et 17.059 de perte venant surtout de fonds engagés dans « deux affaires de sentiment. » En 1897 (*Bulletin de l'Office du travail de Juin 1898*) elle avait eu 16.675 fr. de bénéfices bruts et 2.149 fr. de bénéfices nets.

Lyon possède une banque analogue mais qui a en tout 11.000 fr. de capital dont 9.000 fr. de subsides fournis par l'Etat.

La Chambre consultative. — Elle est dirigée dans le même esprit, ce qui veut dire qu'à la différence de l'ancien *Crédit au travail* elle s'occupe moins de provoquer la fondation de sociétés nouvelles que d'aider les sociétés existantes. Elle renseigne ces sociétés sur la meilleure manière de s'organiser et de tirer parti de la législation, mais surtout elle se propose de rechercher pour elles les travaux de l'Etat et des villes, de revendiquer et d'accroître les privilèges que leur accordent certains décrets dont il sera parlé. Elle publie un journal mensuel, l'*Association ouvrière* aidée en cela des subsides de l'Etat, rétribue un secrétaire qui voyage dans son intérêt et tend enfin à se faire considérer soit par le public, soit par les personnages officiels comme représentant le mouvement coopératif (celui au moins des associations de production). Ce n'est point qu'elle ait pour adhérentes toutes les associations ; elle en compte une centaine et surtout les jeunes, mais elle exige certaines conditions qui ne conviennent pas à toutes et puis elle se montre fort intolérante en matière religieuse (1).

(1) Ainsi elle a refusé d'admettre une association de peintres et a exclu une association de serruriers, parce qu'elle a constaté que leurs membres étaient catholiques. On trouvera dans l'*Association ouvrière* son organe les doctrines politiques et irréligieuses les plus extrêmes.

Mais en voilà assez sur l'historique et sur l'exposé de situation des associations de production, il faut décrire la manière dont elles se fondent et dont elles fonctionnent. Aussi bien, est-ce le fond et l'essentiel de mon sujet.

§ 4. — Comment se fondent les Associations de production.

Par la libre volonté et par l'initiative de leurs membres. Ce sont des entreprises qui viennent seulement de l'initiative privée, mais qui exigeant des qualités toutes spéciales, veulent avant tout une réflexion mûrie et une forte décision. Les ouvriers salariés qui décident ainsi de s'unir pour changer leur situation doivent savoir ce qu'ils tentent et quels obstacles ils rencontreront. Par suite et comme il s'agit d'une œuvre à poursuivre en commun, ils doivent s'inquiéter de choisir de dignes compagnons sur lesquels ils puissent assurément compter. Lorsqu'ils se seront ainsi choisis avec connaissance et qu'ils seront résolus, ils arrêteront les clauses de leur association, ils dresseront leurs statuts,

On a quelquefois voulu expliquer les nombreux échecs des sociétés coopératives par les dispositions de nos lois. C'est une explication qui plaît, je l'ai entendu donner, il y a quelques années au Congrès des sociétés savantes à la Sorbonne ; elle était répétée à la tribune du Sénat par un ministre mal informé (séance du 27 février 1896). Elle est de tous points inexacte. On comprendrait mal et on n'explique pas comment la même loi permet à certaines sociétés de s'établir et en arrête d'autres toutes semblables, laisse vivre les unes et abrège l'existence des autres. La vérité est que nos lois sont commodes aux associations ouvrières. Leurs fondateurs trouvent dans le Code de commerce modifié par la loi du 24 juillet 1867, plusieurs types entre lesquels il leur est loisible de choisir.

Formes légales des sociétés de production. — D'abord la forme en nom collectif. C'était celle qu'avaient adoptée les premières associations et c'est la plus convenable aux sociétés de production Tous les associés ont des droits égaux (qu'ils peuvent déléguer à quelques-uns d'entre eux) et ils sont aussi responsables des obligations contractées par la société comme s'ils les avaient contractées eux-mêmes.

La Société est désignée par le nom de l'un ou de plusieurs de ses membres : Bouyer, Bagnard, et Cie.

La *commandite simple* comporte deux sortes de sociétaires : les uns responsables sur tout leur avoir, les autres responsables seulement de la somme qui leur convient d'engager. Les premiers seuls peuvent administrer, les seconds ne peuvent que contrôler leurs actes ; le nom de l'un ou de quelques-uns des premiers forme seul la raison sociale qui désigne la société. La commandite simple a été la forme adoptée par les associations qui se sont fondées de 1852 à 1867.

En cette année 1867 a été votée la loi qui permet d'ériger des sociétés anonymes sans l'autorisation du gouvernement (qui jusque-là était requise). Un chapitre spécial accorde même des facilités spéciales aux sociétés ouvrières, mais sans les nommer (Chapitre dit « des Sociétés à capital variable »).

Les sociétés qui se sont établies depuis ont adopté d'ordinaire cette forme de l'anonymat qui leur offre plusieurs avantages. D'abord chaque associé, même directeur ou gérant de la société n'est responsable que de sa mise, et cette mise peut descendre au chiffre infime de 25 fr. (Loi du 1er août 1893 ; avant c'était 50 fr.) Puis, et ceci est une raison plus convenable que le désir d'éviter toute responsabilité, la société est designée par un nom imaginé « la Fraternelle », « l'Entreprise » et non par le nom d'un sociétaire qui peut mourir, se retirer ou, ce qui est plus grave, s'établir à son compte et faire concurrence à son ancienne société.

Notre Parlement a sur le chantier, et depuis quelques années, une nouvelle loi spéciale aux sociétés coopératives qui ne peut aboutir.

Sans entrer dans un détail qui sortirait de mon sujet, je dirai seulement ceci : les coopérateurs, s'ils veulent être sensés, ne doivent pas désirer une loi spéciale qui serait une manière de privilège. Le droit commun, la loi ordinaire leur a suffi depuis 1834 et leur peut suffire encore. Qu'ils demandent quelques corrections à cette loi commune, la diminution ou la suppression de certaines formalités inutiles et onéreuses, qu'ils le demandent pour tous les citoyens, non pour eux seuls et ils feront ainsi œuvre de justice, mais qu'ils se gardent de réclamer aucune faveur.

Il faut ensuite que ces coopérateurs soient bien persuadés — et ceci il importe de le leur redire parce qu'ils entendent souvent le contraire — que la forme légale est chose toute secondaire et accessoire ; c'est en eux-mêmes, c'est dans leur valeur propre que les coopérateurs doivent chercher les conditions de succès.

Le capital des Associations. — Après que les futurs associés se sont choisis, la question importante pour eux est de former un capital. « En 1848, disait le gérant des lunettiers Muneaux, dans l'enquête de 1866, en 1848 les ouvriers ont mal compris leur affaire : ils criaient sans cesse contre le capital, ils disaient qu'il était inutile, qu'il était un parasite ; quelle erreur ! Ah ! le capital est beaucoup ». En effet, on ne peut travailler si l'on n'a le matériel nécessaire, le local nécessaire, la matière première, si l'on ne peut attendre que des produits aient été fabriqués, qu'ils aient trouvé acheteurs, que les acheteurs se soient acquittés, car il est rare qu'ils paient comptant. Puis, lorsque l'on peut solder de suite ses achats ou de matériel, ou de matières premières, on a de meilleures conditions de prix et de qualité que lorsqu'on s'acquitte à terme. Il faut donc du capital, plus ou moins suivant les professions, mais il en faut. Comment l'obtenir ?

La première idée qui vient à l'esprit, surtout à l'esprit des impatients, est de demander cette somme nécessaire à l'emprunt. Et volontiers à cette première idée en succède une seconde, c'est que l'Etat est un prêteur tout désigné. Cette conception a triomphé en 1848, on a vu quel en avait été le succès et que le résultat n'avait pas été meilleur en 1863 et en 1882 où le premier fonds nécessaire aux associations leur était fait par de généreux particuliers.

Ainsi voilà une expérience qui a été recommencée trois fois dans les circonstances les plus diverses : d'abord dans un temps de crise (1848), puis à des époques calmes et prospères. Les fonds ont été distribués par des mains différentes : comité parlementaire en 1848 et 1882, banques populaires en 1863 et constamment le résultat a été mauvais. D'où vient cela ? De ce qu'on ne s'attache vraiment qu'à ce qui a demandé de la peine et coûté des sacrifices ; un capital facilement obtenu est peu considéré, on le tient pour une valeur indifférente qu'on peut risquer et dissiper sans nuire à personne ; on n'en sent pas le prix parce qu'on l'a eu sans travail et sans peine. Il faut que les associés ne comptent que sur eux. Cela veut-il dire qu'ils doivent au besoin commencer sans capital ? Nullement ! L'exemple de quelques sociétés de 1848 fondées sans argent tient plus de l'héroïsme que de l'ordinaire et doit être proposé à l'admiration plutôt qu'à l'imitation des ouvriers. Qu'ils retiennent l'esprit d'abnégation, de persévérance, de sacrifice des sociétaires de 1848, mais qu'ils mettent de leur côté toutes les chances de succès ; ils n'auront que trop d'imprévu et de difficultés.

Si les associés n'ont pas entre eux somme suffisante pour commencer ils peuvent, et c'est ce qui a été fait plusieurs fois, fonder d'abord une société d'épargne, une petite société précédant la grande. Chacun verse une cotisation hebdomadaire et on continue jusqu'à concurrence des fonds nécessaires.

On ne commence pas non plus par une grande entreprise ; on érige d'abord un petit atelier ou peu de membres sont occupés, et puis lorsque l'entreprise prospère et réclame plus de bras, les autres sociétaires y entrent successivement. On demande aussi, au début, un petit capital, soit une petite mise aux associés, et, s'il est besoin, on l'accroît peu à peu en réclamant des parts plus fortes.

C'est ainsi que l'une des plus florissantes associations, celle des lunettiers, a débuté avec des parts nominales de 300 fr. et que, ses affaires prospérant, elle a augmenté peu à peu le chiffre des mises jusqu'à les porter à 25.000 fr. (Oui ! vingt-cinq mille francs) et dès 1865, les anciens associés avaient tous parfait leur part (Aujourd'hui c'est 30.000 fr.).

Cela ne veut pas dire que chaque associé dut verser 30.000 fr., pas un ne l'aurait pu, pas un même n'aurait été en mesure de verser au début les 300 fr. exigés. En cas pareil, tout entrant verse une petite somme 100 fr., 50 fr., moins même ; qui répond de sa bonne volonté et représente son premier sacrifice, et puis il complète sa mise, d'abord au moyen d'une retenue partielle et dans une proportion fixée par les statuts de son salaire (1) et puis au moyen de la retenue totale ou quasi-totale des bénéfices lui revenant en fin d'année.

Cette retenue sur les salaires, outre qu'elle est nécessaire, a l'avantage d'éprouver les volontés. Ceux qui ne sont pas fermes, qui sont entrés dans la société pensant y trouver un avantage immédiat et, par exemple, un gain plus fort, ceux-là voient leur erreur et se retirent ; quant à ceux qui restent et acceptent le sacrifice, on peut compter sur eux.

Et voici leur récompense : au lieu d'être salariés, pouvant être remerciés chaque quinzaine, ils sont chez eux, co-propriétaires de la maison où ils travaillent et dont le rendement leur profite. Ces lunettiers qui, en 1849, avaient commencé avec des dettes, laissant, pour former un capital, d'abord une portion de leur salaire, et ensuite leurs bénéfices avaient au bout de seize ans des parts libérées de 25.000 fr. dont ils pouvaient alors toucher les dividendes. Plusieurs déjà âgés prenaient leur retraite, laissant dans la société un capital dont ils touchaient annuellement le revenu et un revenu suffisant pour les faire vivre et très supérieur au rendement des placements habituels.

Les ouvriers qui, en 1848, croyaient que le capital n'était rien,

____

(1) J'emploie là un mot qui n'est pas rigoureusement exact. Les membres d'une société ne reçoivent pas de salaire ; ils ne devraient prétendre qu'à une part dans les bénéfices de fin d'année s'il y en a. En fait, ils font comme les industriels qui, par avance, prélèvent au cours de l'année une somme de... pour leurs dépenses personnelles. De même, les ouvriers associés prélèvent chaque quinzaine une somme égale au salaire de la profession.

étaient si bien revenus de leur erreur que l'association des maçons n'hésitait pas à admettre des sociétaires non ouvriers et seulement capitalistes. Il était réglé par les statuts que le travail aurait sur les profits un dividende de 60 0/0, sa valeur étant estimée par le chiffre des salaires et 40 0/0 allaient au capital. Les membres capitalistes avaient accès dans les assemblées générales, mais sans pouvoir être gérants de la société.

Les voilà donc fondées ces associations, objets de notre recherche : elles ont le personnel et le capital nécessaires, leurs statuts sont rédigés et les conditions voulues par la loi ont été remplies ; comment vivront-elles ? Car ce n'est pas tout de s'établir, il faut durer, et c'est ici qu'il faut des qualités de persévérance, de prudence que ne donne pas le seul enthousiasme des débuts.

§ 5. — Comment fonctionnent les Sociétés de production.

Laissons la partie technique, la question de l'exercice du métier, c'est affaire aux associés de bien organiser la fabrication et surtout de trouver des débouchés pour les produits ouvrés, objet aussi nécessaire que le premier et par où ont manqué, à leur grand dommage, nombre de sociétés.

De suite, se présente une question et des plus graves : la société doit durer plus que ses membres, ceux-ci disparaîtront peu à peu, par la mort, par la vieillesse, par toute autre raison : comment les remplacer ? De plus, les affaires peuvent s'étendre, il faut de nouveaux membres, où les prendre ?

Recrutement de la Société. — Il viendra bien du dehors quelques partisans de l'association qui demanderont à devenir sociétaires, mais ceux-là seront rares. C'est parmi ses auxiliaires que l'association peut surtout espérer se recruter. On appelle auxiliaires les ouvriers qu'une association qui a besoin de bras engage comme ferait un patron ordinaire. On conçoit que ces auxiliaires voyant de près l'association soient surtout attirés par la vue des avantages qu'elle procure. Bien entendu, les candidats d'où qu'ils viennent ne sont pas admis sur leur simple demande, ils doivent subir un temps d'épreuve. Mais ils commencent dès lors à cotiser en vue de leur admission possible et ils assistent même — sans y avoir la parole — aux assemblées générales.

Ici se pose une autre question très grave et très agitée aujourd'hui. Les associations ouvrières doivent-elles faire participer leurs auxiliaires à leurs bénéfices de fin d'année ? L'opinion aujourd'hui en faveur, est qu'elles le doivent, et non seulement quelques sociétés de formation récente l'ont écrit dans leurs statuts, non seulement le *Congrès international coopératif* tenu à Paris en octobre 1896 l'a montré comme un devoir pour ces sociétés, mais la Banque dont il a été parlé précédemment, ne veut consentir de prêt qu'aux associations qui donnent à leurs auxiliaires une part de leurs bénéfices. On allègue qu'alors que le procédé est recommandé aux patrons, il serait étrange de ne le point conseiller aux ouvriers, de les voir traiter leurs camarades moins bien qu'ils ne sont traités par bien des patrons.

Et cependant je déconseillerai absolument aux associations ouvrières d'admettre la participation aux bénéfices de leurs auxiliaires.

Que les patrons l'admettent, fort bien, ils ont l'intention de rester patrons, c'est-à-dire maîtres et propriétaires. Qu'ils donnent quelque. chose sur leurs profits à ces ouvriers destinés à toujours rester ouvriers, on ne peut que les louer, mais voici une association qui voit dans ses auxiliaires de futurs sociétaires, c'est-à-dire de futurs co-propriétaires de l'atelier, de futurs compagnons de travaux intéressés à la même entreprise, que doit-elle offrir à ces hommes, sinon de devenir des associés ? Et on veut qu'elle leur fasse une situation propre à les en empêcher ?

On dit en effet à ces auxiliaires : Actuellement, vous n'avez à vous soucier en rien de l'affaire, vous touchez votre salaire entier, plus une part dans les bénéfices : voulez-vous devenir associés ? Vous devrez d'abord laisser une partie de votre salaire et tous vos bénéfices pour constituer votre part de capital, cette part est au hasard de l'entreprise et peut fort bien être perdue ; en outre, vous aurez à vous inquiéter de conduire l'affaire. Le seul avantage sera une part dans les bénéfices un peu plus forte en cas de succès.

Quel auxiliaire voudrait changer la situation si commode qu'on lui fait contre une autre visiblement moins avantageuse ? Et si on ne lui tient pas ce raisonnement, croit-on qu'il ne se le fera pas à lui-même ?

Les ouvriers, même avec la perspective de bénéfices à partager, ont une peine extrême à se décider à entrer dans une association, parce qu'ils voient des risques à courir, de la peine à prendre. « Nous avons, disait dans l'enquête de 1883 sur les Sociétés coopératives de production, le gérant d'une de ces Sociétés, nous avons une peine extrême à recruter des adhérents parce que chacun redoute les responsabilités, parce qu'en étant sociétaire on court quelques risques et qu'on a la peine de s'occuper de la conduite de l'affaire. Vainement sollicitons-nous nos auxiliaires, c'est à grand'peine que nous avons pu décider l'un d'eux qui s'est laissé faire comme forcé. »

Si l'on ôte la seule chose qui puisse attirer ces auxiliaires : l'espoir de partager des bénéfices, on n'en attirera plus du tout. Quoi donc ! voici des associés qui ont eu la peine et les difficultés des débuts — qui sont grandes et sérieuses parfois — ils offrent à leurs auxiliaires c'est-à-dire à de nouveaux venus une part de propriété dans une entreprise qui prospère, à la seule condition de verser une portion de capital égale à celle qu'ils ont mise eux-mêmes dans l'affaire, et on leur vient dire que cela ne suffit pas ! Après la peine des débuts, il faut qu'ils donnent à ces hommes qui n'ont eu aucun mal dans le passé, qui, présentement, ne veulent faire aucun sacrifice puisqu'ils ne se soucient point de devenir associés (1), il faut qu'ils leur donnent une part dans leurs profits? Cela est injuste autant qu'imprudent et on admire qu'il se trouve un si fort parti pour prôner une mesure qui sera, si elle se répand, singulièrement nuisible aux associations.

Mutations dans le capital. — Après le soin des personnes, vient celui des capitaux. Une société dont les affaires se développent peut être amenée à accroître son capital, ce qu'elle fait d'ordinaire, je parle des associations ouvrières, en accroissant la part de chaque sociétaire, accroissement qui est opéré en pratique, par une retenue sur les bénéfices. Le difficile n'est point d'ailleurs l'accroissement du capital, mais sa diminution partielle.

Dans les sociétés anonymes ordinaires, ces diminutions n'ont pas lieu parce que ces sociétés étant seulement sociétés de capitaux, peu importe qui est le titulaire d'une part; celui qui veut sortir de la société cède sa part à une autre personne, c'est sans difficulté.

Dans une société coopérative qui est essentiellement une société de personnes (encore que la plupart prennent la forme de l'anonymat imaginée pour les sociétés de capitaux) on ne peut admettre qu'un associé soit remplacé par quiconque indifféremment : un autre saurait-il le métier ? Serait-il aussi bon ouvrier ? Serait-il aussi facile de s'entendre avec lui ? Si donc la porte de sortie doit être largement ouverte afin que tout sociétaire puisse se retirer à son vouloir, il peut très bien arriver qu'il ne puisse présenter, ou qu'il ne convienne pas aux autres sociétaires d'accepter un remplaçant. Si donc un associé se retire, ou s'il meurt, que devient son capital ?

(1) Il faut admettre qu'une association soucieuse de suivre et de glorifier les principes, cherchera à faire des recrues lorsqu'elle aura du travail d'une manière suivie. Pour un travail tout court et passager, il ne peut y avoir lieu, ni de prendre un nouvel associé, ni de penser à un partage de bénéfices.

Les sociétés anciennes décidaient que ce capital devait être remboursé par la société, laquelle se réservait seulement un délai pour faire le remboursement. Pareille chose était désastreuse : je puis citer une société fort importante qu'elle a ruinée. Nombre d'associés se sont retirés presque dans le même temps, cette société très prospère, mais ayant son capital immobilisé, c'est-à-dire employé en matériel, ne put trouver assez d'argent pour faire tant de remboursements et fut obligée de se dissoudre.

La plupart des statuts actuels portent que si le sociétaire défaillant n'a pu être remplacé par un autre membre agréé de la société, il sera remboursé par elle, mais sans que la somme à payer annuellement, puisse dépasser telle portion du capital social, l'association ayant toutefois le pouvoir de rembourser une portion plus forte. Le capital ou la portion de capital non remboursée reste dans la société et profite des gains, ou supporte sa part des pertes.

Administration des sociétés. — Assemblées générales. — Ce qui reste à dire concerne la tenue des assemblées générales et le choix des administrateurs. La décision de toutes les questions importantes appartient à l'assemblée générale formée de l'ensemble des sociétaires. Tous ceux-ci auront-ils des droits égaux ? On sait que dans les sociétés purement de capitaux, ne font souvent partie des assemblées générales que les porteurs d'un certain nombre de parts : il en est ainsi notamment pour les compagnies de chemin de fer. Il ne peut être question de pareille clause dans une société de personnes où souvent chaque associé n'a qu'une part. Mais les statuts peuvent attribuer des droits divers aux associés. Ainsi la société des lunettiers a plusieurs catégories de membres (c'est surtout l'ancienneté qui fait la distinction) ayant en assemblée générale des droits différents. Une telle disposition déplaît à nombre de sociétés ; elles la trouvent peu démocratique ; elle est sage et contribue assurément à la prospérité de l'association. Il est, en effet, imprudent de donner à un nouvel élu tout neuf en affaires, imbu souvent de théories et par surcroît n'ayant encore fourni qu'une partie de son capital, les mêmes droits qu'à un ancien sociétaire exercé par l'expérience, rompu à la conduite de l'association et ayant son apport complet, c'est-à-dire une très sérieuse responsabilité.

Autres attributions des assemblées. — Après les questions relatives au personnel de la société, admissions, exclusions, viennent celles qui regardent le capital. L'assemblée générale entend le rapport de ses administrateurs et de la commission de contrôle qu'elle a choisie parmi ses membres. Contrôleurs et administrateurs étant peu au courant des questions financières et de comptabilité feront bien de se faire aider par des gens du métier des « actuaires », car les membres de l'assemblée ne peuvent que s'en rapporter à leur déclaration et approuver et le bilan qui leur est présenté et les distributions de dividende si on leur demande d'en consentir.

La même assemblée toujours se prononce sur les questions importantes qui sortent du courant ordinaire : vote de règlement d'atelier (c'est un objet très important) ou modification de celui qui existe ; vote, s'il y a lieu, de modifications aux statuts primitifs : une majorité spéciale est alors requise ; achat d'un local, création d'un nouvel atelier, etc.

Et ici il faut insister sur la nécessité qu'il y a à faire sentir aux ouvriers associés qu'ils doivent venir à ces assemblées. Il semblerait, puisqu'il s'agit de leurs affaires, de la conduite d'une entreprise dont ils sont co-propriétaires, qu'ils vont s'empresser : nullement. Il arrive même assez souvent, lorsque la loi exige une certaine proportion des membres, moitié par exemple, que cette proportion n'est pas acquise et qu'il faut renvoyer la réunion. L'association des bijoutiers en doré, la première de toutes, infligeait aux manquants dans ces occasions une amende de 5 fr. qui en valait bien 10 d'aujourd'hui. Les règlements portent souvent une amende minime 1 fr. ou 50 cent. et encore un mouvement se fait pour la suppression des amendes. Elles sont nécessaires pourtant, ne fût-ce que pour éviter de faire renvoyer les assemblées et elles ne seront efficaces que si elles sont d'un chiffre sérieux. Ceci dit, continuons notre sujet.

Les assemblées générales ont aussi un autre et très important objet qui revient annuellement d'ordinaire : nommer leurs administrateurs ; heureuses les sociétés qui savent les choisir et surtout les conserver ! J'ai connu un gérant de la société des lunettiers qui, étant d'après les statuts, nommé pour un an seulement, venait d'être réélu pour la vingt-deuxième fois. Cela faisait honneur à la fois à celui qui avait mérité une telle distinction et à la société qui avait eu le bon sens d'apprécier sa valeur et de ne pas céder aux préjugés courants : il faut des hommes nouveaux ; il faut empêcher les hommes au pouvoir de se perpétuer dans les places, etc.

N'a-t-on point vu des associations décider que pour arriver à l'égalité parfaite chaque associé administrerait à son tour ? Ce sont de ces étrangetés qu'il faut bien signaler parce qu'elles se sont produites et qu'elles n'étonnent pas les ouvriers comme elles nous étonnent.

Les décisions que peut encore avoir à prendre une assemblée générale portent sur la prolongation ou la dissolution de la société. Le terme fixé pour la durée de la société est expiré, ou bien elle a perdu une portion notable de son capital social et la loi, même dans ce cas, veut que les membres de la Société soient appelés à déclarer s'ils entendent ou non continuer la société.

Je n'ai pas craint d'entrer dans ces longs détails parce qu'ils ne sont pas particuliers aux seules sociétés de production, mais s'appliquent aux diverses sortes d'associations ouvrières ; qu'ils sont très nécessaires et qu'ainsi je n'aurai pas à les répéter.

Les bénéfices sociaux. — Il convient, en terminant ce qui regarde le fonctionnement des associations, de parler de l'emploi des bénéfices. Lorsqu'on a la fortune d'en avoir et que les mises sont complètes, ils sont, après prélèvement d'une proportion de... pour le fonds de réserve (c'est une mesure de prudence et exigée même par la loi) distribués entre les associés en proportion à la fois du capital que chacun possède et du travail qu'il a fait, le travail étant compté d'après le montant du salaire perçu dans l'année. Certaines sociétés, toutefois, affectent une partie de ces bénéfices à des œuvres d'utilité ou de prévoyance. Plusieurs associations de 1848 avaient donné l'exemple. Les unes avaient érigé des cours du soir pour leurs membres — ce que font encore des sociétés anglaises et ce qu'aucune société française ne penserait à faire actuellement, les moyens de s'instruire étant abondants — d'autres sociétés avaient fondé à l'usage de leurs membres des sociétés de secours mutuels alimentées ainsi par un prélèvement sur les bénéfices. C'est vers ce but : prévoyance pour garantir contre la maladie et contre la vieillesse que se tourne l'attention de nos modernes sociétés. La grande société des charpentiers de la Villette, l'une des plus florissantes actuellement verse annuellement de 15 à 20.000 fr. à sa caisse des retraites, d'autres sociétés font à la fois une caisse des retraites et une autre destinée aux secours mutuels. J'ai connu une société parisienne qui, s'étant à la suite d'une circonstance imprévue, trouvée à la tête d'une somme assez forte — environ 60.000 fr. — décida qu'elle serait employée à faire un fonds, lequel servirait plus tard à donner aux membres arrivés à un certain âge et anciens déjà dans l'association, des retraites pour leur vieillesse.

Ces mesures de prévoyance méritent d'être encouragées ; elles sont rares encore. Mais en louant les sociétés qui les ont prises, en les montrant aux autres comme exemple il ne faut pas négliger de combattre aussi ce que nos associations ont de défectueux.

§ 5. — De quelques écueils à éviter pour les Sociétés de production.

Exagération des salaires. — Le premier, et je le mets à part comme étant spécial à ces seules sociétés, est l'exagération des salaires. Il a été dit qu'en principe, associé était l'opposé de salarié ; que la condition de membre d'une société emportait l'irrégularité des profits, puisque le seul gain légal d'un sociétaire est le bénéfice de fin d'année, mais qu'en fait les associés touchaient une rétribution annuelle équivalente aux salaires de la profession. Leur tendance est d'exagérer ce prélèvement, de se distribuer, non tant le salaire courant que le salaire idéal proposé et cherché par les syndicats, mais non admis en pratique. Rien n'est plus contraire d'abord à l'esprit de la loi : le prélèvement est toléré comme nécessaire, il ne doit pas prendre sur le gage des créanciers de la société, ensuite à l'intérêt même de l'association. Si une société nouvelle-venue dans l'industrie et dans le monde des affaires veut se faire préférer aux maisons rivales, il ne faut pas qu'elle commence par rebuter les acheteurs en élevant les prix. Ceux qui ont fait travailler de ces associations naissantes savent qu'elles pèchent souvent au début par les défauts qu'on trouve ordinairement chez l'ouvrier : manque d'exactitude, trop peu de soin dans l'exécution, etc. Si elles ajoutent à cela des prix plus élevés, c'en est assez pour éloigner les clients.

Les modernes partisans de l'association s'imaginent parfois que s'ils pouvaient multiplier les sociétés de production ils arriveraient ainsi à élever le niveau des salaires. Ils ne le pourraient guère à cause de la concurrence des maisons patronales et il n'est pas à désirer qu'ils le puissent, une hausse générale des produits diminuerait la consommation et la production par suite, et pour les produits destinés à l'exportation, nous serions en fâcheuse posture vis-à-vis de nos concurrents étrangers. C'est ici qu'il faut citer les associés de la première période (1848) acceptant courageusement des salaires de famine à nos ouvriers modernes qui semblent ne s'être mis en société que pour avoir des salaires plus forts que ceux des ateliers ordinaires. Ainsi l'association des doreurs sur bois attribuait à ses membres dès le début, des salaires de 10 francs par jour, celle des sculpteurs donnait aux siens 11 francs pour des journées de 9 heures. C'eût été beaucoup pour des sociétés prospères, c'était absolument excessif pour les débuts. On ne saurait trop prémunir les ouvriers associés contre un tel travers.

Pouvoir excessif des majorités. — Un autre tort dont ils doivent aussi se garder est de tout rapporter à la décision de la majorité. C'est une tendance très naturelle dans une démocratie où la majorité fait loi et détient indirectement le pouvoir, mais dans une société fondée pour ériger et faire durer une entreprise industrielle, elle offre de sensibles dangers parce que le parti le plus fort n'est pas toujours le plus sage et cependant lorsqu'une opinion s'est formée en un sens, qu'elle a pour elle visiblement la plus forte part des sociétaires, alors toute opposition se tait, chacun se rallie au nombre, même contre son sentiment. Il faut assurément qu'une décision intervienne en toute question douteuse et il est naturel que la majorité décide. Mais ce qui est funeste, est cette conviction arrêtée dans les esprits que la majorité n'a pas à écouter, pas à examiner, pas à réfléchir, qu'il lui suffit d'être majorité pour que tout doive céder et plier devant elle. Si bien qu'on a vu plusieurs fois, ainsi que j'en faisais plus haut la remarque, des majorités exclure de la société des minorités uniquement parce qu'elles refusaient de se rallier. On n'examinait ni les arguments des opposants, ni ce qu'ils étaient ou ce qu'ils valaient par eux-mêmes, ni leurs services passés ou présents, on les punissait de ne point s'incliner devant la majorité ; on voyait là de leur part une faute sans excuse comme sans rémission. Ce n'est aucune disposition légale ou réglementaire qui peut corriger cela, mais les conseillers des associations ouvrières, ceux qui, par situation, sont en mesure de se faire écouter doivent s'attacher fermement à l'obtenir autant qu'ils le pourront.

Faveurs officielles. — Autre écueil pour les associations ouvrières : les faveurs officielles. On comprend qu'il soit nécessaire d'insister parce que cet écueil est lui-même plein de charme : demander aux individus de renoncer à un avantage qu'on leur fait, à des commodités qu'on leur offre, c'est leur demander un acte de courage très méritoire et très difficile à la fois, d'autant que dans les discours officiels, dans les journaux, dans les banquets qui s'adressent aux associations ouvrières, on ne cesse de célébrer ces faveurs, de les montrer à ces associations non comme des faveurs, mais comme des droits, de les solliciter au besoin pour elles, de les pousser à en profiter.

La première de ces faveurs est l'allocation au budget des 140.000 fr. pour subsides aux associations. En 1848, pareille mesure s'expliquait sans se justifier. Les associations ouvrières étaient une institution nouvelle dont on attendait beaucoup et comme la situation économique était très difficile, que l'industrie était languissante ou même arrêtée, à ce point que l'Etat avait fait des avances aux industriels-patrons, on avait cru pouvoir légitimement faire des avances analogues aux ouvriers. Actuellement, la situation est très différente, l'industrie est dans une situation normale, les associations ouvrières sont aujourd'hui parfaitement connues, on sait par une expérience déjà longue comment les fonder et comment les faire vivre, l'hostilité que montrait souvent le public dans les premiers temps a fait place à une faveur déclarée, il n'y a nulle raison pour traiter ces sociétés autrement que les maisons ordinaires et pour donner à des ouvriers qui tentent de travailler à leur compte des fonds pris aux contribuables, alors qu'on ne donne rien à l'ouvrier qui — petit patron tâcheron, etc. — fait la même tentative. On ne voit pas pourquoi le second parce qu'il agit isolément ou avec un seul compagnon serait moins intéressant et moins bien traité que les premiers.

Il a été affirmé au congrès coopératif de Lyon 1895, que ces subsides avaient décidé la création de plusieurs sociétés et celui qui rapportait ce fait en prenait occasion pour demander que le subside fût porté à 500.000 fr. Si le fait est exact, il faut trembler pour les associations ainsi créées parce qu'elles ne peuvent avoir ni solidité, ni consistance et s'étonner en même temps de l'étrange disposition d'esprit de ceux qui en voudraient multiplier le nombre.

Du reste, une commission officielle, le *Conseil supérieur du travail* qui siège au ministère du commerce, proposait, en 1894, de créer une grande banque d'Etat chargée de faire des prêts (dans des conditions particulièrement avantageuses, bien entendu) aux associations ouvrières. Quoi! après l'allocation des 3 millions pour prêts semblables en 1848? Après l'exemple du *Crédit au travail* et banques similaires en 1865-68, après l'exemple du legs Rampal en 1882 ? On peut demander à quoi servent les leçons du passé.

La seconde sorte de faveurs, ce sont des travaux fournis par l'Etat et les villes en dehors des conditions ordinaires. On accorde à ces sociétés des avantages spéciaux, on les traite autrement que le commun des adjudicataires.

L'origine de ces faveurs remonte à 1848 et est une suite de l'esprit qui animait alors les gouvernants. On voulait faire réussir cette institution nouvelle, naissante et faible, aux prises avec les graves difficultés du moment, mais qui devait produire un si grand fruit puisqu'on pensait qu'elle changerait la condition des salariés. Aujourd'hui l'expérience a fait justice des illusions des premiers jours et a réduit à son rôle véritable l'institution coopérative. Elle peut servir pour améliorer et élever la condition de ses membres, mais non pour changer la situation économique de la classe laborieuse. Ce que doit l'Etat aux sociétés ouvrières, c'est sa protection contre

les attaques ou les injustices extérieures, c'est ce qu'il doit à tous
les citoyens ; il leur doit une législation équitable, exempte de frais
et de formalités excessives, mais il ne leur doit pas autre chose et
par exemple en matière de travaux publics, il doit traiter de même
tous les concurrents, que ce soient des patrons ou des ouvriers associés.

Ce n'est point ce qu'il fait actuellement. Un arrêté de 1888 (4 juin)
a renouvelé au profit des associations ouvrières les faveurs qui leur
avaient été concédées en 1848. Ces faveurs sont d'abord de pouvoir
obtenir de l'Etat (ou de la ville de Paris) des travaux sans adjudication — l'adjudication est la règle ordinaire — jusqu'à concurrence
de 20.000 fr. Au delà de ce chiffre, elles concourent avec les patrons,
mais on leur concède un autre avantage. Alors qu'un cautionnement est exigé de tous les concurrents, les associations en sont dis-
pensées jusqu'à concurrence de 50.000 fr. A rabais égal les associations sont préférées aux patrons. Enfin elles ont une dernière faveur :
dans tous les travaux quel qu'en soit le chiffre, elles sont payées
avant les entrepreneurs ordinaires, grand avantage en pareil cas.

Ces faveurs sont injustes, il ne faut pas craindre de le dire et les
associations ouvrières ne devraient pas demander un autre traitement que l'ordinaire. Ou ces pratiques : adjudication publique pour
tous les travaux de l'Etat et des villes, dépôt d'un cautionnement,
délais dans les paiements sont nécessaires, et alors on doit les garder pour tous les travaux sans rechercher si celui qui les exécute
est un patron ou une société ouvrière, ou bien ils sont inutiles, et
alors pourquoi les imposer à certains concurrents ?

Ces règles ne sont que pour les travaux du bâtiment ou de terras-
sement, mais en d'autres cas les sociétés ouvrières ont été aussi
l'objet de faveurs particulières. Dans l'enquête de 1883, le fonctionnaire chargé de représenter le gouvernement excitait les associations
à rechercher ces travaux de l'Etat et les leur montrait comme
chose qui leur était presque due. Il disait par exemple à une société
de vanniers qu'elle pouvait fournir l'administration des postes. Aussi
entendait-on une association de facteurs de pianos demander que
l'Etat lui achetât quelques pianos qu'elle ne pouvait vendre. Voilà
le résultat de ces promesses imprudentes : l'Etat vous doit son aide,
l'Etat vous doit des faveurs. Non ! l'Etat ne doit rien de semblable :
les associations doivent vivre par elles-mêmes et ne rien demander
aux pouvoirs publics que l'égalité dans une législation équitable et
non oppressive.

Ont-elles donc besoin d'autre chose ? — La première association
des maçons datant de 1848 et qui aujourd'hui n'existe plus avait

su, en un temps où le sentiment public n'était nullement favorable à ces sociétés comme il l'est aujourd'hui, soit vers 1860, obtenir en adjudication publique de très grands travaux : la démolition de l'ancienne enceinte de Paris, la construction de la nouvelle gare du chemin de fer d'Orléans pour lesquels elle a dû fournir et a fourni en effet de forts cautionnements. Ce n'est nullement un exemple unique et dans l'enquête de 1883 sur les sociétés coopératives il a été établi (tome II, annexe I) que les associations de production avaient, à cette date, et depuis quelques années, obtenu à l'adjudication et sans faveur aucune 17 entreprises dont l'une s'élevait au chiffre de 436.860 fr. Très récemment une association d'ouvriers paveurs de Bordeaux, qui n'a cependant que 17 membres, a soumissionné et obtenu des travaux importants à faire sur les quais pour lesquels elle a dû verser un cautionnement de 80.000 fr.

On voit par ces exemples que les associations sont en état de se passer d'aide et de marcher par elles-mêmes ; mais il faut évidemment qu'elles considèrent ces travaux comme le prix de la persévérance et du courage promis seulement aux sociétés qui ont fait leurs preuves, qui ont su se faire une solide situation ; il ne faut pas qu'elles les regardent comme un moyen de se soutenir et c'est précisément ce qui arrive avec la situation privilégiée qu'on leur fait. Il a été dit et établi dans l'enquête de 1883 que plusieurs sociétés se sont fondées uniquement pour avoir de ces travaux, parce qu'elles voyaient d'autres associations en vivre exclusivement et que leurs membres sentaient bien qu'ils obtiendraient sous ce titre et avec ce nom d'association ouvrière des travaux que sans cela ils n'auraient pas obtenus. Dans un ouvrage récent (les *Associations ouvrières de production*, par Rioux; Paris, 1893) on trouve marquées diverses sociétés s'occupant des industries du bâtiment qui, d'après l'auteur, n'ont guère travaillé que pour la ville de Paris. Comment veut-on que de telles sociétés aient la valeur et la consistance de celles qui ont dû se procurer elles-mêmes du travail et se faire une place par leurs propres efforts ?

Et pourtant les personnages officiels et officieux poussent volontiers les associations dans cette voie; j'ai cité déjà le chef du « Bureau des associations professionnelles » ; il faudrait rapporter de trop nombreuses allocutions, sans compter les incitations privées. Une institution dont il a été parlé déjà : la *Chambre consultative des associations de production*, ne cesse de faire des démarches auprès des pouvoirs publics pour obtenir aux associations de ces sortes de faveurs, jusque-là qu'elle envoie en province son secrétaire pour faire connaître aux autorités, qui souvent l'ignorent, le Décret de 1888 et pour pousser les associations à s'en prévaloir. Et pourtant ce n'est point au fond leur rendre un bon service, car c'est rendre leur position incertaine. Les travaux publics sont abondants ou rares suivant les occasions et les forces du budget et la maison, association ouvrière ou autre, qui compte sur ces seuls travaux et n'a d'autre ressource peut se trouver tout à coup sans travail et dans la situation la plus critique, d'autant qu'habituée à un régime de faveur, elle aura plus de peine à subsister dans les conditions ordinaires de l'industrie.

Le vrai service à rendre aux ouvriers associés est de leur persuader qu'ils doivent compter sur eux-mêmes, sur leurs efforts et se faire une place par leur mérite, toutes conditions étant égales entre elles et leurs concurrents.

Ces faveurs comme toutes les faveurs sont payées par ceux qui les reçoivent. Comment? par leur soumission aux idées de ceux qui distribuent les faveurs, et c'est ainsi que la politique se glisse dans la coopération d'où elle devrait être absolument bannie. Comme les politiques toujours à la recherche des suffrages populaires s'aperçoivent que l'association est appréciée des ouvriers, qu'elle a pour elle la vogue ils pensent en la louant, en lui procurant certains avantages qui ne leur coûtent rien, gagner des électeurs. Ceux qui profitent de ces avantages ne peuvent qu'en être touchés, ils se laissent séduire et deviennent les tenants d'un parti politique au lieu d'être les défenseurs d'une idée sociale. Qu'on lise les discours prononcés les dernières années dans la plupart des banquets coopératifs, dans ceux en particulier organisés par la *Chambre consultative* et on verra que ces appréhensions ne sont pas exagérées. Puissent les associations ouvrières se garder d'un pareil écueil !

Penchant au Socialisme. — Puissent-elles aussi se garder d'un autre écueil qui est de verser dans le socialisme !

On tenterait vainement de le dissimuler, les doctrines du socialisme gagnent du terrain : elles affichent un amour profond pour le sort de l'ouvrier, s'engagent à changer son sort et des promesses d'amélioration plaisent toujours à ceux qui souffrent ou qui simplement trouvent leur destinée médiocre et la voudraient plus aisée. Ils ne cherchent pas si les docteurs du socialisme pourraient tenir leurs promesses, ces promesses leur plaisent, leur sort en même temps est précaire, en voilà assez pour les engager.

Il semble d'abord que l'association coopérative soit l'antidote des promesses socialistes et c'est ce qu'écrivait avec confiance un coopérateur de 1865, M. Casimir Périer. « L'association ouvrière est contre les périls du socialisme le plus sûr et le plus généreux des remèdes. » Pourquoi? Parce que les ouvriers qu'on remplit d'hostilité contre leurs patrons, contre le capital, contre un état social qui les fait être salariés, deviennent par l'association leurs propres patrons, des capitalistes, maîtres enfin des moyens de production et ils arrivent à cela par des voies toutes légales et pacifiques ; quoi de plus contraire au socialisme ?

Et cependant on trouve des associations de production appuyées sur les doctrines et les revendications socialistes, comment expliquer cela ?

On a d'abord quelquefois des ateliers coopératifs organisés par les syndicats d'ouvriers. Ces associations dont il sera parlé ensuite groupent les ouvriers ou plutôt une partie des ouvriers — habituellement la partie la plus turbulente — pour obtenir de meilleures conditions de travail et surtout de salaires. Il est assez ordinaire que ces syndicats aient à leur charge quelques-uns de leurs membres ou exclus des ateliers patronaux, ou seulement sans ouvrage et la pensée de créer un atelier pour les occuper vient naturellement à l'esprit. On le fait d'autant plus volontiers, au prix même de quelques sacrifices que dans l'intention des syndiqués l'atelier nouveau est appelé à faire une concurrence victorieuse aux établissements des patrons et à montrer ce que vaut le travail que l'on veut bien appeler « libre ».

Coopératives œuvres des Syndicats ouvriers — C'est ainsi qu'ont été fondés divers ateliers syndicaux, mais ils n'ont d'association coopérative que le nom. Ils ne sont pas fondés par ceux qui y travaillent, ne leur appartiennent pas, ne sont pas dirigés par eux et les bénéfices ne doivent pas leur revenir. C'est un atelier qui a pour patron le syndicat ; c'est le syndicat qui érige, qui conduit, qui possède, qui touche les bénéfices. Les ouvriers qui y travaillent, quoique membres du syndicat, n'ont que l'attitude et le rôle de simples salariés. Ils ne sont point chez eux, peuvent être remerciés à volonté et n'ont autre avantage que de travailler aux conditions de salaires et d'heures, marquées par le syndicat. Ces associations habituellement durent peu et disparaissent en laissant des pertes. L'une des tentatives les plus marquantes est celle de la verrerie de Rives-de-Gier.

En 1894, le Syndicat des verriers acheta pendant une grève un établissement tout monté et qui était à vendre : il y employa les fonds qu'il avait en caisse et ceux que lui procurèrent les cotisations exceptionnelles exigées de ses membres. La verrerie se trouva bientôt aux prises avec deux difficultés ordinaires aux sociétés ouvrières, la première d'ordre commercial et la seconde d'ordre intérieur.

L'association travaillait sans s'inquiéter de savoir comment écouler ses produits, ceux-ci s'entassèrent, l'argent ne rentrant pas il fallut réduire les salaires de moitié et décider encore — chaque ouvrier étant réputé avoir un droit égal sur l'usine — que l'on ne travaillerait plus qu'une quinzaine sur deux. Cette mesure avait le double inconvénient de restreindre encore les ressources des ouvriers et ce qui était plus grave, de faire perdre aux associés leur habileté de main, laquelle ne se conserve que par une pratique constante.

Les difficultés intérieures étaient plus sérieuses encore ; c'était l'indiscipline absolue, suite des prédications socialistes. On avait dénigré le principe d'autorité parce qu'il était représenté par les patrons et les ouvriers imbus de ces idées de révolte ne voulaient pas plus obéir aux chefs choisis par le syndicat. On s'en plaignait même au Congrès socialiste de Marseille 1895 et un délegué du Syndicat des ouvriers verriers y déclarait tout haut qu' « à Rives-de-Giers on travaille quand il fait plaisir et comme on veut. » « L'administrateur ouvrier, écrit un spécialiste M. de Seilhac (*Grève de Carmaux*, p. 146), n'est pas respecté par ses camarades, on discute ses ordres, on les plaisante, on le tourne lui-même en ridicule et il n'ose rien dire. Pendant les quelques jours que j'ai passés à la verrerie, j'ai constamment vu Pierre Vinay (l'ouvrier désigné par le syndicat pour diriger) abordé par des ouvriers qui lui demandaient brutalement leur paie. L'administrateur de la verrerie s'en tirait comme il pouvait en leur donnant une partie de ce qu'ils réclamaient, puis il essayait d'esquiver les autres qui l'attendaient dans tous les coins de l'usine. »

On ne sera pas surpris d'entendre qu'après deux ans d'existence, en juillet 1896, la verrerie dut déposer son bilan. L'actif était de 355 000 fr. et le passif de 500.000 fr. dont environ 100.000 fr. de salaires arriérés.

Une autre tentative a eu lieu dans la même industrie, mais avec une teinte socialiste bien plus marquée. Il s'agit de la verrerie d'Albi, fondée en octobre 1895 non avec les ressources des ouvriers associés comme dans les coopératives proprement dites, mais avec des fonds venus du dehors, à savoir : 100.000 fr. donnés au journal l'*Intransigeant* ou plus exactement à son rédacteur M. Henri Rochefort, dans l'intérêt des ouvriers mineurs, 25.000 fr. alloués par le conseil municipal de Carmaux sur l'argent des contribuables, 40.000 fr., restant des fonds employés à soutenir la grève de Carmaux, 29.300 fr.

d'actions souscrites par des syndicats ou par des coopératives de consommation et un peu plus de 100.000 fr. provenant de souscriptions, collectes, etc. en tout 300.000 fr. dont les ouvriers n'avaient rien fourni.

Aussi n'eurent-ils aucune part à la direction de la Société, le pouvoir était aux mains d'un comité siégeant à Paris, qui avait tout organisé et promis solennellement, « de ne pas laisser ramener l'entreprise aux mesquines proportions d'une société coopérative ». Les bénéfices devaient être employés dans l'intérêt de la cause socialiste. Ainsi les ouvriers occupés dans la verrerie ne nommaient pas leurs chefs et n'avaient point part au profit, ils n'étaient pas chez eux ; à la vérité ils n'avaient pas pris part à sa fondation ni fait aucun sacrifice. La société enfin n'avait de coopératif que le nom. Encore le nom même était-il répudié par les organisateurs, ils avaient appelé la nouvelle usine, la *Verrerie ouvrière* afin de montrer qu'elle appartenait aux ouvriers de tous les corps d'état ou comme ils disaient au prolétariat tout entier.

Il n'y a rien à dire de cette verrerie qui tomba bientôt dans les mêmes travers que celle de Rives-de-Gier : fabrication des produits sans s'être assurés qu'on pourrait les vendre et graves dissensions intérieures. Le comité directeur avait senti le besoin de la discipline et rédigé un règlement d'atelier véritablement draconien. Il souleva les plaintes des ouvriers qui se déclaraient plus durement traités qu'ils ne l'étaient par les patrons ; il fallut en exclure plusieurs, d'où récriminations, procès. Les ouvriers criaient à la partialité, à l'arbitraire des directeurs : bref, il est surprenant qu'au moment où j'écris (octobre 1898) la verrerie d'Alby existe encore. Au moins n'a-t-elle rien donné de ce que l'on attend des sociétés coopératives.

§ 6. — La véritable utilité des Sociétés de production.

Elle n'est point comme l'avaient cru ses premiers et ardents promoteurs d'arriver à supprimer le salariat que l'on avait été jusqu'à nommer une variété de l'esclavage ou du servage ; le salariat restera la forme habituelle du contrat de travail dans tous les pays libres. Non seulement les ouvriers, même associés et pourvus des plus grands mérites ne sauraient conduire par eux-mêmes de grandes exploitations comme des mines, de vastes usines, mais même dans la moyenne et dans la petite industrie la masse des ouvriers préférera toujours un salaire fixe et assuré avec la tranquillité d'es prit aux risques et aux soucis d'une entreprise dans laquelle ils seraient intéressés.

L'amélioration que ces ouvriers peuvent attendre dans leur sort de travailleurs, c'est-à-dire dans leur salaire, dans la durée de leurs journées de travail, etc., viendra ou de leur libre débat avec le patron — débat dans lequel ils peuvent s'aider de la force de l'association pratiquée sous une autre forme, celle du Syndicat professionnel — ou des concessions spontanément faites par ces patrons. L'un des avantages que les patrons bienveillants accordent ainsi aux ouvriers est de leur concéder une part dans leurs bénéfices de fin d'année.

Participation aux bénéfices et coopération. — Mais la participation aux bénéfices est tout autre chose que la coopération, parce que les ouvriers n'ont point de part à la conduite de l'affaire, non plus qu'aucun droit de co-propriété dans la maison.

Il est vrai qu'on peut citer quelques rares maisons — l'usine de Guise et la maison de peinture de Leclaire sont les exemples les plus notables et presque les seuls — où la propriété de l'affaire a fini par passer aux ouvriers, grâce à la bienveillance des propriétaires qui, peu à peu, se sont substitués leurs ouvriers et les ont mis à la tête d'entreprises en pleine prospérité.

Mais tout en saluant le nom et l'initiative de Godin et de Leclaire, on peut se demander si leurs œuvres sont de vraies sociétés coopératives. Mettons qu'elles le soient en effet, elles sont d'un genre si spécial et d'une sorte si rare qu'elles forment de singulières exceptions, de vraies curiosités. On peut espérer voir se multiplier des associations entre ouvriers peintres ou chaudronniers, il y en a plusieurs existantes ; combien, depuis que s'agitent les questions relatives à l'organisation du travail, a-t-on rencontré de Leclaire et de Godin ?

On ne peut espérer voir se fonder des associations de production que dans la moyenne et dans la petite industrie et là encore leur nombre sera toujours limité, ainsi que le chiffre de leurs membres ; le travail par les ouvriers associés sera toujours l'exception. Et ce n'est point rabaisser cette institution de l'association ouvrière de production que la limiter ainsi, c'est en faire un tableau exact et tirer les conclusions de ce qu'enseigne une expérience de près d'un demi-siècle.

Et toutefois ces sociétés même restreintes procurent deux sortes d'avantages : à leurs membres d'abord, à la classe ouvrière ensuite.

A leurs membres : on a vu quels avantages ils y trouvaient :

celui surtout de devenir copropriétaires de l'atelier où ils travaillent et capitalistes par suite.

Mais il y a en outre dans l'existence et dans la pratique des associations de production une utilité pour la classe ouvrière tout entière et non seulement utilité d'exemple parce que le spectacle de celles qui réussissent est propre à leur procurer des imitateurs, mais utilité d'enseignement. Les ouvriers peuvent et doivent en les considérant, se défaire de beaucoup d'idées fausses qui les hantent sur le rôle du capital des patrons et de la bourgeoisie en général.

Ils sont habitués à entendre représenter la grande société dont nous sommes tous membres comme profondément inique : eux sont salariés à perpétuité, tandis que d'autres sont chefs de maison, opulents par suite, vivant sans mal, sans fatigue, uniquement des sueurs de leurs ouvriers. Par la vue de ces associations, ils apprennent qu'en bien des cas ils peuvent, s'il leur convient, cesser d'être salariés pour devenir leurs propres patrons. Ils peuvent voir ensuite que ces établissements d'industrie qu'ils croient si faciles à fonder et à maintenir sont œuvres de sacrifices, de persévérance et de peines. Ils apprennent à estimer ces vertus d'épargne, de constance, de réflexion qu'ils appelaient des vertus bourgeoises et par suite méprisables. Ils apprennent que le capital n'est pas un parasite sans mérite, ils se sentent au contraire pressés de répéter avec cet ancien coopérateur de 1848 : « Ah ! le capital est beaucoup. » Et ensemble ils conçoivent comment on peut l'acquérir, c'est-à-dire par une, longue épargne et avec quel soin ensuite on doit le ménager. C'est en donnant ainsi le meilleur enseignement, celui de la pratique et des faits que la coopération peut surtout être utile et qu'elle est vraiment un remède contre le socialisme parce qu'elle dément par son exemple ce que le socialisme affirme et enseigne.

Aussi les socialistes se montrent-ils les perpétuels ennemis du principe coopératif. Non qu'ils dédaignent de s'en servir à l'occasion, mais au fond ils redoutent les associations ouvrières comme des obstacles à leurs desseins. Ils veulent la propriété collective, celle de l'Etat et des communes, parce que, disent-ils, on ne peut rien attendre des forces ni de la propriété individuelle et les sociétés coopératives montrent qu'on peut arriver à la propriété, par l'association, car chaque associé a sa part dans le bien commun. Elles attachent à cette propriété et la font aimer, alors que les socialistes voudraient la faire haïr.

Les socialistes condamnent toute hiérarchie, tout commandement; la pratique des associations de production fait voir qu'une maison ne dure que par l'obéissance entière à son chef et montre qu'un directeur compétent est indispensable au succès d'une **entreprise** industrielle.

L'association est la meilleure manifestation de l'initiative individuelle, les socialistes sont les ennemis de toute action libre, **ils ne** veulent pas que l'action des particuliers puisse rien faire d'efficace.

Les associations ouvrières, lorsqu'elles réussissent, améliorent incontestablement le sort de leurs membres, les socialistes **ne** voudraient voir dans la société présente que des misérables et des mécontents faciles à pousser à la révolte. Ce qu'ils reprochent surtout aux sociétés coopératives est de faire de leurs membres des bourgeois, c'est-à-dire de relever leur condition et de les placer dans une situation supérieure à celle dont ils sont sortis, tandis que le désir des socialistes serait d'abaisser les bourgeois au niveau des ouvriers les plus mal partagés, parce qu'ils ne voudraient voir qu'une seule classe d'hommes égaux dans la misère et aigris contre l'état social qu'ils veulent détruire et non améliorer.

Cette opposition ou plutôt ce démenti donné par les effets aux doctrines socialistes n'est pas le moindre fruit de l'association de production.

CHAPITRE II

LES SYNDICATS PROFESSIONNELS DE L'INDUSTRIE

C'est une forme de l'association utile aussi à sa manière et toujours faite dans le même but : améliorer le gain ou le mode de travail de ses membres.

Nombre d'ouvriers ne peuvent former d'associations de production : ou leur profession ne le permet pas, ou bien ils n'ont pas la capacité ou pas le goût de s'associer pour ériger un atelier et avoir une maison à eux. Ils resteront donc salariés, mais il leur est utile de s'associer pour traiter ensemble avec leurs patrons au lieu de traiter isolément. Non seulement ils obtiendront ainsi de meilleures conditions, mais un traité fait par tout un groupe sera plus durable et solide que le traité fait par un individu seul. D'autre part, l'ouvrier isolé éprouve souvent, lorsqu'il manque d'ouvrage, de sérieuses difficultés à s'en procurer ; il en aura plus aisément s'il fait partie d'une compagnie à laquelle les patrons qui ont besoin de bras savent qu'ils peuvent s'adresser. Voilà l'utilité des syndicats professionnels.

Et puis il n'a jusqu'ici été question que des salariés ; pourquoi les patrons n'useraient-ils pas aussi de l'association ? Ils ont de communs intérêts à défendre et tout avantage à s'unir pour le faire. C'est pourquoi eux aussi font des syndicats. On voit seulement que ce même nom désigne des groupes divers de composition et de but.

§ 1. — Historique.

Les corporations de métiers. — Cette pensée de s'associer pour aider la faiblesse individuelle a existé de tout temps chez les artisans. Ceux du moyen âge avaient formé ces corporations de métiers qui ont duré des siècles et sont fameuses dans l'histoire de l'industrie. Sans m'arrêter ici à les décrire, ce que je ne puis faire, il suffit d'en marquer le caractère. Elles commencèrent par être de libres sociétés, mais elles ne gardèrent pas cette louable forme et devinrent bientôt des institutions privilégiées, leurs membres qui se recrutaient eux-mêmes ayant seuls droit de fabriquer dans un endroit déterminé tel et tel produit.

Ces sociétés n'étaient composées que de patrons, mais les ouvriers en avaient formé de leur côté. Leurs sociétés toutefois, à la différence des corporations de métiers qui étaient reconnues et investies de privilèges par les pouvoirs publics, n'étaient pas légales, et par suite, leurs membres étaient exposés à être poursuivis et l'étaient parfois en effet.

La loi de 1791. — Les corporations de métiers furent abolies définitivement en France par une loi de 1791 et l'Assemblée Constituante qui rendit cette loi, voulant empêcher ces associations de renaître, défendit aux gens de même profession, de former à l'avenir aucune association pour s'occuper de leurs « prétendus intérêts communs ». La défense était à la fois pour les patrons et les ouvriers, mais tandis que les sociétés de patrons, les corporations de métiers étaient en effet dissoutes et liquidées par le gouvernement, les sociétés d'ouvriers, ou du moins quelques-unes d'elles, particulièrement fortes, les *Compagnonnages*, continuèrent d'exister et d'avoir effet.

Les premiers syndicats. — L'association est tellement nécessaire aux gens de métier que dès le premier Empire, les patrons parisiens de quelques-unes des industries du bâtiment, qui avaient en face d'eux les compagnonnages d'ouvriers, demandèrent l'autorisation de s'unir pour s'entendre sur leurs intérêts communs. Ils ne demandaient du reste aucun privilège, acceptaient d'être en tout surveillés par la police et offraient de prendre au lieu du nom haï et suspect de corporations de métiers le nom inoffensif de *syndicats professionnels*, ce qui leur fut accordé par le gouvernement, non cependant sans une certaine hésitation.

Ces premières associations n'ayant fait aucun bruit, n'ayant soulevé aucune réclamation, le pouvoir enhardi en autorisa quelques autres et il y en avait un certain nombre tant à Paris qu'au dehors, mais toujours formées entre patrons, lorsqu'arriva cette période qui correspond à peu près à l'année 1863-64 et que l'on a appelée « l'empire libéral ». Le gouvernement alors, sans abroger la loi de 1791, fit entendre qu'il laisserait s'établir librement les syndicats de patrons et même d'ouvriers qui le voudraient et un certain nombre des uns et des autres usa de la facilité qui leur était laissée.

Cette commodité devint plus grande encore sous la troisième République. Les syndicats de patrons et d'ouvriers non seulement furent tolérés, mais le gouvernement se mit en rapport avec eux, appelant leurs délégués à déposer dans ses enquêtes, s'adressant à eux pour organiser une exposition du commerce français à l'étranger, enfin affectant de les traiter en tout comme des associations reconnues. Il y avait même au ministère de l'intérieur un « Bureau des associations professionnelles » chargé de se mettre en rapport avec ces associations illégales et de leur fournir au besoin des renseignements.

La loi de 1884. — C'est pour mettre fin à cette étrange situation et peu digne d'un grand pays que fut rendue la loi du 21 mars 1884 qui règle aujourd'hui la situation. Cette loi abroge celle de 1791 et tandis que les autres citoyens ne peuvent, dès qu'ils sont au nombre de plus de vingt, s'associer sans une expresse autorisation du gouvernement, les gens de même profession ou de profession similaire ont permission de s'associer sans autorisation aucune pour « l'étude ou la défense de leurs intérêts communs ». Ils sont ainsi dans une situation privilégiée par rapport aux autres Français. La seule condition mise à un tel avantage est que ces syndicats, en se fondant, déposent leurs statuts aux mains des representants du pouvoir public en lui faisant connaître le nom de leurs administrateurs qui doivent toujours être français.

Il n'y avait, au moment où fut votée cette loi, que des syndicats d'artisans, patrons et ouvriers, les agriculteurs, toujours plus réservés et plus timides, n'en avaient aucun. Il fut mis expressément dans le texte de la loi qu'elle leur était commune avec les industriels, et depuis il est arrivé que les cultivateurs ont usé plus que les autres de cette loi qui à l'origine n'avait pas été imaginée pour eux.

§ 2. — Situation actuelle.

Nombre des Syndicats. — Le ministre du commerce publie chaque année un *Annuaire* donnant le nombre des syndicats et celui de leurs membres. D'après l'Annuaire paru à la fin de 1897, il y aurait eu au 1er juillet 1897 : 5.680 syndicats inscrits (un petit nombre de syndicats ouvriers persistent à ne pas se faire inscrire, bien que la loi l'exige) contre 5.427 en 1896, soit dans l'année un gain de 252 syndicats, il faut se souvenir qu'en 1885, première année qui suivit le vote de la loi, il n'y avait eu que 175 inscriptions.

Sur ces 5.680 syndicats, on en compte 1.823 de patrons et 2.316

d'ouvriers, 170 mixtes (composés de patrons et d'ouvriers) et 1.377 agricoles. Les chiffres de l'année précédente avaient été réciproque ment de 1.730, 2.253, 169 et 1.375.

Nombre des Syndiqués. — Quant au nombre des syndiqués il était, toujours d'après la même source, de 159.293 membres patrons 431.794 ouvriers, 32.237 membres des syndicats mixtes et 438.596 agriculteurs. Les chiffres de l'année précédente étaient respectivement de 141.000, 422.000, 30.000 et 423.500 membres en chiffres ronds.

Il y a en outre 166 unions de syndicats dont 46 de patrons, 92 d'ouvriers, 8 mixtes et 20 agricoles. Il n'y avait l'année précédente que 155 unions.

Il ne faudrait pas toutefois ajouter une confiance absolue à ces chiffres, bien que de source officielle. D'abord les syndicats qui sont obligés de faire inscrire leur naissance ne sont pas tenus de déclarer leur décès et ceux-ci ne sont pas tous connus ; or les décès sont fréquents. Pour le nombre des syndiqués, on s'en rapporte aux déclarations des syndicats, lesquels exagèrent souvent, surtout les syndicats ouvriers qui portent volontiers sur leurs listes pour se donner de l'importance, tous ceux qui, à un moment quelconque, ont consenti à donner leur nom, encore que nombre d'entre ceux-là n'aient depuis jamais versé de cotisations, ni fait acte de présence.

Mais comme ce nom unique de syndicat désigne des institutions, en effet, fort diverses comme esprit et même comme objet, il faut les examiner successivement en commençant par les syndicats ouvriers qui ne sont point légalement les plus anciens, mais sont les plus rapprochés des sociétés de production dont il vient d'être parlé, puisque ces deux sortes d'associations sont formées d'ouvriers salariés et sont établies pour leur utilité.

§ 3. — Les Syndicats ouvriers.

La forme la plus ancienne de l'association ouvrière faite dans le but de défendre les intérêts d'une profession c'est, a-t-il été dit, le compagnonnage.

Les compagnonnages. — Les compagnonnages remontent vraisemblablement au xive siècle et groupèrent surtout les ouvriers du bâtiment. Dans chaque profession, on trouvait d'ordinaire deux compagnonnages rivaux et ennemis. La rivalité se manifestait souvent d'une façon violente par des combats, mais aussi par des luttes pacifiques : on se défiait entre *Devoirs* (c'était le nom de ces sociétés) à qui ferait l'œuvre la plus accomplie et il en résultait une singulière émulation. Pour être reçu compagnon, il fallait faire preuve d'une science technique véritable et d'une sérieuse loyauté professionnelle, on n'y arrivait d'ailleurs qu'après un assez long noviciat. Les signes extérieurs de reconnaissance : mots de passe, couleurs, rubans, les cérémonies mystérieuses qui se mêlaient à toutes les manifestations du compagnonnage frappaient les imaginations et couvraient le côté sérieux de l'institution qui était réel. Les membres du *Devoir* trouvaient dans toutes « les villes du Tour de France » (elles s'étendaient de la Méditerranée à la Seine inclus) en un temps où les artisans voyageaient sans cesse, aide et assistance entières. On les logeait, les nourrissait s'ils étaient sans ressources, on les soignait s'ils tombaient malades, on leur procurait du travail ; en cas de difficulté, ils étaient assistés de toutes les forces de l'association.

Ces sociétés si puissantes entretenaient de bons rapports avec les patrons du métier qui presque tous étaient d'anciens compagnons et aimaient à le rappeler. Les compagnons ne traitaient pas individuellement avec les maîtres, c'était le *Devoir* qui les plaçait et traitait pour eux, et malheur au contractant patron ou compagnon qui manquait à l'engagement pris ! Telles étaient ces sociétés à la fois utiles et fâcheuses comme toutes les institutions humaines. Utiles par le secours qu'elles donnaient aux ouvriers, par l'émulation qu'elles développaient chez eux, mettant au plus haut point l'instruction technique et l'amour du métier avec la fidélité aux promesses faites : nuisibles parce qu'elles entretenaient des haines vivaces et poussaient souvent à des dépenses excessives par les fêtes et les réunions, mais en somme le bien l'emportant beaucoup sur le mal.

Aujourd'hui ces compagnonnages existent toujours de nom, mais ils n'ont plus de force. Ils sont réduits à peu de membres et n'exercent nullement l'action qu'ils avaient autrefois. Les syndicats actuels ne viennent pas d'eux, il faut chercher leur origine dans quelques sociétés fondées dans la première moitié du siècle parmi les ouvriers de certains corps d'état, et désignées sous le nom de « Sociétés de résistance ». Ce nom indique bien leur objet : elles se proposaient de résister aux patrons en leur imposant ou des tarifs de salaires, ou telles autres conditions. Voilà quel a été le modèle des syndicats ouvriers : ce sont ordinairement des sociétés de résistance.

Utilité que pourraient avoir les syndicats ouvriers. — Ces syndicats pourraient, s'ils le voulaient bien, jouer un rôle singulièrement utile dans l'industrie, ils n'auraient qu'à prendre pour modèle en certains points les anciens compagnonnages.

Placer les ouvriers. — Ainsi, quel est le premier besoin de l'ouvrier ? Trouver du travail et un travail suffisamment rétribué. Actuellement, ou bien l'ouvrier est obligé d'aller lui-même de place en place, ou de s'adresser à des industriels tenant bureaux de placement (1) et qui font payer leurs services assez cher sans donner d'ailleurs aucune garantie au patron au sujet des individus placés. Les anciens compagnonnages recevaient aussi les demandes des patrons et désignaient leurs membres à tour de rôle, en convenant avec lui des conditions de travail. Mais le patron savait qu'en embauchant un compagnon, il prenait un homme instruit dans le métier et ayant de bons antécédents (2) ; il savait de plus que le contrat passé par le *Devoir* au nom de l'ouvrier serait exactement observé par celui-ci. C'est encore la garantie que donnent aujourd'hui les compagnonnages russes ou *Artèles* : ils fournissent des employés, hommes de peine, comptables, etc. et répondent de leur fait. On comprend que les patrons s'adressent à de telles associations pour avoir des employés, comme nos anciens patrons du bâtiment s'adressaient aux *Devoirs* pour les ouvriers dont ils avaient besoin.

Les modernes syndicats rendraient un signalé service à l'industrie entière, aux patrons et aux ouvriers à la fois s'ils pouvaient remplir ce même rôle : garantir la capacité technique et la valeur morale de leurs membres et en répondre. Mais il leur faudrait une autre organisation à la fois et un autre esprit,

Convenir du contrat de travail. — Ils pourraient et ils devraient encore être partie au contrat de travail, c'est-à-dire au contrat qui lie le patron à l'ouvrier en stipulant les conditions de l'engagement : l'ouvrier travaillera tant de temps par jour et de telle manière, il recevra tel salaire en échange. Actuellement ce contrat est passé entre chaque patron et chaque ouvrier isolément, il serait pour bien des motifs préférable qu'il fût passé entre l'ensemble des ou-

---

(1) Il convient de faire remarquer que les bureaux de placement servent surtout aux employés, gens de maisons et aux ouvriers de l'alimentation : cuisiniers, bouchers, boulangers. Ni les ouvriers du bâtiment, ni ceux du meuble ou du fer ne se placent ainsi.

(2) Jadis un compagnon se payait plus qu'un autre ouvrier de même spécialité, c'était une règle absolue et qui avait sa raison d'être.

vriers et les patrons ; mais qui peut représenter les ouvriers sinon leur syndicat ? On a vu en effet quelques traités passés par des patrons avec des syndicats ouvriers. Ainsi à Paris les syndicats respectifs de patrons et d'ouvriers typographes avaient arrêté des tarifs de salaires, le contrat était valable pour dix ans et fut observé. La même entente s'était établie entre les syndicats de tapissiers, entre ceux du papier peint. Récemment un contrat de ce genre a été passé entre la Cⁱᵉ des omnibus de Paris et le Syndicat qui groupe la plus grande partie de ses employés.

Il y a toutefois bien des raisons qui font que ces contrats sont très rares au lieu d'être ordinaires.

La plus apparente, mais non la plus forte est la jurisprudence actuelle des tribunaux qui, tout en tenant pour licite de tels contrats, refuse aux syndicats qui les ont faits toute action en justice ; or que vaut un contrat dont on ne peut réclamer l'exécution ? Cette jurisprudence peu logique et peu intelligente changera assurément, ce n'est pas le grand obstacle ; le grand obstacle vient des syndicats, de leur constitution même et de leur esprit. D'abord les syndicats actuels ne représentent souvent que peu d'ouvriers, ils ne peuvent donc parler, ni contracter au nom de l'ensemble. Peuvent-ils même s'engager au nom de leurs membres ? Légalement, oui, mais en fait ces membres que rien n'attache, qui n'ont pas de lien entre eux rompent souvent le contrat passé en leur nom par le syndicat et le patron placé en présence d'un syndicat insolvable composé de membres anonymes et insaisissables se trouve en effet sans recours. Le patron, lui, est solvable, une condamnation contre lui sera efficace ; quel effet peut avoir une condamnation contre un syndicat ouvrier ? Les anciens *Devoirs* de compagnons avaient de la solidité et du sérieux, les modernes syndicats n'en ont pas et ne se piquent nullement de loyauté vis-à-vis des patrons ; voilà le grand obstacle à ces sortes d'arrangements qui seraient pourtant si désirables.

Enseignement professionnel. — L'enseignement professionnel était l'un des objets que se proposaient les anciens *Devoirs*.

Les principaux du métier tenaient à honneur d'enseigner aux jeunes le fond même de la profession : le dessin, la coupe, etc. Souvent ils donnaient des leçons payantes et avaient de nombreux élèves. Quelques syndicats ont institué de ces cours d'art professionnel, non seulement pour leurs membres, mais pour les jeunes gens du métier, mais non avec le même succès que les compagnonnages.

Fournir des arbitres aux prud'hommes. — On lit dans la loi de 1884, celle qui a déclaré licites les syndicats professionnels « Ils (les syndicats) pourront être consultés sur tous les différends se rattachant à leur spécialité ». Voici ce que cela veut dire : les différends qui s'élèvent relativement au contrat de travail sont déférés à des conseils de prud'hommes, sorte de tribunaux formés mi-partie de patrons et d'ouvriers nommés les uns et les autres par leurs pairs. Mais parce qu'il y a aujourd'hui dans l'industrie d'infinies spécialités, quelques professions seulement sont représentées dans les conseils de prud'hommes, il faut donc qu'en bien des cas, on pourrait presque dire dans la plupart des cas, ces juges s'éclairent des lumières d'hommes spéciaux.

Or, les législateurs de 1884 ont pensé que les meilleurs et les plus compétents pour renseigner ces juges seraient les dignitaires des syndicats de chaque profession, et c'est ce qu'ils ont voulu dire, entendant bien que les syndiqués mettraient toujours à leur tête les plus sages et les plus experts de la profession. Les conseillers prud'hommes font deux choses en ce cas : ils chargent les experts par eux désignés de concilier d'abord les parties en cause s'ils le peuvent ; ils les chargent ensuite, s'ils n'ont pu concilier, de faire leur rapport sur l'affaire.

Secours mutuels. — Les syndicats encore pourraient organiser des secours à l'usage de leurs membres, soit secours contre la maladie ou contre les accidents, soit retraites pour la vieillesse ou même secours contre le chômage, en établissant des sociétés spécialement fondées dans ce but et dont il sera parlé plus tard. Etant fait observer qu'il est plus facile d'organiser des sociétés de ce genre entre gens pratiquant une même profession qu'entre personnes de toutes les conditions et de tous les états. La loi de 1884 contient une disposition pour autoriser et rendre faciles ces sortes d'institutions.

Rôle actuel des syndicats. — Voilà ce que devraient faire les syndicats ouvriers, et pourtant si l'on regarde leur situation et les marques de leur activité on constate qu'ils placent très peu de leurs membres sans travail, non qu'ils n'aient le désir de le faire, mais parce que les patrons ne s'adressent pas à eux. On trouve très peu de contrats de travail passés par des syndicats pour le compte de leurs membres, il s'en rencontre même moins qu'autrefois, bien que le nombre des syndicats ait beaucoup crû. Leur influence dans l'enseignement professionnel est fort petite ; elle n'est pas plus grande dans les questions de prévoyance et d'assistance, et enfin on est réduit à désirer que les conseils de prud'hommes s'adressent rarement à eux. D'où vient cela ? Est-ce de ce que les syndicats ne groupent que peu de monde ? Qu'est-ce en effet que 431.000 ouvriers de l'industrie sur plusieurs millions que l'on compte en France ? Et si ce chiffre semble faible par rapport à l'ensemble des ouvriers, combien plus faible paraît le chiffre des syndiqués dans telle ou telle profession ! On voit dans l'*Annuaire* de 1894 (les chiffres ont peu changé depuis) un « syndicat des ouvriers boulangers de la Seine », 15 membres ; un « syndicat des ouvriers tanneurs », 95 membres (toujours à Paris) un « syndicat des comptables », 82 membres ; un autre des « couturières de la Seine », 8 membres ; un « syndicat des ouvriers mineurs du bassin d'Anzin », 8 membres. On comprend que de tels syndicats n'aient aucunement qualité pour traiter au nom de l'ensemble des ouvriers du métier, puisqu'ils en groupent à peine un sur dix ; parfois moins de un sur cent.

A la vérité on trouve quelques syndicats très forts : ceux surtout qui groupent les ouvriers d'une grande compagnie comme la compagnie des omnibus de Paris, celui des employés de chemin de fer qui prétend avoir plus de 40.000 adhérents, etc. Mais pour l'ordinaire des métiers, on peut encore, malgré le chemin parcouru, répéter comme très exact ce que disait dans l'enquête de 1884 sur la situation de l'industrie le préfet de police : « La permanence du lien dans les chambres syndicales est très incertaine. L'ouvrier est de plusieurs groupes, passe de l'un à l'autre et figure sur la liste d'un groupe depuis longtemps abandonné. Les chambres syndicales n'ont pas l'importance qu'on leur voudrait donner ». A quoi M. Alphand ajoutait : « Les chambres syndicales ne représentent qu'une très minime proportion des ouvriers. Il ne faudrait pas prendre l'opinion de ces chambres pour celle de l'ensemble des ouvriers. »

Considérons encore que souvent, dans la même ville, le même métier compte plusieurs syndicats rivaux qui se combattent et on conviendra qu'il est difficile de considérer un syndicat d'ouvriers comme pouvant représenter l'ensemble des travailleurs de cette industrie, comme ayant qualité pour parler et pour traiter en son nom.

Esprit de ces syndicats. — Ce qui est plus grave encore et ce qui rend funestes et nuisibles la plupart des syndicats ouvriers, c'est le détestable esprit qui les anime. Il est peu d'associations dont on ne puisse dire ce que le vieil Esope disait de la langue : qu'elle est la meilleure chose ou la pire suivant l'usage qu'on en fait. Or quelles sont les œuvres en France des syndicats ouvriers ? Sont-ce des œuvres de paix ? Des accords avec les patrons ? Les syndicats représentent-ils vraiment ces masses ouvrières confuses qui ont besoin qu'on parle pour elles, qui ne savent pas bien ce qu'elles veulent, qui doivent désirer qu'on leur fasse connaître la vérité ? Ils rendraient alors d'immenses services, ils seraient vraiment des instruments de paix sociale. Au lieu de cela, que sont-ils et que voyons-nous ?

Nous lisons dans les statuts de certains syndicats : « Le syndicat a pour but de soutenir la lutte des classes et de supprimer le patronat. »

Ainsi les membres de ces syndicats qui sont uniquement des ouvriers salariés déclarent nettement qu'ils s'assemblent pour faire la guerre aux patrons qui les occupent, qui les paient et dont ils ont, en contractant avec eux, promis d'être les auxiliaires. Voilà l'objet qu'ils se proposent et l'on s'étonnerait que les patrons n'aillent pas lorsqu'ils ont besoin d'ouvriers en demander à ces syndicats ? On voudrait que les tribunaux chargent les dignitaires de ces syndicats du rôle de conciliateurs et demandent leur avis ?

Mais cette attitude est celle de peu de syndicats ? Hélas ! non, c'est celle de la plupart, de presque tous. Ceux qui ne mettent pas dans leurs statuts ce qu'on vient de lire le mettent dans leur conduite. Toutes ces grèves déplorables que nous avons vues dans ces dernières années, grèves souvent sans motifs sérieux ou avouables, dirigées même contre d'excellents patrons, parfois à raison des institutions utiles qu'ils ont établies en faveur de leur personnel, toutes ces grèves sont l'œuvre des syndicats ouvriers (1), et l'on sait qu'elles ont été souvent accompagnées de violences poussées jusqu'au meurtre.

Sans aller aussi loin, d'autres syndicats faisaient introduire des mesures de travail nuisibles à la profession, c'est-à-dire aux ouvriers. Le syndicat des lithographes parisiens avait décidé qu'aucun ouvrier ne tirerait plus de 1.500 chromos par jour, alors qu'il est facile d'en tirer 2.000 et plus et alors que nous avons pour rivaux les Anglais chez qui le travail est intense et les Allemands qui n'ont point de semblables règles. Le syndicat parisien de la chapellerie,

---

(1) Je citerai comme exemple peu connu la grève de l'usine Cosserat, d'Amiens, en 1893, où les ouvriers poussés par leur syndicat, n'ont donné d'autre motif que la volonté de voir supprimer diverses institutions secourables : caisses contre la maladie, contre les accidents, pour le cas de décès, etc., érigées par le patron et en majeure partie à ses frais. Ils ont obtenu ce qu'ils souhaitaient.

La grève de Decazeville, qui débuta par le meurtre d'un ingénieur M. Wattrin, était aussi l'œuvre du syndicat local et avait pour but déclaré la suppression d'une société coopérative ménagère établie dans l'intérêt des ouvriers pour leur rendre la vie moins chère et d'ailleurs facultative.

l'un des plus puissants, a introduit de telles pratiques qu'il a détruit l'industrie parisienne de la chapellerie en gros. Les exigences du syndicat parisien des ouvriers typographes, très puissant aussi, ont contribué à faire émigrer hors Paris l'imprimerie en nombre.

Ces syndicats souvent sont dirigés par des politiciens qui ne savent rien du métier et cherchent seulement à se mettre en vue en poussant à la lutte sans merci. On a vu des députés professeurs, cabaretiers, coiffeurs de profession parler au nom des syndicats d'ouvriers mineurs et les mener à la grève.

Le syndicat des employés d'omnibus de Paris était présidé, lors de la première grève qu'il a soutenue, et vraiment dirigé par un journaliste.

Leurs liaisons avec le parti socialiste. — Il y a peu de syndicats ouvriers dans les centres populeux surtout, et c'est là qu'ils se trouvent presque tous, qui ne fasse partie d'une fédération socialiste, car les meneurs socialistes ont su grouper autour d'eux la très grande majorité des syndicats.

Dernièrement l'une de ces fédérations se vantait publiquement d'avoir pour adhérents « 392 syndicats en province et un grand nombre à Paris. » Une allégation n'est pas une preuve et il faudrait probablement rabattre de ces chiffres, mais le fait lui-même est vrai et les divers groupes socialistes considèrent les syndicats professionnels comme le meilleur moyen de recrutement pour leur parti.

Si l'on veut avoir une idée de ce que pensent et de ce que font les fédérations de syndicats ouvriers, que l'on considère leur action dans les élections des conseillers prud'hommes. Elles ont pris l'habitude de désigner au suffrage des ouvriers des candidats pour ces places : qui vont-elles proposer pour ces graves et délicates fonctions de juges? Les plus anciens et les meilleurs de la profession ? Nullement. Elles proposent des hommes qui se sont engagés à juger toujours en faveur des ouvriers, parce qu'ouvriers, et contre les patrons parce que patrons ; à ne jamais rendre enfin une sentence sans avoir pris l'avis de leur syndicat, c'est-à-dire, ils proposent des hommes qui promettent d'être non pas des juges, mais des instruments de passion et de faire servir leurs fonctions de magistrats à contenter les haines de leur parti (1).

Voilà où en sont venus les syndicats ouvriers pour la plupart, tel est l'esprit qui les anime ; ils ont perdu jusqu'au sens du juste

____

(1) Et ces candidats sont élus, de là les conflits qui ont éclaté à Lille notamment entre les prud'hommes patrons et leurs collègues ouvriers. Mais il y aurait long à dire sur ce sujet.

et de l'injuste et jusqu'à la notion du devoir ; comment seraient-ils pour leurs membres et pour les ouvriers en général de bons guides et d'utiles intermédiaires entre ces ouvriers et leurs patrons ?

Tyrannie des syndicats. — On s'étonnera peut-être de voir des syndicats qui comptent si peu de membres relativement exercer un si grand et si véritable pouvoir, car ils commandent non à leurs membres seulement, mais souvent à l'ensemble des ouvriers ; ils ordonnent et tout plie, tout fléchit devant eux. C'est qu'ils ont pour eux l'audace de leurs chefs et la faiblesse extrême, la crainte pusillanime qui est le fond des ouvriers modernes et qui les rend non seulement obéissants, mais complices des odieuses exigences des syndicats. Ainsi ces syndicats prétendent non seulement régler le taux des salaires et la durée des journées de travail, mais faire les règlements d'atelier, obliger le patron à prendre ou à congédier tel contre-maître ou directeur des travaux, tel ingénieur au besoin. Ils prétendent obliger les ouvriers qui sont une fois entrés dans le syndicat à y rester quand même, et pour obliger ceux qui ne font point partie d'un syndicat à y entrer, ils décident que nul ne travaillera avec un non-syndiqué ; l'atelier où il travaillerait doit être déserté. On met en demeure le patron qui l'occupe de le congédier sous menace de grève et le patron qui sait bien que les ouvriers obéiront à un ordre du syndicat renvoie le malheureux ; désormais il ne pourra plus être occupé. Les tribunaux retentissent des réclamations de ces infortunés à qui les exigences d'un syndicat, la déplorable faiblesse des ouvriers et des patrons (1) ôtent tout moyen d'existence.

Faut-il rappeler l'affaire Joost, ce malheureux ouvrier de Bourgoin (Isère), qui, pour avoir voulu quitter son syndicat fut mis en interdit ? Nul patron n'osait l'occuper, le syndicat ayant fait savoir que la maison qui l'admettrait serait de suite mise en grève. Il s'adressa à la justice et obtint après plus de deux ans (*Cassation*, 22 juin 1892) une condamnation pécuniaire contre le syndicat, mais le syndicat est-il solvable ?

Faut-il citer un autre ouvrier Thivet-Hanctin qui, mis en interdit par le syndicat des Ardennes, son pays d'origine, pour avoir travaillé afin de nourrir sa famille dans un moment où le syndicat

(1) Il est juste de dire que les patrons qui résistent sont l'objet d'une haine spéciale des meneurs du syndicat : c'est pour ces derniers à la fois une question de principe et une affaire de rancune. Qu'on se souvienne quels efforts ont été faits à Carmaux contre M. Rességuier. Députés et journaux socialistes s'étaient unis au syndicat pour le combattre.

avait interdit de travailler, ne put trouver d'ouvrage nulle part et
dut quitter le pays ? Il vint à St-Denis (Seine), entra dans un atelier
et y travaillait depuis dix-sept mois lorsque le syndicat des Ardennes ayant découvert sa retraite le signala au syndicat de la
Seine, lequel intima l'ordre à son patron de le congédier, ce que celui-ci fit immédiatement (1), bien qu'il fût très content de son ouvrier (Jugement du tribunal de la Seine, 6 novembre 1895).

Et ce malheureux fondeur en cuivre, Bonnissent qui, pour avoir
déplu à son syndicat est mis en interdit, ainsi que son fils, auquel
le syndicat n'avait rien à reprocher; si bien que ni l'un ni l'autre de ces
deux malheureux ne put trouver à s'occuper dans aucune maison
de leur partie. Il faut rapporter ces faits (2), on en pourrait citer
malheureusement d'autres semblables, pour montrer à quelle
cruauté arrivent ces conducteurs de syndicats qui prétendent agir
dans l'intérêt des ouvriers et ont, disent-ils, établi les sociétés qu'ils
dirigent pour améliorer leur malheureux sort et les soustraire à la
tyrannie des patrons. Jamais tyrannie ne fut plus dure que la leur,
puisqu'ils ôtent à l'ouvrier qui leur a déplu, et même à ses enfants,
les moyens de gagner leur vie.

Les tribunaux ne peuvent en ce cas qu'allouer au malheureux des
dommages-intérêts qui arrivent bien tard et sont d'un recouvrement
très incertain. On comprend donc ce que disait dans l'enquête de
1884 (et l'audace comme la puissance des syndicats se sont accrues
depuis) un grand négociant parisien, M. Lourdelet : «Une des raisons
qui empêchent le bon fonctionnement de l'industrie parisienne, c'est
la fréquence des grèves et l'intervention intolérable des chambres
syndicales ouvrières. Des ouvriers honnêtes, tranquilles, forcés
par ces chambres de suivre le mouvement sont allés à l'étranger
pour avoir la paix (3) ».

On comprend qu'à raison de ces faits qui ne sont point rares il
faut le répéter, — il en paraît peu aux yeux du public, parce que peu
d'ouvriers osent se plaindre et ont l'idée d'appeler en justice ces puissantes institutions qui les oppriment et qui ont presque assez de pouvoir même pour faire faire le silence sur leurs méfaits — on com-

(1) Dans un jugement sur une espèce analogue le tribunal de Lyon (15 mai
1895) enregistre la déclaration d'un patron « que ces ordres du syndicat sont
aussi tyranniques pour l'ouvrier que pour le patron, mais que ces derniers ne
peuvent se soustraire à cette tyrannie ».

(2) Relatés dans un jugement du tribunal de la Seine du 4 juillet 1895.

(3) On peut lire dans l'enquête de 1883 sur les sociétés coopératives, la curieuse déclaration d'un prote, M. Dumont, imprimeur à la *Petite République
française*, lequel rapporte qu'il a été obligé, ainsi que quelques-uns de ses camarades, de former une *Société coopérative* pour échapper à la tyrannie du
syndicat ouvrier de sa profession.

prend que le sentiment public, en dehors des milieux ouvriers, soit devenu hostile aux syndicats. On avait, au début, fondé sur eux quelques espérances, souvent même de grandes espérances. On croyait, et cela avait été dit au Parlement, que leurs violences venaient seulement de la situation qui leur était faite par la loi. Une fois qu'elles seront reconnues et légales, elles deviendront sages, bienfaisantes, leur manière d'agir sera changée. La liberté leur a été donnée et leur esprit est devenu pis, leur oppression plus grande, leurs excès plus intolérables. Faut-il donc les supprimer ? Des voix nombreuses s'élèvent, demandant qu'on leur retire cette liberté dont elles usent pour le mal ; l'industrie, dit-on, et les travailleurs seraient soulagés, s'il n'y avait plus de syndicats ouvriers.

Ces conclusions sont excessives, le mal existe en effet, mais ne tient point à l'institution même, il tient à l'esprit de ceux qui la dirigent. Si on supprimait toute institution dont il est fait abus, quelle institution humaine subsisterait ? Il ne faut point se dissimuler que dans notre pays et actuellement on n'obtiendrait point des législateurs la prohibition des seuls syndicats ouvriers ; si l'on faisait une loi restrictive, ce serait contre les syndicats en général ; or les syndicats de patrons et ceux agricoles ne ressemblent nullement aux syndicats ouvriers, les derniers surtout ont une utilité manifeste, on le verra plus loin. Il ne faut pas croire aussi que tous les syndicats ouvriers soient condamnables et nuisibles. Il y en a de bons. Ainsi pendant un mouvement violent qui eut lieu contre les bureaux de placement il y a quelques années et alla jusqu'au pillage, et jusqu'à la destruction de plusieurs de ces maisons, le syndicat des garçons bouchers écrivit aux patrons une lettre fort convenable où il les assurait qu'ils trouveraient à leur siège social des employés sérieux et parfaitement instruits de leurs devoirs. Cette avance faite par le syndicat ouvrier fut très bien reçue par les patrons, et nombre d'entre eux s'adressèrent au syndicat. Il a été dit que les syndicats respectifs de patrons et d'ouvriers de la typographie avaient arrêté ensemble des tarifs de prix ; il y a eu entente également pour fixer les conditions du travail, surtout pour régler les points douteux et empêcher ainsi les litiges entre les syndicats de patrons et d'ouvriers du papier peint et de la tapisserie à Paris. Il est très vrai que ces conventions n'ont pas été renouvelées, et il faut avouer que les dispositions n'inclinent point à la paix, au contraire. Mais on voit du moins qu'elles sont possibles.

Ce que l'on peut demander à la loi. — Ce que l'on peut demander aux législateurs, puisqu'enfin leur intermédiaire est ici nécessaire, est de protéger les ouvriers contre les excès des syndicats. Ils le peuvent, soit par quelques dispositions pénales comme cet article 416 du Code pénal que l'on a eu le tort d'abroger en 1884 (1), soit en décidant que les condamnations pécuniaires — dommages-intérêts surtout — prononcées contre les syndicats, pourront être réclamées à leurs membres en particulier, ou qu'à défaut d'exécution, le syndicat sera dissous. Car aujourd'hui, ceux qui ont obtenu ces condamnations se trouvent en présence de personnes morales sans patrimoine et par suite ordinairement insolvables. Mais il ne faut point demander la suppression du droit d'association, même appliqué à cet objet spécial.

Il n'est pas sans intérêt et il est instructif de comparer aux syndicats français ceux d'un pays voisin où l'institution est à la fois plus ancienne, plus florissante et plus étendue qu'en France, nous voulons parler de l'Angleterre. Nulle part les syndicats, ou, pour employer le terme technique local, les *Unions de métiers* ne sont aussi fortes ; donnons donc quelques pages à l'examen de ces grandes associations, après avoir indiqué sommairement comment se constitue et fonctionne un syndicat ouvrier.

Comment se forment et fonctionnent les syndicats. — Nulle forme légale n'est requise ; les membres rédigent entre eux, à leur vouloir, les statuts. Ils règlent comme ils l'entendent les admissions, démissions, exclusions. Aux termes de la loi, tout membre peut se retirer à volonté du syndicat, en payant seulement la cotisation de l'année courante. Cette cotisation est la seule obligation pécuniaire des syndiqués, et d'ordinaire les cotisations sont faibles : 5 à 6 fr. par an.

Le pouvoir appartient toujours à l'ensemble des membres réunis en assemblée générale ; ils le délèguent dans la mesure qu'ils veulent à un ou plusieurs administrateurs, nommés ainsi qu'il leur convient, mais ces administrateurs doivent être français, la loi l'exige.

Leurs propriétés. — Les syndicats ne peuvent posséder d'autres immeubles que ceux nécessaires à leurs réunions, bibliothèques ou cours d'instruction professionnelle. Ces immeubles (en fait aucun syndicat ouvrier n'en possède) représentent, avec les cotisations dues pour l'année courante, le seul avoir des syndicats.

Leur passif ne peut être grand car ils ne peuvent faire ni l'industrie ni le commerce, ce n'est point leur but, et les ateliers ou maga-

_____

(1) Il punissait les mises en interdit d'ateliers.

sins de consommation qu'ils organisent forment des entreprises à part, comme aussi les sociétés de secours mutuels ou caisses de retraites qu'ils peuvent fonder. Leurs seules dettes seront : les dépenses d'un local, s'ils sont à loyer, la rétribution de leurs agents, les dépenses des leçons, achat de livres, etc., s'il y a lieu et enfin, à titre exceptionnel, les condamnations en justice qui viendraient à être prononcées. A la ressource venant des cotisations s'ajoutent les dons et legs s'il leur est permis d'en recevoir, ce que la loi ne dit pas. Elle dit seulement que ces sociétés peuvent agir en justice.

La seule formalité qui leur soit imposée est de remettre à la mairie de leur siège social (à Paris en outre à la préfecture de la Seine) copie de leurs statuts avec les noms de leurs administrateurs.

§ 3. — Les syndicats ouvriers (*Trades Unions*) en Angleterre.

Leur origine, leur situation actuelle. — Ils sont, je l'ai dit, plus anciens que les nôtres ; ils remontent au siècle dernier ; plus puissants, ils groupent au delà de 1.200.000 membres, d'après les chiffres officiels (1) et la somme fournie par les cotisations s'élève à environ cinquante millions de francs par an, alors que nos syndicats ont l'habitude de garder le silence sur leur situation financière qui, la plupart du temps, n'aurait rien de flatteur.

Leur but. — Le but de ces *Unions* (on me permettra d'employer le mot anglais) est assez sensiblement celui que poursuivent nos syndicats d'ouvriers : faire fixer de la manière la plus avantageuse les conditions du travail et établir des institutions de secours. Leur forme extérieure en diffère en ce que nos syndicats ne comprennent d'ordinaire que les artisans d'une seule ville, alors que les grandes unions anglaises s'étendent aux Iles Britanniques entières et ont même des « branches » à l'étranger (2). Au lieu d'un groupe unique, on en a donc un nombre parfois assez grand avec un conseil central. Les branches ont certains pouvoirs que les statuts marquent avec soin.

---

(1) Deux millions, dit un auteur anglais, Georges Howel, dans son ouvrage sur le *Trade Unionisme,* traduit par M. Le Cour Grandmaison, sénateur (Paris, 1892).

(2) C'est ainsi par exemple qu'un charpentier unioniste trouvera des branches de son *Union* à New-York, à Melbourne, à Johannesbourg dans le Transwaal, c'est-à-dire qu'il trouvera partout des secours et des indications de travail. C'est ce que faisaient, mais pour la France seulement, nos compagnonnages et ce que nos modernes syndicats n'ont pas organisé.

Les cotisations sont souvent élevées allant jusqu'à **2** et **3** francs par mois et elles sont acquittées exactement, ce qui ne se voit guère dans nos syndicats ; de là viennent les grandes ressources et par suite la puissance d'action de beaucoup de ces unions.

Comment on les considère. — Mais ce qui les distingue encore plus des syndicats français, est leur situation « morale », l'estime qu'on en fait et dans le public, et dans le monde même des industriels et des négociants.

Qu'on lise notre enquête de 1884 sur la situation de l'industrie. Il y est souvent question des syndicats ; or, il n'y a pas de grand patron ou négociant qui ne fasse entendre de fortes plaintes sur les syndicats ouvriers. Je cite cette enquête parce qu'elle est la dernière en date, mais depuis les mêmes réclamations se sont souvent produites ; on ne vante l'œuvre et l'esprit des syndicats ouvriers que dans les milieux socialistes ou dans quelques harangues officielles que la politique inspire.

Au contraire, les unions anglaises sont vraiment considérées et du public et encore d'un public qui accorde son estime moins aisément que le nôtre et dans le monde des affaires.

D'où vient cela ? De ce que d'abord la plupart des unions sont composées de la meilleure partie de la population ouvrière (*the best men*, écrivait à ce sujet le chef d'une mission envoyée par le *Musée social* M. des Rousiers), d'hommes religieux — il faut insister sur ce point — ayant le sentiment du devoir professionnel ou autre et le respect de la parole donnée. C'est autre chose que ce qui se voit dans notre pays où l'état major des syndicats se recrute volontiers parmi la partie turbulente du métier, si bien qu'un déposant à l'enquête de 1884 M. Dietz Monnin, industriel et sénateur, pouvait dire : « Vous n'avez appelé ici que les ouvriers des syndicats, vous n'avez pas vu la bonne et la sérieuse partie. »

Les marques de cette estime que l'on fait en Angleterre des associations ouvrières de métiers se voient surtout lors des congrès que tiennent annuellement les unions en différentes villes d'Angleterre ; la municipalité leur fait toujours grand accueil et les notables de l'endroit leur font fête. On a vu des unionistes siéger à la Chambre des Communes et l'un d'eux est arrivé au ministère. Il faut pour apprécier ces distinctions se souvenir qu'on ne doit point juger l'Angleterre d'après notre pays ; il ne s'y trouve point de municipalités socialistes ni radicales, non plus que des ministères de pareille couleur. Tout y est, malgré les désignations qui ne sont que des mots, aristocratique et conservateur. Ce sont cependant des autorités ani-

mées de cet esprit qui font aux délégués unionistes de telles récep-
tions et qui les admettent parmi elles.

On a vu même dans ces derniers temps quelques ouvriers nommés juges de paix et ces nominations sont presque plus remarquables que celle qui a fait arriver un unioniste au ministère. C'est que
les juges de paix anglais ne ressemblent aux nôtres que par le nom.
Ce sont des personnages nommés à vie par la reine, ayant des fonctions autant administratives que judiciaires et pris uniquement
parmi les propriétaires notables de l'endroit. Nombre de propriétaires recherchent ces places qu'ils considèrent comme le couronne-
ment de leur carrière et tiennent à singulier honneur. C'est la première fois que ces fonctions sont conférées à des ouvriers, ils les ont
eues à raison de leur qualité de membres des unions et on peut
voir ainsi quel état on fait actuellement de ces sociétés.

Ce n'est point qu'elles aient toujours été considérées ainsi : au
commencement du siècle, elles étaient proscrites par les lois et par
des lois qui avaient dû être rendues en contradiction avec les règles
et les traditions anglaises qui sont toutes pour la liberté d'association. Mais ces unions étaient dangereuses et oppressives à ce point
qu'on en a vu payer des assassins pour se défaire d'un dissident.
O'Connell a pu dire, en parlant des hommes qui dirigeaient ces
unions: « Si le czar Pierre et le sultan Mahmoud avaient ainsi abusé
de leur puissance, ils auraient été détrônés. » Aujourd'hui encore on
trouve des unions et des unions puissantes qui, sans se porter aux
excès anciens, sont exclusives et tyranniques à l'égal de nos syndicats,
mais elles sont l'exception au lieu d'être la règle. Voilà longtemps
que l'on a rapporté les lois de prohibition rendues contre les unions
de métiers et elles-mêmes se vantent avec raison, d'être devenues
sages et de ne rien garder de leur caractère d'autrefois.

Les congrès qu'elles tiennent ont un tout autre air que ceux
tenus par quelques-unes de nos fédérations ouvrières. On sait trop
quel langage on y entend, et quelles conclusions sont prises dans
ceux-ci. N'avons nous pas vu un congrès formé uniquement de délégués de syndicats ouvriers, tenu à Lyon en 1888, dans une salle
de la mairie prêtée à cet effet et grâce aux subsides fournis par
l'Etat, par le département, par la ville — le ministre, M. Lockroy,
avait exigé des compagnies de chemins de fer qu'une réduction de
moitié fût accordée sur le prix des places aux délégués — n'avons-
nous pas vu ce congrès recommander et prôner la désobéissance à
la loi ? (celle de 1884 sur les syndicats). Puis allant plus loin, les
membres du congrès arrachaient les drapeaux tricolores qui gar-
nissaient la salle, les foulaient aux pieds et les remplaçaient par
des drapeaux rouges, aux cris de : vive la révolution sociale !

Les autres congrès de fédérations syndicales se sont tenus dans des bâtiments privés, mais les violences de langage n'ont pas été moindres et les vœux émis tendaient toujours à la révolution sociale, à la grève universelle, à la destruction et à la dépossession des patrons. Ce ne sont point là sans doute des vœux pratiques, mais ils excitent les ouvriers et encore une fois ils montrent quel est l'esprit des hommes qui sont à la tête des syndicats.

Congrès des Unions. — Les congrès anglais sont tout autres. Ils sont calmes, ordonnés et avant tout pratiques. On y discute les améliorations que l'on croit désirables, et en cherchant les moyens de les obtenir. Ces moyens viennent, ou de l'initiative privée, de l'action concertée des syndicats, ou du législateur. Au dernier cas, une commission est nommée pour faire des démarches auprès des membres du Parlement, réclamer des candidats lors des élections, qu'ils mettent ces réformes dans leur programme et faire enfin une agitation pacifique par la presse, par les *meetings*. La commission ainsi nommée rend compte au congrès suivant, et de sérieux résultats ont été obtenus, c'est-à-dire que les syndicats ont fait changer ainsi diverses lois fâcheuses à leur sens pour les ouvriers.

Il est très vrai que les vœux émis à ces congrès contiennent certaines parties qui nous étonnent comme la « nationalisation du sol ». Mais outre que ce vœu (pour prendre le plus étonnant en ce sens) est, aux yeux des membres du congrès, surtout idéal, il faut se souvenir que la propriété foncière est constituée en Angleterre tout autrement qu'en France. Non seulement elle y est aux mains d'un très petit nombre de propriétaires, mais le régime légal de cette propriété fait qu'il est très difficile aux gens de petite et de moyenne condition d'y parvenir. Il ne faudrait pas méconnaître cependant que les tendances socialistes trouvent trop d'accès auprès des unionistes anglais actuels. A la vérité, ces tendances se manifestent surtout par des vœux platoniques, mais c'est trop encore et il y a là pour l'avenir un danger.

C'est surtout du côté des unions de récente formation que l'on trouve ces tendances ; il y a là un nombre de ces associations appelé à raison de ces tendances le néo-unionisme et qui n'est point si sage ni si conservateur que les unions anciennes.

Pour ce qui regarde le côté légal, mentionnons deux différences entre la loi anglaise et la nôtre. D'abord les unions anglaises doivent envoyer tous les ans à l'autorité un bilan indiquant leurs recettes et leurs dépenses, obligation qui en France n'existe pas, ensuite les unions anglaises ne peuvent exiger en justice l'exécution d'aucune de leurs décisions non plus que les paiements des cotisations, leur seule sanction est le droit d'expulsion.

Il faut attirer l'attention du lecteur sur une curieuse évolution qui s'est faite peu à peu dans l'action et le rôle des unions de métiers. Elles ont, a-t-il été dit, un double but : améliorer les conditions d'exercice de la profession et donner des secours. Le premier but a paru longtemps le principal et il l'est toujours en principe, mais, en fait, et dans les anciennes unions, c'est l'inverse qui a lieu et les secours sont devenus le but principal. On en donne à la fois en cas de maladie, en cas de décès comme assistance à la famille et pour les frais du service funèbre (cet objet est très apprécié en Angleterre) parfois même comme retraites dans la vieillesse. Or, il y a une règle invariable, c'est qu'en cas de grève la nécessité de soutenir la lutte devant passer avant tout, les secours de toute sorte sont suspendus. On conçoit qu'une Union qui aide un certain nombre de malades, de veuves, de vieillards, qui sait que sans son assistance, ils ne peuvent vivre, se montrera peu pressée d'entrer en conflit, il faudra pour la décider des raisons bien fortes. A la vérité quelques unions récentes ont pris le parti de ne donner aucun secours parce qu'ainsi elles peuvent se contenter de ne réclamer à leurs membres que des cotisations très faibles mais elles ont aussi beaucoup plus de peine à recruter des adhérents.

Et puis les anciennes unions, qui d'abord se montraient nettement hostiles aux patrons et n'étaient créées que pour la guerre, en vinrent peu à peu à des sentiments plus accommodants et se rapprochèrent enfin des chefs d'industrie qu'elles avaient tenus pour ennemis. Aujourd'hui la concorde dans quelques métiers est entière entre les deux partis, on arrête en commun les tarifs de salaire, la durée et les autres conditions du travail, on prévient les différends.

Voilà ce qui a changé l'opinion au sujet des unions de métiers en Angleterre et ce qui leur a mérité la faveur publique. On voit par là où peuvent arriver les sociétés ouvrières de métiers, qu'on les appelle unions ou syndicats et aussi à quel prix elles y arrivent. Il dépend de nos syndicats français d'avoir même situation : l'opinion publique au fond ne leur est pas contraire et le pouvoir public leur est sympathique. Il faut malheureusement aussi constater qu'ils ne semblent nullement profiter du temps et de l'expérience, ni incliner dans le sens de la modération et de la sagesse.

§ 4. — Les Syndicats de patrons.

Leur but. — Ils ont même nom et même forme extérieure que les syndicats ouvriers, puisqu'une même loi les règle, mais en tout le reste, ils sont différents.

Ils ne le seraient pas tant, à la vérité, si l'on considérait seulement certains syndicats qui ne semblent faits que pour se défendre contre les prétentions des syndicats ouvriers et sont ainsi, par suite, de vraies sociétés de résistance. Mais outre que le nombre de ces syndicats n'est pas grand, ils n'en sont venus à ce point que poussés par la nécessité de se défendre, ce n'était point leur but primitif. La raison principale qui assemble les chefs d'industrie ou de négoce est le désir qu'ils ont, disons mieux, le besoin qu'ils éprouvent de se donner des règles, parce que l'exercice de tout métier doit être réglé et qu'actuellement il n'y a pas de règles ou de très insuffisantes.

Faire des règles pour la profession. — On dira que cette tendance vise à ressusciter les anciens corps de métiers ; en effet, l'origine des corporations d'autrefois a été l'union spontanée des artisans et des commerçants pour se donner de « bonnes règles » qu'ils juraient d'observer car la nécessité de ces règles était sensible dès lors. Mais les associations ainsi formées se sont vite tournées en institutions pourvues d'un monopole grâce à l'imprudence des législateurs d'alors. Nos modernes syndicats ne prétendent à aucun monopole ; ils l'ont souvent déclaré, et d'ailleurs les législateurs modernes ne s'y prêteraient vraisemblablement pas, ils voudraient par leur libre accord et par leurs efforts communs, donner à la production et au négoce des pratiques honnêtes qui lui font défaut.

« Les Chambres syndicales, écrivait un grand patron, M. Gauthier (de la maison de fonderie Gaget-Gauthier) sont appelées par la force des choses, la nécessité de l'ordre, à être les organisatrices du travail. Il n'est pas possible d'aller plus longtemps sans principe et sans discipline, en présence du développement des marchés étrangers…

« Dans les industries du bâtiment si la généralité des entrepreneurs faisait partie des chambres syndicales et voulait bien s'astreindre à la discipline, rien ne serait plus facile que d'organiser le travail. On arriverait à détruire la mauvaise concurrence, cette ruine de l'industrie, en surveillant l'œuvre de son voisin. Propriétaires et architectes trouveraient leur garantie en donnant la préférence aux entrepreneurs syndiqués astreints à la discipline professionnelle et soumis au jugement de leurs pairs ».

Voilà qui est bien pensé, mais en attendant que les propriétaires comprennent assez leur intérêt pour s'adresser de préférence aux entrepreneurs syndiqués, comme à de meilleurs producteurs en qui on doit avoir confiance parce qu'ils se sont donné de bonnes règles, comment les syndicats vont-ils atteindre ce but désirable de réprimer la mauvaise concurrence et de détruire les fraudes industrielles et commerciales ?

Les syndicats et la législation industrielle. — Faut-il dire que les règles qu'ils auront posées seront obligatoires pour tout le métier ? Ce serait fort dangereux, parce qu'au lieu de poser des règles sages et justes, toutes dans l'intérêt du public, il serait à craindre que ces chefs de maison les fissent dans leur seul intérêt et pour se procurer un monopole. C'est ce qui est arrivé au xive siècle où les libres associations faites pour la défense de leurs membres sont devenues oppressives et exclusives, parce que le pouvoir public a donné force obligatoire aux règles qu'elles rédigeaient. Ce n'est point sans quelque raison qu'Adam Smith écrivait : « Lorsqu'on laisse s'assembler et délibérer les marchands d'un même état, on peut être assuré qu'il va se tramer quelque chose contre les poches du public ». Que faut-il faire alors pour autoriser la correction sans permettre les abus ?

Il faut donner le droit aux syndicats de proposer les mesures qu'ils jugent utiles en réservant aux seuls législateurs le pouvoir de les voter. Mais ce droit, les syndicats l'ont déjà ; ils peuvent demander au Parlement de voter telle mesure qu'ils croient convenable et ils l'ont fait. Il est à désirer qu'au lieu de donner leur avis et d'adresser leurs réclamations au sujet des lois de circonstances : mesures fiscales ou douanières, ils s'élèvent plus haut, sans négliger la pratique courante, et demandent la réfection des lois, ou pénales, ou civiles dans un sens propre à rendre, ou plus commodes, ou plus moraux le commerce et l'industrie.

Leurs propositions devront être examinées avec soin, parce que ce sont celles d'hommes compétents, d'hommes techniques qui connaissent la situation et voient les besoins du métier, et encore les propositions non de quelques particuliers, mais celles des principaux du corps d'état qui proposent après s'être concertés ensemble. Les législateurs toutefois ne devront pas adopter ces propositions sans examen parce que si les hommes qui ont fait ces propositions sont très compétents (1), ils sont aussi très intéressés et portés à sacrifier l'intérêt d'autrui que ces mêmes législateurs ont le devoir de défendre.

---

(1) Pour proposer les mesures à prendre, mais non pour la rédaction des lois, ce qui est autrement difficile.

Répression des fraudes. — Après ce droit de proposer des changements à la législation actuelle, les syndicats ont un devoir, c'est de se servir de cette législation telle qu'elle est pour moraliser le métier. Il y a des lois contre les fraudes commerciales, non pas telles peut-être qu'on les souhaiterait, mais il y en a ; les syndicats peuvent et doivent s'en servir.

Ils trouvent, il est vrai, dans cette tentative, la jurisprudence généralement hostile. Nos tribunaux sont occupés par des juges que dominent les anciennes idées : l'action en justice doit être largement reconnue aux particuliers, mais au contraire avec réserve, avec des restrictions de toutes sortes aux associations. Lors donc que les syndicats demandent la répression de quelque fraude qui a nui à l'ensemble du métier, ils voient souvent leur demande repoussée par des motifs fondés sur les vieux principes ou, pour être plus exact, sur les vieux préjugés juridiques (1).

En attendant un changement de jurisprudence qui peut venir avec le temps et la connaissance des règles économiques fort ignorées autrefois dans les milieux juridiques, les syndicats ont, pour attaquer ces fraudes en justice, un moyen qu'ils emploient d'ailleurs volontiers. Comme ils voient que les magistrats n'admettent que les actions des individus et non celles des associations, ils agissent en justice au nom et pour le compte — en apparence — d'un de leurs membres.

Une question se présente qui intéresse le corps d'état tout entier, mais elle se présente à propos d'un seul syndiqué. Si on l'abandonne à lui-même, il est fort possible qu'il renonce à son droit, il calculera le coût et les ennuis d'une instance et il aimera mieux abandonner tout. Pour prévenir les fâcheuses conséquences qui en résulteraient le syndicat sous son nom agit pour lui, il dirige l'instance et en fait les frais, car le gain du procès doit profiter à la corporation entière. C'est ainsi que, avant même la loi de 1884, le syndicat des quincaillers de Paris avait engagé au nom d'un de ses membres un procès contre l'octroi de Paris, procès qui fut gagné à l'avantage de la corporation entière, puisque l'administration fut obligée de renoncer à certaines pratiques dommageables à la profession et qu'elle prétendait maintenir.

____

(1) C'est ce qui s'est vu notamment dans un arrêt de la cour d'Aix du 26 janvier 1887. — Le syndicat des marchands de nouveautés de Nice avait poursuivi un commerçant qui, pour attirer la clientèle, avait employé un de ces mensonges assez usités malheureusement dans le commerce. Le tribunal de commerce de Nice estimant qu'il avait nui à l'ensemble des syndiqués le condamna à la requête du syndicat.

La cour d'Aix — sur le vu d'un mémoire de M. Waldeck-Rousseau — infirma le jugement, déchargea le fraudeur et condamna le syndicat aux dépens.

Conciliations et expertises en justice. — Une autre utilité des syndicats et qu'ils exercent dès à présent est de remplir le rôle de conciliateurs dans les procès entre gens de même profession. Et il est curieux de rappeler que cet objet était l'un de ceux que se proposaient surtout ceux qui organisèrent nos vieilles corporations de métiers. Lorsque le prévôt de Paris, Etienne Boyleau, recueillit par l'ordre de saint Louis les statuts de cent corporations parisiennes qui formèrent le « livre des mestiers », il marqua expressément dans le préambule que son travail avait pour but « d'ahatir et de finer les plez ». Les gens de métier regardaient alors comme un heureux résultat d'avoir pour juges des débats relatifs au métier, les dignitaires de la corporation au lieu des juges ordinaires forcément incompétents.

Ces gens de métier ont aujourd'hui pour juges, ou les tribunaux de prud'hommes, ou les juges consulaires, c'est-à-dire des artisans et des marchands, mais qui, ainsi que la remarque en a été faite, ne peuvent représenter toutes les spécialités, non pas même toutes les professions. Les syndicats comme composés d'une partie souvent considérable de la profession, offrent des arbitres assurément compétents et qui n'encourent point le reproche de partialité qui fait écarter les dignitaires des syndicats ouvriers. Dès avant la loi de 1884, les tribunaux de commerce avaient coutume, à Paris au moins, de recourir à eux et avec un plein succès ; le plus grand nombre des litiges étaient conciliés et à frais minimes. Un patron et membre d'un syndicat, M. Gauthier, dont l'opinion a été citée déjà, le constate et en donne la raison.

« Depuis que je suis dans la Chambre syndicale, je constate l'influence du jugement de l'homme par ses pairs.

« Lorsqu'on a des torts, on est plus mal à l'aise devant nos commissions judiciaires d'une compétence absolue, rigoureusement disciplinées, fonctionnant avec l'autorité de la loi (1), que devant des arbitres ou des experts ordinaires. On se fréquente dans une corporation, les petits moyens n'ont pas cours, tout est connu. Impossible d'égarer dans une question du métier l'homme qui vous juge au nom de la corporation. Le jugement est toujours équitable, parce qu'il est rendu avec une compétence qui n'est pas niable ».

Contrat de travail. — On a vu déjà quel rôle pourraient avoir les syndicats pour fixer les conditions du travail, si les syndicats, de pa-

---

(1) Ce n'était pas exact alors, puisque les syndicats même n'avaient pas d'existence légale, ce l'est aujourd'hui, la loi de 1884 ayant expressément permis aux tribunaux de choisir leurs arbitres dans les syndicats.

trons d'une part, d'ouvriers de l'autre, pouvaient s'entendre, et en
même temps, combien dans notre pays et actuellement, cette entente
paraissait éloignée. Dès à présent, les syndicats patronaux peuvent
cependant faire d'utiles choses dans l'intérêt de leur personnel (c'est-
à-dire des personnes occupées par leurs membres).

Enseignement professionnel. — Il y a d'abord la grave question de
l'enseignement professionnel. Il est urgent d'avoir dans une profession des ouvriers capables, instruits au point de vue technique. La
meilleure instruction est donnée dans l'atelier incontestablement ;
c'est l'apprentissage ; on ne fait plus guère d'apprentis cependant,
pourquoi ? Il y en a plusieurs raisons, d'abord raisons techniques :
tout se fait par spécialités ou du moins une grande partie de la production se fait par spécialités, chaque ouvrier fait une partie du
travail et il ne lui faut pas longtemps pour s'en instruire ; ensuite
raisons morales : il y a moins de stabilité et de règle dans les esprits,
on n'aime pas à rester dans une maison, on veut changer, on veut
gagner de suite. Il se fait encore dans les petites villes surtout et
dans les métiers de détail, des contrats d'apprentissage, mais ils
sont mal gardés. On a donc pensé à instruire autrement les candidats aux professions manuelles ; d'où les écoles professionnelles
organisées par quelques municipalités. Ces écoles, outre qu'elles
coûtent aux contribuables, n'ont pas donné les résultats qu'on attendait : on leur reproche d'être trop théoriques, trop peu pratiques et
il ne peut en être autrement. Divers syndicats ont érigé — à leurs
frais — des cours du soir pour les jeunes ouvriers du métier et afin
de les stimuler, on leur propose des prix : livrets de la caisse d'épargne, boîtes d'outils, etc.

Œuvres d'assistance. — Ils ont tenté — ou quelques-uns au moins
d'entre eux ont tenté — d'établir en faveur des ouvriers quelques
sociétés de secours, notamment contre les accidents. Il sera parlé
avec détails dans la troisième partie du présent travail de ce qui a
été fait en ce sens. Ils ont de même établi des sociétés d'assurance
pour garantir leurs membres contre ces risques qui peuvent tout à
coup ruiner un chef de maison. C'est ce qu'a fait notamment le syndicat des plombiers de Paris, touché de ce qui était survenu à l'un
de ses membres qui fut ruiné et mis en faillite par un sinistre dû à
l'imprudence impossible à empêcher de l'un de ses ouvriers. Bien
entendu, ces caisses sont à part de la caisse syndicale, la loi même
l'exige et avec raison.

Défense du métier à l'étranger. — Mais l'une des utilités principales que peuvent avoir les syndicats de patrons concerne la vente des produits français à l'étranger, ou plus exactement hors d'Europe. On sait quelle est aujourd'hui la situation des nations de l'Europe occidentale : la nombreuse population ouvrière qu'elles renferment, servie par un outillage qui s'accroît et se perfectionne sans cesse, produit bien au delà des besoins du pays. Il leur faut donc chercher des acheteurs en des contrées éloignées où alors les producteurs des diverses nations se rencontrent et se font concurrence ; qui sera préféré ? C'est une question de vie ou de mort pour nombre d'industries d'Europe. Il faut pour l'emporter contenter le goût des acheteurs et se conformer à leurs habitudes, c'est-à-dire il faut pour certains des produits solides et pour d'autres des produits bon marché ; il y a des questions de forme, de couleur, même d'emballage qui entraînent les préférences et font gagner un marché.

Il y a d'autre part, quant au paiement, des usages locaux dont il faut tenir compte. Nos commerçants et nos industriels surtout ne peuvent par eux-mêmes être renseignés, à moins d'être à la tête d'une très vaste entreprise. La plupart attendent de nos consuls les renseignements nécessaires. Mais quelque zèle qu'ils déploient, et à supposer qu'ils restent assez longtemps au même poste pour qu'ils puissent bien connaître la situation, il est difficile qu'ils donnent avec une suffisante précision les renseignements nécessaires à telle ou telle branche d'industrie : les gens du métier peuvent seuls le faire. C'est aux syndicats qu'il appartient d'avoir dans ces pays des représentants qui, non seulement renseignent les syndiqués sur la valeur et les exigences du marché, mais qui, de plus, séjournant dans le pays, peuvent rendre aux membres du syndicat des services qu'on ne saurait obtenir que de ceux qui sont sur les lieux. En certaines occasions spéciales, comme en cas d'expositions, il est urgent d'avoir un agent qui renseigne d'abord sur l'utilité qu'il y a d'exposer ou de s'abstenir, sur la manière ensuite de faire les envois et de se gouverner en toutes choses.

Le ministre du commerce citait en ce sens à la Chambre des députés dans la discussion qui a précédé le vote de la loi de 1884, un fait curieux. Le gouvernement croyait utile que la France fût représentée à l'exposition de Melbourne. A qui s'adresser ?

Il se tourna d'abord du côté des Chambres de commerce, institutions officielles qui sont réputées représenter le négoce et l'industrie et, de ce côté, rien ne fut obtenu. Il eut alors l'idée de recourir aux syndicats, c'est-à-dire à des institutions alors illégales et le succès cette fois fut complet. « Au bout d'un mois, jour pour jour, nous

avions une organisation parfaitement établie et qui a donné naissance aux résultats magnifiques que nous avons pu constater. »

Il convient d'ajouter que si les syndicats avaient été bien organisés et représentés, ils n'auraient pas eu à attendre l'invitation
officielle, ils devaient agir d'eux-mêmes. Mais cette partie si désirable de l'œuvre des syndicats est encore à venir, ou du moins il n'y
a eu en ce sens que des essais timides, les négociants de quelques
autres nations, les Allemands par exemple, qui sont pour nos industriels de si redoutables concurrents, usent volontiers de ce moyen et
les résultats qu'ils obtiennent doivent inciter nos compatriotes à
diriger leurs efforts de ce côté.

Tout avantage que procure pour le bien du métier la pratique de
l'association doit être mis en œuvre. Ainsi le délégué du syndicat
parisien des fabricants de jouets déposait ceci dans l'enquête de 1884
« Comme notre industrie périclitait, nous nous sommes réunis à
dix d'abord, puis à quarante pour fonder, rue d'Hauteville, un bazar
où viennent les commissionnaires et les acheteurs du dehors. Les
résultats sont très bons, nous sommes surpris que d'autres corporations n'aient pas fait de même. » Qu'on le remarque, ce n'est point
le syndicat qui a comme syndicat fondé ce bazar, les deux organisations sont distinctes. Mais c'est dans le syndicat que l'idée est née,
c'est l'association déjà fondée — l'association syndicale — qui a donné
l'idée de faire cette autre association. C'est dans le syndicat que les
promoteurs avaient éprouvé la force de l'association et qu'ils avaient
pris l'idée de s'organiser. Ce sont en effet les syndicats qui souvent
ont érigé ces sociétés dont il sera parlé plus loin pour l'achat en
commun des matières premières destinées aux syndiqués, comme
aussi pour la vente en commun de leurs produits.

Fédérations de syndicats. — La loi de 1884 permet aux syndicats de
se fédérer, plusieurs d'entre eux s'étaient groupés d'ailleurs, avant
même cette loi, sous le nom de Fédération de la Sainte-Chapelle parce
qu'elle avait son siège social rue de la Sainte-Chapelle (il est aujour-
d'hui rue de Lutèce). Ces syndicats au nombre de onze, tous de
l'industrie du bâtiment, ont servi de modèle à d'autres fédérations
qui se sont établies depuis ; la plus notable est l' « Union nationale »
qui compte environ soixante-dix syndicats appartenant aux professions les plus diverses. Les avantages que procure la fédération sont
d'abord de n'avoir besoin que d'un local pour tous. Chaque syndicat
y a son bureau et la grande salle sert aux diverses sociétés alternativement pour leurs assemblées générales.

La fédération ensuite a un journal utile à tous les syndiqués et dont nul syndicat en particulier ne pourrait faire les frais ; elle a de plus organisé de nombreux services : bureau pour les analyses chimiques à prix réduits, bureau de consultation et de renseignement sur la législation commerciale française ou étrangère, particulièrement sur les brevets d'invention et la propriété industrielle, bureau d'indication sur les tarifs de transports, etc.

Lorsqu'un projet de loi nuisible à l'industrie ou au commerce national est proposé, ou lorsqu'il s'agit de demander, soit aux législateurs, soit aux pouvoirs publics une mesure quelconque, les vœux ou les réclamations de toute une fédération sont plus écoutés que ne seraient ceux d'un syndicat isolé, lesquels cependant auraient plus de force que les réclamations de simples particuliers, et en effet plusieurs de ces vœux ont été entendus.

C'est à l' « Union nationale » que s'était adressé le ministre du commerce au sujet de l'exposition de Melbourne comme représentant le plus grand nombre des syndicats.

On voit quels services peuvent rendre les syndicats patronaux, et il faut regretter qu'un si grand nombre de patrons — ce sont surtout les petits, ceux qui auraient le plus besoin de s'unir — se tiennent encore par routine, par indifférence, en dehors de ces groupements, comme aussi on doit regretter que trop de ces syndicats n'aient d'autre destination que de lutter contre les syndicats ouvriers.

Au surplus, ne pourrait-on voir unis ensemble dans une même association ouvriers et patrons ? La loi le permet, leur intérêt à tous deux les y pousse et cette union se trouverait en effet, si l'on croit le titre de « syndicats mixtes » qui figure dans les *Annuaires* publiés par le ministère du commerce.

§ 5. — Les Syndicats mixtes.

Ces sortes d'associations ont été proposées plusieurs fois comme un très désirable idéal et lorsqu'a été discuté le projet qui est devenu la loi de 1884, plusieurs députés avaient demandé qu'on accordât aux syndicats comprenant à la fois des patrons et des ouvriers des avantages tout spéciaux. En effet, disaient les auteurs de ces propositions, que vont être les syndicats que la loi nouvelle établira ? Des moyens de lutte qui grouperont pour la guerre des hommes dont l'intérêt comme le devoir est de vivre en bon accord ; on aura des groupes d'ouvriers et des groupes de patrons qui se regarderont avec hostilité et emploieront la force que donne l'association à se com-

battre. Au lieu de cela, ayons des sociétés formées de deux groupes
distincts, patrons et ouvriers de même profession, mais qui toutefois ne feront qu'une même société et n'auront par suite qu'une seule
action. Leur demande n'eut pas de succès et les syndicats mixtes
sont légalement dans la situation des autres.

Obstacles à ces syndicats. — On peut croire par ce qu'on a vu de l'esprit qui animait les syndicats ouvriers que pareille union serait difficile et ce qu'il est fâcheux d'avoir à constater est qu'aux difficultés
venant de la disposition des hommes s'en ajoutent qui viennent des
termes de la loi de 1884. Elle a interdit les *membres honoraires* et avec
une telle rigueur que même ceux qui ont jadis pratiqué la profession ne sauraient être admis dans un syndicat : il faut pratiquer le
métier actuellement. On conçoit que cette prohibition empêche tout
accord. Les deux éléments distincts composant le syndicat ne sauraient s'accorder que s'il y a entre eux une autorité impartiale qui
prononce sans être suspecte à aucun des deux partis. Il faut donc
que le président ne soit pas du métier, c'est un soin que l'on a en
Angleterre lorsqu'on choisit un arbitre pour trancher un de ces différends qui, dans l'industrie, s'élèvent souvent entre patrons et ouvriers ; on désigne toujours pour arbitre un homme qui n'appartient
pas à la profession. Il sera moins compétent peut-être, mais ce qui
est plus nécessaire, il ne sera pas partial, ni soupçonné de l'être.
On ne peut pas, en France, choisir de tels hommes pour présider
les syndicats mixtes. Les législateurs ont voulu en prenant cette
mesure écarter les politiciens des syndicats. L'expérience prouve
qu'ils n'y ont pas réussi et il est certain d'autre part, qu'ils ont ôté
aux syndicats un grand moyen de pacification et d'entente entre patrons et ouvriers.

Et cependant il y a des syndicats mixtes car on a vu que les *Annuaires* en mentionnent un certain nombre ; qui sont-ils donc ?

Les uns sont composés d'hommes du monde : réunions pour un
sport quelconque ; les autres sont composés d'artistes ; d'autres
enfin de garde-malades, instituteurs ou infirmiers. On a cru devoir
les classer à part comme n'étant pas hommes de travail manuel
et donner à leurs associations le nom de syndicats professionnels, les
membres n'étant ni artisans en chef, ni ouvriers salariés. On trouve
ensuite des sociétés de secours mutuels, associations utiles à la
vérité, mais qui ne sont nullement des syndicats. Les seules sociétés
vraiment mixtes, c'est-à-dire vraiment formées de patrons et d'ouvriers sont quelques associations, malheureusement rares, dont le
type le meilleur est un syndicat de Lille dit des Fileurs ou de Saint-
Nicolas.

Ce syndicat absolument légal d'ailleurs et porté à l'*Annuaire officiel* rappelle comme aspect nos anciennes confréries. Il comprend un certain nombre d'ouvriers et quelques patrons fileurs de Lille, sans d'ailleurs que les ouvriers appartiennent tous aux maisons des patrons associés. Le syndicat a des fêtes patronales, fêtes venant d'anciennes traditions et qui sont célébrées avec pompe dans l'une des églises de Lille comme l'étaient les anciennes fêtes confraternelles et corporatives.

Ces fêtes auxquelles tous les membres ont grand soin d'assister ont le grand avantage de faire trouver ensemble et de rapprocher patrons et ouvriers. Elles animent un peu la vie monotone de l'ouvrier et de l'ouvrière d'usine, tout en élevant leurs pensées et leurs cœurs au-dessus de ce monde qui ne leur promet qu'une vie de labeur et de peines. Les mariages, les services funèbres des confrères sont aussi célébrés par les soins du syndicat avec l'assistance de tous les membres qui peuvent y venir, et il faut se garder de croire que les ouvriers considèrent ces avantages comme indifférents.

Ensuite vient une série d'institutions d'assistance : caisse de secours mutuels, caisse des malades, d'assistance en cas d'accidents, caisse des funérailles, caisse des femmes en couche, etc., dont profitent les membres qui veulent y adhérer, car elles ne sont pas obligatoires. Une caisse de prêt gratuit, une caisse d'épargne donnant des intérêts élevés sont encore à la disposition des associés.

On devine que dans toutes ces institutions, la grosse part des frais est supportée par les patrons, les ouvriers en ces pays de faibles salaires ne fournissent que de minimes cotisations. Il y a donc là du patronage, de bon et d'excellent patronage autant que de l'association proprement dite, si l'on entend par là une institution fondée et se soutenant par ses divers membres également.

A côté se trouvent d'autres institutions qui alors ne tiennent rien de l'ancienne confrérie et sont au contraire absolument modernes, ce sont les institutions dites économiques. Le syndicat obtient de certains fournisseurs des diminutions de prix pour ses membres (pour ceux qui veulent en profiter) et une suffisante qualité, ce dont il s'assure.

Les ouvriers apprécient ces avantages car le nombre des associés s'accroît et ils apprécient, non les seuls avantages matériels, mais aussi, il importe d'en faire la remarque, les avantages de l'ordre moral. On ne se figure pas, à moins de l'avoir constaté soi-même, combien ces hommes, les dignitaires élus surtout, s'attachent à leur société et s'efforcent de la rendre prospère, glorieuse même. Son succès est l'intérêt de leur vie, ils jouissent pleinement de ses fêtes et de ses pompes, modestes en effet, mais singulièrement hautes à leurs yeux. N'est-il pas heureux que ces pauvres gens aient ce but dans leur vie à côté du travail quotidien et monotone qui les tient courbés sans relâche sur le métier? Et ce qui les en distrait est utile pour eux-mêmes et pour les leurs, c'est une chose honnête et morale par-dessus tout, alors que tant de syndicats ouvriers inspirent à leurs membres la haine, l'envie, le dégoût de leur genre de vie et de leur travail journalier.

Le syndicat que je décris se propose autre chose encore d'après ses statuts : constater par des diplômes la capacité professionnelle, organiser l'arbitrage en cas de conflits entre ouvriers et patrons, faire une étude pratique de toutes les questions intéressant le métier.

Le dernier but est fort possible à atteindre au moyen de conférences intimes où sont appelés les ouvriers et c'est ce qui a lieu en plusieurs endroits au grand avantage de ceux qui viennent à ces réunions. Quant aux autres objets, pour excellents et désirables qu'ils soient, il faut constater qu'ils n'ont guère, jusqu'ici, été suivis d'exécution et il n'en faut pas être surpris : constater par un diplôme la capacité d'un ouvrier est chose fort bonne en soi puisque c'est tout ensemble un stimulant pour le porteur du diplôme et une garantie pour ceux qui auront à l'employer, les compagnons étaient, on l'a vu, dans les métiers du bâtiment, plus payés que les autres, parce qu'ils étaient, en effet, plus capables. Mais alors qu'il était facile de constater par une épreuve la capacité d'un charpentier ou d'un tailleur de pierre il est plus mal aisé de se rendre compte de la valeur professionnelle d'un ouvrier qui conduit, ou plutôt qui surveille seulement un métier mécanique. Il ne semble pas qu'aucun de ces diplômes ait jamais été délivré.

Il ne paraît pas non plus que le syndicat ait jamais pratiqué l'arbitrage. Une des raisons qui rendront toujours difficile l'arbitrage par les syndicats encore que ce soit une fin que, d'après les termes de leurs statuts, la plupart se proposent ; ce sont les dispositions à cet égard de la loi française. Elle n'admet pas que d'avance on s'engage à soumettre à des arbitres déterminés les débats qui pourraient s'élever ; on ne peut que leur soumettre les débats déjà nés, ce qui rend les arbitrages beaucoup plus rares. Peut-être aussi ne s'est-il produit aucun litige requérant l'intervention des arbitres. Ce serait le plus bel éloge à la fois des patrons et des ouvriers lillois de cette industrie.

On remarquera qu'il n'est point question de conventions concernant le mode de travail : tarif de salaires, durée des journées de travail, etc. Il faudrait pour que de tels arrangements fussent possibles que le syndicat comportât la majeure partie des patrons et ouvriers du métier, ce qui n'est pas.

Il existe actuellement plusieurs syndicats organisés sur le modèle de celui qui vient d'être décrit. En tous, on s'efforce de faire trouver ensemble, non seulement aux fêtes religieuses, mais les dimanches, dans le local du syndicat, patrons et ouvriers. On cherche aussi à constituer un « patrimoine corporatif » formé surtout de dons des patrons ou des personnes bienveillantes et qui alimenterait l'œuvre des secours, celle surtout des pensions de retraites.

Les syndicats mixtes, s'ils pouvaient s'organiser et se multiplier rendraient une sorte de service que les compagnonnages rendaient autrefois, et que rien n'a remplacé ; ce serait de faire connaître les endroits où l'ouvrage abonde et ceux où il fait défaut (1), ceux par suite où les ouvriers peuvent se rendre pour avoir du travail et ceux qu'ils doivent éviter.

Si encore ces sortes de syndicats étaient nombreux et comprenaient l'ensemble ou une grande partie des gens de la profession, on sent quelle autorité auraient leurs vœux touchant la législation ou projetée ou existante ; ce ne seraient plus les vœux des seuls patrons ou des seuls ouvriers, mais ceux des uns et des autres qui viendraient solliciter ou éclairer le législateur. Mais ce ne sont que des *desiderata* et des espérances ; jusqu'ici les seuls vœux émis dans le sens que nous indiquons l'ont été par des unions de syndicats patronaux.

A côté des syndicats d'industriels patrons ou bien ouvriers, il y a des syndicats agricoles absolument différents bien qu'ayant un même nom, des syndicats qui viennent d'être décrits ; mais avant d'en parler, il convient de citer certaines associations qui rentrent plutôt dans la catégorie des sociétés coopératives que dans les syndicats proprement dits, et qui toutefois ont leur place ici, parce qu'elles sont à l'usage des gens d'une même profession, ce sont les associations pour l'achat et la vente en commun.

---

(1) On va dire que ceci serait l'affaire des *Bourses du travail* correspondant entre elles. Outre qu'il n'y a de ces *Bourses* qu'en quelques endroits, elles sont presque partout aux mains des socialistes, et on sait ce qu'ils en font. Les grèves actuelles dont nous sommes témoins (octobre 1898) le montrent surabondamment.

CHAPITRE III

Associations pour l'achat en commun. — On sait qu'il est plus avantageux d'acheter même des matières premières par quantité qu'au détail. Du temps même des corps de métiers, on trouvait dans les statuts de plusieurs des règles sur l'achat en commun des denrées ou des matières qui devaient être ouvrées ou vendues par les membres de la corporation. On ne serait pas surpris de trouver des dispositions analogues chez nos modernes syndicats d'artisans, il n'y en a pas cependant, au moins à ma connaissance, alors que de telles dispositions sont fréquentes, on le verra bientôt, chez les syndicats agricoles. Mais on trouve quelques sociétés, quelques rares sociétés établies exprès dans ce but.

Vers 1866, on a eu, en un temps où la coopération était fort prônée, quelques associations d'ébénistes dans le faubourg St Antoine, à Paris. Il s'agissait de ces petits artisans très nombreux et travaillant à leur compte soit pour un grand patron auquel ils livrent des pièces entières faites par eux et à leurs frais, soit pour vendre directement au public s'ils le peuvent, mais d'habitude aux marchands. Ces hommes s'associaient pour acheter ensemble et par quantités un peu plus fortes les bois nécessaires à leur industrie. Comme ils n'avaient pas de magasin, ce qu'ils pouvaient faire était d'acheter les quantités dont ils avaient immédiatement besoin et de se les partager de suite, chacun payant sa part aux mains de celui qui avait fait la commande au nom de tous.

On comprend que de telles sociétés étaient fort rudimentaires, elles n'avaient souvent pas de statuts, ou d'assez irréguliers et étaient en définitive, limitées à une seule opération. Il ne semble pas qu'il existe aujourd'hui parmi ces mêmes artisans, aucune société de ce genre, au moins société stable et forte ; il peut y avoir des associations à effet temporaire, il n'y en a pas d'autres. L'utilité de telles sociétés n'est pas contestable, ni contestée, mais il est difficile d'associer les hommes fût-ce dans leur intérêt.

En Allemagne, au contraire, ces sociétés sont nombreuses, on les trouve désignées dans les statistiques du pays sous le nom impropre de « sociétés coopératives de production ». Les premières ont été organisées par Schulze-Delitsch avant qu'il s'occupât des banques populaires. La petite industrie était alors florissante en Allemagne où elle est, aujourd'hui encore, plus vivace qu'en France. Il décida avec beaucoup de peine un certain nombre de menuisiers et de cordonniers de sa ville natale à s'associer pour acheter en gros le cuir et les bois nécessaires à leur industrie et pour s'affranchir de la sujétion des fournisseurs qui profitaient de la position infime des petits artisans pour leur vendre « de mauvaise marchandise à prix élevé » (1). Leur exemple a été largement suivi dans plus d'une profession.

Associations pour la vente en commun. — Les sociétés pour la vente en commun des produits travaillés par les associés chacun en son particulier sont tout l'inverse des précédentes. On a vu déjà l'exemple donné en ce sens par un syndicat parisien, celui des jouets d'enfants qui avait organisé une sorte de bazar, mais plutôt, semble-t-il, pour obtenir des commandes au moyen d'échantillons que pour la vente en détail : le procédé n'en est pas moins bon.

Je puis citer, pour l'avoir vu à ses débuts, un magasin de vente de meubles qu'un ouvrier en meubles du faubourg St Antoine avait organisé avec quelques camarades pour échapper à la « trôle ». Voici ce qu'est la « trôle ». Lorsqu'un ouvrier en meubles a fini une pièce non commandée (ce qui est le cas ordinaire) il lui faut la vendre. Comme il ne peut, faute de temps, aller l'offrir lui-même de place en place, il en charge un des commissionnaires qui font ce métier et qui la vend à quelque marchand, mais toujours au détriment du pauvre ébéniste. Et si celui-ci essaie de « trôler » son meuble lui-même, les marchands qui s'entendent avec les commissionnaires ne le traiteront pas mieux.

Pourquoi l'ébéniste ne vend-il pas au public ? C'est qu'il ignore quelles personnes entre beaucoup ont besoin de son meuble ; celles-ci, d'autre part, ignorent son existence, et lorsqu'on achète un meuble, on aime mieux le voir que le commander, ou bien on le commande à une maison qui offre des garanties, en qui on a confiance assez pour penser que, dans l'intérêt même de sa réputation, elle livrera de bons produits.

(1) Ce sont les termes dont se sert Schulze-Delitsch qui a raconté le fait dans son *Manuel pratique des sociétés de production*. Traduction Simonin (Paris 1876).

Cet ébéniste avait créé un magasin où n'étaient admis que de bons meubles ; le directeur après examen les marquait et ils étaient vendus aux prix fixés par le producteur, augmentés d'un tant pour cent destiné aux frais de vente. L'idée était bonne, car la société eut pour premier client le greffier qui avait enregistré les statuts. Elle ne dura pas cependant, mais l'idée vient, après bien longtemps, d'être reprise par un groupe d'ébénistes qui ont leur magasin sur le boulevard St-Germain, près de la société de géographie, à l'enseigne de St-Joseph.

Puisse la tentative réussir cette fois et être reprise par d'autres corps d'états. C'est une des formes d'associations les plus simples et on peut s'étonner que ces associations pour la vente et surtout pour l'achat, soient si peu nombreuses.

CHAPITRE IV

LES SYNDICATS ET LES ASSOCIATIONS AGRICOLES

Leur origine. — Nos campagnes, depuis douze ans, présentent sous ce rapport un remarquable spectacle. Avant 1884, l'association y était presque inconnue. On avait peine à trouver quelques sociétés de secours mutuels dans un pays où les confréries ont été nombreuses et les autres associations étaient si rares qu'on s'étonnait d'en rencontrer.

Je me souviens de la surprise que j'éprouvai, il y a une trentaine d'années, lorsqu'on me signala dans une petite commune du Morbihan une association formée entre quelques cultivateurs pour l'achat des engrais. Aujourd'hui, au contraire, ces associations sont nombreuses dans nos campagnes : associations pour l'achat en commun d'engrais, de machines, de semences, associations pour la vente des produits ou des bestiaux, laiteries coopératives, etc. Le temps perdu sera vite regagné car le progrès est continu.

Et tout cela date de 1884, ou du moins a commencé à cette époque. La loi sur les syndicats a donc eu la vertu de redonner aux cultivateurs le goût de l'association qu'ils ont eu autrefois et dont ils ont perdu jusqu'au souvenir ? Nullement; un texte de loi n'a pas et ne saurait avoir ce merveilleux effet de changer les dispositions et les mœurs d'une population, mais la loi de 1884, en permettant de faire ces associations, a rendu possible les efforts des promoteurs du mouvement qui, avant, n'auraient pas eu le moindre succès.

Il faut se souvenir, en effet, que notre paysan de France, à force de se sentir gouverné, a fini par devenir l'être le plus timide et le plus circonspect qu'il y ait au monde. Habitué à voir le pouvoir public ordonner tout, intervenir partout, il a fini par n'oser plus branler, pour ainsi dire, en tout ce qui sort de la pratique stricte de sa profession, sans une permission de l'autorité. Il eût donc été absolument inutile de l'inciter à former une association non reconnue par la loi (1). En dehors de la paresse naturelle de son esprit et de son éloignement pour toute initiative, la seule pensée de faire une chose illégale l'aurait empêché d'abord d'écouter aucune proposition. La loi de 1884 a servi ceux qui voulaient pousser au mouvement en leur permettant de convaincre les paysans qu'ils leur proposaient une chose expressément déclarée licite par la loi. C'est ainsi que cette loi a levé le premier obstacle : la crainte des paysans ; restait à leur persuader de s'associer, et pour quel motif d'abord leur demander une telle nouveauté ?

Ceux qui ont pris l'initiative du mouvement sont des propriétaires ruraux non pas tous nés à la campagne, mais obligés par diverses circonstances politiques ou autres, de vivre sur les domaines qu'ils possédaient et d'en tirer leurs moyens d'existence. Ils constataient qu'une crise intense sévissait sur l'agriculture, les paysans le sentaient aussi parce qu'ils avaient peine à vendre leurs produits, mais ils ignoraient la cause de cette crise, sa durée probable, quelles sortes de remèdes y pouvaient être apportés. Les hommes dont je parle étant plus instruits, s'en rendirent compte assez vite : ils reconnurent qu'elle avait pour cause la concurrence des pays neufs, que les immenses quantités de terre vierge existant dans ces pays ne requérant aucune fumure et travaillées à la machine comme dans les deux Amérique et en Australie ou encore travaillées par des populations où la main-d'œuvre est à rien comme dans l'Inde pouvaient, grâce au bas prix des transports, envoyer en Europe des céréales à des prix singulièrement bas. Ils virent bien qu'il ne restait aux cultivateurs des vieux pays qu'à améliorer leur culture et la vente de leurs produits et qu'il ne leur suffisait plus maintenant d'être très laborieux, très économes, très durs à la peine comme nos paysans l'ont toujours été. Mais comment faire rendre plus à la terre alors que le paysan la travaille avec tant d'ardeur, comment vendre mieux alors que ce même paysan est retors et âpre au gain autant qu'on le sait ?

Pour mieux cultiver, il fallait employer les engrais, surtout les engrais chimiques qui suppléent à l'insuffisance des autres, il fallait avoir des semences de bonne qualité, améliorer le sol, améliorer, d'autre part, les races de bestiaux ; pour mieux vendre, il fallait trouver des acheteurs et pour cela les aller chercher au loin au besoin et mieux présenter ses produits. Mais ce n'est point le paysan isolé, non pas même le moyen cultivateur qui pourra expédier au

(1) La petite société de cultivateurs bretons dont il était parlé ci-dessus vivait très obscurément, elle paraissait craindre d'être connue et signalée à l'attention publique.

loin ses denrées et chercher la clientèle, il faut que ces hommes individuellement faibles s'unissent s'ils veulent avoir une force.

L'utilité de l'association est donc évidente, restait à la montrer aux paysans. C'est en voyant leurs voisins plus riches et surtout plus intelligents prendre l'initiative et prêcher d'exemple, que les premiers d'entre eux se décidèrent, les autres suivirent en les voyant faire, et l'exemple gagna de proche en proche. Aujourd'hui les syndicats sont connus dans les campagnes et ne rencontrent plus d'hostilité (1).

J'ai dit les syndicats car, en effet, les associations agricoles diverses érigées pour le bien des cultivateurs prennent toutes le nom et la forme de syndicats professionnels. Ce n'est point, légalement, la forme la meilleure ni la plus correcte, mais c'est celle qui, en fait, a été adoptée et qui, ayant la vogue, a été employée partout. Il est arrivé seulement que les plus avancés de ces syndicats ont été conduits peu à peu à créer en dehors et à côté d'eux des associations spéciales, des « coopératives », pour l'achat en commun ou pour la vente de tel et tel produit. Mais on comprend qu'ici les syndicats proprement dits et les sociétes du genre coopératif se confondent tellement qu'il faut en parler ensemble, sans pouvoir faire la distinction que nous avons pu faire à propos de l'industrie.

§ 1. — Les Syndicats agricoles proprement dits.

Leur caractère, leur composition. — A la différence de ce qui existe dans l'industrie où l'on a vu des syndicats de patrons et des syndicats d'ouvriers distincts et souvent opposés, il n'y a qu'une seule sorte de syndicats agricoles, lesquels sont ouverts à tous ceux, propriétaires et manœuvriers, qui vivent du travail de la terre. En fait, on n'y rencontre guère que des cultivateurs propriétaires, non que les simples ouvriers soient exclus, mais ils y viennent peu. Il faut se souvenir d'ailleurs que dans nos campagnes où le sol est très divisé, les journaliers, c'est-à-dire ceux qui louent leurs bras à la journée sont souvent de petits propriétaires qui n'ont pas assez de terres pour être toujours occupés, ni pour vivre de leur seul rendement et travaillent une partie du temps pour autrui. Or, dans les

(1) Comme exemple, un homme de cœur et d'intelligence, M. Louis Dubois, directeur d'un journal agricole, a amené la création dans le Loir-et-Cher, d'une centaine de syndicats.

Ce sont des conférences faites de place en place qui décident quelques paysans, d'autres viennent ensuite, les nouveaux syndicats étant aidés de ses conseils.

syndicats, les plus petits propriétaires peuvent se rencontrer et se rencontrent en effet avec les plus grands, le but des syndicats est justement de les rapprocher.

Le syndicat de Mortagne, présidé par le marquis de Juigné, a mis dans ses statuts « qu'il s'efforcera d'établir entre les divers membres de la famille agricole des liens de fraternelle solidarité en vue de faciliter la défense des intérêts communs ». Celui de Poligny (Jura) déclare pareillement « qu'il s'efforcera de faire aimer la profession par excellence, celle qui, depuis des siècles, constitue la principale richesse de la patrie, d'attacher les populations à leur foyer et au sol qu'elles cultivent, en employant tous les moyens en son pouvoir pour remettre le travail de la terre en honneur et pour le rendre plus lucratif ».

On remarquera cette dernière partie des statuts de Poligny, elle montre que les hommes qui l'ont fondé et qui le dirigent connaissent bien leur milieu, ils savent qu'on n'attire pas le paysan comme on attire l'ouvrier des villes, avec des déclamations, mais qu'il faut, au contraire, lui offrir de pratiques, de positifs avantages (1).

Leur objet : achats d'engrais. — C'est pour cela que les premiers syndicats se sont donné ce but tout utile et positif : l'achat d'engrais artificiels à des conditions de qualité et de prix qui devaient attirer les cultivateurs déjà instruits de l'avantage qu'il y avait à employer ces engrais. D'autres ont cherché à procurer à leurs membres des conditions meilleures dans l'achat soit des semences, soit des instruments agricoles. D'autres encore ont cherché à rendre plus facile ou plus lucrative la vente des produits ; chacun enfin de ces syndicats a montré aux paysans qu'il voulait attirer, quelque avantage immédiat. Si on les avait conviés à entrer dans une association ayant pour objet « l'étude et la défense de leurs intérêts communs » ils ne seraient pas venus, mais en leur montrant qu'ils pourraient ainsi ou mieux acheter, ou mieux vendre, on les a décidés.

Du reste, beaucoup de syndicats n'ont pas tardé à élargir le but poursuivi ou plutôt leur rôle s'est élargi de lui-même. Ces cultivateurs qui ne cherchaient d'abord qu'un intérêt de lucre ont compris qu'il leur était bon de se voir, de se connaître, de se concerter.

Pétitions aux pouvoirs publics. — Ils ont compris ou on leur a facilement fait comprendre qu'ils avaient chance de voir les législateurs

---

(1) Lorsque, bien entendu, il s'agit des choses de la culture ; ce n'est plus exact au point de vue politique.

s'inquiéter d'eux s'ils réclamaient, non pas isolément, mais par
groupes, par centaines, et mieux par milliers à la fois contre les
lois ou contre les mesures, soit existantes, soit en projet et de nature à leur porter préjudice et les syndicats agricoles ont fait comme
les syndicats ou fédérations de syndicats industriels, ils ont adressé
aux législateurs ou aux pouvoirs publics des pétitions qui ont ordinairement été au moins écoutées.

Enseignement professionnel. — Les fondateurs des syndicats ont
senti aussi que l'ignorance technique des paysans était une des causes de la situation fâcheuse de l'agriculture française et ils ont songé
à faire tout comme les syndicats de l'industrie, de l'enseignement
professionnel, mais il fallait le faire autrement. Ils ont d'abord payé
ou quelques-uns d'eux ont payé des professeurs d'agriculture et ont
des champs d'expérience où l'on cultive suivant les meilleures mé-
thodes, afin de convaincre les paysans par le seul procédé qui les
touche vraiment : les faits et les résultats acquis.

Plusieurs syndicats ont des publications spéciales, techniques, à
l'usage des cultivateurs. Ce sont ordinairement des journaux hebdomadaires, car le paysan ne lit guère que le dimanche, mais s'il lit
peu, en revanche il lit avec confiance, avec conviction ; il a une
sorte de révérence pour ce qui est imprimé. Si donc on lui donne
d'utiles renseignements, des conseils appuyés de faits, on lui aura
rendu un sérieux service. Il sait d'ailleurs qu'il peut s'adresser au
syndicat qui sera toujours pour lui un guide, un conseil.

Tel syndicat a fait plus encore et celui, par exemple, de la Charente-Inférieure a institué des primes pour les bonnes cultures. Eh !
oui, des primes en argent et il n'a pas distribué en un an moins de
45.000 fr. de primes obtenues partie par les cotisations de ses membres et partie par les bénéfices que lui procure sa société de consommation dont il sera parlé plus loin. On peut croire que ces
moyens ne sont pas sans efficacité auprès des paysans. Le syndicat se
met, de même, à la disposition de ses membres pour analyser leurs
terres et leur faire savoir ensuite de quelle manière il convient de
les traiter, ou pour corriger ce qui leur nuit, ou pour ajouter ce qui
peut les amender.

Répression des fraudes. — La répression des fraudes professionnelles est un but et l'un des plus utiles que se puissent proposer les syndicats. L'agriculture prenant aujourd'hui un tour industriel, a aussi
ses fraudeurs. Le syndicat des viticulteurs du Gers et de l'Armagnac
était résolu à poursuivre en son nom les distillateurs qui mélangent

les alcools aux lies de vin et les font passer pour eaux-de-vie d'Armagnac au détriment des viticulteurs du pays dont les produits sont ainsi dépréciés. Le syndicat des viticulteurs propriétaires de la Gironde se proposait un but analogue. Je ne sais s'ils ont suivi leur dessein, ni ce qui en est advenu, mais il est à souhaiter que les syndicats agricoles, aussi bien qu'industriels, entrent dans cette voie, malgré quelques insuccès que leur présagent les dispositions de la jurisprudence. C'est avec de la persévérance qu'une cause juste finit par l'emporter et la jurisprudence n'est pas immuable. Elle se règle aujourd'hui par les souvenirs du droit civil, les juges devront bien enfin sentir qu'une situation nouvelle veut une autre application des principes du droit et de l'équité.

L'agriculture n'ayant pas de tribunaux spéciaux comme l'industrie, les syndicats n'ont pas à désigner d'experts, ils pourraient d'ailleurs très bien en fournir aux tribunaux ordinaires saisis de questions techniques touchant à l'agriculture.

Conciliation. — Divers syndicats écrivent dans leurs statuts qu'ils ont pour but de concilier les différends qui viendraient à s'élever, but excellent, mais qui ne semble pas jusqu'ici avoir été suivi d'effets. D'une part, la culture fait naître moins de procès que l'industrie qui est bien plus compliquée, puisque le même produit passe successivement par de nombreuses mains, et, d'autre part, les procès ruraux portent bien plus sur des questions de propriété, de servitudes, etc., que sur le contrat de travail.

Échange des parcelles de terre. — L'un des buts que se proposent certains syndicats agricoles et qui est alors spécial à l'agriculture, est de faciliter l'échange des parcelles de terre. On sait combien le sol rural français est divisé; il l'est en bien des endroits à l'excès. C'est l'effet de notre régime légal en matière de succession qui veut que chaque héritier ait une part égale du patrimoine successif; chacun d'eux veut avoir sa part de chaque morceau de terre, parce que chaque morceau est un peu différent des autres et que nul héritier n'admet qu'il puisse recevoir moins bien qu'un autre. C'est aussi le résultat des opérations faites par les marchands de biens, gens qui achètent des propriétés et les revendent en détail, les découpant en aussi petites parcelles qu'il plaît aux acquéreurs.

Cette division est manifestement nuisible à la culture ; il y a des parcelles qui ne méritent pas, tant elles sont petites et loin de la maison, qu'on amène pour elles la charrue et des engrais. L'utilité qu'il y aurait à les réunir est telle qu'une loi a été votée pour rendre

faciles les échanges que peuvent faire les propriétaires de ces parcelles ; les droits fiscaux ordinaires ont été modérés. Malgré cela, que
ces échanges sont difficiles à obtenir du paysan ! Il en sent l'utilité
et ne la nie pas, mais se dessaisir de son bien ! Il craindra toujours
de faire un mauvais marché ! Les syndicats, certains au moins, s'emploient à les faire réussir et les résultats qu'ils rendront de ce chef
ne seront pas un de leurs moindres bienfaits.

Entretien des chemins et bornage. — Un autre but encore de l'activité syndicale et qui surprendra, est celui-ci. Plusieurs d'entre eux
pourvoient à l'insuffisance des services publics en ce qui concerne
l'entretien des chemins ruraux. Cet entretien concerne l'autorité
publique, ou centrale, ou départementale, ou communale, mais si
elle néglige de le faire ? C'est ce qui arrive en effet parfois. C'est
pourquoi plusieurs syndicats s'occupent de l'entretien, au besoin de
l'élargissement des chemins ruraux, fournissant même des corvées
personnelles, de vraies prestations en nature.

Les syndicats s'occupent également du bornage des propriétés
qui peut être une cause de litiges et en amène souvent en effet.

Assurances. — Autre soin des syndicats : traiter avec des compagnies d'assurance pour le compte de leurs membres. Les syndicats
allemands s'occupent volontiers de cet objet, et quelques-uns de nos
syndicats commencent à tourner leur activité de ce côté. Ils ont
obtenu de diverses compagnies d'assurance contre les accidents,
contre l'incendie, contre la grêle, contre la mortalité des bestiaux,
des conditions particulières pour leurs membres.

Une fédération syndicale, l'*Union du Sud-Est*, a obtenu autre chose.
Les compagnies, d'ordinaire, n'assurent pas les très petites propriétés à cause de l'exiguité des primes ; l'une d'elles a consenti à
assurer par groupes les syndiqués adhérents à cette fédération. Les
compagnies estiment qu'en traitant par l'intermédiaire des syndicats, elles ont moins à redouter les fausses déclarations et, d'autre
part, les paysans assurés sont heureux de savoir que le syndicat
en cas de sinistre, s'occupe du règlement de leur indemnité.

Le syndicat du Loiret a créé dans le même but, pour l'assurance
contre les accidents, une société de garantie mutuelle qui fonctionne
et comptait déjà en 1895 (elle avait été fondée en 1891) 620 sociétaires
cultivant 42.000 hectares, ce qu'il faut marquer, parce que la prime
est en proportion du nombre d'hectares cultivés. Elle est de 0 fr. 50
de prime fixe par hectare. En cas de besoin, on peut en outre appeler
une pareille somme 0 fr. 50 par hectare et non plus.

La société mutuelle assure les fermiers ou propriétaires contre les accidents survenus à toute personne sous leurs ordres. Le *maximum* des indemnités est de 8.000 fr. et exceptionnellement de 10.000. Sont seuls admis comme membres, les syndicats appartenant à l'*Union du Centre*.

On ne trouve pas dans les syndicats agricoles le but souvent cherché par les syndicats industriels du placement des ouvriers. La situation est toute autre et les bureaux de placement ne jouent là aucun rôle. En revanche, les syndicats ruraux ont une fonction qui leur est propre, c'est de tenter d'organiser l'assistance dans les campagnes où elle n'existe à peu près pas.

Assistance. — Les syndicats peuvent, aux termes de la loi de 1884, s'occuper des questions d'assistance, et notamment des sociétés de secours mutuels, caisses de retraite, etc. Mais tandis que le rôle des syndicats urbains s'arrête à ces objets, celui des syndicats ruraux peut et doit aller beaucoup plus loin. Ce qui manque dans les campagnes, ce ne sont point seulement les sociétés de secours mutuels, ce sont les hôpitaux, les dispensaires, les médecins même souvent.

Il est bien vrai qu'une loi récente, du 15 juillet 1893, a déclaré que l'assistance des malades serait désormais obligatoire pour les Conseils généraux et municipaux. Mais entre une loi de principe et une sérieuse organisation des secours, il y a loin ; ce n'est pas avec quelques votes de subsides qu'on procurera des secours aux malades si dispersés des campagnes. Alors même que l'on prendrait effectivement certaines mesures générales, croit-on qu'il ne resterait pas beaucoup à faire ? Il reste à faire dans les villes où l'on est groupé et où les secours sont abondants ; combien plus dans les campagnes où la dispersion est grande et où les secours ne seront pas, même en faisant plus qu'on prétend faire, ce qu'ils sont dans les villes ? Les syndicats sont tout désignés pour s'occuper de procurer des secours et plusieurs ont eu raison d'inscrire dans leurs statuts qu'ils se proposaient de poursuivre cette fin. L'un d'eux projetait de fonder un orphelinat qui aurait été en même temps une ferme modèle. De telles organisations auraient ce notable avantage de ne point demander de nouveaux fonctionnaires et de ne rien coûter aux contribuables.

Tels sont les buts multiples que se proposent et même pour certains, que poursuivent effectivement les syndicats et ils le font dans un esprit qui faisait écrire à un journal, lequel pourtant se qualifie de « socialiste » le *Moniteur des syndicats ouvriers* (de décembre 1891) « Alors que beaucoup de syndicats ouvriers ont maladroitement avivé la lutte stérile entre le capital et le travail et se sont posés en adversaires résolus des patrons producteurs, violant ainsi les lois de l'harmonie économique, les syndicats agricoles, mieux inspirés, ont cherché l'amélioration du sort de leurs membres par un rapprochement des divers facteurs nécessaires de la production. »

Et en effet, ils se proposent, on l'a vu, de tout faire, pour retenir à la campagne les populations trop disposées à les abandonner ; ils s'adressent tout à la fois aux grands propriétaires et aux journaliers et il faut ajouter à leur louange, que leurs efforts en ce sens n'ont pas été inutiles. Voilà quels buts poursuivent les syndicats ; il faut dire à présent comment ils sont organisés et comment ils fonctionnent.

Leur organisation. — Pour leur organisation, deux systèmes sont en présence : ou les syndicats sont départementaux, ou ils sont cantonaux. Les premiers ont plus de ressources, plus de membres et, par suite, ils achètent dans de meilleures conditions. Tel le syndicat de la Charente-Inférieure qui compte plus de douze mille membres et a fondé des associations d'achat et de vente dont il sera parlé. Par contre, il est bien plus difficile aux membres de se réunir ; comment se rassembleraient-ils de tous les points du département ?

Dans les syndicats cantonaux, on peut se voir, se connaître, se retrouver, multiplier les réunions. On a d'autre part moins de force commerciale ; on ne dispose pas du puissant crédit que peut avoir un syndicat départemental.

En quelques endroits, on a trouvé un moyen de conciliation : le syndicat s'étend au département entier, c'est un syndicat départemental qui fait les achats, mais ce syndicat se compose d'un nombre plus ou moins grand de branches locales dont chacune a ses réunions à part. Ce système est celui des *Unions* anglaises, c'était celui aussi des anciens compagnonnages. La seule difficulté est de marquer quel sera le pouvoir des branches locales, et comment ces petites sociétés dispersées et indépendantes pourront concourir au bien commun. Le problème n'est nullement insoluble, mais il est délicat et demande du temps et de la pratique.

La direction est, comme en toute société, aux mains d'un conseil ou comité (peu importe sa désignation) et d'ordinaire ce comité choisit pour l'exécution — car le comité ne se réunit que quelquefois et l'exécution est de tous les instants — un représentant ou directeur qui est salarié lorsque la situation du syndicat est telle qu'il soit obligé de lui donner tout son temps. Bien entendu, le pouvoir définitif réside dans l'ensemble des sociétaires, lesquels pour exercer ce pouvoir sont réunis en assemblées générales annuelles ou plus fréquentes. C'est là qu'ils nomment les administrateurs, prennent connaissance de la situation, approuvent ou rejettent les comptes du conseil de direction et enfin décident sur toutes questions importantes.

Ces assemblées ont lieu ordinairement les jours de foire, c'est-à-dire les jours où les gens de la campagne, gens fort casaniers par habitude et par profession sont disposés à sortir de chez eux et à se trouver ensemble.

L'intérêt qu'ont les syndiqués à bien choisir leurs administrateurs est assez visible et M. de Rocquigny dont le témoignage est considérable puisqu'il est mêlé au mouvement avec une incontestable compétence, insiste avec raison sur ce point. « S'il est un fait hors de toute contestation, c'est que les syndicats valent surtout par la valeur personnelle, l'initiative et le zèle de l'homme qui leur donne l'impulsion et qui exerce la direction effective. » N'en est-il pas ainsi de toute entreprise et de toute affaire ?

Les syndiqués ruraux ont sur les syndiqués ouvriers de l'industrie ce grand avantage d'avoir parmi eux de grands propriétaires, ayant une instruction et des loisirs que n'ont pas les simples paysans et qui seront de bons guides et de bons administrateurs, s'ils ont la sagesse de les bien choisir.

Beaucoup de syndicats pour se tenir en constante communication avec leurs membres, emploient le puissant moyen de la presse.

On sait quelle puissance la presse a de nos jours : l'écrit a sur la parole dont il n'a pas la vivacité et la force, ce singulier avantage d'aller chercher chez eux ceux auxquels il s'adresse et de leur parler au moment qu'ils souhaitent.

Fédération de syndicats. — Quelques syndicats ont des organes à eux, le plus grand nombre est affilié à une puissante fédération : l'*Union des syndicats agricoles*, annexe de la grande société des *Agriculteurs de France*. Cette fédération, moyennant un prix d'abonnement modique, payé par les syndicats, sert à leurs membres un recueil très complet et bi-mensuel donnant les mercuriales et tout ce qui peut intéresser la culture, le « Moniteur des syndicats agricoles » (1).

Voilà ce que sont nos syndicats agricoles, mais parce qu'ils se

(1) Lequel, malgré la similitude du titre, n'a rien de commun avec la feuille citée plus haut : le « Moniteur des syndicats ouvriers ». Celle-ci est l'organe d'une fédération de syndicats ouvriers, mais qui ne groupe que très peu de sociétés.

proposent les uns et les autres des buts très différents quoique très utiles, chacun à leur manière, il les faut examiner successivement en montrant comment ils poursuivent tel et tel but : achat en commun, vente en commun, préparation de conserves avec les denrées agricoles, amélioration du bétail, etc. Mais avant, il n'est pas hors de propos de parler des syndicats étrangers dans le pays où ils sont les plus prospères : en Allemagne. Comme il a été parlé des syndicats ouvriers anglais, il va être traité des syndicats agricoles allemands ; une telle étude est instructive.

§ 3. — Syndicats agricoles allemands.

Ils se présentent sous trois formes : I. Associations ayant un but purement matériel : favoriser la production ou la vente de tels et tels produits ; II. Associations ayant un but plus relevé et moral autant que matériel ; III. Associations qui ont pour objet spécial de demander aux législateurs telle ou telle mesure et surtout le relèvement des barrières de douane.

Les associations de la première sorte n'ont rien qui mérite d'être étudié ; celles de la troisième ont un objet particulier au pays et une couleur presque politique. Elles prennent, en effet, le nom de ligues et sont l'œuvre d'un parti politique qui pense gagner les agriculteurs en poursuivant une mesure qui semble toute dans leur intérêt. Les associations de la seconde sorte, à la différence des deux autres, méritent de nous arrêter, elles portent en Allemagne le nom de *Bauervereine*.

Leur caractère. — *Bauervereine* veut dire exactement associations de paysans, mais ce mot de *Bauer* n'a pas en Allemagne le sens un peu rabaissé que nous lui donnons. Pour nous, le paysan c'est l'homme des champs, mais grossier et peu instruit. Il en est autrement en Allemagne : de grands propriétaires fonciers, des membres même de la noblesse, fiers de leur race et de leurs titres, s'honorent du nom de *Bauer* qui, pour eux, est un nom relevé, les plaçant en dehors et au-dessus de la foule des bourgeois et des artisans des villes.

Les *Bauervereine* ont été fondés il y a vingt ans environ par un grand seigneur catholique qui fut l'un des chefs du parti du Centre, le baron de Schorlemer-Alst. Elles ont deux centres principaux situés tous deux en des pays catholiques, bien qu'elles admettent

les chrétiens de toutes les communions. Ces centres sont la Westphalie et la Bavière.

Leur but, leurs moyens d'action. — Elles se proposent, d'après leurs
statuts, de « constituer en société les propriétaires fonciers des campagnes pour élever le niveau moral, intellectuel et matériel de leurs
membres et pour créer dans les campagnes des associations puissantes en mesure de protéger la propriété territoriale ».

« Leurs moyens d'action sont les suivants : « *a*) Délibérations et
décisions communes en vue de sauvegarder les intérêts des associés
et préserver leurs propriétés de tous dommages : de supprimer les
habitudes mauvaises, les excès et le luxe ;

« *b*) Développement de l'instruction et des connaissances des
membres dans la mesure qu'exigent leurs intérêts ;

« *c*) Conciliation des intérêts opposés, conclusion d'arrangements
amiables de nature à prévenir les contestations et les procès ;

« *d*) Création d'établissements dans l'intérêt de la propriété foncière et de l'agriculture, notamment d'assurances mutuelles et institutions de crédit ;

« *e*) Encouragements donnés soit aux dispositions testamentaires,
soit aux contrats entre-vifs au moyen desquels les biens-fonds
demeureraient indivis et seraient dans les limites de la loi, transférés
sans trop lourdes charges sur la tête d'un enfant ou d'un parent, de
manière à prévenir les hypothèques sur les propriétés, leur morcel-
lement et leur vente. »

Leur composition. — Il faut pour être reçu dans le *Verein* : 1° ap-
partenir à l'une des deux confessions chrétiennes, remplir les devoirs
qu'elles imposent, mener une vie régulière et morale ; 2° être majeur
et jouir de ses droits civils (par exception on reçoit en certains cas
des membres dès l'âge de dix-sept ans) ; 3° posséder une propriété
foncière ou être agriculteur. On admet les fermiers, les usufruitiers,
les régisseurs « les frères et fils de propriétaires fonciers qui vivent
sur l'héritage de leur famille, s'y livrent à l'agriculture et sur lesquels
on peut compter pour la défense du « *Verein* ». Les simples journaliers
n'y sont pas admis. Le *Verein* peut admettre des membres d'honneur ;
il réunit en fait tous les propriétaires fonciers importants de Westphalie (1).

____

(1) On trouvera les plus intéressants détails sur ce mouvement dans l'ouvrage de M. Georges Blondel : les *Populations rurales de l'Allemagne.* Paris, 1897,
publié ensuite de l'une des missions envoyées à l'étranger par le *Musée social.*

Organisation intérieure. — Le *Verein* est dirigé par un conseil nommé en assemblée générale pour trois ans. Les discussions politiques et religieuses sont interdites dans les assemblées. Les fonctions étant gratuites, sauf une seule, celle du trésorier, lequel se tient au siège de la société (à Münster, capitale de la Westphalie), les seuls frais du *Verein* sont ceux de la correspondance, importants à la vérité, mais couverts au moyen d'une cotisation annuelle de 1 fr. 25 par membre.

Un autre avantage que ces associations procurent à leurs membres et qu'ils apprécient fort, est de leur faire obtenir une forte diminution des primes réclamées par les diverses compagnies d'assurance. Et non seulement les compagnies qui ont traité avec les *Bauervereine* consentent à ces membres une réduction des primes annuelles, mais elles versent encore aux associations une part convenue du bénéfice qu'elles font sur chaque affaire. Les *Vereins* procurent à ces mêmes membres qui ont besoin d'argent des prêts sur hypothèques pour lesquels ils ne réclament aucun frais de courtage. D'après leurs statuts, ils se proposent encore l'arbitrage, c'est-à-dire l'apaisement des litiges qui naissent entre les membres.

Un journal mensuel, dont l'abonnement n'est que de 3 fr. 75, sert à relier constamment entre eux et avec l'association les membres des *Vereine*.

Les syndicats allemands ont donc un but plus large que les nôtres parce qu'il n'est pas exclusivement matériel (1). Il fallait l'indiquer.

Revenons à présent aux associations françaises, qui doivent aussi bien être le fond et l'essentiel de notre étude.

§ 3. — Associations pour aider au travail agricole.

A. *Association pour l'achat des engrais.*

Elles sont placées les premières parce que ce sont celles qui ont commencé; les premiers syndicats ont été faits pour l'achat en commun des engrais artificiels. A l'époque où a été votée la loi de 1884, l'usage de ces engrais commençait à se répandre dans les campagnes. Les cultivateurs, après avoir longtemps refusé de s'en servir, sentaient enfin qu'ils avaient avantage à les employer, mais

---

(1) Il faut dire que notre loi ne permet les syndicats que dans l'intérêt tout matériel du métier. La jurisprudence a condamné les membres d'un syndicat qui avait cru pouvoir appuyer leur association sur des fondements tirés de la religion et de la morale.

alors ils tombaient aux mains de courtiers qui parcouraient les campagnes et vendaient à des prix élevés, mais qui surtout livraient des qualités très défectueuses.

Rôle utile des syndicats. — Ils se trouvèrent donc disposés à écouter ceux de leurs voisins plus intelligents et plus instruits qui leur proposèrent de s'unir à eux afin d'avoir des conditions plus favorables et d'avoir surtout meilleure qualité. Et on peut marquer ici que cette influence des syndicats a été telle que, d'après M. de Rocquigny (la *Coopération dans les associations de production*, Paris, 1896), la vente des engrais chimiques, qui était de 60 millions en 1885 s'élevait alors à 120 millions et comme les prix ont baissé, c'est une quantité plus que double qui est employée depuis les syndicats. Quant à l'effet qui en est résulté pour notre agriculture, M. Grandeau, cité par M. de Rocquigny dans le même ouvrage, déclare que « le rendement en blé s'est élevé de 11,84 par hectare en 1886 à 13,26 en 1895, soit une augmentation de 12 0/0 incontestablement due à l'amélioration du sol par les fumures complémentaires. » On voit quels effets excellents, et pour la production nationale, et pour les syndiqués, ont produit ces associations d'achat. Pour certaines associations, les chiffres sont élevés : le syndicat de la Charente-Inférieure avait acheté pour près d'un million de francs d'engrais, celui de la Loire-Inférieure pour 900.000 fr., le syndicat de la Sarthe en avait acquis pour 800.000 fr., celui de l'Anjou pour 600.000 fr., etc. Et comme ces syndicats ont tous des cabinets pour l'analyse chimique, les syndiqués ne gagnent pas seulement sur le prix, mais, ce qui importe plus encore, sur la qualité; ils sont assurés de n'avoir que de bonnes fournitures. Voici maintenant comment procèdent ces syndicats.

Comment procèdent les syndicats. — Ils ne traitent avec un fournisseur qu'après avoir analysé ses engrais et en conservant des échantillons afin de vérifier la qualité de la marchandise livrée, et aussi après être convenu des prix. Inutile de faire ressortir combien ces conditions sont supérieures à celles qu'obtiendrait un particulier isolé. Pour le mode de livrer, le syndicat peut opérer de deux manières. Ou bien il fait une commande de, par exemple, 10.000 kilos d'engrais à tant le kilo, mais livrable : 2.000 kilos à X., 1.500 kilos à Y., 1.000 kil. à Z., chacune de ces quantités payables au moment de la livraison par le destinataire ; ou bien le syndicat achète lui-même la quantité qu'il suppose devoir être nécessaire à ses membres, 100.000 kilos par exemple, et les dépose en son magasin. Il

vend alors à ses membres, lorsqu'ils en font la demande et à prix
coûtant, ce prix majoré d'un tant pour cent applicable aux frais généraux. Dans le premier système ou bien les membres doivent payer
une cotisation, ou encore le syndicat convient avec le fournisseur
qu'une remise lui sera faite à lui syndicat, en proportion des quantités livrées.

De ces deux procédés, le second a un grave inconvénient : il trans-
forme le syndicat en un acheteur ferme de marchandises dont il
n'est pas assuré de pouvoir se défaire. Il peut n'avoir pas les fonds
nécessaires pour faire face aux échéances, et quelle va être sa situation vis-à-vis des fournisseurs ? La seule ressource du syndicat
c'est, on l'a dit, la cotisation de ses membres pour l'année courante ;
ce qui est illusoire. Aussi convient-il de faire remarquer que légalement la seconde combinaison est interdite aux syndicats : ils
doivent, s'ils la veulent faire, constituer une société à part ; ils seraient, s'ils ne l'ont fait, considérés comme société civile *de fait* et
soumis envers leurs créanciers, à une responsabilité à laquelle assurément la plupart de leurs membres ne songent pas.

B. *Association pour l'emploi des machines agricoles.*

On sait combien s'est répandu l'usage des batteuses mécaniques,
en quelques endroits même l'usage des moissonneuses qui permettent d'achever rapidement un ouvrage parfois pressé, comme aussi
de vendre le grain dans un moment favorable ; or il faut pour cela
qu'il soit battu. En certains cas, il faut pour travailler la terre des
instruments plus puissants que ceux habituellement en usage, par
exemple pour défricher les landes ou pour défoncer la terre en vue
de reconstituer des vignobles phylloxérés. Les petits cultivateurs ne
peuvent avoir de ces machines coûteuses ; à la vérité, ils trouvent
souvent à en louer, notamment les batteuses dont l'emploi est plus
répandu, mais alors même, il leur est avantageux de se syndiquer
pour en faire l'acquisition, le syndicat ensuite les loue à ses membres et le prix de location est employé, déduction faite des frais courants, à l'amortissement du prix de la machine.

La forme que prennent ces associations est, comme pour l'achat
des engrais, celle de syndicat, forme légalement peu convenable à
cet objet, mais qui, à raison de sa vogue a été employée dès le début,
et jusqu'ici sans graves inconvénients.

Et comme on a vu que les syndicats avaient souvent à leur tête
des hommes éclairés, bien résolus à faire servir leur influence au
progrès de la culture, on en voit qui font l'acquisition d'instruments

encore inconnus dans la région et dont ils désirent répandre l'usage :
charrues perfectionnées, pulvérisateurs (pour les vignobles), trieurs
pour le nettoyage des grains, distributeurs d'engrais, semoirs,
hache-paille, coupe-racines, scarificateurs, concasseurs, etc. Ils les
louent aux membres du syndicat en leur en montrant l'usage (1).

Lorsqu'il s'agit d'instruments dont on ne doit se servir qu'une
fois comme de charrues défonceuses, les syndicats traitent avec des
entrepreneurs qui, étant assurés d'une certaine clientèle, consentent
des rabais de prix qu'ils ne feraient pas à des particuliers isolés.
Ils traitent de même, lorsqu'il s'agit d'appareils que même une association privée ne peut acquérir : moulins à vapeur par exemple, ils
obtiennent pour leurs adhérents des conditions spéciales.

Il faut remarquer que là où les syndicats ont des instruments à
eux, les entrepreneurs qui en louent de semblables sont amenés forcément à baisser leurs prix, si bien que la présence du syndicat en
une région profite à d'autres même qu'à ses membres.

Confusion à éviter. — On ne peut — et il importe d'en faire la
remarque en passant — traiter dans cette étude des associations qui
ont pour but d'améliorer le sol, au moyen de travaux spéciaux :
drainage, irrigation, colmatage, etc. Bien qu'elles portent aussi le
nom de syndicats, qui est même celui qu'emploient les lois les concernant, ce sont des organisations administratives qui peuvent
être érigées forcément, où les propriétaires sont inscrits même
contre leur volonté et qui sont conduites en définitive par les agents
de l'Etat. Il n'y a là enfin rien de libre, ni de spontané, comme sont
les associations que je me propose de décrire.

C. *Associations pour la reconstitution des vignobles.*

Les applications que l'on peut faire de l'association sont infinies.
Certains syndicats sis en des pays de vignobles phylloxérés ont
établi des pépinières pour les plants américains employés à reconstituer ces vignobles. Il y a, nous dit M. de Rocquigny, une centaine
de ces pépinières dont les produits sont donnés à prix de revient,
plus les frais, c'est-à-dire à un taux bien inférieur à celui du commerce.

Ces syndicats aident encore à reconstituer les vignobles en fournissant des greffeurs, en instituant des cours de greffage, de taille

(1) Parfois ils louent à des non syndiqués, mais à un taux plus élevé. L'inconvénient est que la société fait alors acte de commerce et doit payer patente.

7

des vignes, en établissant des champs d'expérience où l'on étudie la meilleure manière d'adapter les différents cépages au sol du pays. Certains syndicats ont un service d'inspecteurs des vignes pour ceux de leurs membres qui désirent en user. D'autres ont des laboratoires pour les analyses demandées par les sociétaires.

D. *Associations pour préserver les récoltes.*

En détruisant les parasites. — Les unes ont pour but de hâter la destruction des vers blancs, soit en payant des primes pour les quantités détruites, soit en essayant — ce qui est un procédé plus à la mode — de multiplier les parasites du ver blanc ou encore en prêtant gratis aux cultivateurs des extirpateurs, herses, etc.

Pour la destruction des hannetons, le moyen le plus usité est d'offrir des primes en proportion avec les quantités détruites. Ici toutefois il y a ceci de particulier que les hannetons ne paraissant que tous les trois ans, on ne peut avoir une association permanente. De plus, il y a des syndicats forcés de « hannetonage », la loi permettant à la majorité de contraindre la minorité et les cotisations étant alors recueillies comme impositions publiques.

Défendre les végétaux contre les insectes nuisibles est l'objet de plusieurs associations. Il s'est fondé à Poitiers un syndicat de défense contre l'*authonome*, sorte d'insecte destructeur des pommiers ; il a pour but d'organiser méthodiquement par le sulfate de cuivre la défense des arbres attaqués.

Ce sont surtout les vignes qui ont besoin d'être défendues contre le mildiou, l'oïdium, etc. Les syndicats indiquent le moyen de combattre ces divers fléaux et fournissent aux conditions les plus avantageuses, parce qu'ils les fournissent sans chercher un gain, les pulvérisateurs, soufflets, sulfate de cuivre, soufre, etc. ; ils louent de plus à leurs membres l'outillage spécial que les petits viticulteurs ne peuvent avoir. Quelquefois, c'est le syndicat qui, moyennant un prix convenu, se charge des applications à faire. Il faut rappeler que pour le plus redoutable des fléaux qui atteignent la vigne, le phylloxera, la loi permet des associations forcées pour combattre et surtout pour prévenir ses ravages.

Contre les gelées. — Sont, au contraire, absolument volontaires les associations ayant pour but de protéger les vignes contre les gelées en produisant des nuages artificiels par le moyen des huiles lourdes que l'on allume pendant les nuits froides. Ces associations se trouvent surtout en Lorraine, pays qui a des vignes et en même temps un climat très froid.

Contre les maraudeurs. — Sont dues encore et uniquement à l'initiative privée, les associations pour la défense des récoltes contre les maraudeurs. Certaines associations ont des gardes assermentés, payés au moyen de cotisations proportionnelles à l'étendue des terrains protégés ; en d'autres la surveillance est exercée par les membres à tour de rôle. Certains syndicats ont pour but de poursuivre en justice la réparation du dommage causé par le gibier ordinairement dans une région entière.

§ 4. — Associations pour faciliter l'élève des bestiaux.

Les chevaux. — La production des chevaux de bonne race a toujours été pour les pays, comme pour les individus qui s'y sont livrés, une source de profits. Nous avons en France quelques régions, le Perche, la Normandie aujourd'hui encore, le Limousin jadis, dont les chevaux sont recherchés et par suite payés cher. Mais il importe beaucoup de maintenir la pureté des races ; le cheval limousin si réputé autrefois est perdu actuellement, le cheval de Tarbes est très rare, on en peut dire autant de quelques races moins connues. C'est le résultat du manque de soins donnés aux chevaux, et aussi de croisements inintelligents.

Pour y remédier, diverses associations ou syndicats ont établi des *Stud Books*, institution importée d'Angleterre comme le nom le fait voir. Ce sont des livres sur lesquels sont inscrits les reproducteurs de race pure et les animaux qui en sont issus, d'après la preuve de leur filiation. On constitue ainsi un état civil qui fournit aux acheteurs une garantie très appréciée, parce qu'elle leur permet de distinguer les animaux de pure race de ceux qui sont de race incertaine ou mêlée. Les deux principaux *Stud Books* sont ceux établis par la « Société hippique percheronne de Nogent-le-Rotrou » et le « Syndicat agricole du Boulonnais » à Boulogne-sur-Mer. Il est vrai qu'il y a au ministère de l'agriculture une commission du *Stud Book* des chevaux de sang français et une autre des chevaux demi-sang. Mais ces commissions administratives, siégeant à Paris, ne peuvent avoir l'activité ni rendre les services que l'on peut attendre d'associations placées dans le pays même et en constants rapports avec les éleveurs.

Il s'est cependant établi à Paris, au siège de la grande société des agriculteurs de France, un *syndicat général des éleveurs* qui a pour président le comte de Juigné et qui se propose (il date seulement de 1895) d'organiser des sections régionales, de faciliter toutes les transactions pour l'achat et la vente des chevaux, et enfin d'étudier et défendre en tout les intérêts des éleveurs français.

Deux syndicats emploient même des procédés spéciaux pour améliorer les races locales. Celui du Gers fait rechercher dans le pays les étalons de l'ancienne race et les vend à ses membres à prix réduits (1) Celui du Calvados a organisé un service d'élevage dans les prairies du pays d'Auge ; il se charge de faire saillir les juments de sang et de demi-sang, de surveiller l'élevage des poulains, etc.

Espèces bovines. — La pureté de la race n'importe pas moins dans les espèces bovines, encore que l'utilité soit moins apparente et le prix des produits beaucoup moins élevé que pour l'espèce chevaline (2). Il a été créé pour la conservation de la race des *Herde-Books* qui ont le même objet que les *Stud-Books* et sont peut-être plus répandus, parce qu'il y a plus de races bovines que de chevalines et qu'elles ont été mieux conservées.

Les syndicats d'ailleurs ne se bornent pas à tenir ces livres, véritables certificats d'origine des animaux, ils se proposent autre chose, Celui de la Haute-Marne veut : « transformer le bétail commun de la région en contribuant à son amélioration par le croisement continu et par une sélection intelligente ». Un moyen très souvent employé est l'achat par le syndicat de taureaux de bonne race, soit de la race locale lorsqu'il y en a une qui ait de la réputation, soit de la race extérieure pouvant améliorer la race locale, ainsi dans l'Est, les taureaux suisses sont recherchés dans ce but, ailleurs, ce seront des Durham, etc. Plusieurs procédés sont suivis : ou bien le syndicat revend à ses membres les taureaux achetés par lui et les revend à moindre prix en leur imposant souvent alors de les garder

---

(1) Il ne faut pas croire que tous ces moyens de détail soient sans efficace. Je puis citer dans l'Est un propriétaire qui, à lui seul, a amélioré sensiblement la race chevaline dans sa région, en fournissant des reproducteurs à ses frais, distribuant des prix, etc... Il y a peu de propriétaires assez riches et dévoués pour en faire autant, mais une association peut le faire à leur défaut, et c'est justement une de ses utilités.

(2) Le comte de Beauvoir dans ses *Voyages autour du monde* rapporte qu'en Australie, grand pays d'élevage, le gouvernement local, a, dès le début, décidé qu'on n'admettrait dans le pays que les taureaux et les vaches primés en Angleterre dans les concours agricoles. Il en est résulté, dit-il, que les animaux sont fort beaux même vivant à l'état à demi-sauvage (ajoutons qu'il a vu les choses au début).

Les acheteurs américains qui sont recherchés de nos éleveurs parce qu'ils paient bien, ne veulent aussi que des animaux inscrits au *Herde-Book.*

un certain temps, un an au moins par exemple, ou bien il place les
reproducteurs en dépôt chez des sociétaires où ils servent à la sail-
lie. Parfois aussi, il se borne à distribuer des primes aux détenteurs
d'animaux de bonne race : taureaux ou vaches.

Résultats. — En plusieurs endroits, les efforts de ces syndicats ont
été suivis de succès et les produits des races améliorées ainsi se
vendent sensiblement plus cher qu'avant. La Suisse en particulier
offre de remarquables exemples de ces sociétés pour perfectionner
les races : « On y a créé en 1888, écrit M. de Rocquigny, des syndicats d'élevage pour l'amélioration et la vente des jeunes animaux de
la race bovine du Simmenthal si estimée en Suisse et à l'étranger.
Les associations basées sur la tenue d'un *Herde-Book*, sur la sélection
rigoureuse des reproducteurs et sur l'emploi de tous les procédés coopératifs applicables à la production animale, sont aujourd'hui au
nombre de 320 et il s'en fonde constamment de nouvelles. Elles ont
donné à la race animale améliorée une telle plus-value que les veaux
de quinze jours qui se vendaient autrefois 40 et 50 francs trouvent aujourd'hui preneurs à 200 et 300 francs ».

Syndicats suisses. — « Afin de développer le jeune bétail, en l'en-
voyant paître pendant la saison d'été dans la haute montagne, plusieurs syndicats d'élevage se réunissent en « Syndicats d'alpage » et
ils achètent ou louent une montagne, mettant en commun les frais
généraux de l'estivage.

« Les propriétaires ruraux du canton de Thurgovie pratiquent la
coopération dans l'achat du bétail au moyen des « Caisses thurgo-
viennes », sociétés de crédit, formées en vue de prêter aux habitants
sur des fonds empruntés par les communes la somme dont ils ont
besoin pour acheter des vaches laitières et des génisses ; les caisses
fonctionnent dans chaque commune du canton depuis plus de quarante ans. »

L'association peut s'étendre à tout ; nombre de syndicats, surtout
dans les pays pauvres en fourrage, achètent en gros, c'est-à-dire à
meilleur compte tout ce qui sert à la nourriture des bestiaux, paille,
grains, son, tourteaux, maïs, sels dénaturés et même parfois de la
tourbe pour litière qui est généralement importée de Hollande.

Assurance contre la mortalité du bétail. — On ne sera pas surpris
qu'un grand nombre de syndicats aient créé des assurances contre
la mortalité du bétail. M. de Rocquigny compte 55 de ces associations
en Vendée, 33 dans la Seine-et-Marne, 24 dans la Seine-et-Oise et un

assez grand nombre dans d'autres départements. Les types employés sont variables : les uns comportent des versements annuels, d'autres fonctionnent sans cotisation préalable. Presque toujours on trouve en chaque région un type qui, ayant été établi d'abord et ayant réussi, sert de modèle aux fondations qui se font ensuite.

§ 5. — Laiteries coopératives.

Le peu de rendement que donnent les céréales a poussé les agriculteurs à chercher une compensation dans le produit des bestiaux ; ils en ont, autant qu'ils ont pu, augmenté le nombre, mais ils rencontrent déjà la concurrence des pays neufs. On expédie des viandes conservées par procédés frigorifiques et formant des chargements entiers de navires. Ce que l'on ne peut expédier, c'est le lait, et ce que les éleveurs des pays neufs ne peuvent faire encore faute de main-d'œuvre en quantité suffisante et faute d'habileté, c'est le beurre et le fromage, aussi les cultivateurs de l'ancien monde ont-ils fort développé leur production de ce côté.

Le lait est d'une vente facile et fructueuse lorsqu'on est dans le voisinage d'une ville, et surtout d'une grande ville ; lorsqu'au contraire, on est éloigné, il y faut renoncer. Dans ce cas, les producteurs de lait songent naturellement à le transformer en beurre ou en fromage. Il ne faudrait pas croire d'ailleurs, qu'il y ait là une production minime, l'enquête agricole de 1882 fixait à plus de un milliard la valeur du lait annuellement produit par les cinq millions de vaches laitières que possède notre pays. Il y en aurait aujourd'hui plus de six millions et demi d'après M. de Rocquigny qui, toutefois, n'estime pas à plus de un milliard la production annuelle du lait. Il n'y en a pas moins là une ressource dont il faut que nos agriculteurs tirent parti, or la fabrication individuelle et ménagère, la seule en usage jusqu'à ces dernières années produit bien moins que la fabrication avec des appareils perfectionnés.

C'est en Danemark que l'on a commencé à faire ces laiteries (pour être exact, il faudrait dire ces beurreries) perfectionnées. Elles exigent à la vérité une certaine mise de fonds parce que l'outillage coûte, et c'est pourquoi elles ne peuvent être que l'œuvre ou d'un très riche propriétaire, ou d'une association, mais la plus-value des produits fabriqués est telle qu'en les employant on fait encore une fort bonne opération.

Il s'en établit maintenant en France, au moins dans certaines régions, car il est notable que l'on n'en trouve guère jusqu'ici que

dans deux endroits : dans les Charentes, les Deux-Sèvres et la Vendée
d'une part ; dans l'Aisne et le Nord d'autre part. On espère en établir
bientôt en Bretagne ; on est surpris de constater qu'il ne s'en trouve
pas en Normandie d'autant plus que j'ai été témoin du fait suivant
dans un chef-lieu d'arrondissement du département de la Manche.
Un simple journalier, mais très avisé, a eu l'idée, il y a une douzaine
d'années, de ramasser dans les marchés le beurre que fabriquent en
grande quantité les cultivateurs dans ce pays tout en herbage. Il
traitait dans un atelier qui, peu à peu, et son industrie s'accroissant,
est devenu une véritable usine, ces beurres fabriqués dans tant de
maisons différentes. On les expédiait ensuite par petits tonnelets
dans les pays étrangers et jusqu'au Brésil.

La grande réputation du beurre normand lui servit à placer ses
produits et ce simple ouvrier devint bientôt millionnaire. Mais voici
le revers ; on vit au bout de quelque temps diminuer fort cette fabrication en grand et l'explication qui m'en était donnée, était que
ces produits ayant été trouvés défectueux, on refusait maintenant
sa marque. Avait-il voulu trop gagner ? Voici en tous cas la situation des gens du pays producteurs de beurre : pendant quelque
temps, comme cet homme absorbait pour son industrie la plupart
des beurres portés au marché il était, en fait, maître des prix ; à
présent qu'il achète bien moins qu'avant et que les acheteurs d'autrefois, ses concurrents au début, ont été écartés, les producteurs de
beurres sont assez en peine pour placer leurs produits. S'il y avait
eu des laiteries dans le pays les cultivateurs auraient profité de cette
demande de leurs produits qui n'a enrichi qu'un seul industriel et il
est vraisemblable, par l'exemple de ce qui se fait à l'étranger, que la
dépréciation qui a frappé ces produits n'aurait pas eu lieu parcequ'une association ménage l'avenir, tandis qu'un spéculateur est
tenté par l'espérance d'un gain immédiat.

Nous avons à peine en France une centaine de ces sociétés, alors
qu'en Allemagne on en compte plus de 1.300. Il est vrai que la première laiterie française date de 1887 et que chez nous le progrès se
fait lentement ; il faut une fondation pour servir d'exemple dans la
région et pour déterminer les voisins ; c'est pourquoi on ne trouve
que rarement une laiterie isolée et si elle réussit, on peut être assuré qu'elle ne sera pas longtemps seule.

Comment se fondent les laiteries. — Voici comment se fait l'établissement d'une laiterie : un groupe de propriétaires possédant un
nombre suffisant de vaches (il faut pouvoir compter sur un *minimum*
de 2.000 litres de lait à travailler par jour) s'engagent réciproque-

ment à fournir à l'établissement projeté tout le lait de leurs vaches, sauf leur consommation ménagère ; on y ajoute quelquefois qu'à l'époque de la moisson, ils pourront garder encore le lait exigé pour la nourriture des moissonneurs. Le capital nécessaire qui ne monte pas à moins de 40 à 50.000 francs pour une usine moyenne est fourni par les sociétaires ou emprunté par eux sur leur garantie solidaire. D'ordinaire on convient que le capital sera amorti sur les bénéfices. L'amortissement a lieu en moyenne en dix ans pour les laiteries danoises et allemandes.

Comment elles fonctionnent. — L'établissement installé, les fondateurs choisissent le personnel, lequel se compose d'ordinaire d'un directeur comptable, d'un mécanicien et d'un ou plusieurs « beurriers ». La société sera gérée, comme toute société de ce genre, par un conseil d'administration assisté d'une commission de contrôle. Les profits viennent de la vente du beurre et de celle du petit lait, à moins qu'il ne soit rendu aux sociétaires. Les Danois, gens fort pratiques, emploient ce petit lait et les résidus de la fabrication à élever des porcs que les laiteries tuent et salent elles-mêmes et qu'elles expédient en Angleterre où leur marque est recherchée. Une quarantaine de sociétés françaises du premier groupe (Charente) ont aussi organisé des porcheries. Le produit des ventes, après prélèvement des frais et du *quantum* convenu pour l'amortissement, est partagé entre les sociétaires en proportion de la quantité de lait livrée par chacun d'eux.

Résultats. — Les éleveurs des Charentes obtiennent de leur lait, assure M. de Rocquigny, par la fabrication en commun, un rendement au moins double de celui qu'ils obtenaient par la fabrication individuelle. Il faut dire qu'ils n'ont pas craint de faire les choses en grand et d'avoir des laiteries où l'on travaille 6.000, 9.000 et jusqu'à 24.000 litres de lait par jour. Ainsi voilà un pays dont les vignobles autrefois faisaient la richesse qui, se trouvant ruiné par le phylloxera, a su trouver ailleurs une source d'abondants produits. Exemple bien digne d'être proposé aux cultivateurs trop facilement découragés et trop portés à croire qu'il est impossible de modifier le genre de rendement du sol. Les laiteries coopératives du seul groupe de l'Ouest profitent actuellement à 25 ou 30.000 cultivateurs.

On s'est demandé s'il n'y aurait pas avantage à tenir compte de la richesse en crème du lait fourni au lieu de répartir le prix suivant seulement les quantités remises ; s'il ne serait pas bon d'intéresser le personnel employé au lieu de lui donner un salaire fixe ; si enfin on ne trouverait pas pour la vente de meilleurs débouchés que les halles de Paris où sont envoyés les produits des laiteries coopératives. Les laiteries danoises et allemandes envoient leur beurre sur le marché anglais, marché qui importe annuellement pour 300 à 350 millions de beurre (1) ; elles l'expédient en Amérique, en Afrique, partout enfin où se trouvent des groupes d'hommes de race européenne. Ne faut-il pas maintenant que notre agriculture comme notre industrie aille chercher des débouchés au dehors ?

Fédération de laiteries. — Nos laiteries de l'Ouest, au nombre de 52, se sont fédérées récemment en une « Association centrale des laiteries coopératives des Charentes et du Poitou » (siège social à Niort) qui, d'après ses statuts, « a pour mission de s'occuper des intérêts des associations adhérentes, de leur faciliter les relations industrielles et commerciales, de centraliser tous les renseignements pouvant leur être utiles, d'appuyer leurs réclamations auprès des pouvoirs publics ou des grandes administrations publiques ou privées, de patronner la création d'offices de renseignements, d'entremise et de surveillance pour la vente des produits, l'acquisition des machines et de toutes choses utiles à l'industrie laitière ».

Elle s'est occupée déjà de faire aboutir la loi proposée qui réprimerait les fraudes très nuisibles au commerce du beurre, puisqu'elles nous ont fait perdre le marché anglais. Elle s'occupe de faire réduire les frais de transport et les taxes d'octroi, d'envoyer les produits de l'association aux diverses expositions agricoles, et enfin, car c'est le point essentiel, de trouver des débouchés.

Sociétés pour faire des fromages ou fruitières. — A côté des *beurreries* on trouve des *fromageries* organisées d'après les mêmes principes, mais qui ont ce particulier caractère d'être fort anciennes ; elles dateraient même du xiiie siècle et qui portent le nom bizare de « Fruitières ». Elles se rencontrent dans deux endroits : dans le Jura, où il y en a environ 1.400 et en Savoie où on en trouve de 5 à 600. Il y en a en outre environ 200 en dehors soit 2.200 en tout, mais elles se répandent peu. On trouve dans leur organisation, au moins dans l'organisation d'un certain nombre d'entre elles, des bizarreries qui viennent de leur ancienne origine. Ainsi dans quelques fruiteries, on remet aux divers associés à tour de rôle le produit de la fabrication du jour ; de la sorte, la fabrication est collective et la vente est

---

(1) Il en reçoit même de la Nouvelle-Zélande où l'on comptait en septembre 1895, 234 laiteries travaillant le lait de 70.000 vaches. Ces laiteries d'ailleurs ne se bornent pas à livrer au seul marché anglais.

pratiquée individuellement, c'est l'inverse qui se voit d'ordinaire aujourd'hui. Un certain nombre de « fruitières » sont communales.

D'autre part, divers syndicats se sont occupés de grouper les « fruitières » pour perfectionner leur fabrication et aider à la vente de leurs produits. Ils indiquent de meilleurs procédés à suivre, donnent des primes à qui emploie ces procédés, enfin s'efforcent d'arriver comme pour les laiteries à une fabrication supérieure. La force de la tradition et l'attachement du paysan à ses vieilles coutumes obligent d'employer ces moyens pour le décider à changer ses procédés, alors même qu'il y doit trouver ensuite un avantage.

§ 6. — Autres associations pour la transformation des produits agricoles.

Pour faire le vin. — Ce sont d'abord des associations pour travailler en commun le raisin des sociétaires, comme on travaille leur lait. Ces sortes d'associations existent et avec succès en quelques pays étrangers. En Allemagne notamment, les viticulteurs des bords de la Moselle s'affligeaient de voir les crûs jadis renommés de leur pays, délaissés du commerce et des consommateurs ; ils attribuaient cet abandon à la fois à une fabrication insuffisamment soignée et à l'extrême diversité des produits qui était cause qu'on avait, sous le nom de vin de la Moselle, des vins très distincts comme qualité. Ils ont bien su remédier à ces défauts par l'association. Grâce à elle, la fabrication est excellente, parcequ'elle se fait par les meilleurs procédés ; tout le raisin du crû est travaillé de même et les types sont fixes ; les acheteurs sont assurés d'avoir, avec la marque du syndicat, une qualité constante et connue d'avance. Le vin est vendu par l'association, soit en gros, soit en détail, et le bénéfice net est réparti entre les producteurs, au prorata de la quantité de raisin apportée par chacun d'eux. Le vin des caves rhénanes est recherché et l'on estime que le profit des cultivateurs est double de ce qu'il était avant.

Nous n'avons en France rien d'analogue ; nos syndicats de viticulteurs se bornent à mettre à la disposition de leurs membres des laboratoires, certains instruments spéciaux comme des ébulliomètres pour le pesage alcoolique de leurs vins ; quelques-uns ont organisé des sortes d'écoles expérimentales. Il y aurait cependant à faire de ce côté. Il y aurait surtout à faire pour le cidre ; ses producteurs s'efforcent de le vendre au dehors et son prix très bas le fait rechercher, mais il faut qu'il puisse se transporter et se conserver mieux qu'il ne fait actuellement. Sa fabrication peut assurément être améliorée. Il y a des syndicats pour la vente du cidre, on peut être surpris qu'il n'y en ait pas pour sa fabrication.

Il faut citer enfin les achats collectifs de raisins frais traités dans le midi par les syndicats agricoles du Loiret, des Vosges et de l'Est, où les viticulteurs ne récoltent plus rien sur leurs vignes dévastées par le phylloxera, mais possèdent encore leurs appareils pour traiter le raisin et trouvent avantage à fabriquer au moins le vin de leur consommation avec des raisins venus du dehors.

Distilleries de betteraves. — Il se trouve dans la Charente-Inférieure, pays où l'association sous ses diverses formes s'est particulièrement développée, quelques distilleries de betteraves installées par les cultivateurs du pays. Ils y portent leurs betteraves moyennant un prix de..., prix plus élevé d'ordinaire que le cours moyen et auquel s'ajoute la facilité de reprendre à prix minime la pulpe de la betterave. Les distilleries vendent leurs produits au commerce directement et le profit va aux actionnaires. Elles sont fondées par des sociétés anonymes et à capital variable, les actions étant d'ordinaire de 50 francs et de 100 francs.

Pour l'huile d'olive. — Un produit qui gagnerait fort à être traité en grand par de meilleurs procédés, c'est l'huile d'olive. La fabrication actuellement est faite par les cultivateurs eux-mêmes qui emploient des procédés primitifs et qui, ayant le plus souvent de petites récoltes, la vendent à des marchands. Ceux-ci ordinairement la mêlent pour la vente à des huiles de moindre qualité. Les propriétaires auraient avantage à vendre directement leurs huiles ; ils les livreraient pures, ce qui les ferait rechercher et ils en obtiendraient un meilleur prix surtout s'ils recouraient à la fabrication en commun, ce qui leur permettrait de mieux faire. Jusqu'ici les seules associations qui se soient faites entre cultivateurs d'oliviers ont pour but l'établissement ou la location de pressoirs où chaque sociétaire vient à tour de rôle traiter les olives de sa récolte.

Pour les câpres. — Cependant un exemple de ce que peut en ce sens l'association est fourni par des cultivateurs du pays même qui fournit l'olivier, il s'agit des producteurs de câpres d'une petite localité de Provence, Roquevaire, dont M. de Rocquigny a tracé au long la très curieuse histoire.

Le produit spécial qu'ils cultivent est recherché partout, même à l'étranger où les câpres de Roquevaire ont une réputation tenant à la fois à leur qualité et à l'excellence de la préparation. Cette réputation des produits de Roquevaire a été compromise par des marchands du pays qui achetaient en dehors de la région des câpres de qualité inférieure et les vendaient comme venant de l'endroit. Une association fut fondée en 1893 par 300 membres pour sauver la réputation du produit local.

Elle traite les câpres cultivés par ses membres, emploie d'abord à la manipulation du produit, qui est longue, les femmes et filles des associés auxquelles elle procure ainsi un salaire, puis elle vend ses produits sous une marque qui est déjà connue et estimée sur les marchés étrangers. Le produit net est partagé entre les associés, suivant les quantités apportées et suivant aussi la qualité, car il y en a plusieurs payées à des prix très différents. En outre, la plupart des associés ne pouvant attendre le règlement de fin d'année, la société leur fait au taux de 4 0/0 des avances qui peuvent s'élever jusqu'au quart de ce qui leur reviendra vraisemblablement. Le fonds de roulement est fourni par la vente journalière des câpres ; au besoin un banquier de Marseille avance des fonds sur la signature du président qui, d'après les statuts, engage solidairement les membres de l'association.

Pour les conserves de fruits. — La même commune de Roquevaire possède une autre association encore, celle-là pour la fabrication et l'expédition des conserves d'abricots. Le territoire de Roquevaire produit beaucoup de ces fruits qui sont expédiés au marché de Marseille. Les prix étaient parfois si bas qu'ils ne couvraient même pas les frais d'envoi, on avait avantage à laisser les fruits sur les arbres. Les producteurs ont donc résolu de s'associer pour travailler les abricots et en faire des conserves. Il fallait très peu de matériel, le plus fort de la dépense est la main-d'œuvre, mais c'est du salaire qui profite aux familles des associés. Les conserves d'abricots n'ont pas tardé à être recherchées à Paris, Lyon, Bordeaux et même à l'étranger par les épiciers en gros, pâtissiers, confiseurs, etc. Les cultivateurs y ont gagné de vendre leurs produits avec un bénéfice sur les prix précédents de 30 à 40 0/0. Comme pour les autres associations, les profits nets sont partagés entre les associés en proportion des quantités que chacun a fait travailler par la société.

Le succès de cette société en a fait établir d'autres analogues dans quelques endroits voisins. Mais ce qui se fait en France est peu auprès des exemples que nous offrent en ce sens les pays étrangers. Les associations pour la préparation des conserves, et même pour l'expédition des fruits frais sont nombreuses en Allemagne, et plus encore aux Etats-Unis surtout à l'Ouest ; le seul comté de Santa-Clara en Californie (les comtés représentent assez bien nos arrondissements) en a trente-quatre très actives. Partout les cultivateurs sentent le besoin de s'unir pour tirer de leur travail un profit rémunérateur.

Dans le Queensland (Australie) les planteurs de canne à sucre ont fait une association afin d'établir une usine à fabriquer le sucre ; ils manufacturent et vendent eux-mèmes et sur place leurs produits.

En France et dans les Alpes-Maritimes, les horticulteurs qui produisent la fleur d'oranger voulant se soustraire à l'exploitation des parfumeurs de Grasse qui s'étaient entendus pour ne leur donner qu'un prix si minime qu'il ne payait même pas les frais de la cueillette, arrêtèrent le projet d'une distillerie coopérative de fleurs d'essence. Ce projet n'aboutit pas, mais la seule annonce suffit pour décider les parfumeurs à faire à leurs fournisseurs de plus équitables conditions.

Pour les conserves de viande. — La préparation des conserves de viande, entreprise par les éleveurs, leur assurerait, lorsque les prix sont bas, un meilleur rendement que la vente des bestiaux. Un essai a été fait en ce sens à Cholet (Maine-et-Loire), seulement ce ne sont pas les cultivateurs directement qui ont organisé l'affaire, c'est un industriel qui a monté une fabrique de conserves au moyen d'une société par actions, mais les actions ont été souscrites en quelques semaines sans aucune publicité, comme sans l'aide d'aucun intermédiaire, par les éleveurs du pays, au nombre de 668.

Pour la vente des viandes de porc. — En Danemarck, nous trouvons des associations ayant vraiment le caractère coopératif, c'est-à-dire fondées et dirigées effectivement par les intéressés pour tuer, saler et vendre les porcs. « Cette industrie, écrit M. de Rocquigny dans le *Correspondant* du 10 février 1896, date de 1888. Son origine fut une prohibition momentanée de l'entrée des porcs danois en Allemagne où ils se vendaient auparavant pour l'approvisionnement des ateliers de salaisons de Hambourg. La nécessité contraignit les producteurs danois à entreprendre eux-mèmes la préparation des salaisons du porc et ils y appliquèrent les mêmes principes que ceux en vigueur dans les laiteries coopératives. Vers la fin de 1895, les ateliers coopératifs de salaisons étaient au nombre de 16 et tuaient plus de la moitié des animaux engraissés dans le pays, 510.000 porcs par an ».

De même que les laiteries, les ateliers de salaisons se fondent au moyen d'emprunts contractés sous la garantie des sociétaires solidairement responsables. Ceux-ci, en outre, s'engagent pour un cer-

tain nombre d'années, sept ou dix ans, soit à fournir à l'association
tous les porcs qu'ils élèvent pour la vente, soit à lui en livrer annuellement un nombre déterminé. Le cours d'achat des animaux est
fixé chaque semaine, ou deux fois par semaine, par un comité
nommé à cet effet et il est rendu public, les éleveurs sont payés
comptant et ont droit en outre à une part des bénéfices de la société
proportionnelle au poids total des porcs qu'ils ont livrés. Toute la
production des ateliers coopératifs est vendue à la commission sur
le marché anglais qui absorbe annuellement pour 55 millions de
francs de porc salé (*bacon*) d'origine danoise.

Pour l'abatage des bestiaux — L'Allemagne possède aussi des sociétés pour l'abatage des bestiaux et les *Bauervereine* (qui sont, on s'en
souvient, les syndicats agricoles allemands) soutiennent les paysans
de leur influence et de leurs conseils contre les fraudes des marchands de bestiaux.

Pour l'emploi de la laine. — Une autre et très originale application
de la coopération pour utiliser les produits agricoles est citée aussi
par M. de Rocquigny dans son travail sur les associations agricoles. Il s'agit d'une organisation tentée par un syndicat de l'Aude
pour travailler la laine des brebis appartenant à ses membres.

Le prix de la laine étant tombé très bas (0 fr. 70 le kilo.), le
syndicat s'adressa à un manufacturier du pays et passa avec lui
un traité qui constituait ce manufacturier artisan à façon pour le
compte du syndicat. Chaque syndiqué (ils sont une centaine)
porte sa laine à la fabrique; elle est pesée en sa présence et classée
suivant sa qualité, car il y en a plusieurs. Le fabricant, après entente avec le directeur du syndicat, arrête les sortes de drap qui
seront faites avec cette laine, le manufacturier reçoit tant par
pièce d'étoffe fabriquée et le syndicat se charge de la vente. Les éleveurs reçoivent ensuite une part du bénéfice net proportionné
à la fois à la quantité et à la qualité des laines livrées. Ils ont eu,
au total, pour l'exercice 1893-94, un prix moyen de 1 fr. 20 par
kilo; en 1894-95 ils n'ont eu que 1 franc, mais c'est plus encore qu'ils ne recevaient lorsqu'ils vendaient simplement leurs
laines. On peut espérer, d'autre part, que leur fabrication, qui est
surtout de drap commun à destination du pays même, sera mieux
appréciée lorsqu'on aura constaté que les étoffes fabriquées ainsi
sont en bonne laine, sans aucun mélange de coton ou déchets.

La fabrication honnête étant malheureusement rare aujourd'hui,
les produits loyalement faits et d'un type constant comme doivent

être ceux des associations devraient, une fois connus, être recherchés et avoir des acheteurs assurés.

§ 7. — Associations pour la vente en commun.

Les agriculteurs sont vendeurs bien plus qu'acheteurs et si on leur rend service en les mettant à même d'avoir à meilleur prix les engrais, semences, et enfin ce qui est nécessaire à la culture, on les sert mieux en leur procurant les moyens de vendre leurs produits à de bonnes conditions ou au moins à des prix rémunérateurs, ce qui malheureusement n'arrive pas toujours.

Grands profits des intermédiaires. — On constate en effet ce phénomène singulier : les prix payés par les consommateurs sont souvent le double et plus du prix qu'a reçu le producteur de la denrée. Ainsi un œuf vendu 0 fr. 15 au consommateur a été payé 0 fr. 07 au paysan chez qui il a été pondu. La viande sur pied se vend parfois moins de 0 fr. 50 la livre et le consommateur la paie 1 fr. et plus. A qui profite cet écart énorme ? Aux intermédiaires. On se plaint de leur nombre, des excessifs prélèvements qu'ils font sur les marchés et jamais ils n'ont été si nombreux, si bien rétribués, si triomphants.

La cause ? Elle est dans la répartition actuelle de la population et des marchés. Les villes jadis étaient médiocrement peuplées et étaient nourries — sauf ce qui pouvait être transporté par eau — par les cultivateurs de leur banlieue. Nous savons qu'à la fin du siècle dernier, le gouvernement royal considérant l'accroissement de la ville de Paris qui était arrivée à avoir une population de 500.000 habitants, s'inquiétait en pensant que les campagnes voisines ne pourraient plus suffire à l'alimenter. Aujourd'hui cette même ville a deux millions et demi d'habitants et Londres en a le double. L'Angleterre étant devenue presque uniquement pays d'industrie ne peut plus être nourrie par son sol, d'autant que le goût du bien-être, du luxe même s'est répandu partout et qu'il faut aux ouvriers modernes une nourriture plus variée et plus délicate (ce qui ne veut pas dire qu'elle soit plus saine) qu'aux bourgeois des temps passés.

Comment suffire à tant de besoins ? Le producteur est fort loin du consommateur, il est dans une campagne reculée et le consommateur des denrées est dans la capitale, à 400 ou 500 kilomètres ; parfois il est à l'étranger. Il faudra donc que des commerçants viennent acheter au paysan, soit au marché local, soit même chez lui pour expédier aux lieux où ils savent que se produisent les demandes. Mais ces intermédiaires font payer cher leurs services, puisque leur gain parfois égale celui du producteur ; de plus leur intervention présente un danger très grave, c'est l'improbité de beaucoup d'entre eux. Ils mélangent et altèrent les denrées alimentaires et mettent ainsi la défiance chez le consommateur qui s'effraie et voit partout des fraudeurs.

Associations pour la vente. — Les syndicats de cultivateurs, ou encore les associations spéciales formées entre les syndicats, ont tenté de supprimer par leur action ces intermédiaires à la fois onéreux et dangereux, mais on ne peut constater en ce sens que des succès partiels accompagnés d'échecs ; il faut ajouter que ces tentatives sont récentes.

Ainsi le blé se vend à un prix qui rétribue mal les peines du cultivateur. C'est surtout de cette denrée qu'il est vrai de dire que la vente directe en est rare, presqu'impossible : quel particulier aujourd'hui achète du blé pour le faire moudre et cuire son pain ? C'est aux marchands seulement que le paysan peut vendre et on vend mal lorsqu'on ne vend que par petites quantités. Ici paraît l'utilité de l'association. En réunissant de fortes quantités de blé, on vend mieux et c'est ce que savent bien les *farmers-yankees* et encore les agriculteurs allemands. Dans ces pays, on emploie fort le système dit des *elevators*. On nomme ainsi des magasins où le blé apporté par les associés est mis en commun sans autre soin que de séparer les qualités. L'association elle-même se charge de trouver des acheteurs et chaque cultivateur reçoit une part du profit net en rapport avec les quantités versées par lui.

Un syndicat français, celui de l'Anjou, a tenté ainsi une vente en commun en opérant sur une forte quantité : 20.000 quintaux et a réussi ; les syndiqués ont reçu de leur blé un prix qu'ils n'auraient pas eu s'ils avaient vendu sur le marché local.

Pour le warrantage du blé. — Ce même syndicat a fait et avec succès une tentative plus hardie concernant le « warrantage » des blés. Il y a pour le vendeur, individu ou syndicat, un grand intérêt à attendre le moment favorable pour la vente, mais il faut n'être pas pressé par le besoin d'argent. C'est afin de concilier les deux choses : procurer au cultivateur l'argent qui lui est nécessaire sans l'obliger à vendre que le *warrant* a été inventé.

Le cultivateur imite l'industriel et le négociant, il dépose dans un magasin ses denrées dont il lui est donné récépissé. Ce récépissé lui sert à emprunter sur la marchandise déposée, à la vendre même s'il veut.

Comme les frais de magasinage et surtout de transport sont, pour une denrée lourde comme le blé, assez élevés, le syndicat prête au cultivateur jusqu'à concurrence des deux tiers de la valeur de son blé, tout en le constituant dépositaire, c'est-à-dire que le cultivateur s'engage à soigner le blé qu'on lui laisse, à ne pas le déplacer, à ne pas le vendre sans la permission du syndicat.

Inutile d'ajouter que pareille opération n'est sûre que si l'association qui la fait connaît ceux avec qui elle traite et sait que sa confiance est bien placée, d'où la nécessité de se bien connaître dans un syndicat.

Autres syndicats de vente. — Divers syndicats vinicoles, d'autres fondés entre propriétaires d'oliviers, s'efforcent de vendre, soit aux marchands en détail, soit même directement aux consommateurs, les produits récoltés par leurs membres. Ils ont à lutter malheureusement contre une pratique ordinaire aux marchands qui prennent volontiers, pour inspirer confiance, le titre de syndicats ou « d'union des propriétaires » si bien que le public ne sait plus distinguer les vraies associations des supposées et ceux qui vendent des produits falsifiés des associations qui livrent une quantité sincère et font honneur à leur marque.

Défauts de quelques syndicats. — Et puis, il faut le dire, les syndiqués ne se montrent pas toujours assez soigneux de garder la probité qui n'est pas seulement un devoir de conscience, mais un bon calcul de la part des producteurs. Ainsi M. de Rocquigny cite le fait d'un syndicat breton, celui de Paimpol, dirigé par un homme dévoué, qui avait pour un produit local, les pommes de terre hâtives, trouvé un excellent débouché en Angleterre. Les syndiqués sachant l'acheteur très loin firent de mauvaises fournitures et virent immédiatement se fermer un marché dont ils ne retrouvèrent pas l'équivalent.

Autre fait un peu différent, mais où le défaut d'union, de persévérance, de sens pratique a failli ruiner l'association, c'est ce qui est arrivé au syndicat de Romorantin. Pour relever le prix des asperges qui sont la principale production du pays, le syndicat, dirigé par un excellent président, M. de Malherbe, les expédiait aux halles de Paris, ce qui procurait aux cultivateurs un bénéfice de 30 0/0 sur le prix payé par les marchands de l'endroit. Ceux-ci alors relevèrent leurs prix et nombre de syndiqués laissèrent l'association pour vendre à ces commerçants. Les syndiqués restés fidèles cessèrent alors de gagner parce que les frais généraux étaient les mêmes et se répartissaient sur de trop faibles quantités. Immédiatement les marchands revinrent à leurs anciens prix, punissant ainsi les syndiqués de leur peu de prévoyance (1).

Il ne faut pas craindre de rapporter de tels faits afin d'avertir les cultivateurs comme les ouvriers, que si l'association donne d'excellents résultats, ce n'est point par la seule vertu de son nom, ni de sa forme extérieure, mais parce que les associés auront la persévérance et la suite, comme aussi la probité sans laquelle nulle entreprise ni individuelle, ni collective ne peut espérer de réussir.

Diverses associations de vente. — Plusieurs syndicats font aux halles de Paris des envois de légumes ou fruits récoltés par leurs membres, mais avec des succès divers. Les cours sont très variables, les transports toujours onéreux et puis l'organisation des halles centrales comporte de véritables monopoles de fait dont il est malaisé de s'affranchir. Quelques syndicats ont tenté d'aborder le marché anglais, surtout le marché de Londres, mais les résultats ont été variables.

Un fait d'association que l'on peut citer en passant et qui est très pratique quoique très modeste, est celui des cultivateurs d'asperges de Saint-Florentin (Yonne), qui se sont formés par groupes de sept à huit, chacun d'eux portant alternativement à la gare les produits de tous les associés.

Le succès très douteux des expéditions aux halles de Paris a conduit plusieurs syndicats à tenter de vendre directement aux consommateurs ou aux petits marchands. Quelques-uns s'occupent de vendre le lait ou le beurre de leurs membres, il y en a même qui viennent en se chargeant de la vente, au secours des membres des « fruitières » obligés, comme on a vu, de se défaire individuellement de leurs produits et souvent exploités par les commerçants locaux.

D'autres syndicats s'occupent de la vente des semences, plants et

(1) L'habile directeur de ce syndicat citait lui-même cet autre fait au congrès d'Orléans (mai 1897). Le syndicat, afin d'attirer la confiance des acheteurs, déclara qu'il garantissait les produits fournis par ses membres, ce qui lui valut de suite d'assez beaux débouchés. Et puis, un jour, l'esprit volontiers rapace du paysan reprit le dessus et ils firent une fourniture telle qu'elle enleva un bon client au syndicat. Celui-ci, pour empêcher pareil fait à l'avenir et ensemble pour punir les fraudeurs, nomma un contrôleur payé par les syndiqués pour surveiller les expéditions, et grâce à cette mesure le syndicat, qui fonctionne depuis 7 ans, a la clientèle de plusieurs marchands de conserves et de quelques sociétés qu'il contente parfaitement.

graines fourragères. Une société spéciale, « la Coopération de Provence », a pour but de vendre au public des graines fourragères authentiques. Les graines provençales sont recherchées, mais les marchands, en mêlant aux graines de bonne provenance, d'autres graines de qualité inférieure, ont nui à la réputation des graines provençales ; le syndicat veut la relever en livrant des produits de bonne provenance uniquement ; il s'efforce de faire rechercher sa marque.

Ainsi fait le syndicat du Calvados pour les pommes à cidre de la vallée d'Auge ; elles sont justement recherchées mais, là aussi, les marchands locaux ont nui à la renommée du produit parce qu'ils ont livré des pommes de qualité inférieure, mêlées à celles de provenance authentique. Le syndicat garantit l'origine de ses produits ; il avait en 1889 livré plus de six cents wagons de pommes à cidre.

Le syndicat de Dijon pour relever la réputation des houblons de Bourgogne compromise par les fraudes des marchands, offre des produits dont il garantit l'origine, et pour être assuré de son fait, il a nommé une commission de vérification permanente chargée de « contrôler les procédés de culture, cueillette, séchage employés par les syndiqués, vérifier les récoltes en magasin, suivant l'année, la provenance et la qualité, classer les houblons vérifiés, surveiller leur préparation et enfin faire apposer sur les balles la marque du syndicat accompagnée de toutes les indications propres à assurer le contrôle. » Un agent commercial est préposé à la vente des houblons du syndicat.

On trouve aussi, surtout dans la région du Nord, des syndicats formés entre producteurs de betteraves pour traiter de la vente aux fabricants de sucre seuls acheteurs possibles du produit ; entre propriétaires forestiers pour la vente du bois à brûler ; d'autres entre éleveurs de vers à soie pour la vente en commun des cocons. Le syndicat du Boulonnais fournit non plus aux syndiqués, mais au public, des étalons et poulinières de pure race boulonnaise ; celui du Calvados se charge de fournir aux mêmes acheteurs des reproducteurs de l'espèce bovine, et de race pure qu'il fait acheter par ses agents moyennant une faible commission. Pour les chevaux, il publie un bulletin mensuel où il enregistre les demandes des acheteurs et les offres des éleveurs : description des animaux offerts, prix demandé, etc... Le syndicat a procuré la vente d'environ quarante chevaux de luxe par mois.

Résultats. — Mais au total, et malgré quelques succès de détail, cette partie, la vente des produits, a peu réussi jusqu'à présent.

La faute en est pour partie aux syndiqués, on en a vu plusieurs
exemples ; on pourrait ajouter celui-ci : le syndicat agricole du
Sud-Est ayant tenté d'établir à Lyon un magasin de vente des produits de ses membres les éleveurs qui se plaignent surtout du bas
prix du bétail, ne conduisirent pas leurs bestiaux à la boucherie
syndicale, si bien que pour garnir celle-ci, il fallut acheter des bêtes
sur le marché ordinaire, ce qui ôtait à la tentative tout son côté
coopératif.

Associations soumissionnant des fournitures publiques. — Plusieurs
syndicats ou associations analogues ont soumissionné la fourniture
de divers établissements publics, collèges, hôpitaux, etc. Ainsi, la
coopérative agricole d'Orléans est adjudicataire d'une très importante fourniture de pommes de terre pour l'assistance publique de
Paris. Plusieurs syndicats ont soumissionné la fourniture des ordinaires de divers régiments et se sont même présentés pour les fournitures du ministère de la guerre (blé, fourrage). Là ils ont été arrêtés par une difficulté légale : les syndicats peuvent-ils faire acte de
commerce ? Le même obstacle ne se présente pas pour les associations coopératives voulant bien prendre une des formes légales que
prennent ordinairement ces sociétés. Il suffit donc de constituer une
telle société à côté du syndicat et avec ceux des syndiqués qui le
voudront bien. On verra plus loin, à propos des sociétés de consommation, que la chose se fait couramment pour les achats en commun
surtout.

La création des boucheries militaires peut offrir aux syndicats
une clientèle. On sait que ces boucheries ont été érigées dans quelques garnisons de l'Est notamment, pour éviter les fraudes trop
fréquentes de la part des bouchers. Les viandes sont achetées sur
pied, abattues et depecées par la main-d'œuvre militaire. Or plusieurs de ces boucheries se sont adressées déjà pour leurs achats de
bestiaux aux syndicats de la région pensant trouver en eux les conditions de sûreté et de probité qu'avec raison elles cherchent avant
tout.

Rapports avec les sociétés coopératives de consommation. — Une sorte
de clients que les syndicats agricoles doivent désirer avant tout
parce que ce sont des clients collectifs et pour ainsi dire indiqués,
ce sont les sociétés coopératives de consommation dont il sera parlé
plus loin. Ces sociétés sont nombreuses en France et quelques-unes
sont importantes ; les syndicats agricoles cependant font avec elles
fort peu d'affaires, pourquoi ? Il a été donné sur ce point d'intéres-

sants détails au congrès des syndicats agricoles d'Orléans (mai 1897)
qui a mis en présence les délégués de ces syndicats et les représentants des coopératives de consommation. L'un de ces derniers et
des plus autorisés M. Chiousse les signalait nettement :

« L'agriculture qui est admirablement organisée pour la défense
de ses intérêts moraux et pour l'achat de son outillage et des engrais, ne l'est pas encore pour la vente des produits ».

Et il citait des faits : « Notre Société voulant se procurer des asperges s'adressa à un syndicat agricole, lequel déclara ne pouvoir
faire lui-même les livraisons, mais il nous adressa à divers cultivateurs syndiqués qui pouvaient les faire. Ces derniers questionnés, se
mirent à notre disposition, mais au moment de nous expédier,
l'un d'eux s'aperçut que s'il avait des asperges, il n'avait pas de
paniers pour les envoyer. Alors il nous a demandé de lui fournir
ces paniers que d'ailleurs nous ne possédions pas. De plus, comme
il n'était pas au courant des expéditions (il n'en avait jamais fait,
les commissionnaires de l'endroit étant toujours venus prendre chez
lui ses produits) il nous demandait par tous les courriers de nombreux renseignements, si bien que la récolte des asperges était à
peu près terminée lorsque les pourparlers aboutirent.

« Il en a été de même pour nos fournitures de pommes de terre. »

Les seules offres que nous recevions de la part des syndicats
agricoles, disait un autre coopérateur, sont des offres de vins ; celles-
là sont abondantes, les autres manquent absolument. Et encore
M. Chiousse rapporte que sa société voulut s'adresser à un syndicat
de viticulteurs, « ses prix ayant paru bien élevés à notre conseil
d'administration, il s'adressa au courtier qu'il prend d'habitude
pour traiter l'achat d'une ou de plusieurs caves. Il s'est trouvé que
par l'intermédiaire de ce courtier, nous avons pu nous procurer à
19 francs l'hectolitre (pour ne citer qu'une qualité) des vins qui,
après dégustation et analyse comparative, ont été reconnus de même
goût, même couleur, même richesse alcoolique, même acidité etc.,
que ceux que l'association des viticulteurs nous offrait à 23 fr. 50 ».

Il avait donc raison de dire que les syndicats n'étaient pas encore
organisés commercialement. Il signalait aussi la fraude commise
par nombre de gens peu scrupuleux qui prennent le titre de syndicats, d'associations de producteurs, etc., et fournissent de mauvais
produits, ce qui éloigne encore les consommateurs.

C'est pour arriver à l'organisation « commerciale » des producteurs agricoles que vient d'être organisée une « Commission mixte
des syndicats agricoles et des sociétés coopératives de consommation » qui aurait pour but de rapprocher les uns des autres. Les

coopératives adresseraient leurs demandes : nous avons besoin de
tels produits et la commission mixte leur répondrait : vous pouvez
vous adresser à tel ou tel syndicat, il est sérieux, il est bien organisé et vous contentera. Ce sera alors aux syndicats à retenir la
clientèle au lieu de la rebuter.

Ce n'est point du reste avec les seules coopératives françaises que
les syndicats de vente pourraient entrer en relation. Il y a à l'étranger, en Angleterre notamment, des coopératives florissantes, représentant un grand nombre de consommateurs et qui sont obligées de
s'adresser pour la plupart de leurs fournitures aux producteurs du
continent. Elles s'adressent volontiers aux associations de producteurs, pourvu toutefois qu'elles les connaissent, c'est le premier point,
et qu'elles trouvent en elles des vendeurs et des livreurs sérieux,
c'est le second point et le principal.

Commission chargée de procurer ces rapports. — Des congrès sont
tenus et par les sociétés coopératives et par les syndicats agricoles
et des deux côtés on a vanté cette désirable alliance.

Au premier congrès international de la coopération tenu à Londres
en août 1895, une commission permanente a été nommée pour mettre
à exécution le vœu du congrès qui désirait voir établir une agence
internationale pour l'échange des produits coopératifs. Ce vœu a
été reproduit au second congrès tenu avec une certaine solennité à
Paris en octobre 1896 et qui a, lui aussi, chargé de l'exécution une
commission permanente choisie parmi les coopérateurs notables
des divers pays. Déjà les grandes sociétés de consommation anglaise
déclarent qu'elles s'adressent de préférence pour leurs achats aux
sociétés coopératives de production des autres pays, aux laiteries
danoises par exemple. Il s'agit de rendre ces relations plus nombreuses et plus fréquentes, car elles sont encore rares aujourd'hui.

Syndicats et courtiers en marchandises. — En attendant, et comme
les sociétés de consommation pour bonnes clientes qu'elles soient,
ne seront jamais qu'en nombre limité, les syndicats désireux de
placer les produits de leurs membres ont dû avoir recours à l'intermédiaire des agents et courtiers dont ils pensaient d'abord pouvoir
s'affranchir. Il est certain que les commissionnaires en marchandises,
par leurs relations et leur connaissance du marché, peuvent procurer le placement de marchandises qu'on ne vendrait pas sans eux.
De petits et de moyens cultivateurs ne peuvent s'adresser à eux à
cause du peu d'importance de leurs récoltes et parce qu'ils n'ont
pas de telles relations, un syndicat le peut, parce qu'il présente

d'importantes quantités de denrées à vendre et que ses directeurs connaissent mieux la situation du marché général que des paysans isolés. Certains syndicats de Provence qui font la vente des fleurs naturelles ont dans les grandes villes des agents qui reçoivent les commandes et les avisent de l'état du marché.

Autre action des syndicats de vente. — D'autres syndicats ont organisé dans les expositions agricoles qui se font en France ou au dehors des expositions spéciales des produits de leurs membres et ont pu arriver ainsi à passer un certain nombre de marchés.

Le syndicat central des agriculteurs de France (19, rue Louis-le-Grand) a établi, pour éviter tout intermédiaire, des agences pour procurer aux syndicats adhérents, ou la vente des produits de leurs membres, ou l'achat de ce dont ces membres auraient besoin. Ainsi, il a au marché de la Villette un agent qui s'occupe de procurer la vente des bestiaux des syndiqués et d'autres agents pour assurer la vente de divers produits : grains, fruits, légumes secs, vins, etc...

Au congrès des agriculteurs de France, tenu en février-mars 1896, M. Welche, président du congrès, a donné sur le syndicat central des renseignements intéressants. Il a signalé les progrès faits pour la vente de certains produits, notamment pour la vente du bétail ; il a parlé de ce qui était fait aussi pour la vente d'autres denrées, mais en insistant sur ce point que les ventes seraient plus faciles si les producteurs tenaient plus de compte du goût des consommateurs.

Il s'est formé d'ailleurs tout récemment une société au capital de 1.100.000 fr., l'*Union agricole de France*, qui a pour administrateurs plusieurs membres de la Société des agriculteurs de France et qui se propose de procurer la vente des produits des syndiqués, ou bien aux Halles, en évitant le très onéreux intermédiaire des courtiers, ou même directement au public dans des magasins que la société établit.

La tentative est trop récente pour qu'on puisse dire ce qu'elle donnera.

Les Associations de vente à l'étranger. — Il est nécessaire que nous usions de cette force que donne l'association, car nos voisins qui sont aussi nos rivaux en font, comme on a vu, un fréquent usage. « Les délégués français qui se sont rendus au congrès de Bologne, écrivait M. de Rocquigny, ont été frappés des ressources que le développement des institutions coopératives offre au producteur italien pour l'écoulement de ses denrées. Ces associations réunissent les agriculteurs dans chaque région et leur fournissent les moyens d'en-

trer en relation directe avec les groupements de consommateurs,
ou même avec le commerce pour la vente d'une foule de produits.
La coopération agricole s'organise en Italie, et elle s'organise avec
beaucoup de puissance et d'habileté. Les vins constituent le plus important produit du sol ; pour apprendre à leur donner les soins convenables, à les travailler et à les améliorer, des associations coopératives ont engagé, dit-on, à grands frais quelques-uns des meilleurs
ouvriers des chais de Bordeaux. Déjà elles se sont créé un grand
marché dans l'Amérique du sud, et actuellement des efforts suivis
se font par l'intermédiaire d'une fédération des sociétés italiennes
pour approvisionner de vins et d'autres denrées les sociétés de consommation de la Grande-Bretagne. »

Aujourd'hui que la lutte commerciale est si âpre et que les producteurs de tous pays en sont arrivés à ce point de chercher des débouchés, non plus dans leur voisinage immédiat, ni parmi leurs compatriotes, mais sur le marché du monde, l'association est indispensable à qui veut prospérer ou seulement même se maintenir.

§ 8. — De la culture en commun.

On a vu que, malgré le succès médiocre des associations destinées
à procurer la vente en commun, l'association en général a cependant fait d'heureux et d'incontestables progrès depuis dix à douze
ans parmi nos populations rurales. On n'a pas manqué non plus de
remarquer que nulle de ces associations ne porte sur la culture en
commun et que dans pas un endroit on ne trouve d'agriculteurs
ayant consenti à mettre ensemble leurs terres au moins pour l'exploitation sinon pour la propriété et quelques esprits peut-être en
auront du regret. Ils se diront qu'il faut déplorer que les paysans
ayant enfin rompu avec leurs habitudes d'isolement, et pratiquant
si bien l'association en tant de points, n'aient pas su pousser plus
loin et aller jusqu'à la culture, et même jusqu'à la propriété commune.

L'association ne peut s'étendre à la culture en commun. — Il faut
leur ôter leurs regrets, les avertir que l'association est bonne, utile,
nécessaire en certaines choses, mais que son domaine est limité
comme celui de toutes les institutions humaines et que le travail
agricole — non la manipulation de tel produit : du lait, du raisin, mais
le travail du sol lui-même : préparation de la terre, semence, sar-
clage, récolte, etc. — veut « l'œil du maître », le soin du proprié-

taire ou celui du preneur (fermier, métayer) responsable et maître
de la récolte, c'est-à-dire propriétaire à sa manière. C'est ce souci
constant du résultat, ce travail continu, cette économie persistante
appliquée à tout, même aux petits objets qui font le gain de nos
cultivateurs, gain minime d'ordinaire, mais qui leur permet de vivre, de faire vivre leurs familles, souvent d'économiser et quelquefois de s'enrichir. Ce soin, on ne le trouve pas dans la culture en
commun, encore moins dans la propriété en commun, la nature humaine est ainsi faite et on ne la peut forcer.

Tentative faite en 1842 par le Maréchal Bugeaud. — Voici au surplus,
pour ceux qui douteraient, le récit d'un essai d'association agricole
tenté en Algérie par le maréchal Bugeaud qui était, on le sait, aussi
attentif aux choses de l'agriculture qu'à celles de la guerre. Ce récit
a été écrit par lui-même et publié dans la *Revue des Deux-Mondes* du
15 juillet 1848 :

« Voulant faire un essai de la colonisation militaire, afin de pouvoir appuyer sur des faits les propositions que j'avais à présenter
au gouvernement, je fondai autour d'Alger en 1842, trois villages
avec des soldats. L'un Fouka le fut avec des libérés, les deux autres,
Mered et Mahelma, avec des hommes qui devaient encore à l'Etat
trois ans de service. Je soumis les colons au travail en commun,
cela était d'autant plus praticable selon moi, que jouissant des vivres et de la solde, ils devaient attacher moins d'importance au produit de leur peine. Ce produit devait former un fonds commun destiné au bout de trois ans à faire les frais du mariage et à procurer à
tous uniformément le mobilier de la maison et de l'agriculture.

« Dès cette époque, je connaissais les difficultés de l'association des
travailleurs, ma pratique me les avait révélées, mais j'espérais que
la discipline et les habitudes de la vie militaire qui constituent une
sorte de communauté effaceraient ou du moins atténueraient les
inconvénients. Vous êtes des camarades et des frères, dis-je aux colons, et à ce double titre, vous souffririez si à l'époque favorable pour
le mariage, quelques-uns d'entre vous n'avaient pas le moyen de s'é-
tablir par suite de maladie ou d'autres accidents. Je remarquai
qu'il reçurent froidement ma proposition et qu'en réalité ils ne l'acceptèrent que par déférence et par discipline.

« Je fis faire le partage des terres pour exciter l'émulation par
l'attrait de la propriété et chaque colon eut la faculté de travailler
un jour par semaine dans son champ. Pendant la première année il
y eut assez de zèle, il ne me parvint qu'un petit nombre de plaintes
contre les paresseux. Il est vrai que je maintenais l'ardeur et la sa-

tisfaction par de fréquents envois de troupeaux prélevés sur les
razzias que nous faisions subir aux Arabes. Ces troupeaux formaient
la principale masse du fonds commun et nul n'y avait plus de droit
qu'un autre, puisqu'ils n'étaient pas le produit du travail.

« Au retour d'une expédition prolongée, j'allai visiter mes trois
petites colonies en commençant par celle de Mered. C'était à la fin
de septembre 1843. Ordinairement j'étais accueilli avec joie par les
colons militaires qui me considéraient comme leur bienfaiteur et
m'appelaient leur père. Cette fois, c'était un dimanche, je les trouvai mornes et presque impolis. Ils étaient appuyés contre leurs
portes et ne se dérangèrent pas pour venir m'entourer selon leur
coutume. Je compris qu'il y avait quelque chose d'extraordinaire.
Je fis appeler l'officier, et celui-ci étant absent, je m'adressai au sergent-major, pour connaître les causes du découragement dont je
venais de remarquer les symptômes.

« Mes hommes ont bien raison d'être tristes, dit le sergent-major,
ils perdent la plus grande partie de leurs récoltes, ils l'attribuent
au travail en commun, ils ne veulent plus de ce régime, ils vont
vous demander de les désassocier. — Mais comment perdent-ils
leur récolte? Ils ont moissonné dans les premiers jours de juin et
nous sommes à la fin de septembre; elle devrait être au grenier
depuis longtemps. — Vous avez raison, mon gouverneur, cela devrait
être ainsi, mais on ne travaille pas, et nous n'avons pas encore dépiqué le tiers de l'orge, ni du froment. Comptant sur la prolongation
habituelle du beau temps, nous n'avons pas eu la précaution d'enlever les gerbes des meules perpendiculaires, nous avons pris ce
qui formait toit sur toute la surface du carré long; les deux orages
qui sont survenus ces jours-ci ont imbibé nos meules et tous nos
grains ont germé.

« Je me transportai aux meules et je les vis herbacées sur toutes
les faces. Je fis aussitôt rassembler les colons, ils formèrent le cercle
autour de moi et nous eûmes le dialogue suivant : « Comment se fait-
il, mes amis, qu'ayant récolté en juin, vous n'ayez pas encore dépiqué à la fin de septembre ? — C'est, me fut-il répondu, c'est que
nous ne travaillons pas. — Et pourquoi ne travaillez-vous pas ? —
Parce que nous comptons les uns sur les autres, que nous ne voulons
pas en faire plus l'un que l'autre et qu'ainsi nous nous mettons au
niveau des paresseux. Croyez-vous, mon gouverneur, que si nous
avions eu chacun notre part de ce blé, il ne serait pas dépiqué depuis
longtemps? Nous en aurions déjà fait plus du double. Cela ne
peut plus aller ainsi, nous vous prions de nous désassocier. — Oui!
oui ! s'écrièrent tous les colons, même les paresseux. Ces mots *nous*

nous mettons au niveau des paresseux m'avaient trop frappé pour que je ne fusse pas résolu à renoncer au travail commun, mais je crus devoir ne pas céder trop vite et je fis appel aux sentiments de fraternité dont je tenais à bien juger la portée.

« Comment, mes amis, comment, répliquai-je, vous êtes tous camarades du même régiment (le 84e), vous vous êtes choisis volontairement, vous êtes tous jeunes et robustes, vous ne formez en quelque sorte qu'une famille de frères et vous ne savez pas vivre et travailler en commun sans calculer si l'un fait plus que l'autre ? — Mon gouverneur, nous nous aimons beaucoup et malgré cela il n'y a pas d'émulation pour le travail, on ne croit pas travailler pour soi quand on travaille en commun. Ce sera bien pis quand nous serons mariés, nos femmes s'accorderont moins bien que nous pour le travail et pour tout ; ce sera un enfer. Si nous vous prouvions que nous avons plus produit dans le jour par semaine que vous avez accordé à chacun, que dans les cinq jours de la communauté, vous ne refuseriez pas de nous désassocier ».

« Je procédai immédiatement à la vérification de ce fait. J'appréciai successivement les soixante-sept récoltes individuelles, des officiers écrivaient mes appréciations et l'addition donna en effet une somme supérieure d'un cinquième à l'ensemble des récoltes de la communauté. Cette opération terminée, je réunis de nouveau les colons. Je leur déclarai que les résultats de cette enquête me décidaient à établir parmi eux le travail individuel, mais je les prévins que, puisqu'ils se croyaient capables de se suffire à eux-mêmes en se séparant, je leur retirerai les vivres et la solde. Ils accueillirent cette déclaration par un consentement unanime.

« Mered avait absorbé ma journée, le lendemain, je visitai Mahelma et Fouka. J'y trouvai les mêmes répugnances pour le travail en commun. On me les exprima dans les mêmes termes en s'appuyant sur les mêmes motifs. Cependant on ne s'était pas concerté ; ces villages n'avaient aucune relation entre eux. Je chargeai un sous-intendant de distribuer le fonds commun et les troupeaux, de la manière la plus équitable et l'association fut rompue, Aussitôt on vit renaître chez le plus grand nombre une grande émulation et à la fin de 1845 ces trois villages étaient de beaucoup les plus prospères du Sahel, seulement il y avait de grandes inégalités dans cette prospérité. M. Pétrus Borel, inspecteur de la colonisation signale dans un rapport des colons de Mered qui avaient pour 5 ou 6.000 francs de bestiaux en tous genres, tandis que d'autres n'avaient pas même conservé ceux qui leur étaient échus en partage et n'avaient pas assez de récolte pour vivre. »

C'était là de l'association quasi-officielle, obligatoire en tous cas, puisqu'elle avait été organisée par un gouverneur militaire et imposée à des soldats. Une autre tentative de culture en commun fut faite par l'initiative privée dans le même temps, ou du moins peu après et dans le même pays, c'est la tentative dite de l'*Union du Sig* faite par « l'Ecole sociétaire », c'est-à-dire par des disciples de Fourier ; elle n'eut pas meilleur succès, non plus que les tentatives de Cabet et de diverses sectes socialistes où pourtant ceux qui tentaient étaient tous les fervents d'une Ecole.

Conclusion. — Concluons que l'association est fort utile pour les objets qui ont été marqués d'abord : pour l'achat en commun, pour la fabrication en commun du vin, du beurre, de l'huile ; pour l'emploi d'outils perfectionnés, de reproducteurs de bonne race, mais il ne faut pas la pousser plus loin. Dans l'industrie, l'association pour le travail en commun a donné de bons résultats, quoique limités : les associations de production ont toutes pour but le travail en commun, mais il en est tout autrement dans l'agriculture, et comme il est traité ici de l'un et de l'autre genre d'association, cette différence devait être marquée et le lecteur aura soin de s'en souvenir.

CHAPITRE V

Notre loi française ne connaît que des syndicats professionnels facultatifs. Ce sont des associations librement formées qui ont donné les résultats exposés dans les chapitres précédents. Il se trouve toutefois des hommes appartenant à de très diverses opinions, mais qui s'accordent en ce point qu'ils voudraient voir ces syndicats organisés forcément par la loi et comprenant d'une manière obligatoire, tous ceux — ouvriers ou patrons — qui s'occupent à des travaux industriels, car jusqu'ici les partisans de l'idée n'ont guère songé aux cultivateurs ; ils bornent leur sollicitude aux artisans. Et comme les promoteurs de ce système sont surtout des publicistes ils ont pu parler haut et se faire entendre ; donnons donc, en passant, quelques pages à l'examen de leur opinion.

Régime tout idéal et non éprouvé. — Les partisans de ce système comme en général les idéologues attendent beaucoup de ce régime qui n'a pas encore été éprouvé, et c'est un grand avantage d'avoir un système non essayé, car on le fait en théorie aussi beau qu'on veut, en répondant toujours aux adversaires que leurs critiques ne portent pas, que tout ira bien. Les hardis promoteurs de cette nouveauté savent bien du reste attirer les esprits superficiels. Ils étalent les défauts de l'organisation actuelle du travail, inconvénients évidents et qui ne sont pas niés ; ils ont le tort seulement de les exagérer volontiers. Il est évident que certains salaires, ceux des femmes surtout sont très faibles, que le travail à domicile est souvent d'une durée trop longue et fait dans les plus défectueuses conditions ; que la préparation au métier est fort insuffisante ; on ne fait plus d'apprentis. Tous ces vices, nous assure-t-on, seront corrigés par l'institution de la corporation obligatoire.

On s'étonnera qu'il soit si facile de corriger des maux aussi anciens, aussi répandus et on admirera que le remède n'ait été trouvé que récemment et encore par des docteurs dont la plupart ne sont pas mêlés à la pratique. Et comment se fera cette merveilleuse correction ?

Rôle qu'auraient les syndicats obligatoires. — Les salaires sont trop bas en général ? Désormais un *minimum* sera fixé par les syndicats. Les journées de travail sont trop longues ? Le syndicat fixera un *maximum*. Il marquera aussi les diverses conditions du travail : il sera fait à la pièce ou à la journée seulement, etc. Qui travaillera au-dessous du *minimum* de salaire ou plus que le *maximum* d'heures fixé sera puni. Les salaires actuellement et la manière de travailler sont réglés par l'accord des parties : ouvriers et patrons et c'est cette liberté qui est mauvaise ; tout ira mieux lorsqu'il y aura des règles obligatoires fixées d'autorité par le syndicat. Il marquera aussi, afin de tout redresser, à quelles conditions désormais on sera reçu à exercer la profession.

Voilà qui va bien et sans doute ces syndicats auront des qualités toutes particulières de science et d'impartialité, car ils assument un rôle bien difficile. Qu'arrivera-t-il par exemple si le syndicat fixe à 6 fr. par jour le salaire d'un corps d'état qui travaille pour l'exportation (chose assez fréquente) et auquel le prix de vente des objets fabriqués puis soumis à la concurrence du dehors ne permet de donner que 5 fr. ? Punira-t-on le patron qui offre le seul prix possible et l'ouvrier qui aimera mieux gagner 5 fr. seulement que de rester oisif et dans la misère ? Punira-t-on aussi l'ouvrier qui aura travaillé 9 heures, durée très raisonnable, alors que le syndicat aura fixé à 8 heures la durée *maxima* des journées de travail ? On les punira sans doute les uns et les autres car il faut une sanction, mais il sera de bon exemple de voir punir un ouvrier parce qu'il aura bien travaillé ou été modéré dans ses exigences et un patron parce qu'il aura mieux aimé occuper ses ouvriers au seul prix possible que de fermer ses ateliers et de les mettre dans la rue.

Comment ils seraient composés. — Mais quelle serait enfin la composition de ces syndicats qui seraient investis d'une si grande puissance et devraient avoir une telle vertu ? Ils se composeront, nous dit-on, des délégués des patrons et des ouvriers. Que les ouvriers qui se valent assez les uns les autres, c'est-à-dire dont la position et l'influence sont pareilles ou très analogues au regard de l'industrie aient un suffrage égal pour nommer des délégués, soit, mais les patrons sont très différents les uns des autres, il y a de grands industriels et de petits artisans, de grands commerçants et de petits boutiquiers, les premiers jalousés par les seconds, qui souvent leur sont décidément hostiles et ce sont ces hommes si divisés qui devraient former une décision unique ?

Point embarrassant de l'organisation proposée. — Ce n'est pas tout : voilà en présence les délégués des patrons et ceux des ouvriers ; sans doute les suffrages de chacun des deux groupes auront même valeur, mais alors qui les départagera ? Question embarrassante pour les partisans des syndicats obligatoires. Les uns s'en remettent à l'avenir ; on découvrira plus tard une solution ; ce n'est pas une réponse, c'est une défaite. D'autres ont tenté de donner cette réponse. Les uns disent : Ce seront les prud'hommes de la profession. Mais d'abord il n'y a de conseils de prud'hommes qu'en quelques endroits, puis où il y en a, toutes les professions ne sont pas représentées parmi les prud'hommes ; il s'en faut. Enfin ces prud'hommes sont nommés mi-partie par les patrons, mi-partie par les ouvriers et souvent les uns et les autres ne s'accordent pas ; les concilier est un problème qui n'a pas été résolu et ici on nous donne une division pour accorder une autre division ! Visiblement il faut chercher ailleurs.

Un autre dit : on prendra pour trancher les points douteux des conseillers municipaux. Alors ce ne seront plus des hommes du métier qui décideront les questions, ce seront des politiciens, c'est-à-dire ils ne chercheront pas le possible, ils chercheront à plaire à leurs électeurs. Ces électeurs en un pays de suffrage universel, ce sont les masses ouvrières ; c'est donc pour leur plaire ou plutôt pour plaire à ceux qui les mènent que seront fixées les conditions du travail : salaires élevés, journées courtes. Quant au résultat, ce sera la ruine de nos industries nationales au profit de l'étranger. N'a-t-on pas vu déjà les exigences de syndicats tout-puissants quoique facultatifs ruiner certaines industries ?

Accepter une pareille organisation serait donner une force nouvelle à l'un des plus grands périls qui nous menacent : le despotisme des majorités. On a vu ce qu'il était déjà dans les syndicats actuels qui sont pourtant facultatifs, ce qu'il était même dans les sociétés coopératives et on augmenterait un tel pouvoir ? Et on lui donnerait un tel champ d'action ? Que feraient par exemple les travailleurs chrétiens si ce syndicat s'avisait de décider que le jour de repos obligatoire serait le lundi non le dimanche ? Qui empêcherait ces syndicats, puisqu'ils peuvent marquer à quelles conditions on sera reçu dans le métier de n'y recevoir plus que les amis politiques ? Et que deviendront ceux que le syndicat ne voudra pas recevoir ?

On parle de porter remède aux maux actuels et on aura créé le plus insupportable instrument de tyrannie (1). Il aura été institué pour établir de bons salaires, des conditions de travail équitables et il ruinera l'industrie, de sorte qu'il n'y aura plus de salaires du tout, puisqu'il n'y aura plus de travail.

Aujourd'hui l'ouvrier qui est mécontent des conditions qu'on lui fait peut chercher une autre maison ; il pourra perdre du temps à le faire, avoir de la peine à trouver, ces difficultés pratiques n'empêchent pas qu'il y ait un remède. Sous le régime de la corporation obligatoire, il n'y en aurait pas, puisque l'oppression s'étendrait partout (2).

Arguments des partisans du Syndicat obligatoire. — Mais, disent ses partisans, ce régime de la corporation obligatoire n'est pas une innovation, une utopie, il a existé longtemps dans l'Europe entière et dans notre pays notamment ; aujourd'hui encore il se trouve en Autriche où l'ont fait rétablir les abus du système de la liberté; n'est-ce pas une forte preuve de son excellence ?

L'ancien régime corporatif. — Il est vraiment singulier de se recommander d'une institution qui a fait son temps et que ses abus ont fait par toute l'Europe, ou abolir expressément, ou tomber en désuétude

Et si l'on veut dire : nous prendrons le bon côté, le côté utile des anciennes corporations et nous ne prendrons que celui-là, on se fait une bien fausse idée de ces institutions anciennes et de ce que seraient les corporations modernes (car c'est au fond le nom qui convient aux syndicats obligatoires).

Il n'y a d'abord aucune ressemblance entre le régime corporatif ancien, celui qui a duré en France du XIII° siècle à 1776 et celui rêvé par les modernes novateurs. L'état de l'industrie, la manière de travailler, les besoins des populations, tout était alors différent de ce que nous voyons de nos jours. Les populations urbaines étaient très peu nombreuses, leurs besoins très simples ; il y était pourvu presqu'entièrement par le travail d'un petit nombre d'artisans travaillant à la main. Une partie de ces artisans — car tout était varia-

_____

(1) Imagine-t-on, par exemple, le sort des grands magasins mis entre les mains des petits boutiquiers formant majorité ?

(2) Un projet de loi présenté en 1894 par MM. Jules Guesde, Jaurès et quelques autres députés de leur nuance disposait que les ouvriers de chaque atelier formeraient légalement une corporation où la majorité obligerait la minorité et cela en toute chose. S'il lui plaisait de se mettre en grève, pour un motif quelconque, la minorité serait obligée de suivre. Et l'on sait trop hélas ! ce qui décide aujourd'hui les mises en grève.

ble dans ce temps — formait des groupes ou corporations de métiers ayant chacun leurs règles semblables au fond, très diverses dans les détails, qui se recrutaient eux-mêmes et vivaient suivant des règles proposées par eux, approuvées par l'autorité, mais plus encore coutumières qu'écrites comme toute la législation d'alors. Il arrivait souvent que le même métier était incorporé dans une ville et ne l'était pas dans une autre. Ce que l'on appelait alors la corporation était la réunion des seuls patrons (ou maîtres) en nombre toujours limité, les ouvriers (appelés alors compagnons ou valets) n'étaient pas de la corporation. Ils pouvaient y entrer en devenant maîtres, mais jusque-là ils étaient en dehors n'ayant part ni au choix des dignitaires, ni à la rédaction des règlements. Leur seule attribution était d'avoir part à la gestion des caisses de secours relevant de la confrérie, institution spéciale annexée aux corps de métiers. Les membres de ces corporations se succédant de père en fils dans la même maison, avaient de fortes traditions, le goût du métier qui ne variait guère dans la manière de l'exercer, des croyances religieuses solides, toutes causes qui donnaient à leur action de l'unité et de la suite et qui en même temps tempéraient fort le monopole dont ils jouissaient. Le pouvoir public, du reste, n'hésitait pas à prendre des mesures pour modérer ce monopole, comme par exemple de fixer le prix des objets pour éviter une hausse concertée,

En quoi il différait du sytème proposé. — Nos corporations modernes seraient tout autre chose. Et d'abord contenant des ouvriers et des patrons avec un pouvoir égal, elles seraient fondées sur un principe de division et de lutte. Ceux qui exercent une même profession dans nos villes modernes sont légion, ils sont souvent — ouvriers ou patrons — très neufs dans le métier et peu instruits, passant d'une profession à l'autre sans s'y attacher, n'ayant pas de traditions, pas de croyances solides ; quelle différence entre ces petits groupes compacts, pleins d'unité et de suite qui étaient les anciennes corporations et les sociétés, foules confuses divisées en elles-mêmes, livrées à la discorde et à la merci de quelques meneurs qui seraient nos modernes syndicats !

Et puis la majorité des syndiqués fournirait aussi la majorité électorale ; quel bel instrument d'oppression on aurait là ! On ressusciterait bien les vices des corporations anciennes, leur penchant au monopole, leur tendance à s'imposer aux consommateurs, mais les modernes corporations n'auraient aucune des vertus anciennes, parce que l'ancien esprit n'existe plus chez leurs membres et que les causes qui atténuaient le monopole corporatif autrefois ne se trouveraient plus. Ces causes, c'était la diversité dans la législation et le pouvoir très limité au point de vue territorial des anciennes corporations. Aujourd'hui tous les métiers dans toutes les localités seraient soumis au même régime, et puis jamais puissance n'a égalé celle de nos modernes administrations ; tout plie devant elles, il n'y a aucun recours, ni aucun salut pour les minorités. Ces syndicats obligatoires seraient de grands instruments de tyrannie et vraiment nous avons bien assez de l'omnipotence sans limite et sans frein des majorités dans le domaine politique sans y joindre encore l'oppression des majorités dans les choses du travail.

Les corporations autrichiennes modernes. — Quant à l'exemple invoqué aussi des modernes corporations autrichiennes, corporations obligatoires en effet et toutes récentes, puisqu'elles ont été érigées par une loi de 1883, quel argument en peut-on tirer ?

D'abord l'état économique et social de l'empire d'Autriche est fort différent du nôtre, comme aussi la législation industrielle autrichienne est tout autre que la législation française. La liberté de l'industrie qui est de règle dans notre pays : quiconque peut exercer le métier qui lui plaît, n'est pas de mise en Autriche ; il y a à l'entrée des diverses professions des barrières que nous ignorons. Et puis les corporations autrichiennes, on l'oublie trop et il est utile d'en faire la remarque, ne se composent que des chefs d'industrie, des patrons. Les ouvriers ne peuvent que présenter des vœux, ils ne décident pas, sauf en un seul point : c'est en ce qui concerne la question des caisses de secours. Qui donc voudrait proposer un régime pareil à nos chambres françaises et quelle chance aurait-il d'y être reçu ? Les partisans, dans notre pays, des syndicats obligatoires, entendent bien qu'en fait les ouvriers, parce qu'ils sont le nombre, y auront la majorité.

Poussons plus loin. Les corporations autrichiennes, composées comme on vient de voir, ne se proposent point les buts principaux qu'assignent à l'institution qu'ils rêvent les partisans du syndicat obligatoire. Et en effet, que doivent faire ces syndicats ? D'abord fixer le taux des salaires et la durée des journées de travail dans les professions : les corporations autrichiennes n'ont à s'occuper de rien de semblable ; le taux des salaires est librement débattu ; quant aux journées de travail, une loi en a en effet fixé la durée, mais pour la grande industrie seulement.

Le but des corporations établies par la loi de 1883 — et qui en nombre d'endroits ont dû être érigées d'office par le pouvoir public, les intéressés s'y prêtant très peu — est ainsi marqué par cette loi : « maintenir l'honneur professionnel », objet assez vague, mais qui était cependant poursuivi par de nombreuses associations ou syndicats libres, existant entre les artisans autrichiens avant la loi de 1883. Ces mêmes associations avaient un autre but écrit aussi dans la loi de 1883 « fonder ou favoriser des établissements d'enseignement professionnel » ; c'est un moyen de maintenir la réputation et l'honneur du métier. Ces corporations peuvent ensuite, porte la loi de 1883, ériger des sociétés pour l'achat en commun des matières premières et la vente en commun des objets ouvrés par les associés. But excellent, mais que se proposent en tous pays les sociétés coopératives : inutile de faire intervenir la loi. Elle veut encore, cette loi, que les corporations offrent aux gens de métier des arbitres pour trancher les litiges professionnels et des facilités pour le placement des membres sans ouvrage. C'est ce que font en tous pays les syndicats libres et ce qu'ils faisaient en Autriche même : une loi de contrainte était bien inutile.

Les corporations autrichiennes s'occupent encore d'établir des institutions d'assistance pour leurs membres, c'est même là en effet leur objet principal. De telles associations existent en grand nombre comme suite de l'initiative privée, et alors même que la loi de 1883 aurait eu pour effet de les rendre plus nombreuses (1) et toutes uniformes (serait-ce un avantage ?) il faut avouer que ce résultat n'est pas le principal de ceux que cherchent les partisans de l'obligation.

Les corporations autrichiennes font encore des règles pour l'apprentissage, règles qui doivent être sanctionnées par le pouvoir public assurément peu compétent dans les questions techniques, et enfin la loi finit en disant : « Il appartient à la corporation de pourvoir au maintien de la juste proportion des droits et des devoirs incombant d'un côté aux chefs d'industrie et de l'autre à leurs ouvriers, notamment en ce qui concerne l'engagement du travail ». Il est bien vrai qu'avec un pareil texte on pourrait aller fort loin et permettre à la corporation de fixer forcément les conditions du contrat de travail. Mais la force des choses a été plus puissante et malgré la tendance de certaines corporations viennoises fortement organisées et qui prétendaient avoir le monopole du travail professionnel tout comme autrefois — elles ont même porté leurs réclamations devant les tribunaux — les conditions d'engagement entre

---

(1) Le principe de l'assistance obligatoire existant en Autriche, la question de l'organisation de l'assistance professionnelle y a un tout autre aspect que dans notre pays.

ouvriers et patrons sont jusqu'ici restées libres comme avant (1).
Tout ce qu'ont produit les règlements corporatifs a été d'augmenter
la difficulté que les ouvriers de la petite industrie ont à s'établir
comme patrons.

Voilà pourtant le seul exemple (2) de syndicats corporatifs obligatoires existant dans les temps modernes. Outre qu'il se trouve
dans un pays fort différent du nôtre comme mœurs et comme législation industrielle, il ne ressemble nullement au régime que nos partisans des syndicats obligatoires voudraient établir en France.

Ce qu'ils rêvent est jusqu'ici une utopie — fort nuisible et fort
dangereuse d'ailleurs — puisse-t-elle rester toujours utopie !

(1) Les corporations étant, on l'a vu, composées uniquement de patrons,
il est vraisemblable que les règlements qui seraient rendus sur le taux des salaires et autres conditions du travail ne seraient pas conformes aux prétentions des ouvriers.

(2) Il y en a bien un second, c'est la Hongrie, mais la Hongrie est un pays
peu industriel et sa législation en ce sens est copiée sur celle de l'Autriche.

CHAPITRE VI

SOCIÉTÉS DE CRÉDIT MUTUEL

Le crédit très difficile pour les personnes de petite condition. — Deux sortes de personnes surtout ont besoin de crédit : d'une part les artisans des villes, c'est-à-dire les petits industriels travaillant à leur compte au moins dans une certaine mesure et, d'autre part, les cultivateurs-propriétaires ou fermiers. Les uns et les autres ont la plus grande peine à se procurer les avances dont ils ont besoin et on s'en étonne parfois : l'argent est si abondant ! il se loue à si bas prix ! Sans doute, mais lorsque l'emprunteur n'offre aucune surface, ou en offre très peu, il lui est difficile, à moins qu'il ne rencontre quelque proche obligeant et ayant des ressources, de trouver l'argent qu'il lui faut. Et alors pressé par les échéances ou par la nécessité d'avoir des matières premières, du bétail, il s'adresse à un usurier qui lui fait payer bien cher le risque qu'il court en lui prêtant.

On a souvent flétri les usuriers et en morale on a raison, mais le difficile est de les remplacer. Les lois qui les punissent ou qui les pourchassent ne les empêchent pas d'être nécessaires, parce qu'elles ne fournissent pas d'argent aux gens qui en ont besoin et aussi n'est-ce pas le rôle de l'Etat de faire de telles avances, elles augmentent seulement les risques et les frais de l'usure et par suite ceux qui ont besoin d'argent subissent des conditions plus dures.

Remède à cette situation. — Et pourtant il y a pour ceux qui ont ainsi besoin de crédit un moyen de l'obtenir à des conditions très acceptables, c'est de répondre les uns pour les autres, puisqu'ainsi la grande cause de cherté du crédit, à savoir le risque couru par les prêteurs, disparaît ou du moins est très fort atténué. C'est ce qu'exposait très bien une petite brochure parue en 1863 sans nom d'auteur et ayant pour titre : « Qu'est-ce que le crédit au travail ? »

« Voici un ouvrier en chambre, il lui faudrait 200 francs pour acheter des matières premières : quelques feuilles d'acajou, quelques morceaux de cuivre et il n'a que 20 francs dans sa bourse. Après avoir couru à droite, couru à gauche ; après avoir parlé à Monsieur un tel, puis à Monsieur un tel, il finit par trouver un fournisseur qui lui livre pour 225 francs et à trois mois des marchandises qu'au comptant il lui aurait passé à 200 francs. Les 25 francs supplémentaires équivalent à un intérêt annuel de 50 0/0, ni plus, ni moins. Est-ce à dire que ce marchand est un usurier ? Pas le moins du monde, car il eût préféré vendre son bois au comptant, sachant déjà par une pénible expérience ce qu'on risque à faire crédit. Il raisonne ainsi : « Cet ouvrier est gêné, sa situation peut ne pas s'améliorer de sitôt, quinze jours d'hôpital pourraient l'endetter pour longtemps, le ruiner pour toujours ; l'atelier n'est pas assuré contre l'incendie, la fourniture peut être engagée au Mont-de Piété ou saisie par le propriétaire. Que d'accidents peuvent arriver à cette malheureuse créance ! Je suis bien bon vraiment de ne les évaluer qu'à 25 francs. Si ce n'était pour rendre service !

« Quoi qu'il en soit, l'ouvrier emporte ses matières premières. Après leur avoir donné en travail une plus-value d'une cinquantaine de francs et fabriqué une table par exemple, il n'en trouve pas le placement immédiat. Talonné par le terme et par l'échéance du fournisseur, il se voit obligé de charger son meuble sur un crochet, de le trôler par les rues pendant deux ou trois jours et finalement de le vendre à perte ou du moins sans un sou de profit. Telle est la vie que mènent à l'heure qu'il est, cinquante mille Parisiens, cent mille peut- être.

« Cependant rien qu'avec deux ou trois cents francs, notre ébéniste eût économisé d'abord 50 0/0 sur la fourniture, ensuite beaucoup de rongement d'esprit, puis les quelques jours de travail qu'il a perdus en quémandant par-ci, par-là, en un mot, au lieu d'une mauvaise affaire, il en eût fait une bonne.

« Après tout, les accidents que le fournisseur redoutait à juste titre n'arrivent pas tous les jours ; ils sont même exceptionnels de leur nature. Ils écrasent des individus, victimes isolées, mais s'ils étaient répartis sur plusieurs, ils deviendraient nuls ou insignifiants. Les pères de famille bien avisés s'assurent contre l'incendie, mieux avisés encore, ils s'assureraient contre les risques de leurs billets. Dès qu'il n'y aurait plus, ni gros intérêts, ni usure, débiteurs et créanciers pourraient alors dormir paisiblement la veille de leurs échéances.

« Avec un peu de complaisance, avec un peu de savoir-faire, cela ne serait pas si difficile !

« C'est du moins ce que pense la société du *Crédit au travail*. Elle vient donc dire à cet ouvrier auquel il faudrait deux ou trois cents francs : « Vous êtes honnête, on me l'a dit, vous êtes intelligent, vous savez votre métier, vous avez autour de vous des clients ou camarades qui vous veulent du bien, qu'ils m'écrivent et me disent : Un tel est bon pour 300 francs, s'il les veut emprunter, c'est qu'il peut les rendre. En cas d'accident nous sommes tous et chacun responsables de cette somme. »

« Ça me va ! » dit l'ouvrier. Il va donc parler à trois de ses amis qui consentent à garantir solidairement son emprunt. Le gérant de la société ouvre alors sa caisse, il en retire 300 francs : « Mon brave, je vous les prête pour trois mois. N'y a pas de quoi me remercier, c'est moi qui suis votre obligé.

« Bien entendu qu'après le remboursement, le groupe solidaire aurait tort de se dissoudre. Il aurait tout intérêt à se maintenir pour faire donner crédit à tous les membres associés : à Pierre, puis à Paul, puis à Jacques et successivement à chacun, au fur et à mesure de ses besoins. »

Tel est le mécanisme des sociétés de crédit mutuel : elles prêtent à leurs membres d'abord les fonds qui leur viennent de la cotisation même de ces membres. Mais comme ces fonds seront bientôt épuisés, il faut qu'elles s'adressent au dehors et en obtiennent d'autres, grâce à l'engagement collectif de leurs associés.

Deux faits à l'appui. — Citons, pour montrer quels services peut rendre un petit prêt fait à de modestes artisans ou commerçants, deux faits, deux faits véritables arrivés dans la ville de Liège et rapportés par le fondateur de la banque populaire de cette ville, M. Léon d'Andrimont dans son ouvrage : *Institutions et associations ouvrières de la Belgique.*

« Le premier fait est relatif à un boulanger qui louait, pour transporter ses pains à domicile, une petite charrette, à raison de 30 centimes par jour. Il s'adressa à la banque populaire ; elle lui fit l'avance de 100 francs qu'il consacra à l'achat d'une charrette. Il en économisa par conséquent le prix de location qu'il vint apporter tous les trois mois à la banque pour rembourser son avance. Au bout d'un an, il se liquida entièrement et la charrette devint sa propriété.

« Autre fait : Un cordonnier achetait du cuir à crédit, le payait cher et se voyait en outre obligé d'accepter des marchandises de qualité inférieure. Il demanda à faire partie de la banque et celle-ci lui avança une somme de 500 francs. Grâce à ce petit capital, il acheta le cuir au comptant, obtint une remise de 10 à 15 0/0 et eut le droit d'exiger des marchandises de premier choix. Ses clients lui tinrent compte de l'amélioration que ces avantages lui permirent d'apporter à ses produits, ils le recommandèrent et son commerce prit rapidement de l'extension. Le remboursement de l'avance qui lui avait été faite s'opéra en moins d'un an et aujourd'hui l'avenir de ce commerçant est assuré. »

On voit quels sérieux services les sociétés de crédit mutuel rendent à leurs membres. Mais les faits qui viennent d'être cités, aussi bien les faits vrais arrivés à Liège que le fait simplement supposé de la brochure du « Crédit au travail », ces faits s'appliquent à des artisans, à des commerçants qui ont trouvé une banque populaire existante. Comment les mêmes feraient-ils pour fonder ces sociétés dont ils sentent ainsi le besoin? Il faut, pour le faire comprendre, expliquer l'historique du mouvement. Or tandis que les premières sociétés coopératives de production sont nées en France; que les sociétés de consommation, on le verra plus loin, se sont surtout développées en Angleterre, c'est l'Allemagne qui a donné l'exemple des sociétés coopératives de crédit. Il semble que la Providence ait voulu que chacune des grandes nations de l'Europe apportât ainsi son concours dans cette œuvre pacifique de l'institution coopérative.

§ 1. — Historique

A. *Les Sociétés allemandes de crédit.*

Leur fondateur. Premiers essais. — Leur fondateur est un ancien juge de paix disgracié de la Prusse Orientale qui avait joint à son nom de Schulze celui de sa ville natale Delitzsch sous lequel il est devenu célèbre.

Le principe de l'engagement solidaire. — Après quelques essais pour faire des sociétés de production ou des sociétés d'achat de matières premières, M. Schulze voulut tenter d'établir une société de crédit mutuel. Il y avait alors (c'était en 1852) à Delitzsch, une société de ce genre, mais qui était surtout philanthropique ; elle avait été érigée par quelques hommes de la classe aisée dans l'intérêt des ouvriers et elle périclitait. M. Schulze décida un certain nombre de petits artisans à y entrer afin de se procurer ainsi du crédit et il les décida aussi, ce qui était plus difficile, à accepter comme fondement de la société reconstituée la règle de la solidarité illimitée, chaque sociétaire consentant à être responsable sur tout son avoir des obligations de la société, règle qui avant n'existait pas, les associés n'étant responsables que de la somme par eux souscrite. Il fallut pour faire accepter cette responsabilité si étendue beaucoup d'efforts, mais ce qui servit surtout fut l'exemple d'une petite société pour l'achat des matières premières qui avait réussi grâce surtout à ce principe de la solidarité. M. Schulze insistait en même temps sur le caractère que devait, d'après lui, avoir une banque populaire.

Caractère des banques populaires. — Elle ne devait pas être une institution philanthropique, mais l'œuvre des intéressés eux-mêmes. « Une banque populaire qui veut avoir un avenir durable doit avoir soin de repousser toute apparence d'institution de bienfaisance. Sa mission n'est pas de distribuer des secours aux indigents, mais de protéger contre l'indigence ». La société ainsi fondée, au lieu de languir comme par le passé, prospéra et ce devait être ; des gens ayant quelques économies et pouvant par suite être des prêteurs, hésitent à s'engager avec une société où chaque membre peut se retirer au moment difficile parce qu'il a limité son risque ; ils auront confiance au contraire si les sociétaires sont responsables sur tout leur avoir et sur un avoir que l'on connaît, car dans les petits endroits, on sait assez exactement ce que chacun possède. Et toutefois ce principe de la solidarité effrayait tant que trois ans après en 1855 — la première société était de 1852 — il n'y avait encore que sept sociétés du nouveau type. Mais alors le nombre s'accrut rapidement et en 1867, le Parlement allemand votait sur les instances de Schulze-Delitzsch, devenu député, une loi dont il avait été en effet le rédacteur ; la législation jusqu'alors avait été hostile aux sociétés coopératives et c'est ce qui lui faisait désirer une loi. Il fit écrire dans la loi nouvelle le principe de la responsabilité illimitée tant il le trouvait indispensable. Nulle société coopérative ne put se fonder désormais qu'en admettant ce principe.

Il est bien vrai qu'une loi postérieure — elle est de 1889 — a modifié celle de 1867 en permettant aux coopérateurs de limiter leur responsabilité, mais l'habitude prise et mieux que cela la vue des incontestables avantages procurés par le principe de la solidarité puisque c'est ainsi qu'on inspire confiance aux bailleurs de fonds des sociétés a fait que la solidarité librement acceptée des intéressés est restée la règle, si bien qu'en 1895 — six ans par conséquent après la loi de 1889 — sur 6.407 sociétés (crédit, production, consommation) du type Schulze-Delitzsch, 5.956 étaient à responsabilité illimitée.

Les caisses rurales. — Pendant que Schulze-Delitzsch obtenait ces éclatants succès, un autre coopérateur entreprenait dans le même temps et dans le même pays une œuvre analogue, mais qui est restée longtemps obscure. Le nom de Raiffeisen a été longtemps ignoré en France; en 1863-70 on ne connaissait que le nom de Schulze-Delitzsch qu'on exaltait au plus haut point, c'est très récemment que l'on a connu parmi nous l'œuvre de Raiffeisen.

Cet homme de bien, ancien officier de l'armée allemande et retiré à la campagne fut touché de la détresse des paysans exploités par les usuriers. Il conçut l'idée de les associer et d'obtenir, grâce à leur garantie solidaire, des emprunts que chacun d'eux en particulier n'aurait pu faire ou seulement à des conditions très onéreuses. Les paysans ayant peu d'initiative, il s'adressa aux hommes de condition plus relevée vivant à la campagne. Chrétien fervent, il leur montra la fondation de ces caisses comme une œuvre pieuse, comme la meilleure des charités. On doit, disait-il, s'aider mutuellement pour obéir au précepte de l'Evangile; or l'aide la meilleure et la plus efficace n'est point l'aumône seule, c'est de faciliter aux non-misérables les moyens de gagner honorablement leur vie et de les empêcher ainsi de tomber dans la misère (1). Il demandait donc aux hommes qui avaient plus d'instruction et quelques loisirs, non pas seulement de prendre l'initiative du mouvement et de pousser à la formation de ces caisses, mais de s'en faire les administrateurs à titre gratuit.

On voit quelles différences séparaient les deux promoteurs de la coopération allemande de crédit; pour Schulze-Delitzsch les banques populaires devaient être une affaire: on pouvait les fonder ou s'y intéresser dans un simple désir de lucre; pour Raiffeisen ce devait être une œuvre toute désintéressée, puisque les fondateurs et les membres des caisses rurales s'interdisaient tout bénéfice.

Il faut bien les marquer ces différences, d'abord parce que nous les retrouverons en France, ensuite parce qu'elles sont le motif de l'extrême hostilité que Schulze-Delitzsch n'a cessé de témoigner à Raiffeisen, hostilité dont il a porté le témoignage jusque dans le Parlement où il a longtemps siégé. Comment un homme qui s'était fait un si grand renom en créant cette belle institution des banques populaires, en était-il venu à une telle petitesse ? Il y avait place dans la vaste Allemagne pour les deux sortes d'institutions, et Raiffeisen se bornait modestement aux campagnes et encore aux localités de peu d'importance, mais l'orgueil de Schulze-Delitzsch ne pouvait pardonner à Raiffeisen d'avoir fondé dans le même temps que lui une œuvre analogue à la sienne, mais d'après d'autres moyens et en l'appuyant sur d'autres principes.

____

(1) Il écrivait : « De tous les biens matériels et spirituels qu'aura possédés l'homme, il lui sera demandé compte par le juge Eternel. Il lui sera également demandé comment il les aura employés au service de Dieu. »

Les accusations de Schulze-Delitzsch, tout injustes qu'elles aient été, ont trouvé de l'écho en France ; n'a-t-on pas été jusqu'à écrire (1) que les caisses Raiffeisen s'étaient fondées avec le concours de l'Etat et grâce à ses subsides ? Il est vrai que dans ces dernières années les caisses rurales ou plutôt leurs banques centrales ont accepté des fonds mis à leur disposition par le gouvernement allemand, ce qui surprend car elles ne manquaient pas de ressources, mais il est très faux que le même fait se soit produit à l'origine ; il y a plus de quarante ans que le mouvement est commencé et il n'y a pas cinq ans que les subsides sont venus. Les caisses Raiffeisen se sont bien établies avec leurs seules ressources.

L'appel de Raiffeisen fut entendu par les membres du clergé et ce furent des curés catholiques qui, à la voix de ce fervent protestant, fondèrent les premières caisses rurales. Ils n'ont cessé de s'y intéresser et lorsque Raiffeisen mourut sans avoir été homme politique et sans avoir eu la notoriété éclatante de son rival, le nombre de ses caisses dépassait 2.000, il y en a aujourd'hui plus de 2.500.

Il convient de faire remarquer que ces caisses rurales ne se bornent pas à faire des prêts à leurs membres, elles achètent en gros pour le compte de ces mêmes membres des engrais, des semences et enfin elles remplissent assez ou du moins une partie d'entre elles remplit assez le rôle de nos syndicats agricoles.

Situation actuelle. — D'après les chiffres fournis à un congrès coopératif tenu cette année (1898) à Carlsruhe, du 25 au 27 août, et reproduit par le *Bulletin du Centre fédératif* d'octobre 1898, il y a en Allemagne 8.450 sociétés de crédit dont plus de la moitié sont des caisses rurales. Notons en passant que le nombre total des sociétés coopératives allemandes relevé par le congrès est de 15.600, chiffre qui n'est égalé en aucun pays.

Fédérations de sociétés. — Ces sociétés se divisent en groupes ou Fédérations dont les trois principaux sont : le groupe Schulze-Delitzsch dirigé actuellement par M. Krüger, le groupe Raiffeisen ou groupe de Neuwied qui a pour chef ou pour syndic M. Cremer, MM. Krüger et Cremer ayant succédé après leur mort aux deux illustres promoteurs de la coopération allemande et enfin le groupe Haas d'Offembach (Hesse électorale) dirigé par son fondateur.

____

(1) Notamment dans une déposition faite en 1894 par M. de Malarce devant une commission du Sénat et reproduite par le *Journal Officiel* puis par le *Journal des Economistes*. Ce n'est point du reste la seule erreur que contienne ce document.

Les deux derniers groupes sont surtout agricoles ; le groupe Raiffeisen ne contient presque que des sociétés de crédit, les groupes Haas et Schulze-Deliztsch sont formés de coopératives de tous les types.

Effet de la législation. — Il importe de faire remarquer, à l'usage de ceux qui veulent que la législation ait sur le mouvement coopératif une influence sensible, que le succès des banques populaires allemandes s'est affirmé en un temps où la loi du pays était non pas incommode seulement, mais nettement hostile. Car cette loi hostile c'est Schulze-Delitzsch député qui l'a fait changer et il n'a été nommé député qu'à raison de la célébrité que lui avait procurée déjà le succès de ses banques populaires. La favorable législation de 1867 a pu aider aux créations nouvelles, il faut se souvenir que les commencements et l'heureux succès de l'institution ont eu lieu sous une législation incommode.

B. *Les banques populaires dans les autres pays.*

Les sociétés de crédit en Autriche et en Belgique. — L'exemple de l'Allemagne a été suivi en divers pays, ainsi en Autriche le mouvement a commencé en 1865 et à la fin de 1896 on comptait 1.847 sociétés urbaines de crédit et 1.276 rurales. En Belgique, il y a une vingtaine de banques urbaines et 150 caisses rurales. En Italie, on compte 720 sociétés ayant environ 400.000 membres et 115 millions de capital, plus 372 millions à leur disposition. Ces sociétés italiennes méritent qu'on s'arrête un peu à les considérer, elles ont d'ailleurs été plusieurs fois visitées et décrites par des Français, notamment dans un récent ouvrage : la *Prévoyance sociale en Italie,* par MM. Mabilleau et de Rocquigny. Paris : 1898.

Le mouvement en Italie. — Le mouvement a commencé vers 1863 sous l'impulsion surtout de M. Luzzati et, en peu d'années, on avait dans les principales villes de l'Italie du Nord et du Centre des banques populaires florissantes et qui, bien que situées dans des centres urbains, étendaient leurs services aux habitants des campagnes. Ainsi je me souviens d'avoir vu en 1872 à la Banque populaire de Milan, installée dans un bâtiment superbe qu'elle avait fait construire, de vastes magasins remplis de balles de soie brute. Ces balles étaient là en nantissement des prêts faits par la Banque aux sériciculteurs de la plaine Lombarde.

Et puis à partir de 1882, l'initiative d'un zélé coopérateur, M. Leone Wollemborg, commença le mouvement de création de ces caisses dans les campagnes. Il y avait ceci de très orignal dans ces créations, c'est que M. Wollemborg, israélite, a eu pour principaux collaborateurs les curés des villages où il a établi ces banques. Ce sont eux qui, sous son impulsion, ont vraiment fondé ces caisses et en ont pris la conduite, les paysans étant trop peu instruits pour s'en charger eux-mêmes.

Un prêtre italien de grand mérite, l'abbé Cerutti, a intéressé le clergé à ces fondations et le nombre des banques qu'il a fait établir ne s'élevait pas à moins de 540 en 1897. Elles ont une couleur confessionnelle notoire.

Les fondations Wollemborg représentent une cinquantaine de caisses.

Ces sociétés seraient, quant à la qualité de leurs membres, composées ainsi (d'après l'ouvrage *Prévoyance sociale en Italie*, p. 106) : agriculteurs : 35,40 0/0 ; commerçants et industriels 30,34 0/0 ; ouvriers 18,11 0/0 ; professions libérales 18,86 0/0.

Une « Association des banques populaires » qui réunit les cent banques les plus importantes a été formée en vue de défendre l'institution même du crédit populaire et de le propager.

Il faut, pour comprendre toute l'utilité de ces banques populaires dans les campagnes surtout, se souvenir de la misère extrême du paysan italien, de la peine incroyable qu'il avait et qu'il a encore, là où n'existent pas de banques populaires, à se procurer des ressources. Aussi ces banques ont en bien des endroits changé la condition du paysan en lui procurant de quoi acheter des bestiaux, ou bien de quoi avoir des semences ou encore en lui permettant d'attendre la récolte et d'éviter une expulsion. Comme en Allemagne, ces banques se combinent en bien des endroits avec les sociétés fondées pour rendre faciles aux paysans l'achat des engrais, des semences ou la manipulation et la vente de leurs produits : ce sont nos syndicats agricoles.

Quelques banques populaires ont ouvert des crédits à des sociétés d'autres types : production, consommation, ou bien font le service financier : recouvrements, placements, paiements, etc., des établissements charitables : hospices ou autres. Enfin elles multiplient leurs services avec une extrême souplesse de constitution et d'agissements.

Il y a des sociétés encore en Suisse, dans les pays scandinaves et en Russie même qui toutes ont avec les sociétés allemandes des points de ressemblance nombreux.

C. *Les sociétés de crédit en France.*

La situation est bien modeste si on la compare à celle des pays qui viennent d'être décrits, mais il convient d'ajouter, de suite, que nous sommes en train de regagner le terrain perdu.

Le mouvement de 1863. — Cette époque de 1863-65 qui vit renaître le mouvement de création des sociétés de production donna aussi naissance à quelques sociétés de crédit. Les trois sociétés du *Crédit au travail, Caisse d'escompte des Associations populaires* et *Caisse des sociétés coopératives*, malgré leur titre de banques populaires, n'étaient pas des sociétés de crédit au sens que l'on donne à ce mot, qui désigne des créations faites par les intéressés soucieux de se procurer, en répondant les uns pour les autres, les fonds, dont ils ont besoin pour exercer leur profession. Ces trois banques avaient été fondées par des hommes de la classe libérale ou du moins par des hommes exerçant toutes les professions ; c'était le cas des deux premières sociétés : *Crédit au travail* et *Caisse d'escompte,* ou par des hauts personnages ; la *Caisse des sociétés coopératives* avait été fondée par l'empereur Napoléon III qui avait fourni 500.000 fr. et par d'autres personnages officiels qui, ensemble, en avaient versé autant. Ces caisses de plus étaient destinées surtout et la dernière même était destinée uniquement à commanditer les sociétés coopératives des autres types, production et consommation, principalement les sociétés de production. C'étaient donc des institutions créées pour propager le mouvement coopératif comme est maintenant la *Banque coopérative des sociétés ouvrières de production* dont il a été parlé déjà; elles n'étaient point faites pour procurer à leurs membres quelqu'avantage.

Il y avait cependant déjà à cette époque des sociétés « normales » de crédit et j'entends par là des sociétés faites pour la destination habituelle qui est de procurer à leurs membres du crédit. L'*Almanach de la Coopération* de 1868 donnait la situation de 31 sociétés de crédit existant à Paris, et ayant envoyé un état de situation, mais, ajoutait-il, il y en a plus du double et il s'en trouve aussi en province. Ces sociétés d'ailleurs avaient des proportions modestes : de 37 à 116 membres l'une; le plus gros capital était de 22.513 fr. et quelques-uns étaient illusoires. Les sommes prêtées (c'est ainsi que l'on appréciait leur chiffre d'affaires) avaient été pour les 31 sociétés de 318.724 fr. l'année précédente. Plusieurs de ces sociétés d'ailleurs étaient, bien que l'*Almanach* ne le dise pas, de simples sociétés d'épargne réunissant les économies de quelques ouvriers qui amassaient en vue d'arriver à la société de production. En attendant et pour ne pas les laisser inutiles, les sommes en caisse étaient prêtées aux membres qui en avaient besoin.

En 1870, les trois grandes sociétés n'existaient plus et il en restait sans doute bien peu des petites.

Période actuelle. — Ce fut une nouveauté lorsqu'en 1878 un capucin zélé pour la cause de la coopération, le P. Ludovic de Besse, créa à Angers une caisse de crédit mutuel sur le modèle des caisses allemandes

Cette caisse ne dura que peu d'années et il en fut de même d'une autre société créée ensuite à Paris, rue des Lombards, par le même P. Ludovic, mais celle de Menton établie en 1883 eut meilleure fortune et servit de modèle à d'autres créations. Enfin, en 1889, à la suite d'un congrès tenu à Marseille et présidé par M. Eugène Rostand, fut fondé un office central d'étude et de propagande qui porte aujourd'hui le nom de « Centre fédératif du crédit populaire de France » et dont le siège social est à la Banque populaire de Menton que dirige M. Rayneri.

Le centre fédératif du crédit populaire. — Les créations de ce centre de propagande ne s'élèveraient pas à moins de 150 à 200 caisses d'après une communication de M. Dufourmantelle, secrétaire du Centre fédératif, insérée dans la *Réforme sociale* du 16 novembre 1898, et toutefois le même auteur constate qu'il n'y a pas en France plus d'une trentaine de banques populaires et c'est aussi le chiffre que donne l'*Almanach de la coopération* de 1898. Il faut sans doute entendre ce chiffre des banques urbaines qui commencent à se fonder ; il y en a à Paris, à Bordeaux, etc. et le surplus concernerait les caisses rurales.

Les caisses rurales. — C'est en effet de ce côté que se font à présent les grands et étonnants progrès. La première de ces caisses a été celle de Poligny (Jura), fondée par un ancien auditeur au Conseil d'Etat, M. Milcent ; elle était à responsabilité limitée, et ce n'était pas des paysans qui en avaient fait les fonds, mais des hommes de la classe instruite. Elle resta seule assez longtemps, mais depuis quelques années tout est changé : c'est par centaines que l'on compte aujourd'hui en France les caisses rurales, et constamment il s'en fonde de nouvelles. Le promoteur de ce mouvement est M. Louis Durand, avocat à Lyon, et il a eu pour auxiliaire en maint endroit le clergé des villages, comme cela s'est fait en Italie et aussi en Allemagne pour les caisses du type Raiffeisen.

Actuellement (décembre 1898), il y aurait en France, d'après le *Bulletin mensuel*, organe de la Fédération des caisses rurales, 712 de ces caisses, toutes rattachées à l'*Union* que dirige M. Louis Durand.

Et ce qui n'est pas moins surprenant que ces chiffres, c'est le caractère de ces caisses rurales; elles reposent toutes sur le principe de la solidarité des membres. Qui eût cru que des paysans et encore nos paysans français consentiraient à accepter cette règle de la solidarité? Ils l'ont fait pourtant et avec une facilité que l'on n'aurait jamais attendue. Actuellement, malgré les tracasseries administratives et notamment les tracasseries fiscales — un arrêt du Conseil d'État de décembre 1897 avait astreint ces caisses à la patente, c'est-à-dire les avaient soumises à un impôt qu'elles ne pouvaient supporter — le mouvement s'étend et on peut avoir bon espoir dans l'avenir des caisses rurales.

Telle est aujourd'hui la situation, voyons à présent comment s'organisent et se gouvernent les sociétés de crédit, urbaines d'abord, rurales ensuite, car il y a quelque différence entre les unes et les autres.

§ 2. — Les Sociétés urbaines de crédit. — Comment elles sont fondées et administrées.

Qui a besoin de crédit? Les ouvriers ? — Il faut d'abord poser ceci en principe : les sociétés de crédit ne sont pas faites pour les ouvriers, pour les salariés, mais seulement pour ceux qui, petits artisans ou petits commerçants, travaillent à leur compte. Ceux-là, petits entrepreneurs, tâcherons, façonniers, enfin chargés d'un travail ou d'un négoce qui veut des avances, ont besoin de crédit. Qu'en feraient les ouvriers ? Ils l'emploieraient à leur dépense journalière et non, comme les précédents, à produire des valeurs; le crédit leur serait plutôt nuisible; ils s'endetteraient sans pouvoir rendre. L'un des hommes les plus experts en ces questions de crédit populaire, M. Luzzati, disait même au congrès de 1878 sur les associations de prévoyance : « Non seulement les ouvriers qui n'ont pas d'entreprise à eux n'ont pas besoin de crédit, mais encore ce serait pour eux un malheur; ce qu'il leur faut, c'est l'épargne. » Et dans l'enquête française de 1866, un ouvrier relieur parisien, très mêlé au mouvement, disait des sociétés de crédit mutuel qui se pratiquent parfois entre ouvriers : « Les prêts reçoivent quelquefois une destination utile, mais souvent aussi les jeunes gens empruntent pour s'amuser. »

M. Luzzati était cependant trop absolu; les emprunts faits par des ouvriers ne reçoivent pas toujours une mauvaise destination, les avances à eux consenties peuvent leur rendre de véritables services.

Voici un fait cité par M. d'Andrimont (*Institutions ouvrières de Belgique*) et qui le montre bien. « Le ménage d'un ouvrier était endetté chez un boutiquier qui lui fournissait à crédit toutes les denrées dont il avait besoin. La dette allait toujours croissant par l'insuffisance du salaire ; la crainte du patron, auquel le boutiquier aurait adressé des plaintes, forçait le ménage à se fournir chez lui de marchandises d'un prix élevé et de qualité douteuse. On lui conseilla de s'adresser à la banque populaire où il obtint un prêt de 100 francs qui lui permit de liquider sa dette. Dès lors il acheta au comptant dans de bonnes conditions. La différence entre le prix d'achat au comptant et celui d'achat à crédit fut mise soigneusement de côté, cette différence servit à rembourser jusqu'à complète liquidation l'avance que la banque lui avait faite. »

La situation décrite par M. d'Andrimont est malheureusement fréquente dans les populations ouvrières ; il y a là des ménages endettés à perpétuité et qui, en fait, n'ont qu'un moyen de se libérer, moyen qu'ils n'hésitent pas d'ailleurs à employer, c'est de quitter la localité. Moyen malhonnête et dangereux en ce que leurs chefs ne sont pas assurés de retrouver du travail. Et toutefois l'avance faite ici par la banque populaire de Liège l'a été, on peut le dire, à titre secourable, car le père de famille n'était pas actionnaire de la banque évidemment et il n'avait pu offrir ni garantie réelle, ni caution. Cette sorte de prêt rentre donc plutôt dans la catégorie des institutions de prévoyance ou de philanthropie comme était jadis la *Société du prince impérial, prêt de l'enfance au travail* et comme sont encore des sociétés de « prêts d'honneur » où les fonds sont fournis par des hommes appartenant à la classe aisée qui agissent ainsi d'une manière toute désintéressée.

A la vérité, il y a quelques sociétés de prêts fondées entre ouvriers qui font le prêt mutuel. C'est ainsi que Lyon a depuis longtemps des « groupes à deux sous » formés entre ouvriers tisseurs se connaissant bien ; c'est indispensable. Chaque associé verse 10 centimes par semaine et peut demander un prêt de 20 francs au plus, remboursable à raison de 2 francs par mois. Ces groupes étaient même assez nombreux pour que leurs membres aient eu la pensée, non suivie d'effet, vers 1865, de former une fédération qui aurait eu pour but de « faire fructifier la gratuité du crédit » (1). Car les prêts

---

(1) Ce qui faisait demander, judicieusement d'ailleurs, à un journal de l'époque comment on pouvait arriver à faire « fructifier la gratuité du crédit ».

étaient faits à titre gratuit. Paris avait dès lors aussi un certain nombre de ces sociétés où naturellement les demandes d'emprunt abondaient si bien qu'il fallait « attendre son tour ».

Ces sociétés qui font ainsi le prêt mutuel et presque toujours gratuit, sont parfois l'accessoire de sociétés de consommation ou de production, même de secours mutuels. Elles ne sont en somme pas nombreuses, ni bien importantes, quoique l'ouvrier ait souvent recours au crédit, mais la difficulté est d'obtenir de lui des versements réguliers et puis les intéressés trouvent qu'une institution qui ne peut prêter lorsqu'on a besoin, mais seulement lorsqu'il est rentré assez de fonds et qu'on arrive à son tour n'est pas d'une utilité bien pratique et ils aiment mieux s'adresser aux usuriers qui leur prêtent à des taux prodigieusement élevés (1) mais habituels, connus et par cela même facilement acceptés : la durée des prêts est d'ailleurs fort courte, d'ordinaire, et les intérêts sont toujours payés par fractions, toutes les semaines ou même tous les jours, ce qui fait qu'on ne remarque pas combien ils sont excessifs. Mais il faut le répéter, les sociétés destinées à prêter aux ouvriers pour leurs besoins courants comme aussi pour les cas imprévus : maladie, pertes de biens par incendie, par vol, etc., rentrent dans la catégorie des sociétés de prévoyance, que ce soient des mutualités ou que, fondées par des hommes de la classe aisée, elles fassent en définitive une sorte de charité très pratique et très intelligente.

Laissons ces sortes de sociétés et occupons-nous des sociétés de crédit vraiment dignes de ce titre, celles qui font des avances destinées à permettre un travail fructueux.

Les artisans travaillant à leur compte, qui n'ont pas de capitaux à eux ou pas de banquiers pour leur consentir des avances, sont obligés de s'adresser à des intermédiaires qui, sous divers noms, sont au fond des usuriers et font payer le crédit qu'ils accordent jusqu'à 25 et 30 0/0, même à Paris ; il faut dire, à leur décharge, qu'ils courent des risques assez sérieux. Les intéressés s'associent donc pour faire disparaître ou pour diminuer au moins ces risques : ils répondront les uns pour les autres.

Comment se procurer des capitaux ? — Les futurs sociétaires se sont donc choisis et choisis avec tout le soin imaginable, ils ont rédigé ou fait rédiger des statuts, voici maintenant la grosse difficulté :

(1) Ainsi les ouvriers empruntent souvent 20 fr. remboursables à la fin de la semaine à 21 fr. ou 20 fr. 50 ; ils ne se doutent pas qu'ils empruntent à 250 ou à 125 0/0. Dans un congrès, un Hollandais a cité le cas d'une pauvre femme qui pour un prêt sur gage de trois francs payait 0 fr. 10 par jour sans récriminer, c'était l'usage, elle payait pourtant 1.200 0/0.

comment se procurer le capital nécessaire ? Dans les sociétés de production, on l'a vu, et dans les sociétés de consommation, on le verra ensuite, les associés forment eux-mêmes avec leurs souscriptions le capital social. Mais ici le même moyen ne peut être employé, chacun des associés a besoin d'argent et un besoin pressant, immédiat, les souscriptions de parts ou d'actions sont donc très insuffisantes.

Les dépôts de fonds. — Les banques allemandes et italiennes sollicitent des dépôts : elles font appel à toutes les personnes qui ont quelques épargnes et c'est le grand nombre, elles leur en offrent un intérêt convenable et elles voient affluer les dépôts à ce point que durant les deux guerres de 1866 et de 1870-71, c'est-à-dire en des temps où le crédit se resserrait, les banques populaires allemandes n'ont jamais manqué de capitaux.

Il faut toutefois faire à ce sujet deux remarques : d'abord les banques allemandes ou autrichiennes étaient toutes à l'origine et sont encore, pour la plus grande partie, à solidarité illimitée, c'est-à-dire que les associés se sont, d'après le pacte social qui les lie, déclarés responsables tous et chacun sur tout son avoir des dettes de la société ; on comprend, surtout si les associés présentent quelque surface, que cela inspire confiance aux tiers. Autre remarque : en Allemagne, en Autriche, en Italie, les caisses d'épargne sont des institutions privées, il leur arrive volontiers de prêter aux banques populaires qui offrent de suffisantes garanties. Parfois même, la banque populaire tient lieu de caisse d'épargne, c'est ce qui se fait à Crémone par exemple et encore ailleurs : banques populaires et caisses d'épargne se confondent. En France, la caisse d'épargne est un établissement officiel qui, par là même, inspire grande confiance et draine absolument les épargnes populaires pour les employer en fonds d'Etat. On aura donc plus de peine dans notre pays à attirer les déposants.

Il n'y a pas de statistique allemande donnant, à ma connaissance, le chiffre des dépôts confiés aux banques populaires, mais pour l'Autriche, il résulte des renseignements fournis par un légiste autrichien M. le baron Von Cal et donnés par le *Bulletin de la Société de législation comparée*, de 1891 (page 318) que sur 918 sociétés de crédit mutuel (ou banques populaires) alors existantes dans l'empire, 87 seulement n'avaient pas de dépôt, 104 en avaient un inférieur à leur capital, dans toutes les autres il était supérieur, allant de une fois à cent fois le capital et même plus, ce qui était excessif. Cette situation spéciale avait beaucoup frappé un Français, lequel désirant fonder une banque populaire était allé se renseigner en Allemagne.

« Je n'ai point tardé, disait-il au congrès coopératif de Bordeaux (1894), à constater que les banques allemandes doivent leur succès à la liberté décentralisée de l'épargne. »

Schulze-Delitzsch avec sa grande expérience des affaires s'inquiétait de la proportion souvent élevée des dépôts; il avait songé à la limiter, mais comment ? Faut-il limiter le chiffre des dépôts par chaque banque ou celui de chaque déposant ? On risque alors de rebuter les détenteurs d'épargne. S'ils ne sont pas certains que les fonds par eux offerts seront acceptés, on leur fait oublier le chemin de la banque et lorsqu'ils ont trouvé d'autres débouchés ils ne reviennent plus. Et puis, pour agir ainsi, il faut savoir d'avance ce qu'il faudra de fonds pour passer l'année, ce que nul ne peut prévoir. En fait, je ne crois pas qu'aucune banque populaire ait mis dans ses statuts cette clause de la limitation des dépôts.

Il y a bien une sorte de dépôt fait spécialement par les commerçants ou industriels : ils mettent dans une banque tous leurs fonds disponibles et chargent la banque de leurs paiements, c'est le dépôt en compte-courant. La banque profite de l'écart qu'il y a entre les sommes qu'elle reçoit et les sommes qu'elle rembourse, mais cet écart est variable, il peut être très faible ou même nul, c'est donc une pauvre ressource. Le moyen le plus employé par les banques populaires urbaines est de réescompter, après y avoir mis leur signature, le papier de leurs emprunteurs, elles rentrent ainsi dans les fonds sortis et peuvent les employer à nouveau. En France, où les dépôts faits aux banques populaires sont peu nombreux, où la forme légale adoptée d'ordinaire par les sociétés urbaines est celle à responsabilité limitée (Anonyme et à capital variable) avec de faibles actions, le réescompte des effets souscrits par les emprunteurs ou apportés par eux à l'escompte est la véritable ressource des banques populaires. Il est donc pour elles d'une extrême importance d'avoir auprès des grands établissements financiers et notamment de la Banque de France des ouvertures de crédit. Elles peuvent les obtenir ou par de bienveillants patrons fournissant au besoin leur garantie ou mieux par leur sagesse, leur prudence, c'est-à-dire par leur bonne conduite et cela dépend d'elles absolument.

Opérations des banques populaires. — Voilà donc la banque populaire nantie de capitaux ; quel usage en fera-t-elle ? En principe, elle n'opère qu'avec ses membres ; elle a été fondée exclusivement dans leur intérêt. Le service que demandent ceux-ci se manifeste ordinairement sous deux formes, ou bien ils apportent le papier qu'ils ont reçu en paiement de leurs clients et demandent à la banque de leur avancer de suite l'argent que les souscripteurs de ces effets se sont engagés à payer, mais dans un certain délai seulement, c'est l'escompte que la banque opère en prélevant une commission. Ou bien il leur faut des avances et en échange ils offrent à la banque leur propre papier, c'est-à-dire une promesse de payer dans un certain délai.

L'escompte. — L'acceptation du papier présenté à l'escompte est, dans les grandes villes surtout, une opération très délicate puisqu'elle suppose que le banquier est exactement renseigné sur la solvabilité des signataires ; une banque populaire surtout ne saurait prendre trop de précautions à cet endroit pour éviter le papier dit de complaisance.

Avances sur mémoires de travaux exécutés. — L'avance la plus sûre que puissent faire de telles banques est l'avance sur factures de travaux acceptés. J'insiste sur la dernière condition. On a proposé au congrès des sociétés de crédit tenu à Lille en 1897 de recommander aux sociétés de ne craindre pas de faire des avances sur les factures des fournisseurs : tailleurs, etc. J'ai fait remarquer que la jurisprudence de certains tribunaux, de celui de la Seine notamment, incline à réduire facilement et souvent fortement le montant des ces mémoires et qu'ainsi la banque s'exposerait à avancer plus que ne touchera enfin son client. Il faut donc que le mémoire soit accepté par le client, étant entendu en outre qu'il s'agit d'un client solvable.

Les mémoires de travaux du bâtiment réglés par l'architecte et surtout s'il s'agit de travaux faits pour le compte de l'État ou des communes, peuvent être acceptés facilement par les Banques populaires. Il a été dit déjà que la *Banque coopérative* (et parisienne) *des associations ouvrières de production* faisait les quatre cinquièmes de son chiffre d'affaires en avances sur les mémoires de travaux exécutés presqu'uniquement pour l'État ou pour la Ville de Paris et qui, bien que reconnus, ne sont payés qu'après des délais parfois assez longs, tandis qu'il faut aux entrepreneurs, individus ou associations, de l'argent de suite.

Prêts directs aux associés. — Les membres d'une société de crédit peuvent aussi lui présenter leurs propres traites à escompter, c'est-à-dire qu'ils demandent de suite le montant d'une somme qui leur est due, affirment-ils, par un tiers et que celui-ci doit payer dans un délai de... C'est à la banque de s'assurer d'abord que la traite est acceptée par le tiré ; — j'ai vu une banque populaire subir une grosse perte faute d'avoir pris cette précaution ; le tiré était sérieux et solvable, mais ne devait pas et le tireur dont on avait imprudemment escompté le papier ne put payer. — On rentre, en définitive, avec ce genre d'opérations, dans les prêts directs faits aux associés.

Les associés ont-ils droit de réclamer des avances ? Eux seuls peuvent en avoir, mais ce n'est pas un droit pour eux d'en obtenir. Quelques sociétés ouvrières écrivaient dans leurs statuts : chaque associé peut exiger un emprunt du double (ou toute autre proportion) de sa mise, dès qu'il y a des fonds disponibles. Pareille disposition est impossible dans une société « normale ». Le Conseil d'administration doit être et est, en effet, juge de savoir s'il doit ou non accepter. Il peut seulement être limité quant à la quotité des prêts qu'il a droit de consentir et encore une pareille fixation est-elle chose très délicate. Schulze-Delitzsch y avait songé, mais il n'est pas venu à l'exécution faute d'avoir pu trouver l'exacte limite. Une banque populaire française la « Mutuelle de Bordeaux » reconnaît à tout associé souscripteur d'une action de 50 fr. le droit d'emprunter ou douze fois sa mise pour un mois, ou six fois sa mise pour deux mois, ou quatre fois sa mise pour trois mois. La Banque de Liège, qui est fondée sur la solidarité des associés, a mis dans ses statuts que les prêts ne pouvaient, pour chaque sociétaire, être inférieurs à 10 fr. ni supérieurs à 3.000 fr. Souvent les statuts ou les règlements portent que toute avance est refusée à qui a laissé des effets en souffrance.

Du reste le prêt direct est une opération souvent assez risquée. L'escompte du papier commercial sérieux, l'avance sur factures ou sur mémoire représentent le paiement immédiat à l'artisan de travaux exécutés, ou de produits livrés, mais dont il ne doit toucher le montant que dans un temps plus ou moins long ; l'escompte d'une traite si la traite est acceptée par un individu solvable a le même caractère, c'est le paiement immédiat d'une dette à terme due par un bon débiteur. Quant au prêt fait à un ouvrier pour lui permettre de s'établir, à un individu établi pour qu'il puisse étendre ses affaires, c'est chose fort acceptable et utile en soi, mais hasardeuse ; qui sait si la tentative réussira ? Il ne s'agit pas d'avancer à l'emprunteur une somme qui lui est due, il s'agit de courir les risques de son bon ou de son mauvais succès. Le *Crédit au travail*, la *Caisse d'escompte des associations populaires*, périrent l'une et l'autre pour avoir fait trop de prêts à des associations ouvrières qui se fondaient avec l'argent ainsi prêté et échouaient ou bien, tout en parvenant à se maintenir, manquaient d'argent pour faire face aux échéances.

Une banque populaire d'ailleurs ne prête pas sans exiger de l'emprunteur des garanties. Quelques sociétés novices écrivent dans leurs statuts — elles ont copié cela dans les règlements des grandes sociétés — que tout emprunteur devra déposer ses actions dans la caisse sociale. Comme les actions de telles sociétés ont d'ordinaire une valeur minime et ne sont pas cotées sur le marché financier, il n'y a vraiment pas là ce que l'on nomme une « couverture ». Les sociétés mieux avisées exigent ou une hypothèque ou un gage (notre législation en cette matière est moins commode que certaines législations étrangères, celle de l'Allemagne par exemple) ou bien exigent qu'il produise la caution de un ou deux autres associés.

La durée des prêts est d'ordinaire de 90 jours, ce qui est l'habitude en matière commerciale, mais les effets peuvent être prorogés à l'échéance, à condition que ces prorogations soient faites avec prudence et ne soient pas renouvelées

Bien entendu, toute demande de prêt comme tout papier qu'il veut faire escompter doit être remis à l'avance par l'associé afin d'être examiné soit par le conseil d'administration lui-même, soit, dans les sociétés plus importantes, par le membre de ce conseil qui sera « de semaine » ou par un comité spécial dit « comité d'escompte » élu par l'assemblée générale.

Taux des intérêts et des commissions. — La société fait payer un intérêt de son argent, lorsqu'il s'agit d'un escompte, cet intérêt prend le nom de commission. Quel en sera le chiffre ? Il variera nécessairement suivant le taux que la Banque elle-même devra payer pour se procurer des fonds. Si elle paie 4 0/0 aux déposants, elle ne peut, avec les frais et les risques, demander moins de 5 0/0. D'autre part, elle fera réescompter le papier qu'elle reçoit de ses clients, que ce papier soit leur propre engagement, qu'elle cautionnera en y mettant sa signature, ou que ce soit l'engagement d'autrui que ces clients auront fait escompter en y ajoutant leur signature, à quoi la banque joindra encore la sienne.

Si la société a fait ses preuves, elle verra son papier accueilli même par la Banque de France et aura de l'argent à 3 0/0. Si elle est obligée de s'adresser à des intermédiaires, elle verra le prix de l'argent s'élever pour elle à 4 ou 5 0/0 et plus même peut-être, et elle devra, en conséquence, le faire payer d'autant plus cher à ses associés. Seulement l'écart entre le prix de revient des fonds dont se sert la société et celui qu'elle exige de ses associés-emprunteurs peut être plus ou moins grand et c'est une question très débattue de savoir s'il vaut mieux que l'écart soit grand ou petit.

Les uns font remarquer que le but d'une société de crédit mutuel étant de procurer des fonds à ses membres aux meillleures conditions, la société doit prêter ces fonds aux prix qu'elle les paie elle-même, accrus seulement de la quotité nécessaire pour acquitter les frais généraux et les risques éventuels. Pour d'autres, la société en demandant à ses emprunteurs 7 et 8 0/0 leur rend encore un signalé service puisque avant ils payaient 10, 15, 20 0/0 et même plus. Seulement la différence d'intérêts, soit 2 ou 3 0/0, profitera ici à ceux qui ont fourni les fonds ou qui, sans les fournir directement, ont permis de les trouver en donnant à la société leur garantie.

L'utilité des gros dividendes a été soutenue au congrès de Bordeaux (1894) par un homme pratique, M. Rouzès. C'est, disait-il, un moyen d'attirer des adhérents à la société et d'intéresser plus de personnes et surtout plus de personnes solvables à son succès. A quoi on lui répondit qu'une banque populaire dont les membres seraient attirés par une telle considération, ne tarderait pas à se transformer en banque ordinaire (il y en a des exemples). On a proposé de donner une partie du bénéfice à ceux qui apportent des effets à l'escompte ou empruntent, puisque c'est grâce à eux qu'il y a des profits. Mais outre qu'ils sont assez attirés et rétribués par l'avantage d'avoir de l'argent à un taux qu'ils n'auraient pas, tant s'en faut, trouvé ailleurs, ils n'ont couru aucun risque et le profit doit aller, c'est de toute justice, à celui qui a couru des chances de perte, c'est-à-dire à ceux qui ont fourni l'argent.

En fait, les gros profits permettent d'abord de constituer des réserves, avantage très évident, mais il est très vrai que ces profits sont parfois excessifs : on voit des banques allemandes et italiennes donner jusqu'à 8 et 10 0/0 de dividendes. La Banque populaire de Crémone a donné en 1897 (*Prévoyance sociale en Italie*) un dividende de 10 0/0. Celle de Cassigliano avait donné 7 0/0, celle de Plaisance avait été précédemment jusqu'à 15 0/0. Ce n'est plus faire de la coopération, mais de la spéculation. C'est ce qui explique la faillite d'un certain nombre de banques populaires allemandes. Au début, les profits sont minimes, on est tout à l'idée coopérative, on demande aux sociétaires un intérêt relativement élevé parce qu'on ne peut faire autrement, puis les affaires s'étendent, on garde le même taux des prêts et des commissions, on est sensible à l'appât des gros dividendes et pour en avoir on accroît le chiffre des affaires en dehors de toute prudence et parfois la punition suit.

Administration des Sociétés de crédit. — L'administration de ces banques populaires est semblable, malgré la différence des situations, à

celle des sociétés de production, parce que ce sont les mêmes formes
légales. Au-dessous de l'assemblée générale qui est souveraine
dans les limites marquées par les statuts — c'est elle notamment qui
fixe le chiffre des dividendes, approuve ou non les bilans et admet
les nouveaux membres — toutes les questions courantes sont réglées
par le conseil d'administration. Il devra donc se réunir fréquem-
ment, au moins toutes les semaines. C'est lui qui accorde ou refuse
les prêts, marque les conditions à remplir, accepte ou refuse les garanties offertes. Lorsque la banque commence, elle a souvent pour
siège social le domicile de l'un des associés où l'on se réunit le
soir à certains jours convenus. Si la prospérité vient et que les
affaires s'étendent, la banque aura un local à elle — les banques
italiennes en ont de véritablement somptueux — et des employés
rétribués. Au début, on se borne à donner une petite indemnité au
comptable.

Le Conseil d'administration. — C'est aux associés à le bien choisir
et c'est chose d'une importance capitale. Il sera bon d'y faire entrer autant que possible des représentants des diverses industries
ou commerces qui fournissent des membres à la société, ils donneront
sur la manière dont le crédit doit être accordé des indications techniques précieuses, et toutefois il ne faudrait pas qu'ils fussent la majorité ; un spécialiste, M. Rayneri, le très compétent directeur de la
banque de Menton, écrit à ce sujet (*Manuel des banques populaires*) :
« Il conviendrait de choisir de préférence les personnes de situation indépendante et ayant le moins besoin de crédit ».

C'est proclamer cette vérité et ce n'est pas un théoricien qui le fait,
c'est un homme très versé dans le pratique, que les banques populaires, comme tant d'autres institutions profitables aux gens de
petite ou de moyenne condition, doivent compter beaucoup moins pour
conduire leurs affaires sur les intéressés que sur les hommes d'une
condition plus relevée, de ceux que Le Play nommait « des autorités
sociales ». On entend aujourd'hui se rebeller contre ce rôle des hommes plus instruits et mieux doués, il semble que toute supériorité,
même de l'instruction, de l'intelligence et du dévouement soit haïs-
sable et pourtant qui a donné le branle au mouvement coopératif
sous ses diverses formes : production, consommation, crédit ? Ce
n'est aucun de ceux qui en devaient profiter. Les banques populaires
sont souvent, très souvent commencées et dirigées par des hommes
de la classe libérale. Schulze-Delitzsch n'était pas un artisan, Raiffeisen n'était pas un cultivateur non plus que Vollemborg en Italie, ni
MM. Louis Durand et Milcent en France ; les prêtres des paroisses ru-

rales qui ont tant contribué à répandre ces sociétés n'en avaient
aucun besoin pour eux-mêmes. Lorsque M. Léon d'Andrimont s'engageait solidairement avec de très petits artisans pour fonder la banque de Liège il savait bien qu'il n'en tirerait aucun profit. Heureuses
donc les banques populaires qui peuvent avoir de ces hommes dévoués dans leurs conseils ! Les banques populaires d'Italie en ont
un grand nombre et s'en trouvent très bien.

Conseil de surveillance. — Avec le soin de bien choisir leur conseil de direction, les membres des sociétés ont celui aussi de bien
choisir le conseil de surveillance. Il faut insister sur ce point, car ce
conseil a une utilité très grande, lui seul peut arrêter ou du moins
signaler à l'assemblée générale des sociétaires qui prononce en définitive, la gestion défectueuse du conseil d'administration et pourtant on le considère trop comme un rouage de pure forme, voulu par
la loi, mais n'ayant pas d'utilité sérieuse. C'est pourquoi ces fonctions, vraiment difficiles, sont confiées aux hommes les moins compétents. Il faudrait des comptables, des financiers, des hommes
rompus aux affaires et les assemblées générales nomment des membres appartenant à toutes les professions, gens de bon vouloir et
ordinairement honnêtes, mais n'ayant nullement les lumières requi-
ses pour remplir la mission dont on les charge. Il faudrait, à défaut
d'hommes techniques, qu'on se décidât dans les banques populaires à
faire un usage plus fréquent des « Actuaires ».

On sait que l'on nomme ainsi des comptables de profession qui
font métier d'examiner les livres des sociétés, de tirer au clair leur
situation et de renseigner là-dessus, non seulement les actionnaires, mais les administrateurs même. En Angleterre, ces *actuaires*
forment une sorte de corporation se recrutant elle-même avec soin
et ayant une véritable situation officielle, puisque la loi même les
charge de certaines fonctions. En France (on peut dire et en Belgique) la situation des actuaires n'est pas aussi nette, mais il y a
néanmoins à Paris une compagnie libre de ces actuaires auxquels
même les grandes compagnies de finance s'adressent souvent et
dont nos banques populaires plus modestes, mais souvent aussi et
à raison même de cela moins habilement conduites, auraient intérêt à user aussi.

En Italie du reste et en Allemagne, les comités de contrôle ont
reçu de la loi plus de pouvoirs que les nôtres qui n'en ont que peu.
La loi allemande de 1889 s'inspirant de la législation anglaise, veut
que les livres de toute banque populaire, soient inspectés tous les
deux ans par un expert que nomme le tribunal. Il n'est fait excep-

tion que pour les unions régionales qui peuvent, comme elles sont plus fortes et mieux organisées que de simples sociétés, choisir elles-mêmes leurs experts.

Fédérations de sociétés. — Les sociétés allemandes et italiennes ont trouvé avantage à se fédérer, les nôtres le feront certainement lorsqu'elles seront plus nombreuses et plus importantes. Les fédérations dont il s'agit n'ont pas seulement pour but de faire de la propagande et de défendre les intérêts communs des banques populaires du pays, ce sont des institutions financières et qui ont, même en ce sens, une utilité pratique. Quelques banques ont trop de dépôts, d'autres n'en ont pas assez, la banque centrale fait une compensation de tout cela. D'autre part, les banques populaires ont peine souvent à faire accepter leur papier parce qu'il est trop petit. Les frais d'écritures, de recouvrements etc., ne sont pas plus grands pour un effet de 1.000 fr. que pour un effet de 20 fr. et pour ce dernier le profit est absolument nul ; une banque ordinaire ne le prendra guère ; il faut pour le réescompter une institution spéciale.

La fédération allemande principale ne groupe pas moins de 1.100 sociétés faisant ensemble plus de deux milliards de francs d'affaires annuelles. Il s'agit de sociétés du type Schulze Delitzsch, mais il y a d'autres fédérations ; on voit quelle est leur puissance.

Le côté moral. — Au surplus le côté matériel n'est pas seul en cause dans les sociétés coopératives de crédit ; elles ont un résultat moral incontestable. En 1863, à une époque où les banques populaires étaient encore peu nombreuses relativement, un Allemand, M. Geist, de Francfort, disait déjà au Congrès de Gand : « Non seulement ces sociétés stimulent l'esprit d'économie, mais en faisant participer l'ouvrier à tous nos travaux, en l'appelant dans les assemblées générales, en l'initiant comme membre des conseils de surveillance aux affaires en général, elles contribuent à son éducation économique, aussi l'expérience nous a-t-elle démontré que les membres de ces associations sont en général bien plus sobres et meilleurs pères de famille qu'ils ne l'étaient avant ».

Et Schulze-Delitzsch, dix ans après, écrivait la même chose dans son *Économie politique* (traduction Rampal, t. II, p. 211) « L'effet moral produit par ces sociétés est plus grand encore que leurs résultats matériels... Je ne crois pas trop m'avancer en disant que l'on trouvera difficilement un moyen plus efficace que nos associations pour élever le niveau moral des classes ouvrières ».

On peut lire d'autre part l'étude de M. Léon Say, sur les banques

de ce pays *(Dix jours dans la Haute-Italie)* on verra l'enthousiasme
qu'il ressent pour ces banques « administrées avec un dévouement
qui ne se dément jamais » et pour leurs résultats. Mais il est temps
de passer aux caisses rurales.

§ 2. — Les Caisses rurales de crédit mutuel.

Ce qu'est le crédit agricole. — On parle beaucoup du crédit agricole,
de la nécessité qu'il y aurait à multiplier les établissements de crédit agricole et naturellement on fait appel à l'intervention de l'Etat.
Dans le traité fait avec la Banque de France pour renouveler son
privilège, une somme de 40 millions a été disposée pour faire du
crédit agricole officiel. Rien n'était plus inutile ; les propriétaires,
les fermiers aisés trouvent dès à présent du crédit et à bon compte.
Sont-ils propriétaires ? ils peuvent emprunter sur hypothèque
et à des taux très bas. Même de simples fermiers connus seulement
pour honnêtes et solvables trouvent aisément du crédit auprès des
banques locales ordinaires qui ne manquent pas en France : il y a
tant d'argent en quête d'emploi ! De simples entrepreneurs d'élevage,
les « emboucheurs » qui font métier d'acheter des bêtes maigres pour
les engraisser sont admis par la Banque de France à souscrire des
effets à 90 jours renouvelables une fois, ce qui est suffisant pour
l'exercice de leur industrie. Elle demande seulement qu'ils se garan-
tissent mutuellement par groupes. Voilà une sorte d'association dont
les intéressés ne prennent pas l'initiative.

Reste le petit paysan, propriétaire ou tenancier. S'il est fermier et
surtout métayer, il trouvera souvent dans son bailleur un homme
qui, même dans son intérêt propre, sera disposé à lui faire des avances, en dehors de ce cas, le petit paysan ne peut s'adresser à
aucune banque ordinaire et c'est pour lui, c'est dans son intérêt que
sont faites les caisses rurales. Mais il faut avant tout trancher un
point débattu : est-il bon qu'il y ait de ces caisses ?

Utilité des caisses rurales. — La question peut surprendre. Quoi
donc, n'y a-t-il pas de nombreuses sociétés de ce genre en Allemagne, en Italie, en France même depuis quelque temps ? N'importe,
on a contesté et vivement contesté qu'elles fussent utiles ; on a dit :
l'agriculteur qui emprunte se ruine nécessairement, car les profits
de la culture sont minimes, ils sont toujours au-dessous des intérêts
de la dette qu'il a contractée. Lui permettre d'emprunter aisément,
c'est donc le pousser vers sa ruine, c'est lui faire le plus funeste
présent.

On comprend mal, si vraiment il en est ainsi, le succès, le très réel succès qu'obtiennent les caisses rurales françaises et étrangères. Là où elles sont établies depuis quelque temps déjà, elles auraient dû consommer la ruine du pays, au contraire, elles ont mis plus à l'aise les paysans qui s'en sont servi. A les voir fonctionner, ceux qui n'en ont pas en veulent avoir et en fondent, les prenant pour modèle. Une institution nuisible, mais institution qui doit s'élever et se soutenir par ses efforts sans être aidée du secours de l'Etat ne dure pas si longtemps, et surtout elle n'améliore pas le sort de ceux qui en usent comme font nos caisses rurales.

C'est qu'il faut distinguer entre les paysans emprunteurs celui qui emprunte pour acheter de la terre, qui l'achète trop cher, ce qui arrive assez souvent, qui pour l'acheter emprunte à l'usurier, lequel exige des intérêts élevés, ne précise pas l'échéance ou la met à court terme, de manière à pouvoir réclamer quand il veut ; celui-là, surtout s'il vient à tomber malade, ou à éprouver quelque dommage par mauvaise récolte, épidémie de bestiaux, etc., est en effet perdu, et il se sera perdu pour avoir emprunté. Mais il ne faut pas conclure qu'il en soit toujours ainsi. Le paysan peut avoir besoin d'argent, car l'argent comptant est encore rare dans bien des campagnes, pour les motifs les plus légitimes et les plus pressants, ces cas se présentent assez souvent ; que fait-il alors ? Il va trouver l'usurier qui prête à 50, à 100 pour cent et qui, une fois le délai de remboursement passé, tient son débiteur par la crainte et tire de lui ce qu'il veut. Quelquefois même, c'est un voisin, c'est un ami qui, sans s'en douter et pensant presque rendre service, pratique l'usure et à de gros intérêts ; qu'on écoute ce trait cité par un sénateur, M. Fresneau.

« Vous paraissez bien content, Daniel, disais-je un jour à mon jardinier il y a de cela plus de vingt ans ; je suis sûr que vous avez fait quelque bonne affaire. — Il me répondit : C'est vrai ! Kervazo avait plusieurs ares de beau trèfle ; point de bétail et point d'argent pour en acheter. Nous convînmes que je lui achèterais deux petites génisses qui nous coûtèrent ensemble 75 francs et que le trèfle mangé, nous partagerions le bénéfice.

« Les deux petits animaux ont été vendus hier, après quatre mois, 140 francs, gain : 65 francs, dont 32 fr. 50 pour lui, 32 fr. 50 pour moi. Il est enchanté de son sort, moi du mien, car je crois en vérité que je n'aurais pu mieux faire. »

« Je m'éloignai rêveur. Bien des gens, pensais-je en moi-même, parmi lesquels nombre de conservateurs, mes amis, disent que le crédit agricole dont on parle tant n'est qu'un mot vide de sens et qu'à cet égard il n'y a rien à faire.

« Et voilà qu'un petit cultivateur, si petit qu'il n'a pas 75 francs pour en gagner 65, s'estime heureux d'emprunter à 43 0/0 pour quatre mois, ce qui ferait 129 0/0 pour l'année entière si les huit autres mois donnaient lieu à deux opérations pareilles ».

Il est juste de dire qu'il n'y a pas eu là prêt d'argent, différence qui, aux yeux du public paysan est capitale. Mais le besoin d'argent est souvent réel. En faut-il apporter des exemples ? Voici ceux que donnait un brave prêtre des Landes, curé de Geloux, et fondateur de la caisse rurale de son village.

« Il y a une catégorie bien intéressante d'hommes embarrassés et pour lesquels on n'a rien fait.

« I. C'est un paysan dont les *résines* seront payées à la Saint-Martin et qui en juillet et août ne saurait avec sa bourse vide acquérir au plus faible cours le seigle dont il aura besoin pour l'année.

« II. C'est un brave colon, propriétaire de son matériel d'exploitation qui doit vendre ses bœufs pour fournir une soulte de quelques cents francs à un frère ou une sœur quittant la communauté.

« III. C'est un père qui est obligé de retarder d'un an le mariage de son fils ou de sa fille ; il lui manque 200 francs.

« IV. C'est un jeune ménage qui aurait besoin d'une vache, mais l'argent manque, on la prend à cheptel et alors il faut pour le maître, une part du lait de chaque jour et la moitié du veau et la moitié de la perte. On arrive ainsi à payer 50 et 60 0/0 du capital engagé sans jamais devenir propriétaire.

« V. C'est un colon honnête et laborieux qui a ses vaches ou ses bœufs à cheptel depuis dix ou vingt ans et qui voudrait bien les acheter à crédit si le prêteur lui permettait de s'acquitter par acomptes minimes et rapprochés.

« Ce sont tous ces cas et bien d'autres où un peu de crédit rendrait un grand service qui, jusqu'à cette heure, étaient restés sans secours d'aucune sorte.

« Besoigneux de passage, mais honnêtes, économes, âpres au gain et désireux d'acquérir une situation meilleure dans la vie, ils végétaient misérablement parce qu'aucune main prudente, généreuse et chrétienne ne venait leur fournir le bienfait du crédit. »

Faut-il donner d'autres exemples ? Oui, sans doute. Nous avons à convaincre les habitants des villes qui connaissent mal le paysan parce qu'ils ne le voient que par le dehors et ne pénètrent pas sa vie. Faisons parler ceux qui vivent avec lui et ensemble nous montrerons l'utilité de ces sociétés qui se fondent pour lui fournir ce crédit dont il a un si véritable besoin.

Dans un congrès régional, celui d'Auch, tenu en décembre 1895, le fondateur d'une caisse rurale citait les deux faits suivants :

« Voici notre premier emprunteur : petit propriétaire, trois ans de maladie, un bétail vendu et remplacé par des animaux à cheptel. Selon la forte expression qui a cours chez nous le cheptelier est esclave pour la vie ; comment se libérerait-il ? Avec la moitié des petits bénéfices qu'il réalise, trois ou quatre fois par an, car le bailleur est toujours pressé d'arracher quelques écus ? Notre homme donc prend (à la caisse rurale) quatre cents francs — pas assez — et le voilà seul maître de deux veaux.

« Au bout de quelque temps il vend, rachète meilleur et avec la différence, se libère de cent francs. Avant l'expiration du dernier terme, il aura, si rien n'arrive, une bonne paire lui appartenant en propre.

« En voici un autre dans une position pire encore. Avec notre argent, il achète des vaches, il a lui, l'ambition de remonter toute son étable. Ses vaches donnent des veaux, il les garde ; aujourd'hui mères et produits valent deux fois le montant du prêt. Mais comment s'acquitter ? Toute la famille y travaille. La femme vend quelques dindons, elle porte trente francs par anticipation ; le mari porte au loin quelques stères de bois, il verse cinquante francs, toujours d'avance. »

Autre exemple encore — rien ne vaut les exemples — c'est celui d'un propriétaire-éleveur d'un petit canton des Alpes qui, au moment de la foire annuelle manque d'argent — faute d'une rentrée sur laquelle il comptait — pour acheter les bestiaux qu'il engraissera. Il est bien heureux de trouver la caisse rurale qui lui avance le nécessaire. Dans une tout autre région, dans le Jura, un sociétaire de Poligny — l'une des premières caisses rurales françaises — disait : « Mes bœufs venaient de périr par accident, je ne savais que devenir, l'association m'a sauvé ».

Voilà des faits et il serait très facile d'en citer d'autres et de donner de nombreux exemples de paysans laborieux, honnêtes, ayant besoin de fonds, destinés par suite comme une proie pour l'usurier et qui ont été sauvés — c'est le terme qu'employait l'un d'eux — par la caisse rurale. Que sont donc ces caisses rurales de crédit et en quoi diffèrent-elles des autres caisses qui ont été décrites déjà ?

Elles en diffèrent d'abord en ce que les principales opérations : l'escompte et les avances sur mémoires de travaux n'existent pas : il ne s'agit que du prêt direct. De plus et à raison surtout de leur origine, nos caisses rurales ont une tournure très différente des caisses urbaines. Ces dernières sont en France presque toutes à responsabilité limitée : on craint fort de s'engager, on veut restreindre son risque, seulement on arrive aussi à diminuer la confiance des tiers et par suite le crédit de la société. Quelques-unes de nos caisses rurales ont aussi cette forme légale, mais c'est le petit nombre, la première caisse rurale, celle de Poligny, était dans ce cas, la plupart des caisses créées sur l'initiative du *Centre fédératif* sont de même ; au contraire, les caisses rurales créées sous l'impulsion de M. Louis Durand et c'est le très grand nombre, sont toutes à responsabilité illimitée.

Origine des caisses rurales. — On peut croire qu'il a été difficile d'amener les paysans à accepter cette responsabilité solidaire. Comment faire accepter à nos paysans, tous propriétaires de quelque bien et singulièrement défiants, un engagement dont nos ouvriers urbains ne veulent pas, encore qu'ils ne possèdent à peu près rien et qu'ils sont autrement disposés à s'engager pour un principe que nos très personnels et très positifs cultivateurs ? M. Louis Durand entreprit de faire des tournées de conférences pour gagner des adhérents à une cause si peu connue en France. C'est ainsi que procédait Raiffeisen : il tâchait de gagner par la parole quelques adhérents, même un seul, qui se démêlaient ainsi de la foule et se découvraient à lui. Il répondait à leurs questions, combattait leurs doutes et les instruisait davantage. Ceux qui sortaient ainsi de leurs entretiens avec lui mieux convaincus et préparés, s'appliquaient à gagner dans leur localité quelques adeptes et à quelques-uns, on commençait une caisse qui s'accroissait en nombre et en force peu à peu.

M. Louis Durand fit de même et le premier qu'il gagna fut un prêtre, l'abbé Ragu, curé de Langé (Indre) qui, frappé de ce qu'il lui avait entendu dire, vint le trouver à l'issue d'une conférence et lui fit part de son dessein de fonder une caisse rurale dans sa paroisse.

M. l'abbé Ragu, à son tour, persuada — avec quelle peine on le devine, mais enfin il persuada — quelques-uns de ses paroissiens ; il décida des cultivateurs à s'engager sur tout leur avoir et avec eux il fonda la caisse rurale de Langé. Une autre était établie peu après par un instituteur, M. Grinda, et puis un groupe assez fort de caisses a été fondé dans une toute autre région, dans les Pyrénées, par l'influence d'un religieux capucin, le Père Joseph. Lui aussi donnait des conférences et s'attachait ensuite, parmi ceux qui étant ébranlés ou touchés venaient à lui, à convaincre les hésitants et à réconforter, à instruire à fond les convaincus. On vit alors se renouveler en plusieurs endroits ce que l'on n'aurait pas cru possible : des paysans s'engageant solidairement à répondre des engagements de la société (1). Et puis, tout à coup, pendant les années 1895-96, les caisses rurales se répandent et se multiplient de tous côtés et toutes sur le modèle indiqué par Louis Durand dont le « Manuel » sert de guide aux nouvelles fondations, comme lui-même sert de centre au mouvement et de conseiller à ceux qui ont besoin d'être renseignés.

Les sociétés de propagande. — Nous avons donc en France deux centres d'impulsion et de propagande. La *Société pour la propagation du crédit populaire* qui a son siège à Paris, rue du faubourg Poissonnière 27, et publie une feuille mensuelle le *Bulletin pour la propagation du crédit populaire.* Elle reçoit un subside sur les 140.000 fr. votés annuellement par la Chambre en faveur des sociétés coopératives. Elle groupe une trentaine de caisses tant urbaines que rurales et estime comme il a été dit, à 150 ou 200 le nombre de ses fondations. L'autre fédération qui a son centre à Lyon, 97, avenue de Saxe, et se nomme l'*Union des caisses rurales et ouvrières* ne reçoit aucun subside, elle publie un *Bulletin mensuel* et groupe environ 700 caisses toutes rurales et toutes créées d'après les règles qu'elle a données ou même sous son impulsion directe.

L'une et l'autre de ces fédérations tiennent des congrès. Ils ont eu lieu en 1898 à Bourges pour le Centre fédératif, à Tarbes pour l'Union des caisses rurales et ouvrières.

Comment se fondent les caisses rurales ? — Soit par l'impulsion de dévoués missionnaires qui vont de place en place prêcher l'utilité du crédit populaire et fournir aux gens de la campagne tous les renseignements dont ils ont besoin, soit par l'exemple du voisin. L'exemple est une excellente prédication et il est rare qu'une caisse populaire qui réussit — et c'est l'ordinaire — n'entraîne pas la création de caisses voisines et c'est pourquoi ces caisses forment des sortes de groupes, étant nombreuses dans certaines régions alors qu'on n'en trouve pas en d'autres où la bonne nouvelle n'a pas encore pénétré.

L'exemple d'un propriétaire important, d'un notable du pays fait beaucoup pour décider les adhésions. Pourquoi hésiterait-on à s'engager lorsque le principal habitant l'a fait ? L'exemple donné par

---

(1) Plus d'une fois, il est arrivé, écrit M. Louis Durand, que des directeurs de syndicats, c'est-à-dire des hommes fort au courant du milieu et du caractère des populations rurales parmi lesquelles ils vivaient, déclaraient impossible d'établir une caisse rurale dans le pays. Ils étaient tout stupéfaits d'en voir surgir bientôt en dehors d'eux.

le curé agit aussi puissamment, non qu'il s'agisse d'un propriétaire
terrien, mais c'est un personnage considéré, dont on estime le caractère et les connaissances souvent sans être religieux soi-même et
puis on sait qu'il est disposé à s'occuper personnellement de l'institution nouvelle, à conseiller les administrateurs et le caissier, parfois même à tenir les écritures, à se charger de la correspondance,
toutes choses très redoutables pour les neuf-dixièmes des paysans ;
ils sont fort soulagés et rassurés en voyant qu'ils n'auront pas à s'en
inquiéter.

Les futurs sociétaires sont donc décidés : ils sont parfois très peu,
mais le nombre ici n'importe pas. La rédaction des statuts, chose parfois délicate, ne les arrêtera pas. Ils les prendront tout faits dans le
manuel de M. Louis Durand ou dans celui de M. Rayneri. Ils peuvent,
de plus, si quelque point les embarrasse, s'adresser aux très obli-
geants et compétents auteurs de ces manuels, ce qu'ils font souvent.

Le capital. — Voici donc l'institution toute prête à fonctionner,
il lui faut des fonds. Les sociétés à responsabilité limitée comportent, comme on a vu, un versement, souvent faible, mais un versement de la part des actionnaires ; dans une société en nom collectif
il n'y a aucun versement à faire, ce qui, pour les paysans, est d'une
véritable importance. Dans ces sociétés le capital viendra exclusivement et dans les autres il viendra principalement des dépôts de
fonds. Mais quelle nouveauté est celle-là ? En Allemagne, en Italie,
on s'y est habitué et puis dans ces pays, comme il a été expliqué, les
caisses d'épargne sont des institutions privées, en France, elles se
présentent avec la force incomparable que revêt toute institution
officielle. Puis, dans nos campagnes même, ne voit-on pas maintenant des courtiers qui viennent offrir des valeurs mobilières de toutes
sortes, surtout valeurs à lots et payables par annuités ?

La première pensée est celle-ci : ne serait-ce pas un devoir pour
les personnes de la classe aisée de fournir à ces caisses le capital
dont elles ont besoin ? C'est cette pensée toute généreuse qui avait
inspiré les fondateurs de la première caisse rurale, celle de Poligny.
Elle existait déjà depuis cinq ans que son promoteur, M. Milcent,
écrivait à Louis Durand (qui le rapporte dans son livre sur le *Crédit
agricole* (p. 761) : « L'institution tient plus de la bienfaisance que de
toute autre chose ». Et le P. Ludovic de Besse, l'ardent promoteur
des caisses populaires, écrivait de son côté (*Union économique* du
5 février 1889) : « En France, les banques populaires ont besoin, à
leurs débuts, du secours des personnes charitables pour suppléer au
manque de bénéfices. On doit les fonder comme des œuvres.

Rôle dans les caisses rurales des hommes de la classe aisée. — Et cependant M. Louis Durand, avec sa sûre compétence, déconseillait quelques généreux donateurs qui voulaient faire à telle ou telle société rurale un large don pour garnir d'abord sa caisse. « Apportez, disait-il, votre argent à titre de prêt, mais non autrement, la caisse rurale doit être l'œuvre des intéressés eux-mêmes. Voulez-vous les servir encore mieux ? Donnez vos efforts, votre concours personnel. Vous habitez la campagne une partie de l'année au moins, prenez l'initiative de la fondation d'une caisse rurale. Vous savez bien que le paysan n'est pas novateur, ni hardi de sa nature, qu'il a besoin d'être entraîné ; donnez l'impulsion. »

Il arrive souvent qu'il se rencontre dans une commune deux ou trois personnes bien disposées, décidées à fonder une caisse rurale, mais elles ne trouvent pas d'adhérents : « Nous avons essayé de tous les moyens, et personne ne veut commencer avec nous ! » Fondez toujours la caisse, leur dit M. Louis Durand, on viendra à elle lorsqu'on verra qu'elle existe. On ne viendra peut-être pas de suite, mais on viendra ; vous aurez pour vous d'abord tel qui croyait n'avoir jamais besoin d'emprunter et qui se sentira pressé d'un subit et imprévu besoin d'argent, puis après ceux qui, sans être atteints, songeront que pareille chose peut leur arriver aussi.

La caisse de Saint-Paul de Monestier (Isère) a été érigée en octobre 1893, elle n'a fait son premier prêt qu'en mai 1894 et n'en marche pas moins bien. La caisse de Poligny a prêté 200.000 francs en 1895, elle n'en avait prêté que 5.000 l'année où elle fut constituée et cependant elle avait des fonds dès son début, mais il faut quelque temps pour être connu et apprécié, et aussi pour donner courage aux hésitants. On va au succès, on va à ce qui existe, on ne va que bien rarement au principe. Telle caisse rurale a été l'œuvre de très jeunes gens qui l'ont fondée malgré les railleries des fortes têtes de l'endroit et l'incrédulité des hommes d'âge qui disaient : c'est impossible. Et aujourd'hui la caisse marche et a rallié les railleurs et les incrédules. Les uns et les autres avouent l'utilité de l'institution et si on les avait crus on n'aurait rien fait.

Voilà le service que peuvent rendre les hommes de la classe aisée ; ils mériteront ainsi que leur classe soit appelée la « classe dirigeante ». Quant aux capitaux, ils seront fournis par les dépôts et il est notable que jusqu'ici ils n'ont point fait défaut. Les uns sont sollicités par l'intérêt relativement élevé que leur donnent les caisses rurales, d'autres déposants considèrent la question de personne : il y a dans la caisse des gens de connaissance, on sait qu'ils ont du bien, sont très solvables, on leur prêtera volontiers. On avait souvent prédit aux caisses rurales à leurs débuts qu'elles ne trouveraient pas d'argent et on leur en apporte plus qu'il ne leur en faut. Ce sont des domestiques, de petits artisans ou cultivateurs qui font ces versements. Ainsi à Ibos, petit village des Hautes-Pyrénées, pour ne citer que ce fait, 35 personnes décident à la suite d'une conférence qu'elles vont ériger une caisse rurale, elles se demandent seulement : « trouverons-nous des fonds? » Dans l'instant, divers auditeurs venaient offrir leurs épargnes, ensemble 4.000 fr. Il en a été ainsi en bien des endroits. Nos caisses rurales ont donc des capitaux, quel emploi vont-elles en faire ?

Opérations des caisses rurales. — Elles les emploieront en prêts faits à leurs membres et cet emploi des fonds qui est si risqué, si dangereux même dans les villes est sans inconvénient à la campagne. Pourquoi ? Parce que dans les villes on se connaît mal, qu'en particulier il est difficile, même dans un petit endroit, de connaître la situation commerciale d'autrui, tandis qu'à la campagne on se connaît bien, on sait ce que chacun possède de biens « au soleil », de bestiaux, etc., si ces biens sont hypothéqués ou non; l'avoir en espèces, le bas de laine échappe seul à l'estimation, mais outre que cette sorte de biens n'est pas répandue même aujourd'hui, on se trompe alors en moins ce qui n'est pas un inconvénient. C'est une règle absolue introduite par Raiffeisen et reprise par Louis Durand que la caisse rurale ne doit s'étendre qu'à une seule commune afin que l'on se connaisse bien les uns les autres. Comme les paysans n'ont pas d'effets en circulation, que nul ne peut acheter ou vendre une tête de bétail sans que les autres habitants de la commune le sachent aussitôt, on sait parfaitement que celui-ci est économe, laborieux, capable, qu'il est en voie de s'enrichir; que cet autre, au contraire, est tout l'opposé et marche à sa ruine. On peut être assuré que les membres d'une société de crédit se sachant responsables des dettes sociales, n'admettront parmi eux que des gens solvables et ne prêteront de même qu'à des associés, non seulement solvables, mais honnêtes.

A quelles conditions elles prêtent. — On exige de ceux qui désirent emprunter qu'ils expliquent le motif qui les y pousse. On ne peut demander cela à la ville, car comment constater ce que vaut la réponse « j'emprunte pour les besoins de mon industrie, de mon commerce ? » A la campagne, il faut déduire ses motifs : j'emprunte pour acheter une vache ou du fourrage et l'emprunteur n'ignore pas qu'on le regarde, que s'il n'achète pas la vache ou le fourrage on le saura d'abord et qu'il perdra toute considération comme aussi et cela peut lui être plus sensible, tout crédit.

Les demandes d'emprunt sont faites par écrit, et soumises au conseil d'administration de la société qui prononce. La réponse étant collective, nul ne peut imputer un refus à tel ou tel administrateur, ce qui est important à la campagne.

Tout emprunteur doit fournir une garantie : hypothèque ou caution. C'est là une règle absolue, on l'exige des plus riches et pour une somme quelconque ; il ne faut pas que le petit cultivateur imagine qu'on se défie de lui en particulier, alors qu'on a confiance dans son voisin aisé. En fait, c'est une caution qui est ordinairement fournie. Celui qui veut emprunter doit trouver un ami solvable qui consente à le garantir. La reconnaissance de sa dette est faite par l'emprunteur dans les termes que le conseil lui indique.

Le montant des prêts n'est limité par aucune règle (au moins d'ordinaire), il est laissé à la prudence des administrateurs qui apprécient à la fois les besoins et la solvabilité de l'emprunteur. Quant au délai de remboursement, on ne peut suivre ici la règle commerciale des prêts à 90 jours (bien que ce soit celle des sociétés Schulze-Delitzsch même rurales), avec les paysans le prêt à long terme est souvent le seul utile; voici un cultivateur qui emprunte pour drainer ses terres, pour reconstituer ses vignes, il faut des années pour que le capital engagé donne un revenu ; les prêts sont donc faits pour une durée de six mois à cinq ans, on peut même en faire de plus longs, les caisses Raiffeisen vont jusqu'à dix ans. Des prêts à si longs termes sont toujours remboursables par annuités. Pour des prêts à plus courts termes, le conseil d'administration peut encore accorder des renouvellements, mais il ne devra pas le faire facilement.

Le taux d'intérêt exigé des emprunteurs est variable suivant le taux d'intérêt payé aux déposants, entre les deux il y a d'ordinaire un écart de 1 0/0; si la caisse donne aux dépôts 3 0/0, ce qui est fréquent, elle demandera 4 0/0 aux emprunteurs. Avec cela on ne fait guère de bénéfices, car les caisses rurales sont de toutes petites sociétés ayant une moyenne de 25 membres environ, et faisant des prêts qui descendent jusqu'à 10 fr. (les caisses Raiffeisen prêtent jusqu'à 5 marcs : 6 fr. 25). En 1895 dans 219 caisses rurales françaises ayant fourni un compte rendu la moyenne des prêts s'était élevée à 38 fr.

Les bénéfices. — C'est d'ailleurs une règle posée et maintenue constamment par Raiffeisen, et suivie par Louis Durand que les caisses rurales ne doivent pas faire de profits : elles ne sont point créées pour donner à leurs membres des dividendes. Il peut arriver qu'il y ait cependant des bénéfices, c'est lorsque le 1 0/0 d'écart entre les intérêts payés et ceux reçus est plus que suffisant pour acquitter les frais généraux ; le surplus forme un bénéfice. Ce sera souvent, 20 fr. 50 fr. 100 fr. par caisse et par an, rarement plus. On affecte ce bénéfice à former un fonds de réserve et lorsque ce fonds de réserve a atteint un certain chiffre, il est employé par les caisses allemandes à des œuvres d'utilité publique. De même si la société vient à se dissoudre, ces fonds sont employés dans un but d'utilité générale. Ces deux clauses empêchent la poursuite des gros dividendes et la tentation de dissoudre la société pour partager les fonds de réserve.

Il ne faudrait pas croire que cette attribution des profits à des œuvres d'utilité publique soit seulement théorique. Certaines caisses anciennes et importantes ont doté leurs communes de bains, lavoirs, etc. La même clause existait dans les statuts des caisses françaises, au moins de celles en nom collectif, elle a dû être effacée à la suite d'un arrêt du Conseil d'État rendu en décembre 1897 (1) et a été remplacée par une clause disant que tous les *bonis* vont à la réserve et qu'en cas de dissolution de la société cette réserve sert à rembourser les intérêts des derniers emprunts faits à la société. On arrive ainsi, quoique d'une manière moins avantageuse, au même résultat : pas de dividende distribué.

Comment fonctionnent les caisses rurales. — Comme on a vu que fonctionnaient les sociétés de production. Le pouvoir appartient à l'ensemble des sociétaires qui l'exercent en assemblée générale. Bien entendu, ce mot ne doit pas rappeler l'idée de ces grandes réunions faites sur convocation par la voie de la presse et avec toutes sortes de formalités, qui se tiennent une fois par an à l'usage des actionnaires des grandes compagnies. Les vingt ou trente membres d'une caisse rurale qui ont à traiter des intérêts de leur société se réunissent sur convocations verbales dans la maison de l'un d'eux quand cela est utile. C'est là que se décident les questions d'admission de nouveaux membres — à moins que les statuts n'aient réservé cela

(1) L'arrêt du Conseil d'État est des plus extraordinaires. Il s'agissait de savoir si les caisses rurales devaient être assujetties à la patente, c'est-à-dire à un impôt qui frappe les bénéfices présumés des commerçants. Or le Conseil d'État a décidé que les caisses rurales devaient la patente pour deux motifs dont l'un est qu'elles renoncent à tous bénéfices pour leurs membres et qu'elles déclarent employer les profits, s'il y en a, à des œuvres d'utilité générale. Comprenne qui pourra une décision pareille.

au conseil d'administration — d'exclusion des membres, ce qui sera très rare dans les caisses rurales, de nomination et remplacement des administrateurs, de fixation de l'intérêt offert aux dépôts et de celui exigé des emprunteurs, d'examen et approbation des comptes ; enfin l'assemblée générale prononce sur toutes les questions intéressant la société. Les pouvoirs qu'elle délègue aux administrateurs sont plus ou moins étendus ; la loi laisse toute liberté sur ce point.

On peut comprendre qu'une intervention aussi fréquente de l'ensemble des associés rende inutile une commission de surveillance, aussi ne s'en trouve-t-il pas partout. On a assez de peine à composer un conseil d'administration, où prendrait-on les éléments d'une autre commission ?

Rien d'ailleurs n'est plus simple que la gestion d'une caisse rurale : les administrateurs ne reçoivent rien, les jetons de présence sont inconnus ; pas de local à payer non plus, les prêts sont faits, les dépôts et remboursements sont reçus le dimanche à une heure convenue chez celui qui a consenti à tenir les livres ; souvent ce sera le curé de la paroisse. Les seuls frais sont les registres et les contributions, timbres, etc. C'est pour cela qu'une caisse rurale se trouve souvent en perte, la première année : elle a fait peu d'opérations, parfois pas du tout et a eu les frais de constitution (dépôts des statuts au greffe et publications légales) à payer.

En 1895 le *Bulletin mensuel* donnait le compte rendu des opérations de 219 caisses rurales. Elles avaient fait 1.344 prêts représentant 555.572 fr. Ces opérations avaient donné 3.553 fr. de bénéfices et 325 fr. de pertes. Ces pertes représentaient les frais de procès que trois caisses avaient dû soutenir contre le fisc.

Fédérations. — Quelques fédérations commencent à s'organiser parmi nos caisses rurales — on sait qu'il y en a de nombreuses en Allemagne et en Italie — et leur but n'est pas seulement de s'aider au point de vue pécuniaire : les unes versant leur excédant d'argent, les autres venant en demander, mais elles espèrent ainsi organiser le contrôle de la comptabilité. Cette comptabilité se réduit d'ordinaire à peu, mais encore a-t-elle besoin d'être examinée. Or, une fédération peut avoir des experts, des actuaires, qu'une société ne peut se donner ; là serait peut-être leur principal avantage. Les deux unions directrices du mouvement se chargent de défendre les sociétés contre les entreprises du pouvoir public. Ainsi dès qu'a été rendu l'arrêt du Conseil d'Etat qui menaçait de ruiner les caisses rurales, M. Louis Durand a de suite pris les mesures nécessaires pour amener ces caisses à modifier leurs statuts.

Sécurité des caisses rurales. — Telle est l'organisation des caisses
rurales et il faut insister sur ce fait que ni en France, ni en Allemagne il ne s'est produit parmi ces caisses une seule faillite. Le fait
est déjà notable pour la France, mais enfin les caisses rurales y
sont récentes, en Allemagne où elles sont anciennes le résultat
est admirable. Dans les travaux préparatoires à la loi (allemande)
de 1889 sur les sociétés, on relevait pour les nombreuses caisses
du système Schulze-Delitzsch 36 faillites seulement et 174 liquida-
tions ; c'était peu assurément, mais pas une caisse Raiffeisen n'a
été pendant ce temps mise en liquidation ou en faillite et il y en
a plus de 2.000 (1). Lorsqu'on va au fond, ce résultat étonne moins,
les caisses rurales ayant la solide constitution que l'on a vue. Que
l'un des associés emprunteurs ne puisse rembourser sa dette, la
caution est là ; si ni l'un ni l'autre n'y suffisent, ce qui sera bien extraordinaire vu le chiffre minime de l'ordinaire des prêts et le soin
avec lequel se recrutent les caisses rurales, la réserve est là. A défaut de réserve, la perte se répartit entre les associés ; vont-ils être
ruinés pour si peu ? On comprend que les déposants n'aient rien à
craindre et n'aient, jusqu'ici, rien perdu (2).

Prêts aux communes. — On s'est demandé quelquefois, mais la
question ne s'est pas encore, que je sache, posée en pratique, si les
caisses rurales devraient ou non prêter aux communes. Il semble que
l'on doive répondre hardiment que non. D'abord une commune ne
peut guère être sociétaire et puis les caisses rurales sont faites pour
aider ceux qui ne peuvent autrement se procurer des fonds, or les
communes ne sont pas en peine d'en trouver, une institution spéciale leur en procure : le Crédit foncier. Laissons les caisses rurales
à leur rôle qui n'est point de faire un gain, mais d'aider les gens
de modeste condition.

Avantages moraux. — On a vu ce qu'elles avaient déjà su faire en
ce sens, il convient d'ajouter et c'est en faire un bel éloge, que les
avantages moraux qu'elles procurent sont supérieurs même à ces
incontestables avantages matériels. Ce sont ceux que cherchait sur-

(1) Les adversaires des caisses Raiffeisen ont fait, au commencement de 1897
un certain bruit de ce qu'ils ont appelé « la première faillite ». Or il s'agissait
d'une caisse seulement projetée et qui ne se forma point. Les promoteurs de
l'entreprise durent supporter les frais faits en vue de constituer la société. On
voit s'il y a rien là qui ressemble à une faillite.

(2) D'un tableau rédigé en Allemagne et cité dans l'ouvrage de M. Louis Durand sur le *Crédit agricole,* il résulte que l'avoir des associés, garantie des créanciers sociaux, représente les engagements des caisses rurales dans une proportion qui va, suivant les caisses, de 12 à 67 fois.

tout Raiffeisen et de ce côté il a eu le succès que méritait sa généreuse tentative. « Je puis assurer, disait un curé rhénan, que la caisse rurale a plus fait pour la moralité de ma paroisse que tous mes sermons. » On a vu des communes où ce sentiment trop ordinaire qui porte à voir avec indifférence le malheur d'autrui, ou même à s'en réjouir en secret, avait fait place à de tous autres sentiments et à une autre conduite, parce qu'on sentait que les pertes d'autrui étaient une diminution de la force et du crédit de la caisse rurale dont chacun était membre.

« Autrefois dans ma commune, écrivait l'abbé Ristler, qui a fondé la première caisse rurale suisse, quand un malheur arrivait à un habitant, il satisfaisait toujours quelque petite rancune des uns et laissait les autres indifférents ; aujourd'hui, grâce à la caisse rurale, quand on voit qu'un malheur menace un des associés, on cherche à tout prix à l'éviter, parce que si l'un ne pouvait pas payer, c'est aux autres qu'incomberait de payer sa dette. Puis, ce qui au début était un acte d'égoïsme intelligent est entré peu à peu dans les cœurs et est devenu un véritable sentiment de charité chrétienne. »

En Italie, même résultat ; ainsi l'archiprêtre de Lorregia, la première caisse fondée, écrivait, dans une lettre qui a été publiée par la presse vénitienne : « On va maintenant moins au cabaret, on travaille mieux et davantage. Les gens honorables étant seuls admis comme associés, on a vu des ivrognes promettre de ne plus mettre les pieds au cabaret et tenir parole. On a vu des ignorants de cinquante ans et plus apprendre à écrire pour savoir signer leurs demandes d'emprunts et leurs billets. Tel individu repoussé parce qu'il était inscrit au bureau de bienfaisance a fait les démarches nécessaires pour que son nom soit rayé de la liste des secours, et désormais au lieu de vivre d'aumônes, il vit de son travail avec l'aide du capital que la caisse lui a confié. Tel travailleur qui ne pouvait pas même se nourrir a acheté une vache et a pu, avec le gain du lait et du fromage, payer ses dettes à la société et conserver le veau de la bête, résultat qu'il n'aurait jamais obtenu sans ce concours. »

Le médecin de Lorregia écrivait aussi : « Le paysan qui auparavant délaissé dans l'isolement et devenu la proie de l'usure la plus éhontée, n'avait à choisir qu'entre la misère extrême et la fraude, s'élève à présent par le sentiment de la dignité humaine. Il est heureux et fier de faire partie de la caisse rurale et d'avoir part à son administration. Il y apprend l'estime de soi-même, le vrai sentiment de l'indépendance, l'amour du travail, l'honnêteté et la ponctualité. L'usure ne sévit plus sur les sociétaires et les usuriers eux-mêmes sont forcés de reconnaître la valeur de notre institution et s'éloignent du pays. Nous voulons, disent les paysans, élever nos fils dans l'amour du travail pour qu'ils puissent prendre place parmi les hommes honorables. »

Le vicaire de Trébasileghe, trésorier de la caisse rurale, disait au Congrès de Milan en 1885 : « On a vu plusieurs personnes qu'on n'avait pas pu recevoir dans la société à cause de leur inconduite, se corriger pour se rendre dignes d'en faire partie. »

A Falla, le président de la caisse et curé de la commune disait : « Pendant que les fonds déposés à la caisse rurale grossissent, les cabarets sont de plus en plus délaissés » (cités par Louis Durand, *Crédit agricole*).

En France, malgré la jeunesse des sociétés de crédit, le résultat est le même et ce sont aussi des membres du clergé qui le déclarent. C'est l'un deux, l'abbé Farel, organisateur de la caisse ouvrière d'Auch, qui disait au congrès de Tarbes, le 26 août 1898 (*Bulletin mensuel* d'octobre 1898) : « Je dois vous dire que la caisse ouvrière fait des prodiges, presque des miracles, elle obtient des résultats moraux que n'obtiendraient pas les meilleurs prédicateurs.

« J'ai été vicaire longtemps, j'ai prêché pendant plusieurs années et je ne suis pas parvenu à faire des conversions aussi nombreuses que la caisse rurale.

« Voici un exemple pris entre bien d'autres : Un homme était sur le point d'être saisi. Il avait eu le malheur d'être négligent dans ses affaires, il était de plus pilier de cabaret. Menacé de ruine, il va trouver l'administration de la caisse et demande à devenir sociétaire. On lui refuse à cause de ses visites trop fréquentes chez le marchand de vins. — Si je promettais de me corriger m'accepteriez-vous ? demanda l'ouvrier. — Volontiers, répondent les administrateurs. Si vous passez trois mois sans aller à l'auberge vous serez des nôtres.

« Cet homme prit la résolution de ne plus s'enivrer et il la tint. Trois mois après il était admis à la caisse et on lui prêtait la somme nécessaire pour sortir de l'embarras où l'avait jeté sa malheureuse passion. Grâce à cet emprunt, il a conservé sa maison, son champ pour lui et les siens, et depuis deux ans l'aubergiste n'a plus reçu sa visite. »

Les associations qui produisent de pareils effets méritent assurément d'être louées, signalées aux hommes soucieux de faire le bien et multipliées autant qu'on le pourra.

DEUXIÈME PARTIE

CHAPITRE PREMIER

SOCIÉTÉS COOPÉRATIVES DE CONSOMMATION

Ce qu'elles sont. — Se réunir à plusieurs pour acheter une denrée quelconque, soit denrée alimentaire, soit combustible, et l'avoir ainsi à meilleur marché est chose tellement naturelle qu'elle se pratique depuis longtemps, soit à la ville, soit à la campagne. Il est ordinaire de voir à Paris plusieurs ménages, de ceux qui font des conserves de fruits, se réunir pour acheter aux halles centrales une manne de fruits que l'on se distribue ensuite. A la campagne on se réunit pour acheter entre voisins, par exemple, un wagon de houille. Le wagon est de 10.000 kilos, c'est trop pour une seule personne, mais on se met à trois ou quatre, l'un voulant 2.000, un autre 1.500, un autre 1.000 kilos. Il y a longtemps que des arrangements de ce genre se faisaient, mais alors d'une manière habituelle, entre les ouvriers lyonnais. Ils formaient de petits groupes destinés à acheter, non pas une fois en passant, mais d'une manière suivie et en demi-gros, les objets d'alimentation, de chauffage, d'éclairage dont ils avaient besoin. Mais ils faisaient cela à raison de l'utilité qu'ils y trouvaient, nullement en exécution d'un principe, et pourtant les sociétés coopératives de consommation ont, comme les sociétés de production, leur doctrine et leur histoire.

§ 1. — Historique.

Le promoteur de l'idée. — Le premier qui ait recommandé par principe les sociétés de consommation est un Anglais, Robert Owen.

Il était au fond communiste, mais ce n'était pas un communiste violent, voulant imposer ses doctrines et établir par force la propriété collective, il préconisait les sociétés coopératives comme un moyen d'y arriver sans secousse.

Il faut, disait-il, que les consommateurs s'unissent pour arriver à produire eux-mêmes en possédant soit les fabriques, soit les terres, et tandis qu'aujourd'hui ce sont les producteurs qui font la loi en exigeant de leurs produits des prix qui leur donnent des bénéfices parfois excessifs, alors ce seront les consommateurs qui domineront et réduiront les producteurs au rôle de simples salariés, ne recevant qu'une rétribution fixe et modique. Il avait du reste indiqué comme trois étapes de la voie à suivre : 1° les consommateurs qui sont surtout des gens du peuple : ouvriers, employés, s'unissent pour se constituer un capital avec les économies faites sur les achats ; 2° grâce à ce capital ils érigent des fabriques pour produire eux-mêmes les objets manufacturés ; 3° leurs profits devenant plus grands, ils passent au troisième but et au plus difficile (en Angleterre) l'acquisition de domaines ruraux pour produire les denrées alimentaires nécessaires à leurs besoins.

La première société. — Owen organisa quelques sociétés qui se proposaient le premier but et le plus modeste ; toutes échouèrent et celle enfin qui réussit ne fut pas entreprise sous sa direction ; c'est la société depuis fameuse des « équitables pionniers » fondée en 1844 par quelques ouvriers tisserands de la ville de Rochdale. Ils se proposaient comme but immédiat, la même chose que les ouvriers lyonnais cités plus haut : acheter à meilleur compte en achetant par quantité. Mais ils avaient en outre un but éloigné auquel ils n'étaient pas insensibles, c'était celui qu'Owen avait proposé : changer l'organisation sociale actuelle en tant qu'elle règle le mode de production. Le nom même qu'ils avaient pris en s'associant, indiquait qu'ils se croyaient appelés à tracer une voie nouvelle.

Leur entreprise commencée petitement et au milieu de la raillerie universelle, eut un merveilleux succès. Un Anglais, M. Holyoacke, qui racontait leur histoire un peu plus de trente ans après, pouvait écrire : « Aujourd'hui le petit magasin s'est ramifié en quatorze ou quinze locaux spéciaux. Chacun de ces magasins est dix fois plus beau que le magasin primitif. Il y a longtemps que celui-ci a été remplacé par un immense dépôt central, dont il faut une heure pour parcourir les diverses pièces, qui occupe le plus beau site de la ville, qui est situé dans un énorme édifice, dominant à la fois l'hôtel de ville et l'église paroissiale. On y trouve une grande bibliothèque, des télescopes, des microscopes ; des écoles et des cours scientifiques y sont annexés. L'association a des biens répandus dans toute la ville et telle ou telle rue ne se compose que dè maisons bâties par les seuls coopérateurs ».

Le mouvement en Angleterre. — Un exemple si tentant provoqua des imitateurs, et d'autres associations analogues s'établirent dans le pays qui avait vu naître celle de Rochdale. La plupart réussirent, mais non pas toutefois dans les mêmes proportions. Toutes d'ailleurs se montrèrent soigneuses de marcher sur les traces de la société modèle. Les pionniers de Rochdale se proposaient d'après leurs statuts, de « consacrer une partie de leurs bénéfices à la création d'établissements pour l'instruction et le développement moral des membres de l'association », et ils le firent. Les sociétés de consommation le font aussi ; à leur exemple, elles emploient une partie de leurs profits à procurer ou accroître l'instruction de leurs membres. Elles s'efforcent aussi dès qu'elles le peuvent d'installer des fabriques pour confectionner les objets dont elles ont besoin ; quelques-unes ont même acheté ou loué des domaines ruraux.

Situation actuelle en Angleterre. — Aujourd'hui, la situation est belle, car au 30ᵉ congrès des sociétés coopératives tenu à Peterboroug, les 30 mai - 1ᵉʳ juin 1898, on recensait 1.845 sociétés avec 1.591.000 membres, 466.250.000 fr. de capital-actions, ayant fait des ventes pour 1.557.000.000 fr. et distribué des bénéfices montant à 168.000.000 fr.

Le mouvement en France. — C'est la considération des résultats déjà obtenus qui, en 1863, décida en France la formation de sociétés de consommation, avec une forme toutefois et un but un peu différents de ce qui était en Angleterre.

Chose notable, en France pays de principes absolus, le principe qui avait inspiré Owen et à sa suite les pionniers de Rochdale ne se trouva pas. Il semble que le motif qui avait décidé le mouvement en Angleterre et la formation de la première société anglaise ait été inaperçu, on ne voyait dans ces sociétés, que pourtant on prenait pour modèle, que le côté positif, pratique, que l'avantage immédiat : elles procurent à leurs membres de sérieuses économies et en même temps des objets de bonne qualité. C'est tout ce que cherchaient nos premières sociétés françaises (1).

(1) A la réserve d'une seule, la société de Beauregard (Drôme) fondée en 1848, par un groupe d'hommes appartenant à l'école de Fourier et qui se proposait d'atteindre le but montré par Owen.

On peut en passant, faire remarquer que nous avions en France, quelques

Une de celles qui furent fondées d'abord est due à un homme de bien, M. Augustin Cochin, administrateur de la compagnie du chemin de fer d'Orléans ; il l'établit pour les employés de cette compagnie habitant Paris et qui consentirent à y adhérer, car elle était toute volontaire et nul n'y entrait que de bon vouloir. La compagnie fournit un local, se chargea de transporter gratis les denrées sur son réseau et avança sans intérêt les premiers fonds. C'est là une forme spéciale de société qui s'est répandue depuis et a pris le nom assez impropre d'*économat*. Elle a ceci de particulier que les patrons aident les ouvriers ou employés, membres de la société, en les déchargeant de certains frais.

Mais les plus nombreuses entre les premières sociétés de consommation furent les boulangeries. Le gouvernement impérial venait d'abolir la taxe du pain ou, pour parler exactement, de prescrire aux maires de ne plus taxer le pain. Il en résulta que, dans les petites localités, surtout, les boulangers se coalisèrent pour vendre le pain à un prix excessif. Quelques hommes d'initiative mirent alors en train la fondation de boulangeries sociétaires (nom équivalent à celui de sociétés coopératives). Les initiateurs réunissaient entre eux un petit capital au moyen duquel ils faisaient construire ou louaient un four. Ils engageaient un ou deux ouvriers boulangers, et après quelque école, arrivaient à produire du pain de bonne qualité et à prix très réduit.

Un exemple suivi de bon succès trouve toujours des imitateurs et les boulangeries se multiplièrent. C'est dans les Charentes surtout qu'il s'en fonda et presque toujours par groupes. Une boulangerie réussissant, restait rarement isolée.

Depuis lors, c'est-à-dire depuis 1865, le mouvement a suivi en France un cours paisible mais continu. Les sociétés de diverses sortes : boulangeries, épiceries se sont multipliées sans bruit et sans avoir de centres pour donner l'impulsion. La *Société du crédit au travail* avait quelque temps rempli ce rôle de promoteur, bien moins toutefois pour les sociétés de consommation que pour celles de production, les principales à ses yeux. Les sociétés de consommation souffrirent moins aussi de sa chute, le mouvement en avant ne fut pas arrêté, seulement les fondations se firent isolément. Le mouvement que fit surgir les syndicats professionnels, leur profita beaucoup, car ainsi qu'on l'a vu, nombre de syndicats agricoles qui se

sociétés de consommation, même avant l'exemple de Rochdale, par exemple la *Caisse du pain de Mulhouse* établie en 1832 par les ouvriers de l'importante usine Bourcart et sous sa direction. L'exemple de Rochdale ne fut connu en France qu'après 1863.

proposent l'achat des semences, engrais ou autres denrées, ont senti qu'il leur importait de prendre pour ces opérations la forme légale convenable et ils ont organisé entre leurs membres des sociétés coopératives de consommation.

Les congrès coopératifs. — Et puis, le mouvement prenant de l'importance, les coopérateurs sentirent le besoin de s'unir. Sur l'initiative du groupe de Nîmes, un congrès coopératif où se rencontrèrent les délégués de 87 sociétés de consommation, se réunit à Paris les 26-28 juillet 1885. On y résolut la formation d'une « Union des sociétés coopératives françaises de consommation » qui est aujourd'hui très vivante, très agissante et rend des services aux sociétés et au mouvement coopératif. C'est elle qui est chargée d'organiser les congrès annuels qui se tiennent tantôt dans une ville tantôt dans une autre. Le IX⁰ congrès s'est réuni à Paris les 25-27 octobre 1896 au *Musée social*, fondation du Comte de Chambrun et a eu beaucoup d'éclat.

La situation actuelle en France. — L'*Almanach de la coopération* pour 1899 énumère pour la France 1.449 sociétés répandues dans 86 départements, mais d'une manière tellement inégale que la Charente-Inférieure, par exemple, a 118 sociétés alors que d'autres départements en ont une seule. Et encore on sait que le chiffre est incomplet ; il y en a davantage. On ne trouve nulle part ce que donnent les statistiques anglaises, le nombre des membres de ces sociétés, non plus que le montant de leur capital, le chiffre de leurs affaires et celui de leurs bénéfices. Mais certaines de nos sociétés sont importantes : la *Moissonneuse* de Paris a 16.000 membres, plus que la société si réputée de Rochdale, la société de la Charente-Inférieure fondée par le syndicat agricole en a 12.500, etc.

La situation en divers pays. — Il y a peu de pays en Europe où le mouvement coopératif sous la forme dont il s'agit n'ait pris un sérieux développement. On rencontre de nombreuses et florissantes sociétés en Suisse, en Belgique, en Italie, en Allemagne, dans les pays du Nord. On en trouvera l'énumération dans les almanachs de la Coopération, il est inutile de la reproduire ici. Mais cette prospérité même a eu l'effet ordinaire qu'ont les succès, elle a suscité des ennemis à cette institution dont les effets étaient si beaux.

Critiques adressées aux coopératives de consommation. — Ne parlons pas des ennemis par nature, comme sont les petits détaillants qui voient dans les coopératives, une concurrence redoutable dans le présent, plus à craindre encore dans l'avenir, les sociétés coopératives ont des ennemis plus raisonnés. Elles s'attaquent, disent ceux-ci, à une classe nombreuse de la population, classe souvent digne d'intérêt, car ces petits commerçants qu'elles suppriment n'ont que cette ressource et ils représentent les derniers vestiges d'une classe sociale intéressante : celle qui vit dans les ateliers de famille. Veut-on la détruire pour n'avoir plus à côté des grands magasins qui absorbent déjà tout le commerce des vêtements et du meuble, que d'autres magasins aussi vastes, lesquels à l'imitation des grands magasins anglais du type *civil service* accapareront le commerce des denrées alimentaires ? On arrive à préparer ainsi une sorte de collectivisme commercial ; est-ce un résultat bien souhaitable ? Voilà les plaintes qui se font entendre ; qu'en faut-il penser ?

§ 2. — Utilité des Sociétés de consommation

Inconvénients des intermédiaires. — Les intermédiaires, dit-on, sont utiles ; sans doute puisqu'ils mettent à la portée du consommateur les objets dont il a besoin et qui sont produits loin de lui. Les boulangers, les bouchers sont utiles puisqu'ils font le pain et débitent la viande, mais il faut que ces intermédiaires se contentent d'un bénéfice représentant le prix convenable de leurs services et remplissent honnêtement leur rôle économique, or, c'est ce que beaucoup ne font pas. Il a été remarqué déjà que les premières boulangeries coopératives avaient été fondées pour résister à la coalition des boulangers qui élevaient outre mesure le prix du pain. Plus récemment, une société coopérative d'épicerie s'est fondée à Pantin à la suite d'une coalition des détaillants qui avaient pris occasion d'une surtaxe d'octroi pour augmenter leurs prix de manière à s'attribuer un bénéfice excessif. « Les consommateurs se cabrèrent sous la pression » et créèrent, avec l'aide du maire qui avança une somme assez forte, une société coopérative aujourd'hui prospère. Pourquoi donc lorsque les vendeurs se liguent ainsi pour accroître leurs gains, serait-il interdit aux acheteurs de s'associer de leur côté pour résister à ces exigences, qui accroissent pour eux le prix de l'existence ?

Même en dehors de ces circonstances, et pour le courant de la vie, on ne sait pas de combien souvent le prix des marchandises s'accroît en passant par les intermédiaires. Non que ceux-ci fassent toujours de très gros profits, mais ils sont trop nombreux, ont, par suite, des frais généraux élevés, et puis achetant à crédit, ils paient déjà cher et ne peuvent par suite vendre à de bonnes conditions. Dans l'enquête de 1866 sur les coopératives M. Augustin Cochin déposait que la société fondée par lui pour le personnel de la Compa-

du chemin de fer d'Orléans avait procuré à ses membres par rapport aux prix des détaillants une économie de : 43 0/0 sur le charbon de bois, 75 0/0 sur les fagots ; voilà pour le combustible ; sur les denrées alimentaires 33 0/0 sur le vin, 56 0/0 sur les pommes de terre, 62 0/0 sur le vinaigre, 66 0/0 sur le salé, 100 0/0 sur les harengs saurs, 115 0/0 sur le sel, 127 0/0 sur le jambon fumé ; sur les vêtements et couvertures elle allait de 30 à 55 0/0.

Quant aux boulangeries, qu'on pourrait appeler les plus nécessaires des sociétés de consommation, en province surtout, puisqu'elles procurent la nourriture essentielle qui est dans les ménages ouvriers la première et la plus forte des dépenses, elles ont donné en nombre d'endroits, des résultats surprenants.

Quelques résultats de boulangeries coopératives. — A Bédarrieux, une boulangerie coopérative, deux ans seulement après sa fondation, procurait à ses membres sur une dépense en pain de 53.000 fr. une économie de 16.000 fr. A la Flotte (Ile-de-Ré) les boulangers s'étaient ligués pour imposer aux habitants un prix supérieur à celui de l'ancienne taxe officielle. La société qui se fonda pour échapper à leurs exigences mit le pain à 0 fr. 29 le kilo au-dessous de cette taxe. Ce sont bien des résultats ! Ils sont anciens ? En voici de plus récents. La grande boulangerie coopérative de Roubaix (Nord) a publié le résultat de ses opérations du 1er octobre 1896 au 30 juin 1897. Or pendant ces neuf mois, les bénéfices nets sur un chiffre d'affaires de 782.706 fr. ont été de 198.486 fr. sur lesquels 187.849 fr. ont été distribués aux membres, le reste allant à la réserve et à l'amortissement. C'est un dividende sur le chiffre d'affaires de 25, 35 0/0. Le pain vendu au prix courant soit 0 fr. 33 le kilo pour la première qualité, revenait donc aux associés, si l'on tient compte du remboursement qu'ils ont reçu sous forme de dividende, à 0 fr. 26 le kilogr. alors qu'il se vendait partout 0 fr. 30 à 0 fr. 32 le kilo.

Autre exemple. — Les boulangeries ne sont pas seules à procurer des économies : voici l'exemple (d'après l'*Almanach coopératif* de 1899) d'une société coopérative fondée en 1872 par 160 habitants d'un petit endroit St-Remy-sur-Avre (Eure-et-Loire) avec un capital de 5.441 francs. Au 31 décembre 1897, la société comptait 2.822 membres, son capital était de 414.520 fr., elle avait 501.786 fr. de marchandises en magasin, possédait 104.083 fr. de mobilier, 271.696 fr. d'immeubles, ses réserves se montaient à 337.752 fr. Son actif total était de 961.192 fr. — Depuis sa création ses ventes se sont montées à 13.749.571 fr. Elle a payé 221.060 fr. d'intérêt à son capital et distribué 1.435.530 fr. de bénéfices à ses sociétaires. On estime que depuis vingt-cinq ans elle a procuré à ses membres une épargne d'au moins deux millions et demi de francs.

A l'étranger, les résultats ne sont pas moins bons. Une correspondance de Suisse datée du 27 avril 1896 et donnée par la *France sociale* nous apprend que 100 sociétés de consommation sur 200 que compte la Suisse pour une population de 3.000.000 d'âmes, ont envoyé leur compte rendu à l' « Union suisse » sorte de fédération dont elles sont membres. Leur chiffre d'affaires s'était élevé à 20.618.800 fr. et leurs bénéfices nets à 1.728.000 fr.

On calcule que les familles anglaises qui usent des sociétés de consommation font un bénéfice annuel de 80 à 100 fr., ce qui assurément n'est pas méprisable (1). Pourquoi trouverait-on mauvais que les travailleurs manuels emploient ce moyen de diminuer leurs dépenses ? Et pourquoi ce qu'on loue chez les travailleurs manuels serait-il blâmé chez les personnes d'autre condition ? Car on entend cette singulière inconséquence : les sociétés coopératives sont bonnes pour les ouvriers, les employés, les petites gens, elles ne sont pas admissibles chez les autres. Où donc d'abord veut-on marquer la distinction entre ces deux catégories sociales, et pourquoi prétendrait-on refuser aux uns le droit d'économiser sur leurs dépenses qu'on loue chez les autres ? On approuve, on vante même les familles qui s'unissent à quelques-unes pour acheter ensemble et en gros telle ou telle denrée, et parce qu'elles font la même chose d'une manière habituelle, on les blâmerait ? Pourquoi serait-ce un devoir aux particuliers d'entretenir à leurs frais des détaillants dont ils peuvent se passer et qui lèvent sur eux un impôt dont on a vu l'importance ?

Une remarque qui a été faite pour l'Angleterre, est que si les ménages aisés et même riches de ce pays ont pu maintenir leur situation malgré une notable diminution de leurs revenus, ils le doivent aux sociétés coopératives qui leur ont permis de réaliser une forte économie sur leurs dépenses ordinaires.

Les sociétés coopératives assurent la qualité des denrées. — Mais c'est trop insister sur cette évidente vérité qu'il est bon de diminuer ses dépenses d'entretien et que les sociétés coopératives sont très propres à procurer cette diminution. Ces sociétés ont d'autres avanta-

---

(1) Le journal l'*Emancipation* (de février 1897) calculait que pour un groupe de 657 sociétés anglaises, le *boni* moyen s'était élevé à 13, 20 0/0 du montant des achats.

ges encore ; à côté du prix des denrées, il y a leur qualité, or, les marchands ne se font pas faute de tromper l'acheteur de ce côté. On sait combien nombreuses et combien nuisibles à la santé sont ces fraudes, elles s'exercent plutôt encore à l'encontre des petits consommateurs qui cherchent le bon marché. Il nous souvient de ce fait constaté par une enquête anglaise que dans les quartiers ouvriers de Londres le thé vendu en ce pays où il s'en fait une si grande consommation dans tous les ménages, n'était composé que de feuilles de prunier séchées. Ces fraudes ne sont pas à craindre dans les sociétés, les coopérateurs n'ont aucun intérêt à se tromper eux-mêmes, comme les marchands ont intérêt à tromper les acheteurs pour s'enrichir. Au contraire, ils sont associés autant pour éviter ces fraudes que pour faire une économie.

La sincérité des pesées. — Puis à côté de la tromperie sur la qualité, il y a la fraude sur les pesées et sur les mesures devenue presqu'un procédé ordinaire. M. Cochin citait — toujours dans l'enquête de 1866 — ce fait que l'Economat qu'il avait fondé avait dû faire fabriquer des litres pour les livraisons à ses membres, ceux qu'on vend dans le commerce ayant tous moins d'un litre. Il y a quelques semaines, un membre du conseil d'administration d'une grande coopérative me disait : nous avons pour servir nos membres des employés salariés, eh ! bien nous avons mille peines à les empêcher de frauder sur les pesées. Ils n'y ont aucun intérêt, mais ils en ont tellement l'habitude qu'ils le font malgré nos défenses.

Là où les sociétés coopératives sont en force et même parfois lorsqu'elles sont encore en petit nombre, elles obligent les marchands à baisser leurs prix et à avoir des procédés plus corrects, rendant ainsi service à ceux mêmes qui sont en dehors d'elles.

Leur effet moral. — Elles ont encore un effet moral plus précieux que l'effet matériel incontestablement utile cependant. Ne parlons pas seulement de l'utilité qu'elles ont pour leurs membres en faisant leur éducation en quelque sorte politique et administrative, puisqu'elles les obligent à s'occuper de la gestion de leur société, leur montrent à quelles conditions on réussit ou pourquoi l'on échoue ; quels services rend le capital que trop de gens, surtout dans le peuple, méprisent ou voient avec hostilité ; combien il est nécessaire de choisir pour conduire la société des gens compétents, etc. Nos sociétés même sociétés de consommation ont effet sur la conduite privée de leurs membres et les relèvent souvent.

« L'amélioration du sort de nos membres, disait l'un des fondateurs de la société de Rochdale à M. Holyoacke, qui le rapporte dans l'histoire de cette société qu'il a écrite, est visible dans leur toilette, dans leur contenance, dans leurs paroles. Vous imagineriez difficilement combien les change leur adhésion à une société coopérative. Nombre d'amis de la cause pensent que nous comptons trop sur les conséquences de ce fait : rendre l'ouvrier capitaliste ; seize années d'expérience m'ont conduit à penser le contraire.

« Des pères de famille qui, jusque-là ne s'étaient jamais vus sans dettes, de pauvres femmes qui, durant quarante ans, n'avaient jamais eu douze sous en poche, possèdent maintenant des épargnes suffisantes à l'érection de petits cottages et vont chaque semaine à leur propre magasin faire leurs achats au comptant.

« Nombre de jeunes filles ont accumulé des épargnes dans la société et se sont ainsi créé la réputation d'être d'excellentes ménagères. Les jeunes gens désireux de se faire un avenir honnête et de se procurer une bonne compagne consultent généralement les livres de la société pour se guider dans leur choix. »

Pour la France, voici un fait qui s'applique à une population presqu'entière. Un homme de bien, mort récemment, M. A. Gibon, lorsqu'il prit la direction des forges de Commentry, trouva tous les ménages ouvriers endettés chez les fournisseurs. Ces malheureux étaient, par suite, à la merci des détaillants dont ils étaient les clients forcés, ne pouvant discuter ni le prix, ni la qualité des marchandises qui leur étaient fournies ; de plus, la moitié au moins avaient leurs salaires saisis. Tout espoir d'épargne leur était interdit : ils n'y songeaient même pas.

Le nouveau directeur installa, malgré les récriminations et les obstacles, une société de consommation, et lorsqu'il prit sa retraite, la situation était entièrement changée. Les ménages ouvriers n'avaient plus de dettes, ils achetaient au comptant des denrées de bonne qualité et les ayant à moindre prix, ils pouvaient faire des épargnes et ils en faisaient en effet. Tout dans leur extérieur, dans leur conduite, dans leurs habitudes était changé. Lorsque M. Gibon quitta Commentry, la société avait fait pour plus de treize millions d'affaires et donné à ses membres, c'est-à-dire aux ouvriers, 1.900.000 fr. de bénéfices. On comprend que de tels résultats aient valu à M. Gibon les invectives et les calomnies des socialistes.

Soins donnés à l'instruction des membres. — Faut-il rappeler que les sociétés anglaises, fidèles au principe posé par celle de Rochdale, emploient une partie, et une partie très appréciable de leurs bénéfices à développer l'instruction de leurs membres ? Ceux qui ont proposé et qui font exécuter cette mesure veulent, par là, combattre l'influence du cabaret : c'est pourquoi ils offrent à leurs membres, simples ouvriers pour la plupart, des salles de lecture luxueusement installées, des conférences, des leçons du soir ; quelques sociétés ont jusqu'à un cabinet de physique et même un observatoire munis de tous les instruments nécessaires.

Tout cela n'est que pour les membres ; on tente aussi d'attirer leurs familles, et les sociétés donnent volontiers des *tea's parties* ou soirées récréatives qui ont lieu dans la grande salle de la société. Celle d'Oldham, par exemple, possède « une salle ornée de galeries où quinze cents personnes peuvent s'asseoir commodément ». On gagne ainsi les femmes, très hostiles souvent à l'idée coopérative, et on donne aux hommes le goût des réunions de famille.

Nous n'avons rien en France de pareil, si ce n'est la tentative faite par la société de Beauregard, cette société fondée par les disciples de Fourier et dont il a été fait mention dans l'historique. Le groupe qui la dirigeait employa ses premières ressources à acquérir un domaine rural, celui de Beauregard (d'où la société prit son nom). Les sociétaires y venaient en famille passer tous ensemble les dimanches et les jours fériés dans la belle saison.

Emploi des fonds de réserve. Acquisitions de maisons. — Ce n'est pas tout : ces mêmes sociétés ont des réserves souvent très fortes ; quel emploi vont-elles donner aux sommes affectées à cet usage, car elles ne les gardent pas en espèces ? Le plus souvent, elles font construire des maisons. La société de Rochdale a commencé et les autres ont suivi. Les maisons dont il s'agit sont les petites maisons anglaises, les cottages, chaque famille ayant la sienne. Les sociétés propriétaires les louent pour le rapport, mais toujours de préférence à leurs membres. Voici, en ce genre, un curieux exemple rapporté par un Anglais très compétent, M. Ludlow, ancien « Enregistreur en chef des sociétés ouvrières » (c'est un titre qui n'a pas son analogue en France), dans un rapport envoyé par lui au « Congrès des associations de prévoyance », en 1878.

« La société d'Halifax, par arrangement avec un éminent manufacturier, M. Alkroydt, fournit à ses sociétaires le moyen d'*économiser une maison* sur leur consommation. M. Alkroydt vend le terrain, la société avance des fonds pour son acquisition et la construction de la maison et se rembourse sur les dividendes du sociétaire. On a reconnu que la consommation ordinaire d'une famille d'ouvriers dans le Yorkshire, se composant du mari, de la femme et de quatre enfants, suffit pour l'acquisition, au bout de quatorze ans environ, d'une bonne et jolie maison en toute propriété. Cet ingénieux système ne peut d'ailleurs réussir que lorsque le commerce de la société embrasse un grand nombre de parties différentes. Celui de la société d'Halifax suffit, on peut le dire, à la consommation tout entière d'une famille d'ouvriers : il s'étend depuis la boulangerie, l'épicerie, la fruiterie, à travers tous les métiers usuels, jusqu'aux ameublements, à la bijouterie et, si j'ai bonne mémoire, à la librairie.

« Consommation qui aboutit à la propriété immobilière, maisons que l'on acquiert en mangeant, voilà, on l'avouera, de ces paradoxes économiques qu'Adam Smith et Say n'avaient pas prévus ».

Secours aux membres. — Nos sociétés françaises ne se tournent guère de ce côté. Elles n'ont jamais songé à construire des maisons, et depuis 1865 elles ne s'occupent non plus de l'instruction de leurs membres. En 1848, elles en avaient le souci, non à l'imitation des sociétés anglaises qui alors n'étaient pas connues en France, mais spontanément, parce qu'il était beaucoup question alors d'instruction populaire. Nos sociétés actuelles paraissent considérer que cela regarde le gouvernement qui, en effet, dépense beaucoup dans ce but. Le seul objet auquel elles affectent parfois une part de leurs bénéfices, c'est l'organisation de sociétés de secours mutuels ou de caisses de retraites. On a vu que les statuts des sociétés de production contenaient volontiers de telles clauses, quelques sociétés de consommation ont fait de même. La « Ruche » de Lyon constitue à ses membres arrivés à l''âge de.., des pensions de retraite de 150 fr. Une société de Valence, la *Fédération*, ne promet pas de somme fixe, ce qui peut être imprudent, elle se borne à verser 40 0/0 de ses bénéfices annuels afin d'arriver à constituer à ses membres âgés de... et ayant dans la société... d'années de présence, des pensions qui seront ce que donneront les versements ; c'est une bonne mesure et qu'il est désirable de voir se répandre.

Alors même que la société ne donnerait aucune affectation à ses bénéfices et se bornerait à les distribuer entre ses membres, il y a pour ceux-ci un bel encouragement à l'épargne. Ils reçoivent ainsi des sommes de 80 à 100 fr., plus même, qui ne représentent de leur part aucune privation ni diminution du train de la vie ; ils sont donc naturellement incités à en opérer le placement.

Les sociétés coopératives sont donc utiles par bien des côtés et méritent d'être encouragées et conseillées. Mais n'ont-elles pas aussi leurs périls contre lesquels il faut les mettre en garde ?

§ 3. — Dangers que court la coopération de consommation.

Ambitions trop hautes — Le premier est de se laisser aller à de trop ambitieuses espérances. On a vu ce que se proposaient les tisserands de Rochdale lorsqu'ils ouvrirent leur pauvre magasin de la « ruelle du crapaud » (*toad lane*). Non seulement établir un magasin de vente, ériger ensuite des fabriques pour produire eux-mèmes les objets dont ils avaient besoin, construire des maisons à l'usage de leurs membres, employer une partie de leurs bénéfices à instruire leurs associés — ils ont fait tout cela — mais « aussitôt que faire se pourra, la société s'occupera d'organiser la production, la distribution du travail, l'éducation, le gouvernement, en d'autres termes, de fonder une colonie intérieure unie d'intérêts et se suffisant à elle-mème ».

Ceci, la société de Rochdale, malgré son merveilleux succès ne le fera pas, car autre chose est de s'organiser pour acheter en commun et se répartir les marchandises, autre chose est de fonder une colonie communiste. La première entreprise est certainement possible et relativement aisée, la réussite de tant de sociétés le fait voir ; quant à la seconde il n'y a pour en apprécier la valeur qu'à considérer le mauvais succès des essais faits par Owen, le chef d'Ecole des sociétaires de Rochdale, par Fourier, Cabet et leurs disciples. La vie commune pour des familles est visiblement impossible, c'est une erreur de prétendre à un but pareil.

En France, la société de Beauregard fondée par des disciples de Fourier, comme la société de Rochdale était l'œuvre de disciples d'Owen, se proposait un but analogue. « La société de Beauregard, disait un journal organe de l'Ecole (le *Bulletin du mouvement sociétaire*, de décembre 1860) s'est donné pour tâche de creuser le sillon, de préparer le terrain où l'association à un jour plus ou moins éloigné pourra germer et se développer. La *commune associée* est son point de mire, son labeur du jour est l'acheminement vers ce but. »

Et qu'on ne dise pas : ces visées si hautes sont le fait de quelques promoteurs hardis, au fond, la masse des associés n'y croit pas, pense-t-on que les membres de la société de Rochdale caressent encore pareil rêve ? Qu'importe qu'on se propose un idéal impossible à atteindre si on fait de bonne pratique et s'il résulte des efforts tentés une utile institution ? Il importe beaucoup avec l'esprit français très net et très porté à vouloir toujours passer de la théorie à la pratique. Les esprits germaniques pourront se complaire dans le

culte indéfini de l'idéal, nos concitoyens entendent mettre à effet les
doctrines qu'ils croient bonnes. Et ici de telles doctrines en font de
parfaits communistes. Seulement comme ils désespèrent bientôt de
voir s'établir un communisme volontaire, ils se tournent, par une
pente invincible en France vers l'Etat, en lui demandant d'imposer
ce régime bon, utile, bienfaisant et qui de lui même sera trop lent
à s'établir. Voilà le danger, on voudra bien avouer qu'il est grave.

Ne voyons-nous pas actuellement une Ecole procédant de Fourier,
c'est-à-dire d'un auteur communiste, école influente et écoutée en
matière de coopération, déclarer que les coopérateurs en fondant
des sociétés de consommation, doivent se proposer comme but de
changer entièrement l'ordre social actuel ? Pour cette Ecole, les
avantages matériels : économie dans les prix, sincérité dans les livraisons procurées aux ménages par les sociétés de consommation
sont un commencement seulement, les divers buts que se proposent
quelques-unes de ces sociétés, comme d'instruire leurs membres,
de donner des secours ou des pensions de retraites, ces buts sont
fâcheux comme détournant de la fin véritable qu'on se doit proposer, à savoir : d'acquérir tous les moyens de production, les ateliers
avec leur matériel et le sol entier du pays pour régler alors la production et réduire les producteurs au rôle de simples salariés recevant une rétribution fixe.

Idéal proposé par M. Ch. Gide. — « Qu'est-ce que le consommateur ? — disait M. Ch. Gide, dans son discours d'ouverture du congrès
coopératif de 1889 — Rien ! — Que doit-il être ? — Tout ! L'ordre
social actuel est organisé en vue de la production et nullement en
vue de la consommation, ou si, vous aimez mieux, en vue du gain
individuel et nullement en vue des besoins sociaux... Du jour où
les sociétés coopératives (comprenant des personnes de toutes les
classes) seraient en mesure d'acheter tout le montant de la production annuelle de la France, il est évident qu'elles seraient ainsi maî-
tresses, non seulement du commerce, mais de toutes les industries
productives... Par là l'organisation économique actuelle sera tota
lement changée. Au lieu d'être totalement réglée comme elle l'est
en vue du producteur et des profits individuels, elle sera réglée désormais en vue du consommateur et des besoins sociaux. La pyra-
mide qui était posée sur la pointe et qui donnait un équilibre ins-
table, sera retournée sens dessus dessous, ce qui donnera un équilibre
stable. La production au lieu d'être maîtresse du marché, redeviendra
ce qu'elle n'aurait jamais dû cesser d'être : servante obéissant
docilement aux ordres de la consommation. »

Ce qu'il en faut penser. — On s'étonne qu'un esprit aussi brillant, et qu'un homme aussi instruit que l'est M. Gide, puisse avoir de telles illusions. Il faudrait, dit-il d'abord, que tous les consommateurs fussent groupés en sociétés coopératives. Croit-on que pareille chose soit possible ? Il faut, pour entrer dans une société, une disposition d'esprit qui n'est pas commune à en juger par le nombre actuel des membres de ces sociétés. Prenons si l'on veut l'Angleterre où elles sont plus nombreuses et florissantes qu'en pas un autre pays : on y compte 1.597.000 coopérateurs pour une population qui dépasse trente-trois millions (Irlande non comprise). Chaque coopérateur est, supposons-le, un chef de famille, la coopération profite donc au sixième, au cinquième au plus de la population anglaise, et depuis quelques années, le nombre des coopérateurs s'accroît lentement, il ne s'accroît pas dans une proportion plus forte que la population elle-même. Visiblement on est arrivé à ce point où une institution ne fait que peu de progrès, parce qu'elle a groupé tous ceux qui, par situation et par éducation, étaient en disposition d'y prendre part.

Nous sommes loin en France d'en être à un tel point et quand nous y serions, quand nous l'aurions passé, et quand le nombre des coopérateurs serait plus grand encore, croit-on vraiment qu'il serait en mesure de dominer la production ? Ils auraient ce nombre qu'ils devraient s'abstenir : les forces humaines ont leurs limites qu'il faut se garder d'excéder. Avoir organisé de florissantes sociétés, avoir obligé par là le commerce ordinaire de baisser les prix et corriger ses mauvaises pratiques, avoir obtenu cela, c'est beaucoup déjà, il ne faut pas croire parce qu'on l'a fait qu'on pourra organiser des ateliers et des fabriques. Nos grands magasins de nouveautés parisiens, le Bon-Marché, le Louvre, le Printemps ont trouvé avantage, après expérience, à ne pas fabriquer eux-mêmes. Leurs directeurs ont compris qu'ils n'avaient pas trop de toute leur application et de toute leur compétence pour bien diriger leurs magasins de vente et que le soin de produire requérait la compétence et l'application entière d'autres industriels exerçant chacun sa spécialité. Ils ont bien compris aussi que dans un temps où la concurrence est si vive, ils ne couraient guère risque d'être « exploités » par les producteurs et qu'au contraire ils gagneraient à ne point fabriquer eux-mêmes. Ceux qui raisonnaient et agissaient ainsi sont pourtant des industriels de profession et des plus habiles, alors que les coopérateurs sont des hommes de toutes les professions, commerçants par circonstance et ils voudraient mieux faire que les commerçants de métier ?

« L'histoire, dit très justement M. Paul Leroy-Beaulieu, dans son dernier *Traité d'économie politique* (t. II, p. 589), démontre d'une façon irréfutable, aussi bien pour les entreprises privées que pour les entreprises publiques, qu'il est des limites à l'étendue et à la complication de tout organisme, et qu'au delà de ces limites, il y a impuissance, dépérissement et détraquement ; que quand il a atteint certaines dimensions et quand il a multiplié à un certain point ses fonctions, un organisme fait mieux de se dédoubler ou de se diviser en un plus grand nombre encore d'organismes distincts et indépendants que de se gonfler de plus en plus. Les maisons commerciales qui ont eu la prétention de fabriquer tout ce qu'elles vendent, ont toujours échoué. »

Se figure-t-on — et il faudrait cela — une fédération de tous ou presque tous les consommateurs de France arrêtant la quantité des objets à faire produire chaque année par l'industrie ou par le sol ? Il lui faudrait faire des besoins présents et futurs une exacte appréciation. Mais une partie de nos produits vient de l'étranger, il faudrait donc régler la production étrangère. On y arrivera par une entente internationale ? — Si prétendre régler la production intérieure est une chimère, que dire de cette autre prétention de régler la production du monde entier ?

On veut faire tout cela, pour diminuer les profits des producteurs. Croit-on franchement que les cultivateurs fassent de si gros profits ? Ce sont les principaux producteurs. Quant aux chefs d'industrie la concurrence, tant du dedans que du dehors, a singulièrement réduit leurs bénéfices ; les sociétés anglaises qui ont érigé des fabriques le peuvent dire, car plusieurs travaillent à perte et pour les autres, ce n'est point de la fabrication que viennent les profits sérieux. — Pense-t-on au moins aux ouvriers de ces fabriques ? La *Wholesale* anglaise, grande fédération de sociétés, se refuse à les admettre au partage des bénéfices comme font cependant un certain nombre de patrons et nombre de ces ouvriers se plaignent d'être traités avec une extrême rigueur ; on en a vu se mettre en grève pour obliger leurs patrons collectifs, les membres de ces sociétés, à les traiter moins durement.

C'est surtout le nombre et les prélèvements excessifs des intermédiaires qui élèvent le prix des objets de consommation, et pour les diminuer, point n'est besoin d'une gigantesque et impossible ligue des consommateurs, les sociétés actuelles suffisent à produire cet effet, on a vu qu'elles l'avaient atteint. Voilà, avec les autres buts poursuivis, grâce à l'affectation des bénéfices, ce que les sociétés de consommation doivent chercher. Ces sociétés ont dans les divers pays atteint un développement dont leurs promoteurs peuvent être fiers. C'est à les répandre, à étendre encore leur influence et leur action, qu'ils doivent s'employer, au lieu de se perdre dans des projets chimériques et qui ont leur côté dangereux, parce que les théories sur lesquelles on les appuie rencontrent des auditeurs novices et ardents qui y trouvent la condamnation de notre état social.

Danger des systèmes proposés. — C'est ainsi qu'un coopérateur très actif et très militant, M. Buisson, ouvrier peintre en bâtiment et directeur d'une importante société de production, disait au congrès de 1896 : « Le vice actuel dans l'organisation du travail vient de ce qu'un seul facteur de la production, le capital règne en maître, subordonne les deux autres facteurs et prend tout. »

Nous voilà sur le chemin du socialisme. M. Gide avoue d'ailleurs que son système en approche fort près. Il marque à la vérité une grande différence entre ce système et celui des socialistes purs : lui n'invoque pas le secours de l'État. Mais, encore une fois, cette distinction qu'il veut bien faire, d'autres la laisseront de côté, ils ne retiendront que ses critiques, ils en concluront qu'un changement est nécessaire et ils voudront y aller par le chemin le plus prompt à la fois et le plus sûr. Fournir des arguments, des recrues peut-être au socialisme n'est-ce point, surtout dans le temps présent, une imprudence bien grave ?

Les socialistes envahissent la coopération. — Le socialisme nous envahit en effet, le voici qui se coule jusque dans la coopération, ce que personne au début n'aurait cru possible. M. Casimir Périer ne faisait que rapporter le sentiment général lorsqu'il écrivait en 1865 : « Le système coopératif est contre les doctrines socialistes le plus sûr et le plus généreux des remèdes. » Il n'écrirait plus cela aujourd'hui. D'abord, et pendant longtemps, les socialistes ont traité la coopération en ennemie, ils l'attaquaient dans leurs congrès, suscitaient des grèves dans les fabriques qui avaient organisé des économats, en déclarant que le régime coopératif était un leurre et un asservissement à l'égard des ouvriers, une iniquité vis-à-vis des petits détaillants. Ils ont continué jusqu'au jour où un socialiste, plus avisé que les autres, a pensé qu'au lieu de combattre la coopération, mieux valait s'en faire un instrument. Cet habile homme était un Belge, un Gantois, Anseele, et il a, en exécution de son dessein, créé en 1868 la première coopérative socialiste, la boulangerie dite du *Vooruit* (en avant !).

Le Vooruit de Gand. — A vrai dire l'idée première est due aux syndicats gantois fortement imprégnés de socialisme, mais la boulangerie qu'ils avaient érigée végétait jusqu'au jour où Anseele fut mis à sa tête.

Avec un sens commercial parfait, il aborda la fabrication en grand, puis il joignit à la boulangerie un magasin de nouveauté et confection, ou, comme on dit dans le pays, un magasin d'aunage, et l'installa avec un luxe extérieur encore inconnu dans la localité et qui attira. Au magasin de nouveauté il joignit des épiceries, un magasin de charbon, une pharmacie, un magasin de meubles.

Afin de procurer des clients à ces magasins il organisa pour le pain un système de vente aux jetons qui eut tout de suite la faveur du public : les membres de la société paient leur pain avec des jetons achetés à l'avance et que les commis de la société vont leur offrir tous les dimanches matin, c'est-à-dire le lendemain des jours de paie. Le prix du pain est un peu plus élevé que celui du commerce, la différence entre ce prix et le prix de revient est versée aux associés non pas en argent, mais — c'est l'habileté — en jetons valables, soit à la boulangerie, soit dans les autres magasins de la société. Et comme cette différence, la *ristourne* n'est versée que tous les trimestres, on voit les ménagères à la tête d'une certaine somme de jetons encombrer ce jour-là le magasin d'aunage et prendre ainsi l'habitude d'y aller même pour leurs achats ordinaires. La société compte au moins 6.000 membres et avait cuit, en 1896, 4.549.102 pains, le chiffre total de ses ventes avait dépassé 2 millions de francs dont 819.000 francs fournis par la boulangerie.

Eh ! bien, va-t-on dire, ce *Vooruit* est une institution excellente et fort bien conçue puisqu'elle procure aux ouvriers gantois de tels avantages. Qu'importe que les directeurs ou organisateurs soient socialistes ? L'effet obtenu n'est-il pas le même, c'est-à-dire très bon et très louable ?

C'est que cet effet si bon et si louable n'est pas pour les directeurs du *Vooruit* le but poursuivi, ce n'est qu'un moyen ; le but c'est de fournir des ressources et surtout des recrues au parti socialiste.

Des ressources d'abord. Malgré la *ristourne*, le *Vooruit* donne des bénéfices annuels qui ont varié depuis quelques années entre 60 et 100.000 fr. *nets* par an. Or, une part de ces profits que l'on n'indique pas, mais qui est forte assurément, est versée dans la caisse du parti socialiste. Un député socialiste, M. Vandervelde, ne disait-il pas que le *Vooruit* était « la vache à lait » du parti ?

Mais c'est surtout à procurer des recrues qu'est employé la coopérative. D'abord pour être admis dans la société il faut « s'être bien comporté envers le parti ouvrier » (on désigne sous ce nom le parti socialiste et un article du règlement qui est mis dès le début entre les mains de tout nouvel admis, permet au conseil d'administration d'exclure immédiatement « ceux qui fréquentent les sociétés ou les réunions interdites par le parti ». De plus, la direction du *Vooruit* multiplie les moyens pour attirer aux doctrines socialistes. Ainsi elle publie un journal à 0 fr. 02 qui porte le nom de la société, le *Vooruit,* et est un organe exclusivement socialiste.

La coopérative possède de plus une vaste et belle salle de réunion qui, en temps ordinaire, sert de café-brasserie. Sur les murs peints de couleur claire sont inscrits en lettres d'or les noms des socialistes marquants. C'est là que tous les dimanches soirs se donne une fête — représentation, bal — où ne sont reçus que les membres du *Vooruit.* Ces ouvriers dont le salaire est très faible et qui ne peuvent guère se donner de distractions payantes accourent avec empressement et toujours la séance est accompagnée d'une allocution socialiste; de ces allocutions si attrayantes pour les auditeurs puisqu'on plaint leur sort, que même on l'exagère et qu'on leur fait les plus agréables promesses d'avenir. La *Vooruit* a organisé de ces sociétés musicales si recherchées en pays flamand, il faut pour en faire partie, être membre en outre d'une association socialiste. Ainsi ce que voient, ce qu'entendent, ce que lisent les membres de la société et leur famille est fait pour les attirer au socialisme. Et l'on demanderait quels sont les inconvénients de ces sortes de coopératives ?

Les coopératives socialistes en Belgique. — Le *Vooruit* a commencé, mais il a eu bientôt des imitateurs et plusieurs villes belges ont aujourd'hui des *Maisons du peuple* contenant une boulangerie, une boucherie, une épicerie et toujours la salle de conférences avec ses emblèmes où tout est disposé pour frapper les esprits simples. Ainsi à la *maison* de Bruxelles, on m'a montré avec empressement les couronnes d'immortelles rouges qui avaient orné le convoi d'un socialiste de marque, mort peu de temps avant, et qui avaient été expédiées par les socialistes des divers pays, ainsi qu'en témoignaient leurs rubans avec inscriptions.

Le bilan de cette *Maison du peuple,* arrêté en février 1896, constatait à l'actif une somme de 37.500 fr. pour « actions libérées de la presse socialiste » et 18.773 fr. pour « propagande, réclames, subsides, etc. », enfin pour répandre les idées socialistes.

Quant aux membres des coopératives socialistes, deux auteurs compétents, MM. Destrées et Vandervelde, le dernier député socialiste, en estimaient dans un récent travail (*le Socialisme en Belgique,* 1898) le nombre à près de 50.000, dont 6.000 pour le *Vooruit,* 15.000

pour la Maison du peuple de Bruxelles, 10.000 à Anvers, 11.000 à Jolimont, etc.

Il est certain qu'aujourd'hui ces sortes de coopératives sont des centres socialistes et servent puissamment à répandre les idées du parti et à lui procurer des recrues.

Tentatives en France. — En France même, nous commençons à avoir des coopératives socialistes. Aucune, à la vérité, n'a les proportions et l'éclat du *Vooruit*, elles sont encore peu nombreuses ; les socialistes français, du reste, font rarement des fondations, ils trouvent plus commode — et ce l'est en effet — de s'emparer des coopératives déjà existantes en y créant des majorités. C'est ainsi qu'à un récent congrès du « Parti ouvrier » (les socialistes allemanistes), on applaudit le récit d'un délégué, qui conta comment lui et ses amis avaient réussi à s'emparer de la coopérative de St-Claude, une société très florissante, car elle donnait 17 0/0 de dividendes. Ces profits, disait-il, serviront désormais à alimenter la caisse du parti. On trouve çà et là, même chez d'autres sociétés, les tendances socialistes, par exemple dans les subsides alloués — sous forme de prêts ou de souscriptions d'actions — à la verrerie d'Albi, ou encore dans les adhésions de principe, votées par telle ou telle société, ce qui semble d'abord assez platonique, mais ne tarde pas à se changer en mesures plus positives. Ainsi lors du dernier congrès coopératif tenu au *Musée social*, la *Moissonneuse*, qui n'a, dans ses origines, rien absolument de socialiste, avait proposé le vote, qui fut refusé par le congrès, d'une motion portant que : « la coopération est solidaire de la cause de la révolution sociale ».

Les coopératives socialistes et leurs salariés. — Les coopératives socialistes de consommation tendent, là où elles sont fortes, à organiser des ateliers, mais non point des ateliers coopératifs, ce sont des ateliers où l'on travaille pour la société qui les a érigés, mais sans que les ouvriers qui y sont occupés aient aucun droit aux bénéfices, non plus qu'aucune part à la gestion. On a souvent blâmé la *Wholesale* anglaise qui se conduit envers ceux qu'elle occupe comme un patron ordinaire, les coopératives socialistes ne sont pas tendres non plus envers leurs ouvriers. Ainsi on a porté dernièrement en Belgique diverses lois destinées à défendre les ouvriers contre des patrons trop durs. Or, la première application de cette loi a été faite au directeur du *Vooruit*. Anseele a été condamné par le tribunal de Gand pour retenues de salaires opérées sur les ouvrières travaillant pour le magasin de la société. Il y a en Saxe des coopératives socialistes, et très florissantes puisqu'elles occupent environ mille personnes. Or, ceux qu'elles font travailler sont (assure le *Journal des économistes* de janvier 1897, p. 161) fort mal traités et travaillent quatorze heures par jour. Ils se sont plaints et ont été « très mal accueillis par leurs frères en socialisme. Les délégués disent que jamais ils n'auraient été plus mal reçus par le plus bourgeois des patrons ».

C'est assez montrer que les coopératives socialistes ne sont pas faites dans l'intérêt de ceux qu'elles occupent, non plus que dans l'intérêt de ceux à qui elles vendent, mais qu'elles servent seulement d'instrument à un très dangereux parti. Sera-t-on surpris que je signale comme un grand péril pour la coopération, le risque qu'elle court ainsi de devenir l'auxiliaire d'une très mauvaise cause ? Et si j'insiste sur ce point qui pourra sembler à quelques-uns l'évidence même, c'est que ces tentatives socialistes trouvent parfois un accueil trop facile ; on s'écrie que les socialistes viennent à la coopération alors qu'au contraire, ils détournent la coopération de son but pour en faire un simple instrument de propagande. Ne soyons pas dupes, les conséquences seraient trop graves; il importe d'apprécier au vrai cette tactique des socialistes et de garder à leur égard la seule attitude qui convienne, celle d'une très nette hostilité.

Autre danger : demander un privilège légal. — Un dernier danger, et d'un ordre tout autre dont les coopérateurs doivent se garder a déjà été indiqué et n'est rappelé ici que pour mémoire, mais doit l'être cependant, c'est de réclamer pour la coopérative une situation légale privilégiée. Nous avons en France un projet de loi dont notre Parlement est depuis longtemps saisi et qui a déjà été admis par les députés. Or, sans entrer dans un examen détaillé de ce projet qui n'a rien de définitif et peut changer, il suffit de marquer que son principal caractère est celui-ci : faveurs sensibles accordées aux sociétés de consommation. On les traite autrement et mieux que les sociétés de droit commun.

Or les coopérateurs ou du moins nombre d'entre eux, loin de repousser ce très compromettant présent réclament le vote de ce projet, et lors du dernier congrès d'octobre 1896 ils insistaient encore en ce sens. Comment ne sentent-ils pas le danger d'une telle mesure ? Ce n'est pas seulement par esprit d'équité, par désir de justice que les sociétés coopératives doivent se réclamer du droit commun, c'est par intérêt bien entendu.

Les coopératives ont, dans les détaillants, de nombreux ennemis, et ceux-ci qui présentent de forts groupes d'électeurs, et encore d'électeurs très remuants, ont des appuis, on l'a vu, dans les deux chambres du Parlement. Comment donner à ces ennemis des armes contre soi en réclamant un traitement de faveur ? Le privilège à la longue indispose toujours et s'il est admis que les sociétés coopératives doivent être traitées autrement que les autres, il suffit d'une majorité hostile pour qu'elles soient traitées plus mal après l'avoir été mieux ; leur sort sera toujours incertain. Que ne s'attachent-elles franchement à la règle commune (1), en demandant, si elles trouvent notre loi défectueuse, qu'on y apporte des réfections, mais pour toutes les sociétés, non pour elles seules. Elles profiteront comme les autres du progrès qui aura été obtenu. C'est la seule voie droite et correcte ; puissent-elles le comprendre enfin !

Voilà donc qui est entendu : nos sociétés coopératives n'auront pas de visées ambitieuses et irréalisables, elles ne seront pas non plus les instruments d'un parti, elles seront des institutions qui se proposent un but positif, pratique et néanmoins incontestablement utile. Ceci posé, voyons les de plus près et en détail.

§ 4. — Les diverses formes de Sociétés.

Sociétés anglaises. — Les sociétés anglaises qu'il faut nommer d'abord, puisqu'elles sont les premières en date et qu'elles ont servi de modèles, se divisent nettement en deux types : le type de Rochdale et celui du *Service supply association.*

« Les traits caractéristiques du premier type qui est celui des sociétés ouvrières et forment l'immense majorité, écrit M. Ludlow dans le rapport dont il a déjà été parlé, sont ceux-ci : faibles mises, presqu'invariablement de 1 livre (25 fr.), affaires faites au comptant, vente au public au prix courant, répartition à tout acheteur des dividendes après intérêt de 5 0/0 donné aux actions »

Il ajoute que ces sociétés, dès qu'elles deviennent importantes, ont

1. Les coopérateurs de 1865 étaient plus fiers que ceux qui siégeaient au congrès de 1896. Le gouvernement impérial ayant préparé alors un projet de loi destiné aux sociétés coopératives, les gérants de 48 sociétés parisiennes se réunirent et publièrent au nom de leurs co-associés une lettre pour déclarer qu'il désiraient s'en tenir au droit commun : « Nous ne pensons pas qu'on doive faire une loi spécialement destinée aux ouvriers. Les lois actuelles sont trop restreintes assurément, mais si l'on devait modifier notre législation en établissant deux catégories de citoyens, nous aimerions mieux nous en tenir au présent ».

Le gouvernement impérial tint compte de ce désir des coopérateurs et remplaça le projet spécial par un autre devenu la loi du 24 juillet 1867 et qui corrigea dans un sens favorable la législation générale.

une tendance « invincible » à produire elles-mêmes, c'est-à-dire à ériger soit un moulin à vapeur, soit des fabriques de vêtements ou de chaussures.

L'autre type « qui n'a pour ainsi dire rien de commun avec le premier » est représenté par un nombre limité de grandes sociétés établies à Londres et dans quelques grandes villes entre employés de l'Etat ou officiers de l'armée, la *Civil service supply association, l'Army and navy*, etc. (1). Ces sociétés ont de vastes magasins installés avec luxe et comparables comme importance à nos grands magasins de nouveautés parisiens. On trouve à l'entrée des banquettes de velours où s'asseoient les valets de pied pendant que leurs maîtresse font leurs achats, des files de voitures stationnent devant les portes, etc.

Ces sociétés vendent au-dessous du prix courant, mais ne sont ouvertes qu'aux associés, lesquels se comptent par milliers et aussi aux adhérents ou non associés admis dans le magasin moyennant un faible droit d'entrée une fois payé. D'après M. Ludlow, il est arrivé plusieurs fois que les adhérents venant en nombre attirés par les faibles prix et aussi par les autres avantages de ces magasins : grand choix, bonne qualité, compagnie choisie, les sociétaires assurés d'une clientèle ont peu à peu relevé les prix, si bien que la société au lieu d'être une coopérative n'était plus qu'une société anonyme ordinaire donnant des dividendes élevés.

Aussi les sociétés du premier type ne regardent pas celles du second type comme des coopératives véritables ; elles ne les admettent ni dans les fédérations ni dans les congrès.

Coopératives militaires. — Ajoutons de suite pour compléter ce qui précède que le succès des sociétés militaires anglaises a suscité des imitations. L'une des premières a été la *Deutschen Officier Verein*, fondée en 1884 sur l'initiative de l'empereur Guillaume qui « aurait mis gratuitement à sa disposition un million de marcs dont le remboursement ne devait pas être exigé et lui aurait réservé les fournitures du ministère de la guerre ». On ne peut être surpris du succès de cette société qui, cinq ans après sa fondation, comptait près de 4.200 membres (officiers actifs, de réserve ou de landwehr) mais il faut dire aussi « qu'on chercherait vainement dans cette organisation l'application rigoureuse des principes coopératifs, »

Ces principes se trouvent au contraire dans *l'Unione militare* italienne érigée en 1894 et qui très peu de temps après sa fondation

____

(1) On trouvera des détails sur ces sociétés particulièrement dans les articles de M. Ernest Brelay, publiés dans le *Monde économique*.

groupait 12.000 officiers sur 16.000 que compte l'armée italienne
Mais tandis que les sociétés anglaises sont faites pour les ménages
des officiers surtout et ne diffèrent pas des sociétés de fonctionnaires civils, les sociétés allemandes et italiennes sont destinées aux
officiers personnellement, leur but étant avant tout de leur procurer
les vêtements et équipements militaires et de les tirer ainsi des
mains des fournisseurs qui, par des crédits multipliés, finissent par
les avoir à leur discrétion. C'est pour cela que ces deux sociétés
ont formé chacune une caisse destinée à faire des avances à leurs
membres.

D'autres nations encore ont de ces coopératives d'officiers : on les
trouvera décrites, ou dans divers articles de notre *Revue militaire de
l'étranger* ou dans un ouvrage : Des *Sociétés coopératives de consommation* par Trémerel, docteur en droit, officier d'administration des
subsistances, Paris, 1894. Nous avons eu en France deux sociétés de
cette sorte, mais l'une d'elles a dû liquider avec des pertes assez
fortes. On comprendra que je me borne à ces indications sans insister
autrement sur ce genre de sociétés.

Sociétés ordinaires françaises. — Pour en revenir aux sociétés ordinaires, à celles que l'on pourrait appeler civiles par opposition aux
coopératives d'officiers, nous avons en France aussi, deux types de
sociétés, mais qui ne répondent pas aux types anglais : ce sont les
sociétés vendant et celles ne vendant pas au public.

Sociétés ne vendant qu'à leurs membres. — Les premières sont les
plus nombreuses et on pourrait presque dire les vraies coopératives.
Les Economats — je rappelle qu'on donne ce nom aux sociétés fondées entre ouvriers et employés d'une seule maison industrielle et
habituellement sur son initiative — les sociétés recrutées surtout
parmi la classe laborieuse sont de ce type. L'avantage le plus apparent que l'on trouve à ne pas vendre au public est d'éviter la patente
et quelques impôts analogues qui frappent quiconque fait le commerce, individus ou sociétés. De plus, cette manière de faire est pour
ainsi dire obligée avec la plupart des sociétés qui commencent
petitement, ne peuvent avoir aucun employé salarié, mais font faire
le service par leurs membres à tour de rôle. Le magasin dans ce cas,
n'est ouvert que le soir, et on ne peut songer à y admettre le public ;
les seuls associés y ont accès.

Sociétés vendant au public. — Les sociétés du second type supportent tous les impôts qui frappent les commerçants, elles sont soumises aussi aux divers règlements édictés pour protéger le public contre les fraudes à craindre de la part des marchands : vérification des poids et mesures, obligation de certaines étiquettes sur les produits, analyses de ces produits par les laboratoires officiels, toutes mesures qu'il n'y a aucune raison pour appliquer aux sociétés ne vendant qu'à leurs membres, puisque les associés n'ont pas intérêt à se tromper eux-mêmes. Quelles raisons font établir des sociétés de cette catégorie ?

C'est d'abord le désir de gagner de nouveaux membres : on pense qu'en ouvrant le magasin au public, on fera connaître à des acheteurs indifférents l'existence de la société, on espère que ces acheteurs apprécieront son utilité et auront ainsi le désir de devenir actionnaires. Parfois même, on les constitue actionnaires, non pas sans doute malgré eux, mais sans qu'ils y pensent et aient d'abord l'intention de le devenir. Comme les bénéfices après paiement d'un intérêt fixe au capital-action sont distribués aux acheteurs en proportion de leurs achats, on ne remet pas aux non-sociétaires la part leur revenant, on la porte à leur crédit et elle s'accumule jusqu'à former le montant d'une action qui leur est alors remise (1). On doit, lorsqu'on procède ainsi, apporter quelque soin au choix des adhérents afin de ne pas s'exposer à avoir un sociétaire quelconque.

Il arrive aussi qu'une société voyant augmenter sa vente au point d'être obligée de prendre des employés salariés, les actionnaires estiment qu'ils auront avantage pour supporter les frais nouveaux qui vont leur incomber à vendre au public même en payant la patente. Ce que l'on peut craindre en cas pareil est qu'il arrive ce que l'on a vu qui arrivait en Angleterre pour les sociétés du deuxième type ; elles deviennent des sociétés ordinaires donnant de fort dividendes. La seule particularité qu'il y aurait dans ces sociétés est que les actionnaires seraient fort nombreux et leurs actions très faibles, étant ordinairement de 50 fr.

Dans la période 1864-68, une société qui d'ailleurs est restée isolée, mais que l'on peut citer à titre de curiosité avait pratiqué le système que devaient suivre un peu après les sociétés anglaises *Civil service*, *Army and Navy*, quoique d'une manière un peu différente. C'était l'*Universelle* de Valence (Drôme) qui fondait autour d'elle dans la ré-

---

(1) Il y a des sociétés qui ont des adhérents payant un faible droit d'entrée et qui leur distribuent la part de *boni* afférente à leur achat sans songer à en faire des associés. Si ce droit était reconnu aux sociétés ne vendant pas au public (et le projet de loi en préparation le leur reconnaît) ce ne serait dans l'état de notre législation fiscale qu'un moyen détourné dont certaines coopératives vraies ou prétendues useraient pour faire le commerce sans payer patente.

gion des sociétés coopératives, les organisant, les dotant d'un magasin et puis ensuite les laissant marcher par elles-mêmes.

Elle eut au début grand succès, et ses promoteurs expliquaient dans une brochure de propagande comment ils avaient réussi : « A Grenoble, nous avons commencé modestement, le public (il était admis à acheter dans les magasins, dès le début) n'est pas venu ; on a dit : ce n'est que cela ! Nous avons établi un second magasin avec glaces, etc., le nombre des consommateurs est immédiatement monté à plus de mille ; est-ce concluant ? En ce bas monde, l'homme est ainsi fait : il ne remarque pas l'établissement modeste, il est attiré par ce qui brille. »

L'observation comme trait de mœurs est fort juste, mais agir ainsi, ce n'est plus faire de la coopération, c'est faire du commerce ordinaire en intéressant dans l'affaire un grand nombre de petits associés. La tentative d'ailleurs n'a pas été heureuse et l'*Universelle* a peu duré.

Comment fixer les prix de vente ? — Une autre question se pose encore pour toute société coopérative qui se fonde : faut-il vendre au prix courant, au prix du commerce, ou bien au prix coûtant, c'est-à-dire au prix d'achat, augmenté d'un tant pour cent destiné à couvrir les frais et les risques ?

En Angleterre, le premier système : vente au prix courant est celui des sociétés du type Rochdale, le plus ordinaire par conséquent. Il n'en est pas de même en France : les économats, les boulangeries qui sont très nombreuses vendent à prix de revient (ce prix fixé, bien entendu comme il a été dit) et la raison en est apparente. Ces sociétés se fondent ordinairement pour des ouvriers à petits salaires, souvent pour des ouvriers de campagne, or l'utilité de la société ne serait pas sensible à leurs yeux, s'ils ne constataient d'abord une différence dans les prix, surtout dans le prix du pain qui est l'une des grosses dépenses dans un ménage ouvrier surtout rural.

Pour les épiceries, ventes d'étoffes, etc., qui fonctionnent surtout dans les villes et à l'usage des ouvriers de l'industrie, on adopte souvent le système de la vente au prix courant, tantôt afin de moins provoquer, s'il se peut, l'hostilité des petits détaillants, tantôt par précaution, les bénéfices étant dans une épicerie bien plus incertains que dans une boulangerie.

Boucheries coopératives. — On a remarqué que les sociétés coopératives françaises s'occupaient presqu'uniquement de vendre ou du pain, ou des articles d'épicerie, rarement de la viande ; sur près de 1.200 sociétés existantes, il n'y a que 17 boucheries et cependant l'usage de la viande est si répandu aujourd'hui qu'il n'y a guère de ménages ouvriers dans les villes qui n'en fassent usage. D'autre part on entend parler sans cesse du gain excessif que font les bouchers et il est certain que l'écart est grand entre le prix de la viande sur pied, soit le prix payé par les bouchers aux éleveurs et celui de la viande vendue aux consommateurs. Lorsque les sociétés de consommation ont commencé en France, la liberté de la boucherie, soit la suppression de la taxe de la viande n'était pas ancienne, on a vu qu'une raison analogue, la suppression de la taxe du pain, avait provoqué la formation de nombreuses boulangeries. Comment le même effet ne s'est-il pas produit pour la boucherie ?

Il y a eu des tentatives assez nombreuses, mais presque toutes ont été malheureuses. C'est qu'il est très difficile de fonder une boucherie. Et voici, pour que l'on puisse se rendre compte de la difficulté, le récit de l'essai tenté par un homme qui, avant même le mouvement coopératif — le second mouvement, celui de 1863 — agissait, on peut le dire, d'après les principes coopératifs. C'est un financier fort connu, sous le second empire, M. Cernuschi qui, dans l'enquête de 1866, a fait lui-même le récit suivant :

« C'était en novembre 1858, la liberté de la boucherie venait d'être établie depuis peu. J'avais présent à l'esprit les expériences faites à Rochdale, à Grenoble et ailleurs par les sociétés alimentaires, je connaissais les attaques dirigées contre le commerce de la boucherie. Il avait été souvent question dans la presse, des trois fameux quartiers et des bénéfices énormes qu'ils produisaient aux bouchers et je me dis : j'ouvrirai des boucheries dans Paris et je vendrai au prix des autres bouchers, seulement tous les trois mois, je publierai volontairement mon bilan et je distribuerai la moitié des bénéfices réalisés dans le mois à toutes les personnes qui auront acheté de la viande chez moi et ce au marc le franc de la dépense faite par chaque acheteur. »

M. Cernuschi se met à l'œuvre avec ardeur, il achète chevaux, voitures, matériel et s'adjoint un homme compétent, ancien inspecteur des halles et marchés.

« En trois mois, je fus prêt ; le 6 mars 1859 j'ouvris trois étaux : l'un rue du Jour, 3, en face l'église St-Eustache, l'autre, 72, rue Saint Louis au Marais, le troisième dans le quartier Mouffetard, 9, rue Contrescarpe Saint-Marcel.

« On lut mes affiches et la foule des acheteurs fut considérable. Au bout d'un mois, mon bilan imprimé et affiché, accusa 45.445

factures de viande vendue par les trois étaux, pour 99.236 francs. C'était un centième de la consommation de Paris et tout par le détail. J'avais imaginé des factures sur lesquelles la somme dépensée par chaque acheteur était marquée d'une manière infalsifiable ; une personne qui ne savait ni lire, ni écrire, pouvait facilement se rendre compte de ce qui lui revenait.

« Bref, les dépenses faites comprenant les frais généraux et 8.477 francs d'octroi s'élevaient à 135.573 francs ; les recettes à 140.391 francs. Restait net un bénéfice de 4.818 francs, à partager entre l'entrepreneur et les acheteurs de viande ; c'était pour ces derniers un tantième de 2 1/2 sur les 99.236 francs dépensés par eux (Le reste des recettes provenait de la vente des suifs, cuirs et abats dont il était tenu compte dans la répartition).

« Tous vinrent toucher avec empressement, mais aussi avec dédain, le bénéfice leur paraissant petit. Notez que cette répartition ne se fit pas sans entraîner des embarras, des frais, des pertes de temps. Il me fallut même me procurer, et avec peine, des centimes, afin de ne pas donner des sous comme appoints.

« Je commençai à me recueillir.

« D'abord je dus prendre une mesure relativement aux répartitions de bénéfices ; en effet, les frais qu'elles entraînaient étaient considérables.

« Je résolus que les bilans et les répartitions ne seraient plus que trimestriels. Le deuxième compte rendu eut lieu fin juin. Ce deuxième bilan me donna une perte de 6.515 francs. Il est vrai que la mauvaise saison arrivait. La boucherie gagne en hiver, mais ses affaires sont mauvaises en été. Au troisième bilan, arrêté en septembre, nouvelle perte de 2.325 francs. »

M. Cernuschi continua encore deux ans son entreprise et il liquida la troisième année avec une perte de 100.000 francs.

« J'ajoute, dit-il, que je n'aurais point perdu cette somme si je n'avais fait que de la boucherie ordinaire. Le passif est principalement dû à l'enquête elle-même, aux frais d'administration, de contrôle, de publicité et à la liquidation quand même que je fis de mon entreprise pour m'occuper ailleurs. D'ailleurs le métier de boucher n'est pas facile. Je connais de près les grandes opérations de banque, je calcule les intérêts, les amortissements, les annuités, les tirages, je sais faire un emprunt d'Etat ; eh bien ! je déclare qu'il faut autant de capacité, de prudence, d'esprit de combinaison, de savoir-vivre pour être boucher, que pour faire un grand financier. »

Le fait est ancien, mais plus récemment au congrès de Grenoble (1893) le gérant d'une boucherie coopérative de Nîmes énumérait les difficultés de toutes sortes que rencontre cette sorte d'établissement. « Il n'y a pas de commerce où l'on trouve plus de malhonnêteté que dans le commerce de la boucherie. La tromperie dans la vente est considérée comme un art par les professionnels. Pour eux, le meilleur garçon est celui qui trompe le mieux le client sans qu'il s'en aperçoive ». De plus, il y a entre les bouchers une solidarité comme on n'en trouve en nulle autre profession et qui fait que tous s'entendent contre une rivale comme est une société coopérative.

Les coopérateurs qui veulent se mêler d'une industrie pour eux si nouvelle doivent prendre pour guide un ancien boucher ; celui-ci les trompera certainement au profit de ses anciens confrères. Au début, ajoutait-il, nous avions engagé à Lyon quatre garçons bouchers ; de suite, ils furent gagnés par ceux de Nîmes et en trois semaines, ils nous firent perdre plus de douze mille francs. Ils sortaient de la viande la nuit, ils la jetaient dans les égouts, etc.

La société a fini cependant par réussir après des expériences très coûteuses ; elle vend naturellement au public qui forme le plus fort de sa clientèle.

Son succès, et celui de quelques autres boucheries coopératives, le succès encore des boucheries militaires, comme celle de Toul par exemple, montrent que ce genre d'industrie, pour difficile qu'il soit, n'est pas impossible (1).

Au début du second mouvement coopératif (1865) les échecs, non des boucheries seulement, mais des sociétés de consommation de tous genres, étaient nombreux ; à Paris, ils étaient presque la règle. M. Cernuschi écrivait l'*Illusion coopérative*, où il déclarait que ce mouvement était tout factice et ne donnerait rien de durable.

L'expérience lui a donné tort et ces fondations si difficiles semblent aujourd'hui bien aisées ; à Paris même, elles réussissent. Il en est ainsi de beaucoup d'entreprises nouvelles qui doivent d'abord faire école. Les promoteurs, comme les inventeurs, travaillent pour ceux qui viendront après eux.

---

(1) Un curieux exemple de succès d'une boucherie coopérative — et pour cela il mérite d'être noté — est donné par l'*Economiste français* du 13 mars 1897. Il s'agit du compte rendu des opérations, pendant le premier semestre de 1896, de la société fondée entre les ouvriers et employés de l'usine Solway à Dombasle (Meurthe-et-Moselle). Cette société possède à la fois une boulangerie et une boucherie ; or la boucherie a abattu 704 têtes de bétail représentant une somme de 120.743 fr. et ayant donné un bénéfice de 12,61 0/0. La société date de quelques années seulement.

§ 5. — **Comment se fondent et fonctionnent les Sociétés de consommation.**

A. *Comment elles se fondent.*

Leur personnel. — Par l'initiative de quelques hommes, soit hommes du même métier, comme il arrive dans les Economats par exemple, soit hommes de professions différentes, mais habitant la même localité. Car, à la différence des sociétés de production qui ne comportent que des gens du même métier, les sociétés de consommation, par leur nature même, groupent des consommateurs sans s'inquiéter de leur origine ; il suffit qu'ils habitent proche les uns des autres. Il y a de ces sociétés qui sont formées presqu'uniquement d'ouvriers, et d'autres, au contraire, qui comptent surtout des employés, artisans, petits fonctionnaires ou petits rentiers, etc. La croyance qu'on a quelquefois que ces sociétés ne conviennent qu'aux ouvriers ou employés, enfin aux petits salariés, est très fausse ; elles conviennent à tout le monde, car il n'y a point de ménage qui n'ait intérêt à modérer ses dépenses et à rechercher la bonne qualité des produits.

En Angleterre, les sociétés du « second type » sont toutes formées de fonctionnaires et d'officiers, auxquels se joignent comme adhérents des négociants, des financiers, des hommes de professions libérales, tous aisés ou même riches.

En France, nous avons aussi des sociétés de consommation formées de fonctionnaires, notamment la grande société des fonctionnaires civils du département de la Seine. D'autres ne renferment que des officiers. J'ai même sous les yeux un projet de société qui commence ainsi : « La société n'admet que les gens de lettres, les artistes, les savants, ceux qui exercent des professions libérales, leurs femmes, leurs enfants, ainsi que les femmes veuves ou célibataires dont les travaux se rattachent aux qualités professionnelles qui viennent d'être désignées, les ouvriers ou employés, ainsi que leurs veuves ou leurs enfants attachés aux bureaux et ateliers de la presse, de l'imprimerie et de la librairie et des administrations artistiques, scientifiques, littéraires. »

Ces sociétés conviennent aussi bien à la campagne qu'à la ville. les besoins ne sont pas les mêmes absolument, mais il y a de part et d'autre des acheteurs qui ont tout intérêt à se passer des intermédiaires autant qu'ils peuvent. On a vu quel usage les syndicats agricoles faisaient des sociétés coopératives, puisque nombre d'entre eux, pour rester dans la légalité, établissent auprès d'eux de ces sociétés entre leurs membres. Ils en ont tant établi et de si florissantes qu'on a pu dire que « les syndicats agricoles sont la plus haute expression de l'idée coopérative ».

Raisons qui les font établir. — En dehors des syndicats agricoles, ce qui décide la fondation de sociétés, c'est d'abord l'exemple de quelque société voisine, ou bien la lecture d'articles ou de brochures vantant les bienfaits de l'association. Au début (1865) les exemples rapportés avec éloges des sociétés anglaises firent beaucoup en ce sens. La présence de M. Cobden à Alger, où il était allé passer un hiver, décida la fondation d'une société. Il eut occasion de s'entretenir de ce qui se faisait dans son pays avec un teneur de livres, M. Feillet, qui en causa avec quelques ouvriers et ceux-ci, sous sa conduite, créèrent une coopérative.

Comment on les fonde. — Les promoteurs, lorsqu'ils sont enfin décidés, cherchent ordinairement avant d'aborder la pratique, à se régler sur l'exemple d'une autre société déjà en fonction. Quelques habitants d'une petite ville de la Sarthe, voulant fonder une coopérative en 1867, demandèrent ses statuts à la Société de Puteaux (Seine) qu'ils savaient être florissante. Un groupe qui s'était formé à Troyes fit plus : il délégua des membres pour aller étudier sur place les sociétés de Montereau et de Lyon qu'il avait entendu vanter. Aujourd'hui la pratique coopérative est bien connue et le nombre des sociétés est tel qu'il n'est pas besoin d'aller chercher si loin des exemples.

Statuts et formes légales. — Le premier soin de ceux qui veulent fonder une société doit être de rédiger clairement les statuts. On ne saurait trop s'y appliquer, puisque ces statuts sont la loi qui réglera les droits des sociétaires et la manière dont fonctionnera leur société ; les mauvaises mesures, ou seulement les omissions peuvent avoir les effets les plus graves. Il faut insister sur ce point, parce que les futurs associés s'en inquiètent souvent très peu et puis tout à coup ils sont arrêtés ou compromis par quelque clause de ces statuts qu'ils ont mis si peu de soin à rédiger. Ils s'en étonnent et le déplorent, mais trop tard. Ils ne doivent donc pas craindre au début de s'adresser pour la rédaction à des hommes compétents et ne pas s'en rapporter seulement aux statuts d'une autre société qui peuvent avoir été faits par les seuls sociétaires. Ce qu'une société doit surtout demander aux sociétés voisines, c'est la pratique journalière, le moyen d'acheter, de répartir les denrées, les systèmes de contrôle, de comptabilité, etc.

Les sociétés de consommation peuvent choisir entre les deux grandes formes légales ; elles peuvent être commerciales ou civiles. Si la société vend au public, elle est commerciale forcément, si elle ne vend pas au public, elle est société civile, mais peut, si elle veut, prendre une forme commerciale. Quelle est la différence entre les deux formes légales ?

Une société civile n'a aucun frais à faire pour se constituer ; quelques feuilles de papier timbré, et c'est tout. Elle peut ensuite organiser la direction comme elle veut, liberté entière sous ce rapport. Elle peut avoir le capital qui lui plaît, divisé en autant de parts qu'elle voudra, chaque part fixée au chiffre que les statuts marqueront. Mais au point de vue de la responsabilité, il est de règle que le passif social, au regard des tiers, se partage également entre les sociétaires ; si par exemple une société ayant cent membres devait cent mille francs, le ou les créanciers pourraient réclamer mille francs à chaque membre, à moins qu'ils n'eussent été avertis en traitant avec la société, que la responsabilité était organisée autrement par les statuts et qu'ils n'eussent accepté.

Cette raison et celle-là seule pourrait conduire les futurs associés à préférer une forme commerciale, et entre les formes commerciales, il y en a une qui serait nécessairement choisie, ce serait la forme anonyme et à capital variable, laquelle permet de réduire la responsabilité des associés, même celle des directeurs au seul montant des actions ou de l'action par eux souscrite, et ces actions peuvent n'être que de 25 francs. Mais à côté de cette commodité qu'elle procure, la forme commerciale comporte de sensibles charges : dépenses de constitution (et elles sont assez fortes), obligation de diviser le capital en actions égales, ayant un *minimum* de...., obligation de régler les pouvoirs directeurs de la société d'une certaine manière, etc. (1).

Le public, lui, ignore absolument quelle responsabilité incombe aux membres d'une société civile, il la croit égale seulement au montant des souscriptions et ainsi ne voyant pas cet inconvénient et

----

(1) Il y a bien encore un autre inconvénient c'est d'engager le fisc à imposer la patente à la société. A la vérité la forme qu'il lui plaît de choisir ne doit avoir aucune influence et la seule question qui se pose est celle-ci: La société vend-elle au public ? Mais on sait combien le fisc est avide, combien arbitraire, combien aussi il est difficile de lutter contre lui ; mieux vaut ne pas lui fournir même un prétexte pour imposer la société, or la forme commerciale serait ce prétexte.

considérant les avantages, les fondateurs de société, dès qu'ils ne vendent pas au public, ce qui est rare au début, prennent ordinairement la forme civi e.

Le capital. — Deux éléments concourent à former une société : le personnel et le capital. Il a été parlé déjà de l'importance qu'il y a pour les associés à se bien choisir réciproquement, quant au capital, il peut être petit au début, on a vu des sociétés commencer avec quelques centaines de francs et réussir ; les membres avaient eux-mêmes aménagé un petit local où chacun à tour de rôle venait le soir débiter les marchandises achetées en demi-gros. C'est beaucoup d'avoir commencé, c'est la moitié du succès.

La fondation d'une société de consommation ne requiert pas d'ordinaire les sacrifices et le dévouement qui accompagnent parfois l'établissement des sociétés de production et dont il a été cité quelques exemples dans leur historique, cependant leurs promoteurs ont dû quelquefois faire acte de courage. L'historien de la société de Rochdale nous raconte l'ouverture de leur boutique au milieu de l'hostilité des gens du quartier.

« Les sociétaires se tenaient dans l'arrière-chambre, triste et basse, du magasin, comme des conspirateurs dans les caves du Parlement, se demandant qui aurait la témérité d'enlever les volets. L'un préférait n'être pas chargé d'ouvrir la boutique, l'autre ne voulait pas être vu dans le magasin quand les volets seraient enlevés, etc. »

On vit en France pareille chose vingt ans après et pour une société qui existe encore, celle de Charleval (Eure). Quelques ouvriers de cette petite ville manufacturière s'étaient groupés comme ceux de Rochdale pour établir une société coopérative ; ici c'était une boulangerie. Ils trouvent une boutique avec un four et étaient en pourparlers avec le propriétaire lorsque les boulangers de l'endroit ligués pour faire hausser le prix du pain et empêcher toute concurrence, allèrent trouver le propriétaire et par leurs offres, le décidèrent à rompre le marché. Nos ouvriers ne trouvent plus qu'une boutique sans four ; les boulangers font encore, mais cette fois en vain, une tentative auprès du propriétaire. Ils se tournent alors vers l'ouvrier qui était le vrai moteur de l'entreprise et lui offrent 500 fr. pour abandonner ses camarades, il les refuse. Enfin la première fournée cuite dans un four d'emprunt est conduite à la boutique dans une brouette, au milieu des huées d'une population, ou payée, ou hostile, sans bien savoir pourquoi et en approchant de la boutique, les cris redoublent : une immense affiche posée sur la porte par les boulangers portait : « Société des crève la faim ». Ne souriez pas

lecteurs, ne dites pas quel détail méprisable et puéril ! Les hommes
de la classe populaire sont plus sensibles qu'on ne croit à la dérision
et aux paroles de moquerie : elles suffisent à les arrêter et font fléchir
leur courage. Il a fallu aux associés de Charleval une forte résolution pour persévérer.

Il faut dire de suite que de tels obstacles se trouvent rarement
aujourd'hui sur la route des fondateurs de coopératives. Ils ont bien
contre eux l'hostilité des détaillants qu'ils vont remplacer, ou du
moins diminuer, mais cette hostilité ordinairement est latente. Nos
sociétés ont pour elles l'opinion publique au moins dans la plupart
des endroits et leurs commencements sont paisibles sans être, ce qui
ne se peut, exempts de toutes difficultés.

Enfin la société a des statuts, ses membres lui ont fourni un capital, elle a une boutique garnie des marchandises nécessaires ou
un four avec des ouvriers engagés, elle a choisi ses ou son directeur, elle est en règle avec son propriétaire, avec ses premiers fournisseurs, avec la loi ; comment fonctionnera-t-elle ?

B. — Comment fonctionnent les sociétés de consommation.

Les débuts. — Au début, et d'ordinaire de la façon la plus modeste, les associés faisant eux-mêmes la vente à tour de rôle. Dans
une boulangerie, toutefois, on est bien obligé, forcément, de prendre des ouvriers du métier. Et puis peu à peu, on en vient, la société s'agrandissant, à avoir des garçons de magasin salariés. Il serait bon, en principe, que ceux-ci fussent surveillés constamment
par des sociétaires, mais on ne peut guère demander aux associés
de donner ainsi leur temps. Ils le font souvent au début, mais ce
sont des sacrifices et des efforts qui ne peuvent se répéter longtemps.

Lorsqu'une société est obligée d'avoir un personnel rétribué —
et souvent, en même temps il lui faut prendre un magasin plus
vaste — elle a tout avantage à multiplier le nombre de ses membres, parce que les frais généraux restant les mêmes, de nouveaux
acheteurs représentent un accroissement de bénéfices. C'est dans
cette vue que certaines sociétés ont des succursales, la *Moissonneuse*
de Paris en a dix, mais alors la surveillance devient plus difficile,
et puis tous les milieux ne sont pas également favorables, ainsi
pour l'exercice 1896, trois de ces dix succursales avaient donné
des pertes.

Le concours nécessaire des associés. — La première condition de succès pour une société est le concours de ses membres.

On voit se produire dans nos sociétés, comme du reste dans les autres, ce qui est trop ordinaire au caractère français, malheureusement fait à la fois d'enthousiasme et de légèreté : la plupart des membres se désintéressent promptement de la conduite de l'affaire ; il y en a d'ailleurs qui adhèrent avec l'intention de profiter seulement des avantages et de ne point se mêler de la direction qu'ils tiennent pour une charge et pour un dérangement. Le calcul est imprudent parce qu'on peut laisser la société en de mauvaises mains, mais il est si ordinaire qu'on est parfois obligé de renvoyer les assemblées générales, faute d'un *quantum* suffisant d'associés présents ou représentés ; ce qui arrive surtout dans les sociétés anonymes où la loi exige la présence d'une certaine portion du capital social. C'est à tel point qu'au congrès ouvrier de 1876, un des assistants pouvait dire : « Il y a quelques jours à peine, un membre d'une commission de contrôle d'une société de consommation disait en ma présence : Notre société compte un millier d'adhérents. Eh ! bien nous ne sommes que cinq ou six pour nous occuper sérieusement de l'affaire. Depuis longtemps, nous cherchons des successeurs sans pouvoir les trouver, et c'est notre amour-propre de fondateur qui nous porte à conserver un poste que nous abandonnerions volontiers pour prendre quelque repos ».

Et non seulement la masse des sociétaires montre trop souvent une coupable indifférence pour ce qui concerne la gestion des affaires sociales, on la voit souvent négliger même d'aller faire ses achats au magasin social, si bien que les administrateurs sont forcés de rappeler à ces membres oublieux que leur devoir est de se fournir au magasin corporatif.

Voilà qui est fait pour surprendre : quel besoin a-t-on d'inciter les sociétaires à venir au magasin qu'ils ont eux-mêmes et spontanément fondé ? N'est-ce pas leur évident intérêt ? Que l'on prenne des mesures pour les empêcher de revendre au dehors les denrées achetées au magasin social, on le conçoit, mais est-il besoin de les inciter à se fournir à la société ? Oui, c'est nécessaire, quelqu'étrange qu'on le suppose. Nombre de sociétaires désertent leur propre magasin pour acheter chez les détaillants. Le conseil d'administration de la *Moissonneuse*, cette florissante société, était obligé de dire aux membres dans une séance générale (20 décembre 1896) « Permettez-nous de vous adresser le plus chaleureux appel ; ne désertez plus nos magasins pour aller vous servir chez des commerçants qui vous exploitent et se grandissent à vos dépens ».

Il s'agit là d'une société parisienne, voici une société de province, la « Laborieuse » de Troyes dont le conseil d'administration, dans le compte rendu du second semestre de 1896, fait entendre la même plainte. « Avec la majoration minime que nous prélevons sur les marchandises et en présence des frais généraux nécessités par la marche d'une grande association comme la nôtre, il faut que les ventes aillent toujours en augmentant. Nous sommes condamnés à aller toujours de l'avant ; le moindre arrêt serait un recul préjudiciable aux intérêts de tous. Nous vous engageons donc à vous bien pénétrer de cette vérité, que tout ce que vous achetez en dehors de la société vous porte préjudice à vous-même ».

Et ces appels adressés ainsi aux associés sont fréquents, les plaintes sur la désertion du magasin social sont ordinaires ; d'où vient donc un fait aussi étonnant ?

Ce qui nuit aux coopératives. — C'est que nos sociétés ont contre elles, outre les causes ordinaires provenant de la légèreté et de l'indifférence — on s'engage dans un moment d'enthousiasme et puis on se refroidit, ou on se lasse — des motifs spéciaux qui leur nuisent. S'agit-il des sociétés formées par les personnes aisées ? Il faut compter avec l'hostilité des domestiques qui ont le « sou pour livre » chez les fournisseurs et ne le reçoivent pas des coopératives. Cette pratique malhonnête n'existe pas en Angleterre, elle est florissante dans notre pays et n'est pas un petit obstacle au succès des sociétés de consommation.

Pour les petits ménages sans domestique, c'est autre chose : les sociétés ont contre elles l'hostilité déclarée des ménagères, en Angleterre aussi bien qu'en France. Cette hostilité a plusieurs causes : d'abord les sociétés coopératives ne font pas crédit, c'est de principe chez elles ; la vente au comptant est précisément une des améliorations qu'elles prétendent apporter dans le commerce de détail. On ne sait pas assez combien cette pratique du crédit est funeste aux ouvriers. Non seulement elle les pousse à la dépense, parce qu'on est plus porté à acheter lorsqu'on ne débourse rien, mais le ménage qui est engagé chez un détaillant devient un client forcé qui ne peut discuter ni les prix, ni la qualité. Les fournisseurs le savent bien, et c'est ce qui les engage à se montrer faciles malgré les risques qu'ils courent et à offrir eux-mêmes le crédit. Le crédit est cause que nombre de ménages ouvriers sont endettés à perpétuité, mais c'est une commodité qui plaît aux ménagères, elle est conforme à de vieilles habitudes et puis, il faut bien le dire aussi, elle est un vrai secours dans certaines occasions difficiles : maladie ou chômage du

chef de famille pour les ménages sans prévoyance et sans épargnes (1).
Quoi qu'il en soit, cette absence de crédit est un grief des femmes
d'ouvriers contre les coopératives.

Elles en ont un autre et plus fort peut-être, ce sont les habitudes
de commérages qui trouvent à s'exercer dans les boutiques. C'est là
qu'on se rencontre, là que s'échangent les nouvelles du quartier et
tout ce menu bavardage si cher aux femmes et qui les attache aux
fournisseurs plus encore peut-être que le reste. C'est même cette disposition des femmes qui décide certaines sociétés à vendre au public, le magasin alors n'a plus un aspect particulier et les femmes
croient venir dans une boutique ordinaire.

Le paiement en jetons. — L'usage des jetons que certaines sociétés
emploient, recevant de leurs membres, en paiement, non de l'argent,
gent, mais des jetons qu'ils se sont procurés à l'avance au guichet
de la société et contre espèces, cet usage est fondé sur une exacte
connaissance du caractère ouvrier. On sait combien l'homme qui a
reçu sa paie, combien même la femme, si cette paie ou une partie au
moins lui a été remise, sont disposés à la dépense. Dans les boutiques
ordinaires on va payer une partie de l'arriéré, c'est-à-dire des marchandises prises à crédit antérieurement. Les coopératives désirent
amener leurs membres à payer ainsi d'avance, puisque les jetons
sont la seule monnaie acceptée. On a vu le succès que le paiement
en jetons avait procuré à la coopérative socialiste gantoise de Gand
le *Vooruit*. Les ouvriers et les ménagères se rendent compte de leur
incapacité à épargner, encore qu'ils en aient le désir. La société
leur offre des jetons le lendemain du jour de paie ; avec ces jetons
ils paieront le pain plus que le prix courant, mais on leur rendra
la différence et ainsi ils auront épargné sans avoir eu la peine de
mettre de côté. Ce système a tellement réussi que les concurrents du
Vooruit, l'ont imité de leur côté.

Livraisons à domicile. — Une question toute secondaire, mais qui a
de l'importance à sa manière, comme en ont ici les détails, est de
savoir si les sociétés doivent livrer à domicile. Le faire est certainement attirer la clientèle, mais c'est aussi très coûteux. Les boulangeries le font parce qu'il y a là un très ancien usage de la profession,
c'est une pratique du reste qui est rendue facile par ce fait qu'on
livre le matin seulement, et à de certaines heures. Les boulangeries

____

(1) C'est cette dernière considération qui a décidé quelques sociétés à accorder du crédit dans des cas exceptionnels. Mais il ne faudrait pas alors et
c'est toujours là le danger, que l'exception devînt la règle.

coopératives suivent naturellement l'usage général, le *Vooruit* par exemple, possède toute une meute de chiens de trait (c'est l'usage local) destinés à traîner les voitures qui font les livraisons. A Paris, la société des employés civils de l'Etat qui tient surtout l'épicerie, livre cependant à domicile, parce que sa clientèle est répartie dans toute la ville. Elle a de grandes voitures comme celles de la maison Potin, et sert les commandes qui lui ont été faites par écrit. Mais les coopératives ordinaires suivent l'usage des petits magasins qui est de ne livrer à domicile que certaines denrées très encombrantes comme le chauffage. Pour les autres, les acheteurs venant les chercher au fur et à mesure de leurs besoins et de leurs besoins immédiats, les emportent eux-mêmes.

La Direction. — Il ne suffit pas, pour qu'une société réussisse, qu'elle ait de bonnes règles et des sociétaires assidus, à acheter et assidus aussi aux assemblées générales, il faut qu'elle ait à sa tête des gens capables. Il en a été parlé déjà, mais on ne saurait trop insister sur ce point ; un grand industriel anglais que les coopérateurs de ce pays avaient, suivant leur coutume, invité à présider leur congrès annuel, disait qu'un directeur habile et entendu ne saurait se payer trop cher, puisque de lui dépend en définitive le bon ou le mauvais succès. Il disait vrai : que ne devrait pas donner une société soucieuse de ses intérêts pour avoir à sa tête un Félix Potin par exemple ? Le premier venu ne peut pas faire un épicier, plus d'une société l'a éprouvé à son dommage. On a vu ce que M. Cernuschi pensait après expérience, de la profession de boucher, tout commerce, toute industrie exigent des connaissances et des aptitudes spéciales. Elles sont rares chez les fonctionnaires ou chez les hommes de professions libérales et c'est ce qui a fait l'échec de la première grande société coopérative tentée en France par des officiers.

Les sociétés qui réussissent le mieux sont les boulangeries, et d'une manière générale les coopératives ont plus de chance de succès dans les petits endroits que dans les grands centres. Pourquoi ? C'est d'abord parce que ceux qui les érigent se sentant très en vue à cause même de la nouveauté de l'entreprise, qui marque fort en un petit endroit, sont intéressés d'amour-propre à la faire réussir et s'y emploient activement. C'est ensuite parce qu'il est bien plus facile de trouver des directeurs. Il y a presque toujours dans ces petites localités des hommes appartenant à la petite bourgeoisie, qui ont des loisirs et sont contents de les employer ainsi ; qui en font une affaire personnelle et s'y donnent tout entiers. Ils sont aussi bien plus compétents sur les questions de ménage que des hommes qui ont toujours été absorbés par des travaux intellectuels.

Parfois aussi, la société a la fortune d'être conduite par de véritables patrons. M. Ernest Brelay, dont on connaît la compétence en matière de coopération, écrivait dans le *Monde économique*, du 19 mai 1894 : « A Roubaix la grande société coopérative continue à prospérer et à rembourser chaque année aux consommateurs de 23 à 25 0/0 sur leurs achats. Il est vrai que depuis l'origine la bonne administration a été due au concours de négociants et de fabricants expérimentés ».

Au congrès coopératif anglais de Sunderland (1894) le président critiquait « certaines sociétés qui remplacent leur directeur-gérant tous les deux ans. Le bon sens suffit pour faire comprendre que lorsqu'on a le bonheur d'avoir un bon gérant, il faut le conserver ». Ce n'est malheureusement pas seulement en Angleterre que la critique serait fondée, nos sociétés, surtout celles formées d'ouvriers et de petits employés, présentent trop souvent, au point de vue de la direction, une instabilité fâcheuse. On ne sait pas lorsqu'on ne l'a pas vu de près, quelle importance prennent dans ces sociétés de misérables questions de personnes ; elles priment toutes les autres. Il se forme des cabales, les associés se divisent en partis pour ou contre tel directeur, et on voit enfin des hommes, privés de la direction, sans que rien dans leur capacité, ni dans leur conduite, explique les décisions de leurs co-associés.

Le congressiste de 1876, que j'ai cité plus haut, disait, après avoir constaté ce fait, que souvent tout le fardeau retombe sur quelques hommes de bon vouloir : « Oui ! c'est vrai, diront tous ceux qui ont pratiqué l'association, une minorité dévouée y est exploitée par une majorité égoïste et souvent tracassière qui considère les services qu'on lui rend comme des services dus, et qui est toujours prête à accuser d'indélicatesse, ceux-là même qui la servent gratuitement. »

Cet homme vient d'indiquer un des vices qui travaillent les sociétés ouvrières et qui rendent souvent difficile, et parfois même insupportable la situation des directeurs de société, encore que ce défaut soit moins sensible que dans les sociétés de production par exemple, c'est la défiance contre les chefs qui semble être un des effets de l'esprit démocratique. Il n'est que trop vrai que de bons, souvent d'excellents directeurs se voient soupçonnés, accusés et toujours les assemblées sont disposées à ajouter foi aux délations. Mais, pour en revenir à la plainte du congressiste de 1876, sur l'indifférence des sociétaires, elle est si ordinaire qu'on la retrouve dans un récent rapport fait à la plus nombreuse des sociétés françaises de consommation, la *Moissonneuse*. Ce sont les membres du conseil d'administration qui s'adressent à l'assemblée générale, à la date du 20 décembre 1896 : « Nous avons le regret de vous dire, citoyens, que les candidatures sont toujours en petit nombre. Ne perdez pas de vue, citoyens, qu'il faut montrer à nos adversaires que nous avons foi en nous-mêmes. » On devine qu'il s'agit des candidatures aux fonctions d'administrateurs et de contrôleurs dont personne ne veut parce qu'elles demandent un déplacement et de la peine. Mais c'est là un inconvénient que nulle disposition légale ou statutaire ne saurait corriger, le remède ne peut être que dans le changement de disposition des coopérateurs, il faut qu'ils apportent dans les sociétés où ils entrent, un autre esprit et on pourrait presque dire d'autres mœurs.

On comprend, après cela, que certaines sociétés donnent aux administrateurs et aux membres des commissions de surveillance ou des jetons de présence, ou une part dans les bénéfices. Rien de plus juste, le seul inconvénient vient des dispositions de la jurisprudence qui considère comme commerciale une société admettant de pareilles règles. A ses yeux, une société n'est civile que si ni les administrateurs, ni les associés ne font aucun bénéfice : il faut que les bonis, déduction faite d'un intérêt fixe aux actions, soient répartis en proportion des achats.

Quant à la mission du conseil d'administration et à la situation qu'il doit avoir dans la société, voici les excellentes et judicieuses choses que disait à ce sujet, l'un des rapporteurs au congrès anglais de 1894 :

« Le Conseil représentant l'ensemble des coopérateurs d'une société doit être respecté par tous, et son autorité doit être incontestée, aussi bien pour le gérant que pour le plus petit employé.

« Son devoir est de se tenir en contact continuel avec tous les associés dont les désirs doivent être consultés en toute occasion. Il importe que le conseil se divise en comités, afin de pouvoir veiller avec plus de soin sur chaque service du magasin. Chaque semaine, ces comités doivent faire un rapport sur le résultat de leurs observations, de telle sorte que d'un coup d'œil, on puisse se rendre compte de la marche de l'œuvre coopérative.

« On doit inviter les sociétaires à ne pas négliger de faire connaître leurs observations au conseil.

« Toutes les réclamations des employés doivent passer par le directeur, à moins d'un cas grave où il peut être nécessaire de s'adresser directement au conseil. Il s'élève parfois des difficultés par le seul fait que des sociétaires individuellement donnent des ordres aux employés et viennent entraver la marche du directeur-gérant. C'est une faute grave.

« Le directeur-gérant doit recevoir directement du Conseil, les ordres qu'il a à transmettre aux employés. C'est seulement ainsi qu'il peut être considéré comme responsable de la marche du magasin.

« Rien ne décourage les employés comme ces tatillonnages de certains sociétaires ou membres du conseil qui trouvent faute à tout et qui se plaignent de tout.

« Le directeur-gérant est la cheville ouvrière du magasin. Il doit avoir l'habitude des affaires, être homme de bon sens et surtout de tact.

« Un bon directeur-gérant ne doit pas craindre de demander des conseils, même aux plus petits. Un homme n'est jamais assez parfait pour qu'il n'ait pas besoin parfois de conseil. Il doit établir une bonne discipline, veiller à l'ordre et à la propreté.

« Il doit avoir de la patience avec les sociétaires ignorants et tatillons.

« Il importe qu'il veille sur les stocks de marchandises, afin qu'ils ne subissent pas de dépréciation, » etc.

Un bon moyen de conserver sa valeur au conseil d'administration autant que faire se peut, est de le renouveler par tiers et non tout à la fois ; on risquerait alors de n'avoir que des gens sans expérience.

Auprès du conseil d'administration se place un conseil de surveillance, la loi même l'exige pour les sociétés anonymes et on a coutume d'en nommer un, même dans les sociétés civiles. Seulement, tandis que ce conseil est trop souvent inerte dans les grandes compagnies, ou composé de sociétaires peu compétents qui, au fond, ne contrôlent pas et se réunissent à peine pour la forme, il arrive, au contraire, dans nos coopératives que souvent la commission de contrôle sort de son rôle pour empiéter sur les attributions du conseil de direction. Elle veut faire acte d'autorité et prétend indiquer aux administrateurs la marche à suivre ; de là des conflits. C'est un péril qui doit être signalé en passant.

Comment les sociétés doivent acheter. — Quant aux administrateurs, leur principale et plus importante affaire est de passer les marchés pour l'achat des denrées nécessaires aux besoins de la société. Quelquefois les statuts sociaux prescrivent de provoquer les offres des fournisseurs. Ces sociétés agissent alors comme les administrations publiques, elles mettent les fournitures à faire en adjudication. Bien entendu, ce procédé n'est à l'usage que des grandes sociétés et encore celles-là même délèguent souvent quelques administrateurs ou même de simples membres pour aller sur les lieux de production acheter le vin par exemple ; on achète alors toute la récolte d'un propriétaire.

Ordinairement les achats se font de gré à gré, et c'est ce qui donne lieu parfois à des accusations de vénalité contre les administrateurs : ils s'entendent avec les vendeurs, etc. Quant aux affaires d'une importance spéciale, comme les acquisitions ou construction d'immeubles (en vue seulement d'élever des magasins pour l'usage de la société), c'est l'assemblée générale seule qui peut les conclure. Parfois même les statuts réservent aussi à l'assemblée générale le droit de passer certains marchés importants, même de denrées, ce qui toutefois est moins pratique.

Doivent-elles produire elles-mêmes ? — La pente qu'ont les sociétés anglaises à ériger aussitôt qu'elles peuvent, soit des moulins à vapeur, pour alimenter leurs boulangeries, soit des usines pour fournir aux besoins de leurs magasins, ne se rencontre pas en France. Je n'en connais pas une, bien que nous en ayons d'importantes, qui ait même tenté d'agir ainsi. Tout au plus, pourrait-on citer quelques sociétés qui font confectionner directement certains objets, parce qu'ils sont une industrie courante du pays. C'est ainsi qu'une société du Nord, celle des ouvriers des forges et aciéries de Frith St-Léger, fait faire dans le pays, parce que c'est une industrie locale, les blouses, chemises, tricots, et pantalons qu'elle tient dans ses magasins. En Angleterre, au contraire, les coopératives érigent par principe de vastes usines pour toutes sortes de produits.

Aucune non plus de nos sociétés, sauf celle de Beauregard qui avait pour agir ainsi des motifs particuliers, n'a eu l'idée d'exploiter à son compte un domaine rural pour avoir le lait, le beurre, etc., de sa propriété. Plusieurs sociétés anglaises l'ont fait, mais avec quel succès ? Un rapporteur du congrès de 1894 (Suderland) citait l'exemple de deux fermes, l'une exploitée par la société de consommation de Lincoln et l'autre qu'il qualifiait « d'Association agricole » et qui toutes deux donnaient des bénéfices. Mais il trouva des contradicteurs, et l'un d'eux rappela que la société de Manchester avait fait de grosses pertes avec son exploitation rurale.

Au congrès de Péterborough (1898), un délégué déclara qu'il avait le regret de signaler la disparition de « l'association écossaise agricole » laquelle avait dû se dissoudre après dix ans, laissant une perte de 337.500 fr. Même les fabriques incomparablement plus aisées à gérer que des exploitations agricoles ont souvent donné des pertes. Ce sont les bénéfices procurés par les magasins qui les couvrent, et les sociétés n'en continuent pas moins leur entreprise avec une ténacité toute britannique. Mais c'est un exemple qu'on ne saurait proposer à nos sociétés françaises ; elles font bien de se borner à la vente et d'acheter à ceux qui font métier de fabriquer.

Pour le reste, les sociétés fonctionnent comme il a été indiqué au chapitre relatif aux sociétés de production. Les admissions de sociétaires sont faites, ou par le conseil de direction, ou seulement par l'assemblée générale. Elles ont moins d'importance toutefois que dans les sociétés de production où les associés travaillent ensemble.

Les démissions sont toujours permises, nul ne pouvant être retenu malgré lui dans la société où il est entré. Les seules mesures que puissent à cet égard prendre les statuts concernent le capital du démissionnaire : ou il est remboursé, ou le partant doit transférer sa part à un remplaçant agréé par la société. Même situation pour les héritiers d'un défunt : ils peuvent se faire agréer aux lieu et place de leur auteur et sont admis volontiers, surtout si ce sont des descendants.

Il convient de faire remarquer d'ailleurs que les parts dans les sociétés de consommation sont faibles. Elles sont souvent de 50 fr. (de moitié même dans les sociétés anglaises) et les statuts limitent volontiers et d'une manière rigoureuse le nombre de parts que peut avoir chaque associé ; nous ne trouvons pas ici ces grosses parts de 5.000, 10.000 et jusqu'à 30.000 fr. par membre que nous avons vues dans les sociétés de production.

Le droit d'exclure des associés — ce droit si grave qui n'existe pas dans les sociétés anonymes ordinaires — est reconnu par la loi aux sociétés anonymes et à capital variable ; elles peuvent exclure sans motif. A elles d'user avec discrétion d'un droit aussi exorbitant. Quant aux sociétés civiles, la jurisprudence leur permet d'écrire cette faculté dans leurs statuts, mais elle n'admet que les exclusions motivées, se réservant d'examiner les motifs allégués et de déclarer nulle la mesure prise s'il y échet.

Comment sont distribués les profits ? Deux systèmes : ou bien ils sont répartis en proportion des achats, les actions ou parts recevant seulement un dividende fixe ; c'est le procédé le plus ordinaire, ou bien ils sont distribués partie aux achats et partie aux actions, c'est plus rare. Le système de distribution qui prévaut en Angleterre dans les sociétés de fonctionnaires et d'officiers, à savoir l'attribution de tous les bénéfices aux actions, n'est pratiqué en France que par les sociétés vendant à prix de revient, les *bonis* sont alors très faibles, puisqu'ils représentent seulement ce qui reste sur la majoration ajoutée au prix d'achat acquitté par la société, et cela pour couvrir les frais généraux et les risques, après paiement de ces deux dépenses.

Ici se place l'emploi « moral » donné parfois à une partie du bénéfice : instruction des membres en Angleterre, en France œuvre de secours ou de prévoyance (1).

Du reste, avant tout partage de bénéfices, une certaine proportion des profits — plus ou moins forte suivant les statuts ; la loi sur les sociétés anonymes exige un vingtième — est mise en réserve. A quoi emploie-t-on les fonds qui forment ainsi cette réserve ?

Les sociétés anglaises font volontiers construire des maisons qu'elles louent de préférence à leurs membres. Nos sociétés françaises se servent de ces sommes comme d'un fonds de roulement en alléguant qu'elles seraient sans cela obligées d'emprunter l'argent nécessaire. Et toutefois, les sociétés des divers pays ont, on peut le dire, une véritable réserve dans les immeubles qu'elles font construire pour leurs besoins propres, c'est-à-dire pour leur servir de magasins. Ces constructions sont parfois très coûteuses, la société du XVIIIe arrondissement (de Paris) qui a 2.000 membres, a fait construire un immeuble de 300.000 fr, *l'Abeille suresnoise* n'avait que 500 membres qu'elle se donnait une bâtisse de 115.000 fr. Ces chiffres paraîtraient petits à côté de ceux qu'ont dépensé pour le même objet certaines sociétés anglaises.

Qu'on le remarque, ce ne sont point les sommes affectées à la réserve proprement dite, à la réserve légale qui sont employées ainsi, ou ce n'en est qu'une petite partie. Ces constructions votées par les assemblées générales sont une partie de leur actif qui offre souvent, surtout dans les grandes villes, des chances sérieuses de plus-value.

§ 6. — Les Fédérations et les sociétés d'achat en gros.

Historique. — On a vu que, dès 1848, les sociétés de production, au moins celles de Paris, avaient tenté de former entre elles une sorte de fédération pour se rendre des services réciproques, soit en s'unissant pour défendre la cause commune, soit en se favorisant réci-

(1) Le congrès coopératif de Grenoble (1893) a émis un vœu pour qu'une part des bénéfices fût affectée à former « un fonds de développement inaliénable » pouvant servir, soit à rendre la société propriétaire des immeubles occupés par elle, soit à fonder des ateliers coopératifs. Je ne sache pas que ce vœu ait reçu aucun commencement d'exécution.

proquement de leur clientèle. Quelques sociétés de consommation étaient ainsi, dès 1865, entrées en relation ensemble. Les sociétés de Paris s'adressaient à la société d'Alger pour les produits algériens dont elles avaient besoin et lui servaient de commissionnaires pour les produits parisiens qu'elle désirait avoir et elles avaient soin d'acheter ces produits de préférence aux sociétés de production. La société de St-Etienne, qui avait une boulangerie et un magasin de vêtements, achetait sa farine et ses draps à la société de Beauregard, laquelle par une rare exception, dont le motif a été expliqué, avait construit un moulin et une fabrique de draps. Mais ces relations étaient comme on voit fort peu de chose. En Angleterre, il en était, et il en est surtout autrement. Il y a là deux institutions importantes, les *Wholesales* et l'*Union* coopérative.

Les Wholesales anglaises. — Les *Wholesales* — il y en a deux : celle de Manchester établie en 1864, celle de Glascow érigée un peu plus tard — sont des sociétés fondées pour l'achat en gros des denrées ou leur fabrication en commun. Ce sont des associations qui ont pour membres des sociétés de consommation comme ces sociétés ont pour membres des individus. De même qu'une société achète à meilleur compte qu'un simple particulier, parce qu'elle achète par quantités plus fortes, ainsi un groupe de sociétés peut, en achetant par grandes masses, obtenir de bien meilleures conditions qu'une société petite ou moyenne.

La *Wholesale* anglaise, d'après une note rédigée par l'un de ses représentants, M. Ben Jones, et reproduite dans notre *Almanach de la coopération* de 1899 « est devenue l'une des maisons de commerce les plus considérables du monde. Ses ventes annuelles dépassent 300 millions de fr. Son capital et ses réserves s'élèvent à 75 millions. Ses industries qui occupent 9.000 personnes ont coûté en frais d'installation 25 millions ». La Wholesale écossaise est un peu moins importante et toutefois les deux sociétés avaient ensemble 112.500.000 fr. de capital (et réserves), elles avaient fait dans l'année pour 412.500.000 fr. d'affaires, les sociétés coopératives étant leurs seuls acheteurs. Ce sont les sociétés qui ont souscrit les 20.000 actions qui forment le double capital social. Ces sociétés représentent, d'après M. Ben Jones, 1.500.000 coopérateurs. D'après les chiffres donnés au congrès de Péterborough (mai 1898) 1.600 sociétés auraient adhéré sur 1.845.

Les bénéfices s'élèvent à quelques millions seulement (9 millions à 9 millions et demi) le but des *Wholesales* étant de procurer les denrées à bon marché et non de donner du profit.

Ce bénéfice est distribué entre les sociétés adhérentes par la Wholesale de Manchester, tandis que celle d'Ecosse (qui à proportion a des bénéfices plus élevés) en donne une partie aux ouvriers de ses usines. On retrouve ici la fameuse discussion qui se reproduit dans la plupart des congrès anglais et divise fort les coopérateurs britanniques : les sociétés de consommation doivent-elles donner une part de bénéfices aux ouvriers de leurs usines ?

C'est que les *Wholesales*, plus encore que les sociétés isolées, tendent à fabriquer elles-mêmes. Celle de Manchester a trois fabriques de savon, deux de chaussures, une de biscuits et confitures, une autre de draps, une de vêtements, une de meubles, un moulin à vapeur, une imprimerie et papeterie. La *Wholesale* écossaise avait de son côté sept manufactures dont une de tabac, et je lis dans un journal technique (mars 1897) qu' « elle vient d'acheter à Leith, de splendides moulins produisant environ 700 sacs de farine par semaine ». La *Wholesale* anglaise a six navires pour le transport de ses denrées qu'elle va chercher en Danemark, en Allemagne ; un de ses navires va à Rouen.

Le Comité central. — A côté de ces fédérations qui poursuivent par leur constitution même un but tout matériel et lucratif, la Grande-Bretagne possède un comité central — un seul — qui est chargé de préparer les congrès annuels et dans l'intervalle des congrès, de faire aboutir les vœux que les congrès ont émis, principalement en ce qu'ils ont trait à une réforme de la législation.

L'idée première de ce comité est venue aux sociétés adhérentes à la *Wholesale* de Manchester et a commencé par grouper 57 sociétés. Aujourd'hui l'union représente environ un millier de sociétés toutes du type Rochdale ; les autres — celles du type *civil service* — ne sont pas admises dans ce groupe, ni dans les congrès. La raison en a été donnée déjà, on ne les tient pas pour de véritables coopératives.

Ce comité a partagé l'Angleterre et l'Ecosse en sections ayant chacune leur conseil. Ces conseils nomment des délégués qui se réunissent trois fois par an à Manchester pour traiter des affaires générales et conserver au mouvement de l'unité. Le comité central a eu longtemps à sa tête un coopérateur des plus zélés M. Vansitart Neale mort en 1893 à l'âge de 89 ans, qui n'a cessé de se prodiguer pour la cause coopérative, lui donnant sans compter son temps et son cœur. Ce sont de tels hommes qui font la force et le succès d'une institution.

Pour ses dépenses, le comité dispose d'un budget d'environ 160.000 fr. fourni par les sociétés adhérentes. Il a pour organe un journal spécial le *Cooperative News* dont la situation est très florissante: il a 48.000 abonnés et possède (il a son budget à part) un capital de 275.000 fr.

Quant aux congrès annuels — celui de Péterborough en 1898 était le 30° — ils se tiennent successivement dans les villes anglaises qui ont des sociétés coopératives de quelque importance. Ces congrès sont très suivis, très bien vus et des pouvoirs publics et de l'opinon. Ils sont toujours présidés par quelque personnage de marque, souvent par un grand industriel ou grand négociant, ce qui ne surprend personne.

Un autre côté par où ces congrès sont bien faits pour étonner des Français, est la manifestation constante des sentiments religieux des délégués. Les coopérateurs ne craignent pas de proclamer qu'ils sont chrétiens, qu'ils cherchent, en créant des institutions économiques, à préparer « le règne de Dieu sur la terre ». En 1894, le congrès avait invité à ses séances, l'évêque (anglican) de Durham et celui-ci s'est plu à rappeler que l'un de ses prédécesseurs avait présidé un congrès coopératif. Les délégués qui avaient presque tous assisté au service célébré à l'ouverture du congrès dans la cathédrale de Durham, applaudissaient à cette déclaration de l'un d'eux « qu'il espérait bien qu'un temps viendrait où les mots coopérateurs et chrétiens seraient synonymes. » De telles paroles si différentes de celles que nous avons coutume d'entendre dans notre pays sont ordinaires dans ces congrès, ce qui leur donne de l'élévation et du sérieux sans diminuer en rien leur côté pratique.

L'union coopérative française. — Nous ne sommes pas en France, au même point, même comme organisation extérieure. Nous avons bien une « Union coopérative des sociétés françaises de consommation », chargée, elle aussi, de préparer les congrès qui ont lieu depuis 1885. Union dirigée par les délégués des sociétés adhérentes, lesquels forment un « Comité central » ayant son siège à Paris, 1, rue Christine, mais le nombre des sociétés adhérentes est relativement petit, deux cents et quelques sur 1.450 et l'institution est loin d'avoir l'importance de l'analogue anglaise. Son organe, le *Bulletin de l'Union coopérative*, est une modeste feuille bien éloignée des dimensions du *Cooperative news*. Ni ses ressources, ni le nombre de ses abonnés n'approchent de ceux de la feuille anglaise.

Ce n'est point à dire que le Comité central soit inactif. Outre le soin qui lui incombe de préparer les congrès français, il délègue volontiers quelques-uns de ses membres aux congrès étrangers — à ceux d'Angleterre notamment — ou dans les autres congrès ou réunions qui intéressent le mouvement coopératif ; il sert de lien entre les diverses sociétés et leur fournit des renseignements de toutes sortes touchant la validité de leurs statuts, les questions qui surgissent souvent au cours de la vie des sociétés et surtout il les aide à lutter contre les prétentions du fisc toujours disposé à entreprendre sur les particuliers, et plus encore sur les associations. Il a fait obtenir à plusieurs des décharges d'impôts ou des remises d'amendes. Du reste, il n'a pas eu à répondre dans les deux dernières années à moins de 1.357 lettres de demande sans compter les consultations verbales.

Essai d'une Wholesale française. — On a bien aussi tenté d'établir une *Wholesale*; en 1887 fut fondé un « magasin en gros » de la région de Paris au capital modeste de 15.000 fr. fourni par 150 actions que souscrivirent quelques sociétés. Le siège social était à Paris et le magasin à Charenton, mais ce « magasin en gros » disparut au bout de neuf ans, n'ayant pu, malgré ses appels réitérés aux sociétés, réunir assez d'adhésions pour se soutenir.

Projet d'une alliance coopérative internationale. — La tentative est reprise actuellement, non pour la France seule, le mauvais succès de la dernière entreprise est trop récent, mais pour l'ensemble des pays qui pratiquent la coopération. Le principe d'une « alliance coopérative internationale » après avoir été agité dans quelques congrès nationaux, a reçu enfin une exécution au moins théorique. En 1892, au congrès de Rochdale, Vansitart Neale avait fait décider la formation d'un congrès chargé de l'organiser. Ce comité tint une première assemblée à Londres en 1895 et une seconde à Paris en octobre 1896 qui eut beaucoup de retentissement. C'est au congrès international de Paris de 1896 que furent votés les statuts de « l'Alliance coopérative internationale ». On nomma aussi les membres d'un comité chargé de la représenter et d'organiser des congrès tous les trois ans.

Quel est le but de cette « Alliance » ? Il y a d'abord le but idéal ou plutôt idéologue, il était exprimé dans le rapport d'un délégué au congrès de Woolwich : « Pour que la coopération réussisse, il faut qu'elle devienne internationale... il y a une raison pour rendre le commerce international, c'est qu'il mettra fin aux grandes fluctuations du commerce. Un pouvoir directeur et pondérateur pourra être organisé dans chaque pays (c'est, on le voit, l'idée de M. Gide) mais il paraît difficile de le faire fonctionner, d'une manière internationale, il faudrait cependant y songer. » Le but de l'Alliance serait d'arriver à cette organisation ou si l'on veut, à cette limitation de la production internationale.

Quant au côté pratique, il se trouve dans les vœux adoptés par le congrès de Paris en 1896 :

« Il y a lieu d'organiser des relations commerciales internationales entre les sociétés coopératives.

« Les sociétés de consommation doivent s'engager à donner de préférence, à égalité de qualité et de prix, leurs fournitures aux sociétés similaires de la production industrielle ou agricole et affirmer ainsi d'une manière pratique la solidarité coopérative.

« Les sociétés de production doivent, en retour, s'engager à appliquer aux sociétés de consommation, leurs meilleurs prix, en les faisant participer à leurs bénéfices. »

On ajoutait que, « pour faciliter ces relations, des comités spéciaux à chaque nation devraient étudier le moyen de créer un local d'échantillonnage des produits dans les grands centres de consommation ».

Un Anglais insistait, au congrès de Woolwich, sur l'importance que peuvent avoir ces relations internationales. Nos *Wholesales*, disait-il, vendent aux sociétés leurs adhérentes, beaucoup de denrées qui viennent d'une source coopérative, telles que le beurre, le jambon et les œufs de Danemark.... Les *Wholesales*, en comptant les produits américains et océaniens, importent plus de 25 millions de produits coopératifs. Ce n'est pas énorme encore, il y a beaucoup de denrées qui pourraient être envoyées de France aux *Wholesales*. Il y a un syndicat de Bretagne qui fournit déjà des pommes de terre nouvelles, et une société coopérative d'Agen qui envoie des oignons. »

Il est évident que les ventes pourraient être plus nombreuses et qu'il y a de ce côté fort à faire. Malheureusement l'excellente conception de l'*Union internationale* n'a pu jusqu'à présent entrer dans le domaine de la pratique.

Fédération des sociétés coopératives P.-L.-M. — Nous avons cependant en France une fédération partielle, c'est celle existante entre les sociétés ou une partie des sociétés formées entre les employés de la grande compagnie du chemin de fer Paris-Lyon-Méditerranée. La fédération a commencé en 1889 avec 15 sociétés ; elle en groupe actuellement 42 et est en rapport avec d'autres. « En résumé, écrit son président, M. Chiousse, dans l'*Almanach de la coopération* de 1899, il n'est pas exagéré de dire qu'à l'heure actuelle l'action du bureau-directeur s'étend directement sur 53 coopératives représentant

15.000 familles de coopérateurs et indirectement sur une trentaine de sociétés représentant un chiffre presqu'égal. »

La fédération, en effet, reçoit comme correspondantes, non seulement les sociétés de son réseau et celles du réseau de l'Est, mais même des sociétés libres, estimant que les résultats seront meilleurs si la fédération est plus étendue.

Quant au but qu'elle se propose, voici comme il est exposé par M. Chiousse :

« La fédération s'applique à réaliser le programme suivant :

« Centraliser les commandes des sociétés en procédant par d'importants achats, pour obtenir de meilleures conditions de qualité et de prix ;

« Se mettre dans la mesure du possible en rapport direct avec la production ;

« Vulgariser le principe coopératif ;

« Développer parmi les agents de la compagnie P.-L.-M. les idées généreuses de solidarité et de fraternité et resserrer davantage les liens d'amitié et de camaraderie qui les unissent entre eux. »

Pour atteindre ce but la fédération organise des congrès annuels dans une ville du réseau, publie un bulletin mensuel, se fait représenter aux congrès coopératifs ; elle est adhérente, bien entendu, à l'union coopérative française et à l'alliance coopérative internationale.

Elle s'efforce de s'adresser, pour ses achats, aux sociétés de production, et c'est un point à noter, car trop souvent on entend des plaintes sur le peu de soutien que se donnent les coopératives des divers types. Les sociétés de consommation devraient acheter de préférence aux syndicats agricoles vendeurs de produits ; elles le font rarement. Elles pourraient de même, pour la construction et l'aménagement de leurs locaux, s'adresser aux sociétés de production, puisqu'il y en a dans les villes importantes pour les diverses spécialités du bâtiment, or elles ne s'y attachent guère. C'est évidemment en insistant beaucoup qu'on obtiendra ces rapports si désirables, les congrès font bien de le rappeler sans cesse (1).

---

(1) Je prends la liberté de renvoyer le lecteur qui voudrait plus de détails, principalement sur l'historique, aux deux ouvrages que j'ai publiés antérieurement (Guillaumin, éd.) : *les Sociétés coopératives en France et à l'étranger*, in-8 de 470 pages et *les Corporations d'art et métier et les syndicats professionnels en France et à l'étranger*, in-8 de 423 pages, couronnés tous deux par l'Académie des sciences morales et politiques.

CHAPITRE II

La question des logements ; elle préoccupe surtout les ouvriers de l'industrie. — On a vu ce que pouvait l'association pour procurer à nos contemporains le meilleur moyen d'économiser sur le prix de leur nourriture et de leurs vêtements, comme aussi de les avoir de la meilleure qualité, mais le vivre et le vêtement ne sont pas tout, il faut se loger et la question du logement est devenue une grosse préoccupation pour nos populations urbaines.

Qu'on le remarque : les ouvriers de la terre ne sont nullement touchés de ce souci. Il est ordinaire à la campagne de voir même de très petites gens vivant de leur salaire ou d'un petit jardin, avoir ce jardin en propriété comme aussi la maison qui l'avoisine. C'est ainsi que sur 9.223.100 maisons qu'il y a en France, 5.461.101 sont habitées par leurs propriétaires. Il y a des localités, toutes rurales, où nul n'est locataire, chaque habitant est propriétaire de sa maison. Il en est tout autrement dans les centres industriels.

Là, rien de plus rare que de voir un ouvrier de l'industrie être propriétaire de la maison qu'il habite. Nombre d'entre eux travaillent cependant dans des usines sises à la campagne, on pourrait s'attendre à trouver ces ouvriers, dont plusieurs sont bien payés et gagnent plus que les paysans qui les entourent, propriétaires de leurs maisons, mais non ! Ils habitent en location souvent dans de vastes cités que le patron a fait construire et s'ils deviennent quelquefois propriétaires, c'est grâce à l'initiative et à l'impulsion de ce patron.

Encore ces ouvriers locataires, ont-ils chacun leur maison et située en bon air. Mais qu'il en est autrement dans les villes ! Là ce ne sont pas les ouvriers seuls, mais les artisans, c'est-à-dire des gens travaillant à leur compte, mais souvent sans gagner plus que les salariés, ce sont les employés de commerce ou des administrations publiques qui s'entassent dans de hautes maisons souvent décrites dans les enquêtes ou dans les livres de spécialistes, où l'air, la lumière, l'espace et la simple propreté font à la fois défaut. Comme la population urbaine s'accroît sans cesse par l'afflux des gens de la campagne, l'entassement ne diminue pas.

Remède tenté sans résultat. — On a prétendu, dans quelques grandes villes comme à Paris, assainir en détruisant de nombreuses maisons où s'entassait la population laborieuse. On a démoli, en effet, des rues entières pour faire de belles maisons à la place des vieilles, et on n'a pas pris garde que les habitants des demeures détruites ne pourraient pas venir habiter dans les neuves, trop chères pour eux. Que font-ils ? Ils s'entassent dans les vieilles maisons non démolies et y augmentent le mal, ou bien ils trouvent asile dans des bâtiments neufs, mais qui manquent d'air, de lumière, d'espace. Le terrain, le prix de la construction, devenant chers, et les impôts très lourds, les loyers s'élèvent sans cesse et les gens de peu de ressources sont obligés de retrancher sur leur logement, c'est-à-dire de se contenter de trois pièces quand ils en avaient eu cinq, ou d'une seule lorsqu'ils auraient eu besoin d'en avoir deux, si bien que le remède tenté — on l'a essayé à Londres comme à Paris — n'a nullement produit l'effet espéré ; peut-être même a-t-il produit l'effet contraire.

Importance de la question du logement. — Autrefois la grande cause de souci des populations laborieuses, et aussi des gouvernements, était l'abondance ou la rareté du pain, son prix modique ou élevé. Aujourd'hui on ne redoute pas que le pain manque ou soit cher, on ne craint que la trop grande abondance des céréales, et nos législateurs n'ont de soin que pour empêcher d'entrer le blé étranger et maintenir à un taux passable le blé français. La grave question aujourd'hui est celle de l'habitation des classes ouvrières ; comment arrivera-t-on à les loger ?

Et l'importance d'une habitation salubre convenable est grande même au point de vue de la moralité des populations. « J'ai étudié, écrivait un économiste qui s'était donné aux questions ouvrières, Blanqui aîné, j'ai étudié avec une religieuse sollicitude la vie privée des familles d'ouvriers, et j'ose affirmer que l'insalubrité de l'habitation est le point de départ de toutes les misères, de tous les vices, de toutes les calamités de leur état social. Il n'y a pas de réforme qui mérite à un plus haut degré, l'attention des amis de l'humanité. »

Un autre philanthrope, qui, après Blanqui, s'était occupé de ces mêmes questions, Jules Simon, insistait aussi sur l'importance du logement pour les classes laborieuses et sur l'influence qu'il exerce au point de vue du maintien de la vie de famille.

Plus récemment, M. Picot citait à ce propos la réponse d'une femme d'ouvrier logée dans une maison construite par la société de Mulhouse. « Où votre mari passe-t-il ses soirées ? » lui demandait-on ? Et elle répondait : « Avec nous depuis que nous avons une maison. » Et pour faire la contre-partie, le même citait la réponse faite par un socialiste devant une commission d'enquête : « Pourquoi combattez-vous les sociétés de construction ? — Parce qu'elles donnent satisfaction à l'ouvrier, diminuent sa haine, nous privent d'un combattant et en font un bourgeois ». L'utilité qu'il y a à procurer aux ouvriers de ces habitations saines et capables de les engager est trop visible, mais comment y arriver ?

Tentatives faites par les patrons. — Il y a quelques années encore nous ne pouvions citer en France que les généreuses entreprises de quelques patrons qui avaient construit des maisons à destination de leurs ouvriers en s'efforçant de les leur rendre agréables. Le plus ancien et en même temps le plus complet exemple était celui des maisons de Mulhouse. Quelques patrons bienfaisants, alors que cette ville était encore française, avaient formé une société pour construire de petites maisons destinées à loger chacune une famille et qui étaient louées moyennant un prix comprenant à la fois le loyer et l'amortissement du prix de la construction, si bien que les locataires devenaient propriétaires après un certain nombre d'années. Les maisons de Mulhouse, souvent citées et vantées, ont servi de modèles à d'autres de même type et toutefois, bien que cette première œuvre remonte à 1852, M. Picot pouvait dire à l'assemblée générale de la *Société des habitations à bon marché*, de 1896 : « L'action spontanée de l'association a créé des foyers d'action très féconds, néanmoins, nous ne sommes pas parvenus à créer sous une forme populaire et puissante, la société de construction. En Angleterre et en Amérique les sociétés connues sous le nom de *Building societies*, ont satisfait à ce besoin populaire. » Voyons donc ce qui a été fait en Angleterre et aux Etats-Unis, puisqu'ici encore nous avons été devancés par nos voisins.

§ 1. — Les Building Societies anglaises et américaines.

Situation en Angleterre et aux Etats-Unis. — Nous trouvons d'abord de gros chiffres. En Angleterre 2.219 sociétés avec 370.000 membres et un revenu annuel dépassant 410 millions ; c'est le chiffre donné par une feuille technique, le *Bulletin de la société des habitations à bon marché*, 1896, page 366 ; 2.700 sociétés ayant 605.000 membres et un capital de 1.300.000 fr., ce sont les chiffres fournis au conseil municipal de Paris dans un débat qui a eu lieu sur la question en mars 1896.

Un homme absolument compétent, M. Ludlow, *chief registrar* des sociétés ouvrières, estimait, dans son rapport au congrès des *Associations de prévoyance* de 1878, le capital total des *Building societies*, à 900 millions et leur revenu à 500 millions, mais en avouant que l'on n'a aucun chiffre précis. Aux États-Unis, d'après un rapport de M. Caroll Wright, chef du département du travail à Washington, il n'y aurait pas moins (ce chiffre remonte déjà à 1893) de 5.598 sociétés avec 1.745.000 membres dont un tiers de femmes. Leur capital s'élevait à 2.258 millions et elles avaient construit déjà le chiffre énorme de 314.755 maisons.

Il convient de faire remarquer de suite qu'il ne s'agit pas ici, non plus qu'en Angleterre, de vastes bâtisses comme sont nos maisons dites « *maisons de rapport* » où loge en effet la presque totalité de la population de nos grandes villes. Ces maisons sans doute ne sont inconnues, ni des Anglais, ni surtout des Américains, depuis que la population des villes augmente et que les terrains deviennent chers. Mais l'idéal pour les gens de race anglo-saxonne, c'est la petite maison destinée à une seule famille, celle-ci au besoin admettant quelques locataires ou pensionnaires. Ce sont ces sortes de maisons que les sociétés procurent à leurs membres et c'est le désir d'avoir un *home* qui a tant multiplié les *Building societies.*

Comment fonctionnent ces sociétés en Angleterre. — Elles sont de plusieurs sortes et d'abord se divisent nettement en deux classes : les sociétés de construction et celles de crédit en vue de l'habitation.

Les premières sont formées de gens de professions souvent diverses, mais ayant cependant une situation de fortune assez semblable, petits employés et ouvriers le plus souvent. Ils conviennent de verser périodiquement des cotisations assez élevées relativement ; dès qu'on le peut on achète un terrain dans un endroit convenu et on fait construire suivant un type arrêté au préalable. Il n'y a encore qu'une maison et l'on est vingt ou trente associés ; qui aura la maison ? Certaines sociétés l'attribuent au premier inscrit, d'autres à celui qui fera l'offre la plus forte, c'est-à-dire qui offrira de payer le prix de la maison dans le délai le plus bref. Le sociétaire à qui la maison sera attribuée en devra le prix par annuités, tout en continuant à verser sa cotisation comme les autres.

D'autres sociétés attribuent les maisons par voie de tirage au sort ; ce dernier mode a sans doute soulevé des critiques, car une loi anglaise de 1894 l'interdit aux sociétés qui voudront jouir de certains avantages qu'elle leur offre.

Que la maison soit attribuée d'une manière ou de l'autre, les annuités payées par son acquéreur viendront s'ajouter aux cotisations et permettront d'avoir une seconde maison en moins de temps que la première, une troisième plus vite que la seconde. Et toutefois ce procédé est lent et plus d'un sociétaire mourra avant d'avoir sa maison, aussi toute société, qui a montré de la vitalité et du sérieux, trouve aisément à emprunter contre hypothèque sur les maisons déjà bâties. La société, en cédant une maison à l'un de ses membres, se garantit de sa dette en prenant hypothèque et cède cette hypothèque à ceux qui lui avanceront des fonds.

Ce type de sociétés de construction, le seul que nous connaissions en France et qui, pour nous, est le type véritable, le type idéal, est cependant le moins fréquent en Angleterre. La *Building society* ordinaire est une société de crédit destinée à faire des prêts en vue de la construction de maisons ; elle a si bien ce caractère que la loi sur les *Building* ne permet à ces sociétés de posséder d'autres immeubles que celui qui leur sert de siège social, ce qui, au premier abord, peut surprendre. Il faut ajouter de suite que les sociétés qui veulent procéder comme il a été dit en construisant elles-mêmes le peuvent parce que la législation anglaise est très large ; elles prennent seulement une autre forme sociale que celle prévue par la loi sur les *Building*. La *Building* prévue par la loi est un crédit foncier au petit pied et ces sortes de *Building* se divisent elles-mêmes en deux catégories fort distinctes : les sociétés temporaires et les permanentes.

Les sociétés temporaires sont formées seulement de gens qui, désirant avoir une maison, s'associent et versent des cotisations jusqu'à ce que la société ait une somme représentant le prix de cette maison. Elle l'attribue alors comme il a été dit et c'est au membre qui touche la somme à se procurer la maison, soit par achat immédiat, soit en passant marché avec un entrepreneur : individu ou société. Parfois c'est la société qui traite directement avec un entrepreneur.

La *Building* qui a avancé la somme a naturellement une hypothèque sur la maison et ainsi pourra-t-elle en cédant son hypothèque trouver de nouveaux fonds. La société ne dure que ce qu'il faut de temps pour procurer à chacun de ses membres le prix d'une maison et faire rentrer ses avances, c'est-à-dire une douzaine d'années environ ; si la société ne trouvait pas à emprunter, il lui faudrait de 25 à 30 ans.

Les sociétés permanentes sont des sociétés de capitalistes, lesquels ne songent pas à se faire construire des maisons, mais cherchent simplement un placement bien garanti de leurs capitaux. Ces sociétés prêtent sur hypothèque, mais largement, car elles avancent jusqu'aux sept-huitièmes de la valeur. On les rembourse par annuités comprenant le capital, les intérêts et l'amortissement. Elles ont ceci de spécial qu'elles ne font que ces sortes de prêts, et elles sont dites *permanentes* parce qu'en effet elles durent tant que le terme marqué par leurs statuts n'est pas atteint.

Ces deux sortes de sociétés si différentes cependant par leur composition sont toujours confondues dans les statistiques, comme elles ont aussi la même législation. Et voici ce qu'en disait M. Ludlow le *chief Registrar* des sociétés ouvrières, dans son rapport au congrès des sociétés de Prévoyance de 1878 : « Il ne serait pas exagéré de dire que les *Building societies* ont, pendant longtemps, offert le seul moyen et offrent encore le moyen principal par lequel l'ouvrier anglais ou écossais (elles ne fonctionnent pas en Irlande ou très peu) puisse devenir propriétaire d'immeubles ».

Du reste les mêmes sociétés, dites permanentes, offrent un excellent placement des économies ouvrières et non seulement des particuliers, mais des sociétés. Ainsi plusieurs sociétés de secours mutuels (*Friendly*, il en sera parlé plus loin), y placent leurs fonds disponibles. On a vu déjà que de grandes sociétés de consommation employaient ainsi leurs réserves. Mais ces sociétés construisent volontiers elles-mêmes, comme a fait, par exemple, la société de Rochdale, et elles louent en donnant la préférence à leurs membres. M. Ludlow, dans le rapport cité, estimait que les 3/7 du capital des *Building* appartiennent aux ouvriers ; mais, ajoutait-il « ce chiffre est tout à fait hypothétique ».

La prospérité de ce genre de société et les services qu'elles rendent ont même amené, en Angleterre, les partis politiques à s'en servir et on a vu de vastes *Building*, fondées par les conservateurs et d'autres par les libéraux.

C'est une émulation, qui bien qu'inspirée par le désir qu'avaient les partis politiques de se servir de ces sociétés, a tourné cependant à l'avantage des classes laborieuses, puisqu'elle a augmenté la facilité pour les gens de petit avoir de se procurer des logements. Malheureusement la spéculation s'est servie aussi de ces titres qui inspirent confiance et on a vu des *Building* fictives, érigées par des gens qui voulaient seulement attirer l'argent du public. Bien entendu, les seules sociétés permanentes pouvaient prêter à cet abus. Il n'en a pas moins nui aux sociétés sérieuses et à la suite de la faillite du *Libérator*, arrivée il y a quelques années, on a vu le mouvement, qui avait jusque-là cessé de grandir, s'arrêter et même rétrograder pour la première fois. En 1896, il y avait encore environ 2.300 sociétés, mais elles n'avaient plus que 307.000 membres, et un capital de 17 millions de livres sterl., alors que l'on comptait en 1885, 583.000 membres avec 21 millions sterl.

Sociétés américaines. — Aux Etats-Unis, il y a eu quelques ruines partielles; des sociétés fictives ont été fondées par des lanceurs d'affaires, et sont tombées en dépouillant leurs actionnaires, mais il n'y a pas eu de grandes crises, malgré le caractère aventureux de la nation. Le mouvement est en plein essor et s'accroît ; on a vu les gros chiffres qui le concernent. Il n'en faut pas être surpris: en un pays où les ouvriers ont en général l'esprit entreprenant et reçoivent de forts salaires, où, en même temps, les loyers sont très chers, ils sentent vite qu'ils ont tout avantage, à devenir promptement propriétaires, d'autant qu'avec la rapide croissance des villes on trouve facilement à revendre et, souvent avec bénéfice, la maison que l'on a pu construire avec les fonds fournis par la *Building Society*. Aussi, à la différence de ce qui se voit en Angleterre, les sociétés de prêts en vue de l'achat de maisons, les sociétés de crédit foncier pourrait-on dire, sont plus rares, et au contraire les sociétés pour construire ou fournir des fonds à ce destiné sont les plus nombreuses de beaucoup, ainsi on compte 5.598 sociétés locales contre 240 nationales, ou s'étendant sur une vaste étendue, or ce sont ces dernières qui sont surtout sociétés destinées à faire valoir les capitaux de leurs membres.

Il y a parmi ces sociétés des formes variées, on les trouvera décrites avec détail dans une étude de M. Levasseur publiée par la *Réforme sociale* du 16 mai 1896.

Une forme habituelle est de diviser le capital en actions; lorsque chacun est pourvu d'une maison, on partage entre les actions (chacun en a une ou plusieurs) le montant du capital et il arrive souvent que ces actions fassent prime et se vendent, pendant même la durée de la société, au-dessus du prix nominal. Après être devenu propriétaire d'une maison, qu'il a ensuite payée par annuités, chacune desquelles n'était pas beaucoup plus forte que le loyer ordinaire, chaque sociétaire retrouve ensuite son capital accru souvent de primes payées par ceux qui ont voulu avoir les premiers fonds disponibles.

« Une institution, ajoutait M. Levasseur, qui réunit 450 millions 1/2 de dollars (plus de 2 milliards 1/4 de francs) et qui les gère sans bruit, à peu près sans encombre, sans l'assistance des banquiers et qui cependant, n'accusait en tout dans l'année 1892-93 que 23.532, dollars de pertes subies par 35 associations prouve, comme le fait remarquer M. le commissaire du travail, Caroll. Wright, que la masse du peuple américain est tout à fait capable d'administrer ses épargnes par elle-même. Ce n'est pas que l'application du système soit à l'abri de toute critique, mais les principes fondamentaux sur lesquels repose le système sont solides. »

Divers États de l'Union ont rendu, à la vérité, des lois qui soumettent ces sociétés à un contrôle administratif assez strict, mais ces restrictions ne sont pas l'ordinaire. Ces lois sont faites pour favoriser, non pour entraver le développement de l'institution ; elles prescrivent certaines règles sans empiéter sur l'indépendance des associations et c'est bien à l'initiative et à la gestion privées que sont dus les résultats qui viennent d'être marqués.

Les *Building* ont rendu service, non à leurs seuls membres, mais à la chose publique. Il y a douze ans, disait il y a déjà plusieurs années un inspecteur de police de Birmingham, il nous fallait 420 policemens, aujourd'hui grâce aux *Building societies* et malgré un accroissement de population de 50.000 âmes, 320 policemens suffisent. On a remarqué aussi que dans les groupes de maisons construits par les sociétés (les *Building*) la mortalité est moindre que dans les autres quartiers ouvriers des mêmes villes.

En France, nous sommes loin d'une situation aussi prospère, mais telle qu'elle est il faut exposer cette situation qui d'ailleurs offre de bonnes espérances pour l'avenir.

§ 2. — Les Sociétés de construction en France.

Les sociétés de Mulhouse. — La première, ainsi qu'il était dit au commencement de ce chapitre, est la *Société Mulhousienne*, des cités ouvrières qui remonte à plus d'un demi-siècle déjà. Elle n'avait nullement le caractère des *Building* anglaises ou américaines qui sont l'œuvre des intéressés, de ceux qui désirent se procurer des maisons. On ne pouvait attendre des ouvriers de Mulhouse, peu munis de ressources et d'initiative, de semblables fondations. Ce sont les patrons qui ont érigé cette société. Ils l'ont fait dans un but de bienveillance envers leurs ouvriers, pour leur procurer des habitations commodes, mais ils n'entendaient pas faire un don, il avait été convenu que leur argent rapporterait, mais qu'il rapporterait 4 0/0 *au maximum*, somme minime, si l'on songe qu'à cette époque les placements en valeurs, « dites de tout repos » donnaient environ 5 0/0 et que les fonds placés dans l'industrie rapportaient davantage.

Le capital originaire était de 355.000 fr., mais versé par 71 associés. Il a permis de construire, de 1854 à 1888, 1.124 maisons ayant coûté 3.485.275 fr. Les preneurs des maisons devenaient propriétaires en versant pendant quinze ans une somme annuelle représentant l'intérêt du capital dépensé et son amortissement, et qui n'excédait pas très sensiblement le prix du loyer d'une maison semblable. En 1888, d'après le rapport fait par M. Picot pour l'exposition universelle de 1889 (section de l'économie sociale), les preneurs avaient payé 4.584.000 fr. et devaient encore 425.000 fr. environ. Ainsi plus de onze cents familles avaient un foyer grâce à la générosité et à l'initiative des industriels de Mulhouse.

La société Havraise. — Quelques sociétés analogues furent fondées ensuite, toujours par des hommes que guidait une pensée philanthropique, car ils ne voulaient pas profiter eux-mêmes des avantages de la société, c'était en faveur d'autrui qu'ils unissaient leurs efforts et exposaient leur argent.

C'est, disait le rapport de M. Picot, avec la société Havraise, des maisons ouvrières à bon marché, que nous trouvons le succès le plus complet, qui, en France, ait couronné en ce genre l'effort de nos constructeurs.

Avec un capital restreint (200.000 fr.) 117 maisons ont été élevées moyennant 550.000 fr. Grâce au prix du loyer qui représente avec l'amortissement 10 0/0 de la valeur des maisons, soit 300 à 600 fr. la propriété est acquise en 14 ans. Depuis 1872, telle a été la gestion de l'entreprise que l'intérêt de 4 0/0 maximum fixé par les fondateurs a été payé chaque année aux actionnaires.

La société Lyonnaise. — La société Lyonnaise mérite d'être signalée aussi. Fondée en 1886 par MM. Félix et Lucien Mangini, Edouard Aynard et Joseph Gillet qui formaient entre eux une société civile au capital de 210.000 fr., elle débuta en construisant un groupe de cinq maisons. Les nouveaux sociétaires eurent dès l'abord une idée heureuse : celle d'employer comme matériaux de construction le *mâchefer*, sorte de pisé très dur, mais peu coûteux.

L'essai réussit pleinement : les maisons furent recherchées, occupées de suite et le capital engagé reçut 4 0/0 conformément aux statuts. Ce capital fut alors porté à un million, dont la moitié fournie par la caisse d'épargne du Rhône et de la Loire et puis il fut doublé, la caisse d'épargne doublant la participation ; il est aujourd'hui de quatre millions. La société est propriétaire de 88 maisons, divisées en groupes répartis dans divers quartiers de la ville. Les loyers sont exactement payés, le capital reçoit régulièrement un intérêt de 4 0/0, ce qui, même au point de vue affaires, est un placement avantageux dans le temps actuel, et, en outre, on a pu constituer une réserve pour parer aux éventualités.

D'un rapport présenté au Conseil supérieur des habitations à bon marché et reproduit à l'*Officiel* du 29 mai 1898, il résulte qu'il y a en France actuellement 41 sociétés de construction ayant pour but d'élever des maisons à bon marché, c'est-à-dire, ne se proposant pas la spéculation et le gain comme font certaines sociétés, qui achètent des terrains, construisent et revendent uniquement dans une pensée de lucre. Sur ces 41 sociétés, 27 sont anonymes et 14 sont coopératives. Le rapport a voulu dire, et c'est un sens particulier que l'usage a donné à ces termes, qu'il y a 27 sociétés fondées par des philanthropes, c'est-à-dire par des hommes qui ne profitent pas des avantages procurés par la société, sinon qu'ils retireront de leur capital un intérêt de 4 0/0 au plus, et 14 sociétés fondées par les intéressés. Le chiffre de 14 est bien faible, surtout si on le compare aux gros chiffres de l'étranger, mais ces sociétés sont très récentes et elles tendent à s'accroître dans une plus forte proportion que les autres (1), ce qui est heureux car on voudrait voir l'initiative de ces créations prises par ceux qui en doivent profiter. Cette heureuse tendance est due, en grande partie, à l'influence d'une société privée, et à une loi, celle du 30 novembre 1894, que cette société a préparée et contribué à faire aboutir.

La Société française des habitations à bon marché. — La société est la *Société française des habitations à bon marche* (15, rue Ville l'évêque) qui a pour président M. Georges Picot de l'Institut. Elle s'est donné pour mission de promouvoir la formation de sociétés de construction. Comment ? En stimulant l'opinion, en faisant connaître d'une part l'état déplorable d'un grand nombre de logis ouvriers et d'autre part les résultats obtenus à l'étranger par les sociétés de construction, c'est-à-dire en insistant sur le mal et en même temps en montrant le remède possible. Il est nécessaire, en effet, de réveiller les bons vouloirs qui ne manquent pas dans notre pays où il y a encore un fond naturel de générosité, mais qui sont engourdis, qui souvent même ignorent le mal qui se fait près d'eux et le bien

____

(1) On n'en comptait en 1897 que 8 contre 25 anonymes.

qu'eux-mêmes pourraient faire (1). La société, de plus, fournit à ceux qui en ont besoin, des renseignements de toutes sortes, soit sur le côté légal, soit sur la partie technique. Elle leur accorde même parfois une aide pécuniaire ; elle a cette année (1898) accordé 100 fr. à la coopérative de construction de Pontoise. Elle s'occupait en même temps de faire voter une loi spéciale dont elle-même prépara le texte qui fut porté au Parlement par M. Siegfried, député et président de la société. Le texte fut voté avec peu de changement et devint la loi du 30 novembre 1894 sur les habitations à bon marché.

La loi sur les habitations à bon marché. — Cette loi s'est inspirée, en grande partie, d'une loi belge sur le même sujet qui porte la date du 9 août 1889. Il a semblé à la *société française* comme il avait semblé aux Belges, promoteurs, dans leur pays du mouvement de construction des maisons ouvrières, que si l'initiative privée était maîtresse en pareil cas, elle pouvait être aidée par les mesures que prendraient les législateurs et c'est ce qui a décidé les uns et les autres à demander une loi spéciale.

Quel a été l'effet de ces lois ? Il est assez difficile de le dire : Il est assuré que dans les deux pays, le mouvement de construction des maisons à bon marché, s'est fort developpé depuis. Pour ne parler que de notre pays, le nombre des sociétés de construction qui était de 9 avant le 30 novembre 1894 est aujourd'hui de 41, et sur ces 41 sociétés on a vu qu'il y a 14 coopératives alors qu'avant il n'y en avait pas une de cette sorte. On peut se demander seulement si c'est bien le résultat de la loi, ou si ce progrès n'est pas dû au mouvement qui s'est fait depuis dans les esprits. On s'est intéressé à cette question des logements populaires, des exemples ont été cités qui ont stimulé les bons vouloirs. Il est toujours difficile de déterminer les causes d'un mouvement qui se fait sentir dans tout un grand pays, et qui produit non une agitation bruyante et passagère, mais des institutions durables, nées souvent sans bruit et qui donnent à la longue des fruits utiles. Quoi qu'il en soit le mouvement existe. On ne peut parler des sociétés qui en sont nées, sans examiner ces lois qui, en Belgique et en France, ont été faites récemment et à leur intention.

(1) C'est à la suite de l'un des congrès annuels de la *Société d'Economie sociale* (M. Le Play fondateur) qu'un membre de cette société M. le Picard ayant entendu un rapport sur les habitations ouvrières conçut l'idée de créer une telle société dans sa ville à Rouen et l'exécuta avec un plein succès.

§ 3. — Les lois belges et françaises.

Le mouvement en Belgique. — On ne s'étonnera pas de voir mettre ensemble les lois de ces deux pays ; outre qu'elles se ressemblent fort, on va le voir, le mouvement de création en Belgique des sociétés de construction est de date récente, il est postérieur à sa loi qui est de 1889. Il a d'ailleurs pris un tel développement que l'on recensait au 1er janvier 1898, 113 sociétés dont 104 anonymes et 9 coopératives. Quelques-unes de ces sociétés sont prospères à ce point que la société de Liège, si l'on en croit son secrétaire M. Henry Delvaux (cité par le *Bulletin de la société française des habitations à bon marché*, 1898, p. 366) en serait à sa *millième* maison.

Le titre de ces deux lois qui ont un même objet est distinct ; celui de la loi belge est : *Loi sur les habitations ouvrières* et la nôtre *Loi sur les habitations à bon marché*, ce qui est à la fois plus étendu et plus juste, car les employés soit des maisons de commerce, soit des administrations gagnent assez sensiblement ce que gagnent les ouvriers et il en est de même de beaucoup de petits artisans travaillant à leur compte, n'ayant pas au total meilleure situation, que les salariés avec beaucoup plus de risques à courir. Il est juste que l'on songe à leur logement autant qu'à celui des seuls salariés.

Les Comités locaux. — Le premier soin de la loi belge a été d'instituer des comités locaux chargés « de favoriser la construction et la location d'habitations ouvrières salubres et leur vente aux ouvriers, soit au comptant, soit par annuités ; d'étudier ce qui concerne la salubrité des maisons habitées par les classes laborieuses ; d'encourager le développement de l'épargne et de l'assurance ainsi que des institutions de crédit, de secours mutuel et de retraite ». La loi française commence aussi par instituer de tels comités dits : *Comités locaux*, mais dont le rôle doit se borner à « encourager la construction de maisons à bon marché ». Ils sont institués par décret du chef de l'Etat, leurs membres sont nommés, un tiers par le Conseil général, deux tiers par les préfets, tandis qu'en Belgique c'est l'inverse : un tiers des membres est choisi par le gouvernement et deux tiers par la *délégation provinciale* analogue à nos Conseils généraux.

Au-dessus des comités locaux, la loi française a placé un Conseil supérieur des habitations à bon marché, qui siège au Ministère du commerce et qui est représenté au point de vue actif par un « conseil permanent » de dix de ses membres.

Il y a actuellement (1898) en France, d'après le récent rapport du conseil supérieur des habitations à bon marché, 87 comités locaux existant dans 48 départements. Quel a été leur rôle jusqu'ici ? D'après le rapport de M. Challamel au Conseil permanent pour l'année 1898, vingt seulement des 53 comités existant avant l'année 1897 avaient envoyé le rapport annuel qu'ils sont tenus de fournir et encore plusieurs de ces rapports ne contenaient qu'une constatation négative : il n'y a rien à faire dans notre région.

Le même rapporteur faisait antérieurement entendre la même plainte ; il semble donc que les comités locaux, simples commissions administratives, n'aient eu jusqu'ici pour la plupart aucune action sur le mouvement de création de nos sociétés.

Le comité permanent. — Quant au Comité permanent, il est chargé d'examiner les statuts qui prétendent jouir des avantages accordés par la loi de 1894. Certains de ces statuts faits d'après les types fournis par la « Société française des habitations à bon marché », sont corrects, d'autres ne le sont pas. Pour ces derniers, le comité a une règle de conduite : il exige la réfection des dispositions contraires à la loi, quant aux autres qui sans être contraires à la loi peuvent être cependant incommodes ou nuisibles aux sociétés, il se borne à engager les fondateurs à opérer telles ou telles corrections, ce qu'ils font d'ailleurs volontiers, dit M. Cheysson, l'un des membres du Conseil permanent.

Décharges d'impôt. — Voilà donc le premier objet des deux lois belge et française. Leur second objet est d'accorder aux sociétés diverses décharges d'impôt ; c'est chose importante en tous pays, mais surtout dans le nôtre, où les grands besoins du budget ont poussé au dernier point la rapacité fiscale. Sur les immeubles urbains ou destinés à l'habitation, le fisc français prélève 22 0/0 du revenu brut ou 17 0/0 du revenu net. Ce chiffre a été cité au Parlement par un sénateur, M. Diancourt, et il est fourni par différentes sociétés ; l'une d'elles s'est même vu réclamer la patente représentant, outre les autres charges, 10 0/0 des loyers. Quant aux droits de mutation, la société de St-Denis se plaignait que le fisc exigeât 560 fr. de droit pour les maisons de 5.000 fr. que la société cédait à ses associés ; elle a du reste obtenu de ne payer plus qu'un droit fixe. La loi de 1894 exempte expressément les sociétés de construction de la patente. Quant aux vraies dispenses de contributions accordées par cette loi, elles sont en somme assez minces. Voici la remarque que faisait à ce sujet un homme bien instruit de la question, car il est membre écouté de la *Société française des habitations à bon marché*,

M. Challamel, avocat à la cour d'appel, la citation est tirée d'une communication faite à la *Société de législation comparée*, en février 1895. « A considérer les restrictions multiples dont la loi française a su entourer les quelques réductions de contributions inscrites dans la loi de 1894, il n'est pas à craindre que le Trésor en souffre jamais grand dommage.

« On pourrait même se demander quel effet utile il est permis d'attendre de ces exemptions à dose homéopathique. Le fisc hélas ! possède à un très rare degré l'art de donner et de retenir. Il y aurait quelque ironie à parler des sacrifices qu'il a consentis, alors qu'en réalité ce ne sont que des témoignages d'estime, des encouragements platoniques. » Et encore ces avantages ne sont accordés qu'aux sociétés dont les statuts, approuvés par le Conseil supérieur des habitations, par le ministre compétent, limitent à un chiffre *maximum* le dividende que peuvent toucher les membres de la société.

La loi belge, encore que les impôts soient dans ce pays bien moins lourds que dans le nôtre, accorde aux sociétés de construction des allègements plus sérieux. Ils sont tels en France qu'il est peu vraisemblable que cette considération seule ait décidé la formation d'aucune société.

Autre point sur lequel les législateurs avaient à se prononcer. Les sociétés, si elles n'avaient d'autres ressources que les cotisations de leurs membres, ne pouvaient, surtout les sociétés dites coopératives, opérer que très lentement ; elles cherchent donc — on a vu que notamment les sociétés étrangères ne manquaient pas de le faire — à emprunter au dehors. Comme ces emprunts sont faits par des sociétés sérieuses et qui pourront, en outre, offrir hypothèque sur les maisons qu'elles ont déjà construites et cédées à leurs membres moyennant un paiement par annuités (les acquéreurs ont d'abord donné à la société l'hypothèque qu'elle cède à ses créanciers), elles trouvent facilement des fonds.

Dispositions sur les prêts faits par les caisses d'épargne et établissements charitables. — Mais en France et en Belgique, il y a une institution qui absorbe, qui ramasse les fonds des particuliers : c'est la caisse d'épargne, laquelle, à cause de la garantie de l'Etat, est devenue, on peut le dire, le grand bas de laine du pays, le réservoir des épargnes nationales.

C'est un résultat heureux, s'écrient bien des gens ; ils font valoir avec admiration qu'en France les caisses d'épargne détiennent plus de quatre milliards. Voilà les économies des petites gens ! le triomphe de l'esprit d'épargne dans notre pays ! Mettons que cela soit, mais ces économies manquent à d'autres emplois. Elles manquent notamment pour commanditer les sociétés de construction. Pourquoi, va-t-on dire, ces sociétés, avec la garantie qu'elles offrent, ne s'adressent-elles pas aux caisses d'épargne ? Elles le font à l'étranger : la caisse d'épargne de Brême a donné 20.000 fr. aux sociétés de maisons ouvrières, celle de Milan a donné pour le même objet 80.000 fr. en stipulant que les intérêts serviraient à aider les locataires dans l'embarras. La caisse de Bologne a ainsi avancé 150.000 fr. (1). Mais nos caisses d'épargne (celles de Belgique sont dans une situation analogue) n'ont pas une telle latitude. Elles ne peuvent employer leurs fonds qu'en valeurs d'Etat, ou de départements, ou des communes. Deux caisses d'épargne, deux seulement en France font exception, les caisses de Lyon et de Marseille. L'une et l'autre ont plus de liberté et en ont usé pour prêter aux sociétés de construction. Il a été dit déjà quel service avait rendu à la société lyonnaise la caisse d'épargne de Lyon, celle de Marseille n'a pas moins fait de son côté et son habile directeur, M. Eugène Rostand, déclarait que la société de construction n'aurait pu être fondée si la caisse d'épargne n'était intervenue. Cette caisse ayant une fortune personnelle (c'est seulement sur leur fortune personnelle, c'est-à-dire en dehors des fonds déposés, que les caisses de Marseille et de Lyon ont pu faire des prêts), a employé déjà 610.000 fr., soit en prêts à des sociétés de construction, soit à faire bâtir elles-mêmes des maisons à bon marché. Il fallait une intervention de la loi pour donner une liberté analogue aux autres sociétés.

La loi belge porte, article 5 : la caisse générale d'épargne et de retraite est autorisée à employer une partie de ses fonds disponibles en prêts faits en faveur de la construction ou de l'achat de maisons ouvrières.

La loi française n'a pas été aussi large. Elle permet aux hôpitaux, hospices, bureaux de bienfaisance d'employer, avec l'autorisation du Préfet, *un cinquième* de leur patrimoine « à la contruction de maisons à bon marché dans les limites de leurs circonscriptions charitables, ainsi qu'en prêts hypothécaires aux sociétés de construction de ces maisons ».

M. Siegfried, dans le raport présenté au nom du comité permanent, en 1897, écrit, en rapportant cette disposition de la loi qui permet ces avances par les établissements charitables : « Nous ne croyons pas

(1) Qu'elle a « glorieusement perdus », dit le rapport fourni par cette caisse. Sur quoi le bulletin de la *Société française* qui rapporte le fait (1896) fait cette observation judicieuse : « Les caisses d'épargne n'ont pas le droit d'être prodigues, même glorieusement ».

qu'ils l'aient fait jusqu'ici ». C'est qu'en effet cette licence accordée aux institutions charitables est en contradiction avec les traditions et même avec les règlements administratifs qui veulent que la fortune de ces établissements soit placée en rentes sur l'Etat et qui exercent sur eux une tutelle très stricte. En Belgique, les bureaux de bienfaisance de Wavre et de Nivelles avaient, même antérieurement à la loi de 1889, construit des maisons ouvrières comme placement de leurs fonds. Pareille chose n'aurait pas été possible en France.

Notre loi de 1894 dit encore : « La caisse des dépôts et consignations est autorisée à employer à concurrence du cinquième la réserve provenant de l'emploi des fonds des caisses d'épargne qu'elle a constituée, en obligations négociables des sociétés de crédit et de construction ».

Cette disposition plus applicable que la précédente parce que la caisse des dépôts jouit à cet égard d'une plus grande liberté que les bureaux de bienfaisance, hôpitaux, etc..., lui permettrait de disposer pour cet objet d'une somme d'au moins 16 millions (la réserve totale est de 80 millions). Mais il faut compter avec la routine administrative.

Le rapport fait à l'assemblée générale de la société de construction de St-Denis le 23 mars 1897 et inséré au bulletin (n° 1, 1897) de la *Société Française*, contient ceci : « Pour avoir des capitaux nous avons fait des démarches auprès de la caisse des dépôts et consignations. Elles ont commencé en juin 1895 et nous les avons poursuivies avec une infatigable persévérance pendant plus d'une année. Les hommes éminents et dévoués qui sont à la tête de la *Société Française* — vous avez nommé MM. Picot et Siegfried — nous ont appuyés de toute leur autorité, de tout leur pouvoir sans ménager leur temps ni leurs peines. Malgré ce précieux concours, malgré leurs nombreuses démarches, malgré tous nos efforts et au mépris des autorisations données par la loi de 1894, nous avons le regret de vous dire que nous n'avons rien pu obtenir de cette administration ».

M. Challamel dans le rapport présenté au Comité permanent en 1898 et reproduit dans le *Bulletin de la société française*, 1898, p. 139, écrivait : « La caisse des dépôts a demandé l'avis du Conseil permanent au sujet d'un emprunt de 200.000 fr. sollicité par des sociétés de construction. Les garanties offertes étant de premier ordre, le Conseil permanent a donné un avis favorable et cependant la caisse des dépôts a refusé de consentir le prêt. On peut prévoir l'accueil qui serait fait à des sociétés moins riches en garanties ».

La société de St-Denis faisait remarquer déjà dans son rapport de l'année précédente (1896) que « les dispositions bienfaisantes de cette loi (celle de 1894) ont été longtemps ignorées par les différentes administrations qu'elles intéressent ; nous n'avons pu généralement obtenir qu'après de longues et de fatigantes démarches les solutions qu'elle prévoit ».

Une autre loi, celle du 20 juillet 1895 sur les caisses d'épargne, leur a permis d'employer tout le revenu ou le cinquième du capital de leur fortune personnelle en « prêts aux sociétés coopératives de crédit, acquisition ou construction d'habitations à bon marché, prêts hypothécaires aux sociétés de construction de ces habitations ou aux sociétés de crédit qui, sans construire elles-mêmes, en facilitent la construction ou l'achat, ou en obligations de ces sociétés ».

Or, du rapport adressé en 1898 au Président de la République sur les opérations des caisses d'épargne en 1896, il résulte que la fortune privée de ces caisses d'épargne dépassait 112 millions et elle a dû s'accroître depuis. C'est donc plus de vingt millions que ces caisses avaient à leur disposition pour prêter aux sociétés de construction. Comment avaient-elles usé de leur pouvoir ?

Le rapport qui s'applique — on le remarquera — à l'année 1896 constate que seules les caisses de Lyon et de Marseille avaient prêté aux sociétés de construction ; la première 1.476.755 fr., la seconde 46.123 fr. La caisse de Marseille avait, en outre, fait construire elle-même ; elle avait dépensé de ce chef 459.756 fr.

Depuis, quelques prêts ont été faits par d'autres caisses. Celle de Paris a avancé 35.000 fr., celle de Blois 24.000 fr., celle de Douai 60.000 fr. (1). Ce sont là de petits chiffres et qui montrent quel parti-pris on a à vaincre. La société de construction de Bordeaux, bien que fort sérieuse et ayant déjà plusieurs années de date n'a rien pu obtenir de la caisse d'épargne de la Gironde. La société d'Epinal déclare qu'elle n'a pu même tenter un emprunt, malgré le désir qu'elle avait de le faire et l'utilité qu'elle y aurait trouvée, parce que les avantages accordés par la loi de 1894, ne vont qu'aux habitations donnant un faible revenu variable avec les localités, mais qui à Epinal représentait un immeuble de 4.400 fr. Or, la société qui est antérieure à la loi, construit des maisons de 5.000 fr. et plus. C'est encore là le logement modeste, mais il ne peut prétendre aux faveurs de la loi. Les sociétés de construction se plaignent d'ailleurs du formalisme administratif et des complications nombreuses qui entourent la démarche ayant l'objet le plus simple.

(1) D'après le *Bulletin de la société française*, de 1898, la caisse d'épargne de Chartres se proposerait d'affecter 240.000 fr. à la construction de maisons à bon marché.

La situation en Belgique. — Les sociétés belges ont été mieux partagées et les caisses d'épargne n'ont pas eu à se plaindre d'avoir eu confiance en elles. Il résulte des chiffres donnés dans un rapport officiel que cite le *Bulletin de la société française* (octobre 1898) que les caisses d'épargne belges avaient avancé près de vingt millions aux sociétés de construction, savoir : 18.196.000 fr. à 84 sociétés de crédit destinées à prêter à ceux qui veulent faire construire, c'est le système anglais, et 1.500.000 fr. à 20 sociétés immobilières, c'est-à-dire construisant elles-mêmes. Les prêts sont faits à 3 et surtout à 2 1/2 0/0 et le rapport ajoute : « Bientôt, grâce à la caisse d'épargne, les sociétés auront rendu plus de dix mille ouvriers propriétaires de leur habitation et cela en moins de dix ans. »

Le même rapport constate que depuis l'origine, il a été fait des prêts (par les sociétés) à 9.067 débiteurs hypothécaires ; on n'a eu à faire que 34 expropriations et le nombre des débiteurs en retard pour leurs paiements de mensualité a été seulement de 445 (1). Et pourtant ces débiteurs sont de très petites gens. Ce sont des ouvriers, et en certaines caisses, ce sont uniquement des ouvriers agricoles qui, dans ce pays à salaires très faibles, trouvent le moyen d'économiser assez pour devenir propriétaires d'une maison.

J'ai vu fonctionner une de ces sociétés dans un faubourg de Bruxelles. Ceux qui venaient étaient de simples gens et les moins instruits qu'on pût imaginer, mais très désireux d'avoir une maison à eux et décidés à tous les sacrifices pour y arriver. On leur indiquait la situation du terrain qu'on pouvait leur livrer, on leur expliquait le rôle et les engagements de l'entrepreneur qui avait promis de construire des habitations de certains types moyennant un prix convenu, enfin les obligations qu'ils allaient contracter. Ils versaient de suite une fraction (on ne leur supposait pas tant d'argent) et s'acquittaient du reste par annuités très régulièrement payées. Il faut dire que l'on est accoutumé aujourd'hui à voir fonctionner et réussir ces sortes d'institutions et que l'exemple est un très fort stimulant.

On ne peut que regretter en présence de tels faits que notre loi ait été si parcimonieuse, en matière d'aide pécuniaire procurée aux sociétés de construction ; l'exemple de la Belgique l'engageait à tenter davantage. Par contre, il faut louer la disposition qui permet

____

(1) Le rapport constate qu'il a organisé un service de contrôle. Or « il résulte des rapports fournis, qu'à de rares exceptions près les sociétés inspectées ne laissent rien à désirer. La comptabilité est tenue d'une façon irréprochable ».

à la caisse d'assurance, en cas de décès, de garantir les preneurs contre le défaut de paiement de la prime.

Disposition concernant la caisse d'assurance en cas de décès. — Cette caisse, institution officielle, érigée il y a plus de quarante ans, est peu connue et reçoit par suite très peu de versements. Elle est appelée à remplir ici un rôle très utile en s'engageant à payer les annuités restant dues en cas de décès du preneur. Il est très vrai que celui-ci verra ainsi augmenter un peu ses charges annuelles, puisqu'il aura une prime d'assurance à supporter, mais en retour quelle sécurité pour lui de savoir que s'il meurt avant d'avoir payé sa maison, elle restera cependant propriété de sa famille et qu'elle assurera ainsi aux siens un asile et un foyer !

Mode de succession spécial. — Une autre disposition de la même loi établit des règles spéciales pour la transmission après décès des maisons visées par le texte, c'est-à-dire d'une faible valeur. Au lieu d'être vendues forcément s'il y a des mineurs, elles pourront rester indivises jusqu'à leur majorité. Mais c'est un point sur lequel je ne puis m'étendre quelque important qu'il soit.

Sans vouloir chercher davantage quel est l'effet déjà produit par notre loi française encore bien récente et à peine acceptée par notre si puissante administration, il faut dire comment se comportent et se gouvernent nos sociétés.

§ 4. — Comment fonctionnent nos sociétés de construction.

Forme légale des sociétés. — Bien qu'il y ait entre les 41 sociétés existantes de sensibles différences comme importance, puisqu'entre la société de St-Denis qui a 400.000 fr. de capital et celle d'Armentières qui en a 3.400 on rencontre des chiffres très divers, il y a au fond une similitude très grande dans la forme légale : c'est toujours la forme anonyme avec la responsabilité limitée des associés. La société s'appelle : *la pierre du foyer, le coin du feu, l'immobilière de Z.* les associés souscrivent un certain nombre d'actions à 100 fr. par exemple dont le dixième ou le quart sera immédiatement exigible et à cela se bornera leur engagement ; ils ne seront responsables que du montant de leur souscription. Inutile de décrire plus longuement ce qui a été exposé déjà. Je renvoie aussi à ce qui a été dit au sujet du mode de gestion. Un conseil d'administration nommé et renouvelé en assemblée générale, surveillé par une commission de contrôle

élue de même, règle les affaires de la société, sous l'autorité supérieure de l'assemblée générale des sociétaires, annuellement réunie.
Pour le courant, il délègue ses pouvoirs, à un directeur qui est parfois un simple employé payé.

Du reste, ceux qui désirent fonder des sociétés de construction,
trouvent le meilleur acceuil et les meilleurs conseils auprès de la *Société des habitations à bon marché*. Ils ne savent souvent, du tout, comment s'y prendre, ni par où commencer. « On ne peut, écrivait
M. Cheysson, s'imaginer les difficultés qu'éprouvent les personnes
bien intentionnées, mais inexpérimentées, à traduire en actes leurs
velléités de bon vouloir? Les unes par peur des faux pas s'abstien-
nent, les autres s'aventurent sur un terrain qu'elles ne connaissent
pas et s'exposent à des chutes dangereuses pour leur entreprise particulière, mais surtout pour l'idée elle-même, dont elles compro-
mettent le crédit. » *La Société Française* les renseignera, les guidera,
les mettra en état de marcher.

Le capital. — L'un des premiers soins de toute société est de rechercher les fonds nécessaires à ses opérations, on le sait déjà, on
sait aussi que malgré la loi de 1894, les sociétés françaises trouvent
peu d'aide de la part des caisses d'épargne : elles ont dû s'adresser
autre part.

Les unes ont émis des obligations, qui ont été placées dans le public surtout auprès des amis de l'institution. Ainsi la société de St-
Denis, après son échec auprès de la caisse des consignations, était
décidée à émettre 1.000 obligations à 100 fr. rapportant 3 0/0 — 300
étaient déjà souscrites dont 100 par un « généreux philanthrope » —
lorsque le bon accueil fait par la caisse d'épargne de Paris à la société, a fait interrompre la souscription. La société de Valentigney,
qui a construit des maisons pour les employés de la manufacture
de vélocipèdes Peugeot frères, a émis 50.000 obligations à 100 fr.
l'une, rapportant 3 fr. 75, qui ont été placées de suite, sans aucune
publicité. La société d'Athis, au lieu de se tourner du côté de la
caisse d'épargne, caisse administrative, qui exige, disait-elle, des
formalités très longues, dont les conséquences sont très onéreuses
s'est adressée à une institution privée : *la caisse syndicale d'assurance
mutuelle des forges de France*, dont il sera parlé plus loin et en a eu
un prêt de 100.000 fr. consenti au même taux qu'auraient demandé
les caisses de l'Etat.

L'intervention des grandes Compagnies. — En Belgique, il s'est for-

mé une « société immobilière » privée dont la destination est de
faire des prêts aux sociétés de construction et même aux petits particuliers désireux de bâtir et disposés à donner hypothèque. Il y a
tant de capitaux en quête d'emploi qu'on ne doit pas être surpris du
fait. La société en question retire 4 0/0 de son argent(1), et se déclare
avec raison très satisfaite du résultat.

Mais en France, les plus grands prêteurs des sociétés de construction ont été jusqu'ici les compagnies de chemin de fer. Il n'en faut
pas être surpris. On a vu que les premières maisons à bon marché
avaient été faites par des patrons — individu ou compagnies —
pour leur personnel. Ils en font encore, conduits en cela, à la fois
par une louable sollicitude pour le sort de ceux qu'ils occupent et
par le désir d'avoir à proximité d'eux, les auxiliaires dont ils ont
besoin. En particulier, les compagnies de chemin de fer qui ont parfois établi des gares importantes en de petites localités (gares d'em-
branchement, de marchandises) ont dû pourvoir au logement du
personnel.

M. Jules Michel ancien ingénieur en chef du P.-L.-M., rappelait
que la compagnie avait plusieurs fois construit pour ses agents,
toujours dans des conditions avantageuses pour ceux-ci, mais qu'elle
n'avait pas toujours été récompensée de ses favorables dispositions.
Il citait notamment le fait suivant : Lorsqu'elle a établi l'importante
station de Laroche (Yonne), la compagnie fit construire un fort
groupe de maisons pour son personnel et mit les loyers à un prix
qui lui assurait seulement 4 0/0 de son argent, taux alors très faible.
Les agents de la compagnie s'étant concertés et trouvant dans le
bourg même de Laroche quelques locaux fort au-dessous, comme
commodité, de ce qui leur était offert, mais suffisants pour leur dessein, déclarèrent qu'ils n'habiteraient pas ces locaux construits à
leur intention, si on ne leur accordait une sensible diminution sur
les prix d'abord demandés ; la compagnie finit par avoir 2 1/2 0/0
de son argent.

On comprend qu'elle préfère prêter à des sociétés qui se chargent
de bâtir pour les employés, puis de leur louer, le tout à leur risque ;
la compagnie étant simplement créancière. C'est ainsi qu'elle a prêté
200.000 fr. à 3 0/0 à la « société parisienne des logements économiques » laquelle a construit à Bercy 42 maisons pour les employés
de la compagnie. La compagnie d'Orléans a prêté 160.000 fr. à la

____

(1) Une société semblable vient de se fonder en France ; son capital est souscrit. Elle a son siège à Paris, 12, rue Ville l'évêque, au local de la société pour la
construction des habitations à bon marché.

société d'Athis qui logeait 42 ménages de son personnel. Elle lui a de plus vendu à d'avantageuses conditions 78.000 mètres de terrain. Elle a prêté 80.000 fr. à 3 0/0 à la *Ruche de Toulon* qui vient d'inaugurer (juin 1898) ses premières maisons. Il est bon de faire remarquer en passant que le capital fourni par les sociétaires étant de 10.000 fr. seulement, c'est pour les 8/9 avec l'argent de la compagnie que la société a opéré. Voilà pourtant ce que font ces grandes compagnies qu'il est de mode de représenter comme avides, désireuses de gagner quand même et uniquement préoccupées d'accroître les dividendes de leurs associés. La société de construction de Bordeaux a obtenu deux prêts de 100.000 fr. des deux compagnies du chemin de fer du Midi et de l'Orléans dont les réseaux viennent de se souder à Bordeaux.

On a cité plus haut la société de Valentigney ; sur 120.000 fr. composant le capital primitif (il était divisé en actions de 50 fr.) les 8 patrons avaient souscrit 45.000 fr., 82 employés et contre maîtres en avaient souscrit 21.750 et 366 ouvriers avaient pris le reste, soit 53.250 fr. ; mais l'entreprise ayant réussi, les patrons cèdent peu à peu leurs actions à ceux de leurs ouvriers ou employés qui le désirent. C'est une bonne chose lorsqu'elle est possible, que cette tendance qu'ont les œuvres patronales à se transformer en œuvres ouvrières, les patrons, toutefois, restant intéressés dans la société ont part à son administration, ce qui est absolument juste et heureux pour l'entreprise en même temps.

On devrait trouver des ressources dans les réserves des sociétés de consommation. En Angleterre, on l'a vu, il y a des sociétés, des coopératives, comme on dit dans le pays, qui ont ou bien construit directement des maisons pour leurs membres, ou bien commandité largement des *Building*. Nous ne sommes pas, en France, habitués à ce spectacle. Il est très vrai que la société lyonnaise des logements a fusionné avec la *société alimentaire* de la même ville, qui donne des repas à prix très réduits ; mais cette société est surtout philanthropique et n'est pas en mesure d'aider la société de construction, laquelle, heureusement, n'a pas besoin de ce concours, on a vu pourquoi.

Notre loi d'ailleurs contient une disposition qui n'est pas faite pour encourager cette alliance des deux formes de la coopération ; elle restreint les dispenses d'impôts accordées aux sociétés, ou du moins certaines de ces dispenses aux sociétés qui s'occupent exclusivement de construire des habitations.

Deux manières d'agir pour les sociétés : vendre ou rester propriétaire. — Voici enfin nos sociétés de construction organisées et pourvues des ressources nécessaires, comment vont-elles fonctionner ? Comment vont-elles construire ? Elles peuvent, en effet, procéder de différentes façons : ou bien construire pour revendre les maisons bâties, et rendre leurs associés propriétaires, ou si les associés sont des philanthropes et des « bourgeois », pour revendre à des gens de petite condition ; ou bien bâtir simplement pour louer, la société demeurant propriétaire.

Le premier système : construire pour revendre avait au début toutes les sympathies. C'était celui-là qu'avait adopté la société de Mulhouse, et on n'imaginait pas qu'on pût raisonnablement inventer autre chose : Rendre l'ouvrier propriétaire, lui donner ainsi le goût de la stabilité et du chez soi, quel but meilleur à poursuivre ? Seulement ce but excellent, n'est pas conciliable avec toutes les situations : il y a en effet des employés, des ouvriers même que leur position oblige à changer de localités. Trouveront-ils facilement preneur pour leur immeuble même non entièrement payé ? Cela se peut, mais voudront-ils courir cette chance ? Il est peu probable que, sachant leur séjour limité, ils s'occupent de devenir propriétaires et avec la grande mobilité des industries modernes qui naissent et disparaissent tout à coup, beaucoup même d'ouvriers se trouvent exposés à être déplacés malgré eux, ce qui fait que beaucoup hésitent à acheter des immeubles.

D'autre part, les philanthropes, membres des sociétés qui construisaient, trouvèrent bientôt, avec l'expérience, des inconvénients qu'ils n'avaient pas d'abord soupçonnés. Ainsi à Mulhouse, les maisons vendues devaient être habitées bourgeoisement par leurs acquéreurs immédiats, clause destinée à empêcher qu'on y installât des cabarets. On vit, lorsque les ouvriers commencèrent à devenir propriétaires, plusieurs d'entre ex séduits par de larges offres vendre leurs maisons à des cabaretiers. Le loup était dans la bergerie. On insèra alors dans les contrats une clause défendant de vendre à des débitants, mais il fallait compter avec les décès ; lorsque le défunt laissait des mineurs, c'était le partage judiciaire, la vente au tribunal et les acheteurs se trouvaient libres. Pour ce motif et quelques autres, diverses sociétés de celles dites anonymes, préfèrent garder leurs immeubles et les louer.

Maisons individuelles ou collectives ? — Autre question : doit-on préférer les maisons individuelles, chaque famille ayant la sienne ou les grandes bâtisses collectives ? La question bien entendu ne se pose que pour les maisons destinées à être louées. Si l'on veut faire des propriétaires, il faut avoir des maisons individuelles, car encore que l'on ait dans certaines parties du midi, l'habitude des maisons possédées par étages, il y a dans cette sorte de propriété trop d'inconvénients pour qu'on la puisse proposer. Mais pour les autres, c'est affaire, semble-t-il, de lieux et de convenances. Ainsi à Lyon, un groupe de maisons a été érigé par la société sur un terrain payé 265 fr. le mètre carré ; on ne peut songer à faire des maisons individuelles, il faut bien, quoiqu'on en ait du regret, élever des maisons de cinq étages. Ainsi en est-il à Rouen et en général dans les grandes villes. A Londres même les *trustees* ou administrateurs de la fondation *Peabody*, se sont sentis obligés, malgré l'attachement des Anglais pour *le home* individuel, d'élever de grandes bâtisses à cinq et six étages.

Une tentative a été faite cependant pour construire des petits logements à Paris même. Une société dite des maisons d'Auteuil avait acquis des terrains sis auprès des fortifications, c'est-à-dire, en un endroit qui n'est pas central, mais où, du moins, le terrain était d'un prix abordable : les moyens de communications, d'ailleurs sont abondants. La société a construit un certain nombre de maisons, qui ont été ou vendues ou louées non pas à des ouvriers, les prix malgré toute l'économie apportée à la bâtisse : maisons en ciment sans étages, étant trop élevés pour eux ; mais à des employés ou personnes de conditions analogues.

Or, un architecte, l'un des promoteurs de la société, M. Cacheux expose dans le bulletin de la *société française* (1896 p. 584) que l'on a dû renoncer à louer ces maisons à cause des déménagements furtifs et des changements incessants de locataires, qui obligent à de fréquentes réparations. « Les ennuis causés par la gestion des maisons à petits logements sont très considérables, c'est pourquoi la plupart sont gérées par des hommes d'affaires spéciaux. »

Les charges fiscales. — De plus, les charges fiscales qui sont si lourdes dans notre pays, sont à proportion bien plus pesantes pour les petits logements que pour les grands. Les frais de viabilité, par exemple, sont les mêmes pour toute maison, petite ou grande. Si ces frais sont de 400 fr. par mètre carré soit 200 fr. par mètre de façade en supposant une façade de 10 mètres comme à Mulhouse, c'est une taxe de 2.000 fr. pour une seule petite maison qui doit être une maison à bon marché.

Voilà pour la construction, les charges courantes et annuelles ne sont pas moindres. Ainsi la société philanthropique, qui, grâce à de généreuses donations, a pu élever à Paris, plusieurs maisons à petits logements a voulu mettre un *Water-Closet* dans chaque logement, elle paie de ce chef bien plus cher que si elle n'avait qu'un seul cabinet d'aisance par étage, car la propreté même est taxée et se paie cher : le prélèvement du fisc dans ces maisons ne s'élève pas à moins de 33 0/0 du revenu. L'abonnement annuel et obligé pour l'eau et pour la vidange est relativement plus cher pour les petits loyers que pour les grands.

Une des raisons qui font hésiter les sociétés à construire des maisons destinées a être vendues ce sont les droits de mutation excessifs. En Belgique, où ces droits sont faibles, on cède, dès le début à l'ouvrier, et moyennant un versement proportionnel à la valeur, la maison qu'il désire avoir. Il se sent déjà propriétaire et cette considération est pour lui un grand stimulant, elle le pousse à l'économie afin de se libérer au plus vite ; de plus les bons effets produits par le sentiment de la propriété : stabilité, conduite réglée, etc... sont obtenus de suite.

En France, l'ouvrier habite immédiatement la maison qui lui est destinée, mais l'acte qui le rend propriétaire n'est passé que quand il s'est acquitté entièrement. La loi de 1894 n'a pas diminué, ces droits de mutation, elle a seulement admis des paiements par fraction.

C'est donc avec raison que le conseil d'administration de la *Société française*, déplorait « l'excès des impôts de l'Etat et des communes, qui, au lieu de favoriser les logements améliorés, prélève, par exemple sur les nôtres cette année, plus du quart du produit net ». C'est ainsi qu'on est conduit dans les grandes villes à faire au lieu des maisons individuelles, préférables en principe, les grandes bâtisses que l'on connaît. On s'efforce du moins de les rendre salubres et propres et de les maintenir telles ; on choisit ses locataires pour n'en avoir que de convenables, et pour avoir ce que l'on nomme des maisons « bien habitées ». Comme d'ordinaire, les maisons sont construites plusieurs à la fois, formant des groupes qui reçoivent chacun un nom : groupe Jules Simon, groupe Picot, groupe Siegfried, on s'arrange pour laisser entre elles de vastes cours qui font tellement défaut dans les villes que cela seul serait un bienfait.

Il est très vrai que l'on peut faire et que l'on a fait à ces sociétés de construction une sorte de reproches dont elles ne peuvent se sauver. On leur a dit : en construisant des habitations seulement pour les ouvriers ou assimilés, vous ressuscitez les classes, les catégories de citoyens, or il n'est pas bon qu'ils soient à part et distingués les uns des autres par l'habitation, il vaut mieux qu'ils se mêlent, les ouvriers habitant la même maison que les personnes d'autres conditions.

C'est préférable assurément et cela se voyait dans le vieux Paris ;

pour ma part je me rappelle fort bien l'avoir vu dans une maison aujourd'hui démolie que j'ai habitée dans mon enfance, mais cela ne se voit guère, avec les maisons modernes et avec les habitudes nomades de la population ouvrière actuelle. Ne pouvant changer cette situation, on rend du moins service à ces hommes ou plutôt à ces ménages relégués par le fait même des choses en certains quartiers, en leur procurant des logements salubres, sains, au prix qu'ils paient pour des logements défectueux.

« Nous ne pouvons oublier, écrit l'habile directeur de la société lyonnaise, M. Mangini (*Les petits logements, etc...*) l'étonnement de certains locataires lorsqu'on leur indiquait le prix demandé pour un appartement relativement vaste, bien aéré, indépendant. Lorsqu'ils voyaient ces parquets cirés, ces murs garnis de jolis papiers, c'était une joie véritable qu'ils ne cherchaient pas à dissimuler sachant qu'ils n'avaient pas à redouter une augmentation ».

Comme les maisons de la société étaient fort recherchées et les appartements loués d'avance, (1) la société put prendre des mesures qui en des maisons ordinaires n'auraient pas été acceptées.

« Avec nos locataires nous avons fait des baux de trois ans. Cette obligation nous paraît bien nécessaire, sans elle l'ouvrier qui ne possède la plupart du temps qu'un mobilier absolument élémentaire, ne craint pas de déménager souvent sous un petit prétexte. Il quitte un appartement qu'il a sali, et occasionne ainsi au propriétaire des frais relativement élevés (c'est l'inconvénient signalé par M. Cacheux) ; avec un bail cela ne peut avoir lieu. — Au début nos locataires hésitent à s'engager par un bail ; mais au bout de quelque temps, nous l'avons remarqué, beaucoup éprouvaient une certaine satisfaction d'amour-propre ; ils se sentaient mieux chez eux, sachant que s'ils étaient liés, nous l'étions aussi, et que nous ne pouvions les déplacer suivant notre bon plaisir ainsi qu'il arrive souvent dans les locations ouvrières ».

Et ces mêmes maisons ainsi gérées rapportent 4 0/0 encore que les loyers soient d'un tiers au dessous-du prix courant et comme le disait un autre lyonnais, M. Aynard, les actions de la société des habitations économiques, qui semblaient d'abord n'être qu'une œuvre de charité, sont recherchées maintenant et se cotent à la Bourse ; un notaire voulait même les indiquer pour les remplois dotaux.

Toutes les sociétés n'ont pas le même succès : à Paris les im-

---

(1) Malgré les efforts des socialistes qui en pareil cas font leur possible pour dénigrer ces habitations et en détourner les ouvriers puisque c'est une amélioration de leur sort, chose absolument déplaisante pour les socialistes.

meubles de la fondation Heine ont donné respectivement (ces immeubles appartiennent à la société philanthropique) en 1895, 3,39 et 2,84 0/0 et la gestion ne coûte rien. La seule dépense en frais généraux vient de l'inspection et est minime, mais là construction a coûté plus cher qu'à Lyon et les charges fiscales sont autres.

La société anonyme des habitations économiques de St-Denis a donné cette année (1898) 3 1/2 0/0 à ses actionnaires. Il est certain que ce faible revenu assuré au capital profite aux preneurs qui ont ainsi de meilleures conditions, ou comme acheteurs ou simplement comme locataires. Mais si la chose est fort avantageuse dans les sociétés dites « anonymes », où les bailleurs de fonds sont des philanthropes, elle est moins bonne dans les sociétés coopératives souvent réduites à leurs propres ressources et qui sentent le besoin pour attirer les épargnes ouvrières de leur donner une suffisante rétribution. Ainsi une société de construction de la rue Jean-Robert, à Paris, à émis des bons à 25 fr. placés parmi les membres ou dans leur entourage ; elle ne pouvait donner moins de 1 fr. d'intérêt annuel. C'est aussi ce qui a décidé une société coopérative roubaisienne à donner 4 0/0 et non 3 0/0 à ses prêteurs, alors que cependant elle eut pu trouver à emprunter à ce dernier chiffre.

Et puisqu'il est question de ces sociétés fondées par les intéressés, constatons, en passant, combien il est difficile de fixer les ouvriers, à moins qu'il ne s'agisse d'une usine unique comme le Creusot, par exemple, que l'on sait être solide, et appelée à durer. L'ouvrier craint de devenir propriétaire, de s'attacher à un endroit déterminé, ainsi à Roubaix où il y a plusieurs sociétés de construction, l'une d'elles qui avait bâti 80 maisons, n'a trouvé preneur d'abord que pour deux ; pour les autres, c'étaient des locataires qui se présentaient.

Cette disposition d'esprit de nos ouvriers explique la difficulté dans notre pays des créations de sociétés. On trouve quelqu'initiative chez les employés, moins chez les ouvriers ; il faut les pousser, les inciter en toute manière et autant qu'on le peut les décharger de la direction. Il y a à St-Denis deux sociétés prospères, l'une est composée d'ouvriers, mais c'est un industriel qui est à sa tête et qui la conduit. La société du *cottage d'Athis* a été fondée par un employé de la compagnie d'Orléans M. Bonteloup, mais c'était un homme d'une énergie et d'une persévérance exceptionnelles, il a d'ailleurs trouvé un appui sérieux et très efficace, comme on a vu, auprès de l'administration de la compagnie dont il relève. Une société s'est formée récemment entre un certain nombre d'employés des magasins du Louvre pour acheter des terrains à Viroflay et y bâtir. Elle a été aussi fort aidée par l'administration des magasins du Louvre et par son directeur, M. Honoré.

Manière de procéder des sociétés. — Elle varie suivant les sociétés et cependant le système de la construction directe par la société est le plus employé ; il est rare que les associés empruntent pour construire eux-mêmes suivant le système anglais.

Prenons à titre d'exemple le *cottage d'Athis,* qui a eu la fortune de trouver des fonds, avantage que toutes les sociétés n'ont pas. Elle a ouvert une sorte de concours entre les entrepreneurs et architectes pour la construction de maisons à l'usage de ses membres et ayant choisi divers types dont l'exécution était garantie à forfait, elle a commencé de suite et dans une fète à laquelle j'ai assisté (juillet 1897), elle inaugurait sa soixante-deuxième maison.

Ce sont toutes maisonnettes avec jardin, mais des types les plus divers, contenant de deux à six pièces et coûtant de 4.073 à 8.911 fr. On remarquera que dans les maisons isolées le prix est à proportion bien plus élevé pour une petite maison que pour une grande.

Chaque membre désirant habiter le cottage, indique le type de maison qui lui convient et fait savoir s'il désire être propriétaire ou simple locataire. Au premier cas, il peut indiquer des changements à faire dans l'aménagement intérieur. Le prix de location va de 165 fr. pour la plus petite maison, à 365 fr. pour la plus grande. Veut-on acheter ? Il faut ajouter au prix du loyer celui de l'achat ou plutôt de l'amortissement qui va de 244 fr. à 534 fr. l'an, pendant 15 ans. On comprend que beaucoup de ménages ne peuvent payer de 400 à 900 fr. ou hésitent à s'engager. Bien entendu on peut devenir propriétaire de suite en payant le prix total de la maison et plusieurs habitants du cottage d'Athis ont acheté ainsi. Du reste les maisons sont construites en bonne meulière très durable et peuvent être exhaussées si plus tard les propriétaires en ont le désir.

Parfois aussi la société livre le terrain et c'est à chaque membre à faire construire ainsi qu'il lui plaît avec la somme que la société lui avance contre hypothèque sur la maison qu'il construira. Dans ce cas, il y a toujours un traité passé entre la société et un entrepreneur s'engageant à construire moyennant un prix de... des maisons d'un type convenu.

Au cas de location avec promesse de vente, ce qui est l'ordinaire, la société ne passe le contrat de vente que lorsque le sociétaire a payé son prix en entier. Il en résulte, comme on a vu, des droits de mutation assez lourds. C'est pour éviter ces droits très élevés que certaines sociétés, dont tous les membres veulent devenir proprié-

taires, font bâtir des maisons (d'un seul type) et les attribuent, soit
par voie de tirage au sort, soit à ceux qui ont fait les versements les
plus élevés. Comme il s'agit alors du partage d'une propriété indivise, il n'y a aucun droit de mutation à payer. Seulement le sociétaire qui n'a ordinairement acquitté qu'une partie de son achat continue à payer annuellement une somme représentant le prix de son
immeuble payable par fractions. Quelquefois le sociétaire souscrit
des actions en représentation du prix et les remet en paiement à la
société qui les annule. Les sociétés coopératives ou anonymes n'exigeant de leurs membres que de faibles actions (100 ou même 50 fr.)
ne peuvent, si elles ne reçoivent des fonds du dehors, construire
qu'avec une grande lenteur.

L'acquisition des maisons par un paiement annuel est fort pratique et commode, mais elle a un danger. Si le sociétaire meurt ou
cesse de pouvoir payer, il faut lui trouver un remplaçant, ce qui n'est
pas toujours aisé et puis, si la propriété était attribuée, le fisc vient
réclamer des droits de mutation.

Prélèvement sur les salaires. — A signaler la situation toute spéciale
de la société de Valentigney fondée sur l'initiative de grands patrons
MM. Peugeot frères. Le prix des loyers et celui de l'amortissement
qui se confondent sont prélevés sur les salaires ,du consentement des
intéressés et versés directement à la société. Le procédé assurément
est commode, mais il a ses dangers. La grève terrible et sanglante
qui a éclaté, il y a quelques années, aux États-Unis dans les établissements Pulmann, n'a pas eu d'autre cause.

M. Pulmann avait construit pour ses ouvriers une véritable petite
ville : *Pulmann city,* fort bien aménagée d'ailleurs, et louait en
retenant les termes sur le montant des salaires. Les prix de location
étaient bas, relativement au prix de revient, car le patron ne cherchait pas le bénéfice, mais ils étaient élevés, en effet, parce que les
ouvriers américains ont des goûts de confort et même de luxe, qu'ils
portent d'abord sur le logement. Tant que l'usine fut pourvue de
commandes, les salaires étant élevés, les retenues pour loyers étaient
peu sensibles ; puis le travail manquant les salaires baissèrent. Il
arriva que les retenues devinrent une partie importante du salaire ;
elles l'égalèrent quelquefois et les ouvriers exaspérés d'un tel
résultat se livrèrent aux violences que l'on sait.

Assurances contre le non-paiement des primes d'amortissement. — Le
plus grand écueil peut-être pour les membres des sociétés d'habitation à bon marché, c'est qu'ils ne peuvent toujours tenir les enga-

gements qu'ils ont pris en promettant de payer avec leurs loyers une prime d'amortissement. On a vu, par les chiffres cités à propos du cottage d'Athis, que ces primes étaient parfois élevées, étant donnée la situation de ceux qui les doivent. Les primes, à la vérité, sont moins fortes, lorsque l'amortissement dure plus longtemps 20 ans, par exemple, au lieu de 15, mais alors le risque dure aussi davantage. Les agents des compagnies de chemin de fer dont les émoluments sont fixes et la position stable peuvent remplir aisément les engagements pris, encore peuvent-ils mourir ou tomber malades, mais les ouvriers ou employés de l'industrie n'ont point cette sécurité, aussi plusieurs sociétés exigent de leurs membres, qu'ils s'assurent contre les interruptions de paiement venant de force majeure et les membres prudents, contractent eux-mêmes et spontanément de telles assurances.

La loi belge et notre loi de 1894 ont pris des dispositions pour rendre ces assurances plus faciles en permettant à certaines caisses d'État de s'en occuper. En particulier, notre caisse des dépôts et consignations, garantit, en cas de décès, le paiement de ce qui reste dû moyennant un tarif qui est pour une maison de 5.000 fr. payable en 20 ans, de 62 fr. la première année, 48 fr. 75, la cinquième année 38 fr. 50, la dixième année et toujours en descendant jusqu'à 8 fr. 50 la dernière année. A la vérité le sacrifice est lourd au début, mais il va s'atténuant sans cesse. Le preneur peut, s'il le préfère, contracter une assurance à prime fixe, c'est-à-dire moyennant une somme toujours la même. Il paiera moins naturellement au début, qu'avec la prime décroissante, mais bien plus à la fin. Le *Bulletin de la société française des habitations à marché* de 1896 reproduit (page 152) une notice de la caisse des dépôts et consignations indiquant à quelles conditions elle peut contracter de telles assurances, soit à prime fixe, soit à prime décroissante.

Il faut d'abord qu'il s'agisse d'une des maisons visées par la loi de 1894, c'est-à-dire, ayant une valeur suivant la localité de 2.300 à 9.700 fr. (ce dernier chiffre pour Paris) et que le preneur de la maison ait de 16 à 60 ans, qu'il n'ait, au dire du médecin chargé de l'examiner, aucune maladie grave. Le contrat enfin est annulé si le preneur, meurt par suicide, duel, ou cause analogue, ou s'il est prouvé, qu'il possédait, lorsqu'il a contracté, une autre habitation.

Le contrat peut être passé auprès de tous percepteurs et ceux-ci sont également chargés de recevoir les primes si le contractant le désire. Les sociétés de même peuvent faire le contrat au nom de leurs membres.

On s'est ingénié à proposer divers moyens de venir en aide au preneur qui se trouve momentanément empêché de payer son loyer, ce que l'assurance ordinaire, et surtout l'assurance faite par la Caisse des dépôts ne prévoit pas, puisqu'elle ne garantit que contre le cas de décès. On a préconisé la formation d'une caisse spéciale a ce destinée ; mais comment l'alimenter ? On n'a rien jusqu'ici proposé de bien pratique. On pourrait aussi contracter dans ce but une autre assurance, mais ce sont de nouvelles charges et les preneurs peuvent-ils les supporter ?

Il peut arriver que quelqu'un des preneurs ne puisse ou ne veuille continuer à faire partie de la société, nul ne peut être contraint. Mais alors le démissionnaire perd tout ou perd au moins une partie de ce qu'il a versé : cotisations ou annuités.

Départ d'un sociétaire. — Lui faire perdre tout est rigoureux, mais il n'est pas excessif de lui retenir une partie, car son départ cause un trouble dans le fonctionnement de la société : il faut lui trouver un remplaçant, on peut n'en pas rencontrer de suite, et en attendant, les ressources sur lesquelles comptait la société pour faire face à ses échéances vont se trouver réduites.

Résultat pratique de ces sociétés. — Voilà à quel point en sont nos sociétés de construction ; leur situation est modeste, mais elle n'est pas sans résultats. La société anonyme de St-Denis constatait dans sa dernière assemblée générale (26 mars 1898), que « la société par ses tarifs de location a servi à modérer le prix des loyers dans toute la plaine St-Denis, ce qui est conforme au but que nous poursuivons ».

Esprit dans lequel on doit les conduire. — Il faut, en terminant le sujet des sociétés de construction, rappeler les paroles si justes d'un Belge : « En matière d'ordre social, si le sentiment peut être l'excellent promoteur de certaines créations généreuses, c'est à la condition que la raison, que la science puissent les diriger ». C'est-à-dire que ce n'est pas avec de bonnes intentions seulement et de louables désirs que l'on fonde et que l'on fait durer une entreprise ; il y faut encore et surtout la capacité technique, les connaissances nécessaires, que le zèle, que l'enthousiasme ne peuvent remplacer.

Incompétence des pouvoirs publics. — On sera encore moins surpris de ce qu'écrivait dans le premier nº de 1896 les rédacteurs du *Bulletin de la Société française* : « Il y a quelques jours le conseil municipal de Paris votait une proposition de reprendre d'anciens

projets de création de logements salubres. En lisant les considéra-
tions qui précèdent le vote, on demeure confondu de l'ignorance profonde où sont en cette matière la plupart des esprits. Ils ne savent
pas ce qui a été fait, ne connaissent pas les conditions du problème », etc...

De telles œuvres, en effet, sont l'affaire de l'initiative privée, une
assemblée politique sera toujours impropre à les faire aboutir. Elle
pourra, en y affectant de fortes sommes, obtenir quelques résultats
partiels, c'est-à-dire, elle pourra loger un certain nombre de personnes avec l'argent fourni par les contribuables. Elle le fera toujours chèrement et probablement en outre d'une façon inhabile, à
supposer encore, ce qui toutefois est assez peu vraisemblable,
qu'elle le fasse d'une manière impartiale.

Un exemple de ceci est fourni par M. Cacheux, dont on connaît la
compétence en ces matières : (*Bulletin de la Société françaises* 1893,
p. 189) — En 1852, l'Etat bâtit 17 maisons ouvrières à Paris. Au
bout de quelques années, un entrepreneur, ayant eu l'idée d'aména-
ger quelques logements en appartements destinés à la classe bour-
geoise obtint de tels résultats qu'il pût offrir de ces maisons un loyer
annuel de 107.000 fr. alors qu'avant on en tirait 40.000 à peine, et
l'Etat était par surplus déchargé de tout souci de gestion.

En Angleterre, la municipalité de Londres a offert ainsi en location à très longs termes, suivant l'usage anglais, un terrain avec
obligation d'y construire des maisons ouvrières. Elle dut s'arrêter
après une dépense de 41 millions, laquelle avait été si peu efficace,
que chaque famille logée représentait une dépense de 10.000 fr.
Voilà ce que fait le pouvoir public lorsqu'il entreprend de se mêler
de ces choses.

Ce que le pouvoir public doit faire ici comme dans les cas analogues, est de laisser toute liberté à l'action des citoyens, en prenant
garde de ne leur point ôter par l'impôt des ressources dont ils font
ordinairement un meilleur emploi que l'Etat.

TROISIÈME PARTIE

ASSOCIATIONS D'ASSISTANCE ET DE PRÉVOYANCE

Leur utilité. — On a vu jusqu'ici comment l'ouvrier ou l'artisan pouvait par l'association ou obtenir de meilleures conditions de son travail et de ses efforts ou encore comment il pouvait restreindre ses dépenses et améliorer sa manière de vivre. Là ne peut se borner sa sollicitude, il doit songer aux accidents qui troublent la vie humaine et qui ont pour résultat d'ôter momentanément ou à toujours les moyens de travailler.

Il y a peu d'hommes qui n'aient à redouter la maladie, même des maladies de quelque durée ; pendant ce temps plus de gain et pourtant la dépense ne diminue pas, elle augmente.

A côté de ces maladies, qui sont le propre de l'homme, et la suite de la fragilité de notre nature, il faut compter avec les accidents du travail, qui causent ou la mort, ou des blessures parfois graves ou même impossibles à guérir ; il faut compter avec les chomages si fréquents à notre époque ; il faut compter avec les infirmités prématurées, résultant souvent du genre de travail ; il faut compter surtout avec la vieillesse qui, plus tôt ou plus tard, ôte aux hommes, qui dépassent un certain âge, la vigueur intellectuelle et physique et les rend moins capables d'exercer leur profession ou les en empêche absolument. Et puis, nous sommes tous mortels et la mort du père de famille est pour les siens, même au point de vue matériel, un dommage dont ce chef de famille doit avoir à cœur de les couvrir.

Ces éventualités sont moins redoutables pour l'homme qui a une certaine situation de fortune ; il peut vivre au moins quelque temps, sans gagner et ne craint pas de laisser sa famille dépourvue, ou bien il contracte avec une compagnie d'assurances qui garantit a cette famille le paiement d'une certaine somme, s'il vient à mourir, ou lui assure à lui-même une rente pendant ses vieux jours . L'Etat en sert à ses fonctionnaires, il en est autrement pour l'ouvrier, il n'a pas d'ordinaire de pension à attendre et les compagnies d'assurances ne contracteraient pas pour des chiffres infimes — la chose se voit en Angleterre, mais non en France au moins jusqu'à présent — mais il peut trouver un aide dans l'association, Les malheurs ne frappent pas à la fois tous les hommes ; dans un groupe il n'y aura ordinairement que quelques malades ; les accidents seront plus rares, encore, que les maladies ; les décès ne sont aussi que dans une proportion à peu près connue. La vieillesse atteint d'une manière plus certaine, mais une société doit se recruter incessamment et compter par suite des hommes de tout âge ; les plus jeunes aident les plus âgés, comme ceux-ci ont aidé jadis leurs anciens et comme eux-mêmes seront aidés par ceux qui les suivront.

Les associations qui sont formées dans ces différents buts reçoivent le nom de *sociétés de secours mutuels* parce qu'elles ont, en effet, la mutualité pour fondement et qu'elles se proposent de donner des secours sous différentes formes. Quelques-unes de ces sociétés poursuivent plusieurs buts comme d'aider dans la maladie et dans la vieillesse ou de secourir la famille en cas de décès de son chef ; d'autres sociétés ne se proposent qu'un seul but. Toutefois comme ces objets sont distincts et que les règles ne sont pas les mêmes dans tous les cas, il est à propos d'examiner successivement les associations qui se proposent chacun de ces buts.

Commençons par celles qui s'occupent de garantir contre la maladie.

CHAPITRE PREMIER

§ 1. — Historique

Les anciennes confréries. — Cette pensée de se secourir réciproquement en cas de maladie est fort ancienne ; dès le moyen âge, il y avait dans tous les pays chrétiens de nombreuses frairies ou confréries (ainsi appelées parce que la fraternité religieuse était alors dominante comme l'est aujourd'hui la mutualité), qui se proposaient de secourir leurs membres ou confrères dans toutes les circonstances pénibles de la vie, mais surtout dans le cas de maladie qui était alors le plus ordinaire.

Les confréries comptaient des personnes de toutes conditions et jusqu'à de très grands personnages, puisque le roi et la reine de France faisaient partie de la Confrérie de Notre-Dame de Paris où ils se trouvaient avec des marchands et des artisans. Ces confréries ne donnaient point d'ordinaire de secours réglés et convenus d'avance, comme font nos modernes sociétés de secours mutuels. Les membres allaient à tour de rôle et suivant leur vouloir visiter les confrères malades (1) et leur porter quelques secours. En cas de décès, on donnait un secours à la famille, soit avec les ressources de l'association, soit au moyen d'une quête faite parmi les confrères.

On peut citer, à la fois comme exemple et comme dernier vestige de ces sortes d'institutions, les frairies bretonnes de la Loire-Inférieure qui existent ou du moins qui existaient, il y a une quinzaine d'années, lorsqu'elles furent décrites dans une revue, *l'Association catholique* de juillet 1885, par un notable du pays, et en même temps un érudit, le comte Régis de l'Estourbeillon. Elles étaient nombreuses encore, car il y en avait souvent plusieurs dans une paroisse.

---

(1) On prétend que c'est un fait de ce genre qui amena la vocation artistique de Quentin Matsys. Il était ouvrier en fer et était malade lorsqu'un confrère en le visitant lui apporta une image pieuse, pour la reproduire comme un moyen de s'occuper dans son lit.

Lorsque l'un des confrères venait à mourir ou était victime de quelqu'accident : incendie, perte de ses bestiaux ou de ses filets, (il y avait beaucoup de pêcheurs), les membres de la confrérie, après l'avoir, en cas de décès, porté eux-mêmes en terre, déléguaient deux d'entre eux dont l'un était le chef de la frairie, appelé bâtonnier ou « homme de vertu » pour aller de maison en maison dans toute l'étendue de la frairie, en disant à chaque porte : c'est pour la famille de un tel décédé, ou bien pour un tel qui a perdu sa barque, ou qui a été incendié, etc... et jamais on ne refusait. Les malades étaient secourus dans le pays par les voisins de la paroisse et les orphelins adoptés par des parents même éloignés et à défaut par les voisins. La frairie ne servait que dans les cas de sinistre (1).

Il y avait toutefois de ces confréries qui avaient une forme plus réglée et donnaient des secours plus certains : c'étaient les confréries de gens de même profession qui étaient l'annexe des corporations de métiers, et s'alimentaient surtout avec les produits de l'institution corporative comme étaient les amendes et certains versements obligés, soit lors d'une réception nouvelle, soit dans quelques autres circonstances. On peut citer entr'autres la Confrérie des fourreurs de vair parisiens, qui non seulement donnait des secours fixes et réguliers en cas de maladie, mais remettait en plus, après la maladie achevée, une somme fixe au confrère pour « soy efforcer », c'est-à-dire pour achever de se remettre et pouvoir se reposer un peu durant sa convalescence. Mais surtout les membres de l'association avaient pour devoir de rendre visite aux confrères malades ; on estimait que ce n'était pas assez de contribuer de son argent, il fallait payer de sa personne. Ils devaient aussi, et d'ordinaire sous peine d'amende, assister au service funèbre qui se faisait en grande pompe et auquel les hommes de cette époque attachaient une importance extrême (2) Un mutualiste Lyonnais, M. Bleton, cite une confrérie lyonnaise qui, au xv⁰ siècle, avait déjà plus de trois mille membres et M. Eugène Joly (*Passé, présent, avenir de la mutualité*, St-Etienne, 1893) cite la confrérie parisienne de Ste-Anne dont les statuts dataient de 1696, mais qui était sans doute plus ancienne, et dont l'organisation offrait une parfaite image des sociétés de secours mutuels modernes les plus perfectionnées. Elle percevait des cotisations de cinq sous par semaine, élevées au

----

(1) Parfois aussi elles servaient de prétexte à de trop longs repas ainsi que le rappelle un vers de Lafontaine dans sa fable « du Loup et de la cigogne ».

(2) On verra plus tard qu'il en est ainsi en Angleterre où les anciennes coutumes ont gardé leur force.

double en 1740 et donnait aux malades (outre les visites des confrères) un secours fixe de 3 livres par semaine. Les incurables avaient
des places réservées à l'hospice de Bicêtre et trente sous par mois.

Leur suppression. — Les confréries professionnelles furent abolies
par l'édit de Louis XVI qui supprima les corporations de métiers.
Celles qui subsistaient encore au moment de la Révolution (il y en
avait beaucoup, l'édit royal n'ayant été exécuté que dans quelques
provinces) furent détruites alors, ainsi que les confréries charitables où se trouvaient des personnes de tous les états ; les unes et les
autres virent leurs biens saisis (1).

La mise au chapeau. — Et toutefois la coutume de s'entr'aider
entre gens de même profession persista malgré le trouble profond
qui régnait alors dans le monde du travail, on en trouve un dernier
vestige dans la « mise au chapeau » qui dura longtemps dans les
ateliers. Lorsqu'un ouvrier de la profession et surtout un camarade
de l'atelier venait à mourir ou se trouvait, par un motif quelconque,
dans un urgent besoin, on faisait circuler un chapeau où chacun
mettait son offrande et, comme dans les frairies, nul ne refusait.

Origine des Sociétés de secours mutuels. — Les sociétés de secours
mutuels avec leur forme actuelle sont récentes, elles ont commencé
avec le siècle. Bien vues des pouvoirs publics (ce qui en France
est très important) et soutenues par la sympathie active, c'est-à-
dire par l'aide et par les subsides de personnes de la classe aisée,
elles ont prospéré rapidement.

Situation actuelle. — On en comptait 45 en 1830, 1584 en 1848,
6.525 en 1882 et enfin, d'après le rapport du ministre de l'intérieur
au Président de la République portant la date du 1er novembre 1897
et donnant les chiffres de 1895 (le dernier paru en ce moment, 31
décembre 1898) (2), il y avait en France 10.588 sociétés de se-

(1) Quelques-unes subsistèrent néanmoins, M. Eugène Joly affirme que la
confrérie de Ste-Anne qui avait, comme toutes les autres, vu son patrimoine,
c'est-à-dire les objets servant au culte et aux convois funèbres confisqués en
1792, se reconstitua en 1810 sur les bases de 1740 et, ajoute-t-il, elle dure encore.

(2) On pourra être surpris que les statistiques officielles soient si longues à
paraître et qu'à la fin de 1898 on n'ait pas encore les résultats de 1896. Le
rapport cité qui donne les chiffres de 1895 et a été remis au Président de la
République le 1er novembre 1897 n'a été communiqué à la *Revue de prévoyance et
de mutualité*, feuille technique, qu'en mai 1898. Le *Bulletin de l'Office du travail*,
publication officielle, en a donné quelques extraits seulement en mars 1898.

cours mutuels avec 1.583.469 membres. Leur avoir se montait à 226.982.120 fr.

Dans cet avoir sont compris les fonds de retraite qui en forment la plus grande part. Les recettes de l'année (1895) avaient été pour les sociétés approuvées de 24.277.515 fr. et pour les sociétés autorisées de 8.084.000 fr., ensemble un peu moins de 32 millions et demi.

Leur caractère. — Il est bon de remarquer aussi que les sociétés actuelles se proposent assez souvent, outre leur but principal qui est de secourir leurs membres, de leur donner des retraites, ce que ne prétendaient jamais les anciennes sociétés. Les sociétés modernes se distinguent aussi sensiblement par un côté des anciennes confréries. Tandis que ces dernières étaient fondées sur le sentiment de la charité et d'une charité surtout personnelle, les sociétés de secours mutuels, au contraire, repoussent avec hauteur l'idée qu'elles peuvent tenir quelque chose de la bienfaisance, jusque-là qu'il se trouve des mutualités qui s'irritent de ce nom de sociétés de secours mutuels que leurs associations tiennent de l'usage et d'une longue pratique, et qui le voudraient voir remplacer par quelqu'autre : sociétés de prévoyance, sociétés d'assurances mutuelles. Ils proclament hautement que ces associations ne sont pas des institutions charitables, mais des affaires où chacun apporte afin de recevoir à son tour le cas échéant et elles ont si bien ce caractère, font-ils remarquer, que les droits de chacun y sont prévus avec un soin extrême et par des règlements minutieux. En cas de maladie, chaque membre reçoit précisément tel secours, il n'a pas à se reposer sur le bon vouloir de ses collègues et sait exactement ce qui lui doit revenir et il l'exigera au besoin. — Mais il faut entrer dans le détail de ces institutions modernes ; montrer comment elles sont organisées, comment elles vivent ; quel est leur fort et leur faible.

§ 2. — Comment sont organisées les Sociétés de secours mutuels.

A. *Leurs membres.*

Elles peuvent être formées de personnes de conditions différentes, ou, au contraire, de membres exerçant la même profession. Il y en a des deux sortes et l'une et l'autre de ces formes a ses avantages et ses inconvénients.

Personnes de conditions différentes. — Les avantages de la pre-mière sorte (personnes de toutes conditions) sont que l'on peut avoir une variété plus grande dans les risques, moins de chances de voir le malheur ou la maladie frapper beaucoup de membres à la fois, parce que les occupations sont très diverses et aussi, sans doute, la manière de vivre. Et puis on peut de la sorte avoir des membres honoraires, en avoir même en assez grand nombre. Ces membres honoraires sont des personnes généreuses payant une cotisation et ne recevant aucun secours, à la différence des membres participants qui profitent de tous les avantages de la société.

Membres honoraires. — On a, en théorie, combattu les membres honoraires; les sociétés doivent se suffire à elles-mêmes, puis-qu'elles sont une affaire et ne rien attendre du dehors. Ces personnes qui apportent sans recevoir, font, après tout, la charité, or, la cha-rité doit être absolument exclue de l'organisation mutualiste.

Je ne me serais pas arrêté à ces objections si elles ne trouvaient un appui dans la disposition d'esprit de la classe ouvrière actuelle. Il est assuré que les socialistes notamment s'attachent à répandre, parmi tous ceux qui vivent du travail manuel, un sentiment d'aigreur et d'hostilité contre les personnes qui ont de l'aisance et une situa-tion meilleure que celle de simple salarié, vivant au jour le jour. Ils leur soufflent cette pensée qu'ils ne doivent attendre que d'eux-mêmes une amélioration de leur sort. Pour les socialistes, cette amélioration ne peut venir que de changements violents ou au moins de mesures législatives ; tout ce qui vient de l'initiative pri-vée leur est suspect et odieux. Ils sont par là-même ennemis des sociétés de secours mutuels, quelle que soit leur composition et les socialistes qui siègent à la Chambre avaient soin de le rappeler dans la discussion, qui a eu lieu touchant le projet de loi sur ces sociétés (1896). Mais il n'en reste pas moins de leurs prédications, beau-coup trop écoutées aujourd'hui (même en dehors des milieux popu-laires), cette idée que l'on doit repousser par principe tout concours des personnes de la classe aisée. Rien n'est plus injuste, et rien n'est plus malhabile. En particulier dans les sociétés dont nous par-lons et dont nous nous occupons, l'aide spontanée des personnes de bon vouloir n'est pas utile seulement pour la conduite de l'affaire, leurs contributions forment, on le verra, un appoint précieux, souvent même indispensable et c'est mal entendre la fraternité que de reje-ter ainsi leur concours. Aussi les mutualistes pratiques, les direc-teurs ou anciens membres de sociétés les recherchent avec empres-sement et font ce qu'ils peuvent pour en attirer.

Un auteur, président lui-même d'une société de secours mutuels, dans un intéressant travail (*La mutualité; son organisation dans les petits centres et les communes rurales* par M. Jeanne), insiste beaucoup sur le grand intérêt qu'ont les sociétés à en avoir le plus possible. Un actuaire de réputation, M. Béziat d'Audibert, faisant, dans un rapport au ministre, la monographie d'une société de secours mutuels de Paris, celle du IX° arrondissement, fait ressortir le grand nombre de membres honoraires qu'elle renferme. « Il est bien certain qu'au premier examen la société dont il s'agit fait un peu l'effet d'un second bureau de bienfaisance, plus perfectionné que le premier ». Il en conclut que c'est un grand et sensible avantage pour cette heureuse société.

Il résulte d'ailleurs du dernier rapport du ministre de l'intérieur que dans les sociétés approuvées (environ 7.000 sur 10.000) les cotisations des membres honoraires avaient donné 2.346.903 fr. et celles des membres participants 14.833.932 fr. Dans les sociétés autorisées ces mêmes cotisations avaient été respectivement de 336.535 fr. et 4.718.413 fr. Veut-on dire que ce soient là des chiffres sans importance ? Mais le même rapport nous apprend que la dépense moyenne a été dans les sociétés approuvées, de 19 fr. 35 par homme, de 16 fr. 02 par femme, tandis que la cotisation moyenne était de 14 fr. 91 pour les hommes et 10 fr. 68 pour les femmes. Dans les sociétés autorisées, l'écart est analogue : dépense moyenne : hommes, 21 fr. 48 ; femmes, 18 fr. 75 ; cotisations : hommes, 16 fr. 21 ; femmes, 10 fr. 08. Qui a comblé ces forts écarts sinon l'argent venu d'autres sources ?

Il est très vrai qu'il faut compter en recettes les intérêts des sommes placées, le produit des amendes et celui des subventions. Mais ces subventions sont un aide, un secours de quelque nom qu'on les déguise. Il est trop évident que les seules cotisations des membres participants sont absolument insuffisantes pour fournir même à l'objet le plus immédiat des sociétés de secours mutuels : l'assistance dans la maladie. Il faut donc, loin de marquer quelqu'hostilité aux membres honoraires souhaiter que tous les mutualistes soient bien convaincus qu'ils sont utiles, nécessaires, comme il faut désirer que ceux qui ont une situation suffisante pour être à l'abri de l'inquiétude sentent qu'il est de leur devoir d'entrer comme membres honoraires dans ces sociétés afin d'aider ainsi ceux qui sont moins fortunés. Quant à ceux qui, par orgueil mal entendu, veulent repousser tout ce qui ressemble à la charité, sans songer, d'ailleurs, que les administrateurs des sociétés de secours mutuels qui donnent leur temps comme les membres honoraires donnent leur argent, font aussi la charité à leur manière ; que ceux-là méditent ces paroles de M. Berger, député de la Seine, à l'assemblée générale de la Ligue mutualiste en 1895. « Les bienfaits de la mutualité sont faits pour s'ajouter à ceux d'une grande vertu qui aura toujours sa fonction à part et dont le rôle sera d'autant plus important, qu'elle sera plus indépendante : la charité. » Les sociétés formées entre gens de même profession peuvent d'ailleurs avoir, elles aussi, des membres honoraires. Ces membres seront alors, presque exclusive ment, des patrons de la même industrie que les ouvriers qui, forcément, seront peu nombreux, mais compenseront leur petit nombre par leurs libéralités.

Sociétés professionnelles. — Les sociétés professionnelles, c'est-à-dire formées de gens de même métier, ont ordinairement plus de cohésion que les autres, parce que leurs membres sont toujours ensemble, ont même vie, mêmes intérêts. Elles sont aussi plus faciles à recruter, au moins dans une certaine limite, parce qu'elles sont formées de gens qui s'attirent naturellement, comme ayant mêmes occupations et même esprit. Il est aussi bien plus facile de calculer les risques, toutes les existences étant semblables. L'inconvénient est que les risques fâcheux se présentent aussi à la fois.

Il y a des sociétés des deux sortes. Celles de la première sorte sont plus nombreuses, au moins comme sociétés autonomes ; les secondes sont souvent l'accessoire d'une autre sorte d'association.

D'après le rapport officiel sur l'année 1895, ces sociétés professionnelles auraient été alors au nombre de 3.013 avec 543.476 membres et leur patrimoine s'élevait à environ 10 millions. L'auteur du rapport ajoute :

« On ne s'est guère occupé jusqu'ici que de la situation des ouvriers syndiqués : ce sont eux qu'ils (les publicistes, les politiques) ont pris pour bases de leurs discussions. Cependant à côté de ceux-là, dans le même milieu, travaillant dans les mêmes ateliers, aux mêmes conditions et en plus grand nombre, d'autres ouvriers suivent une autre voie qu'il est utile de mettre en évidence. Tandis que les ouvriers syndiqués se groupent en vue du maintien ou de l'augmentation du taux de leurs salaires et qu'ils s'écartent, parfois à leur détriment, du programme syndical, les ouvriers mutualistes emploient leurs cotisations vers le terrain de la prévoyance ».

Observation juste à l'adresse des admirateurs outrés, officiels ou officieux, des syndicats professionnels ouvriers. Mais revenons à nos sociétés mutualistes.

Le nombre des membres est extrêmement variable, allant pour une société de plusieurs mille à quelques unités. On est étonné de trouver des sociétés absolument infimes. Ainsi un mutualiste de Marseille analysant (dans la *France Sociale*, du 19 décembre 1896) le dernier rapport au ministre et la partie qui concerne la ville qu'il habite, constate que sur les 253 sociétés de Marseille, 182 ont moins de cent membres et, parmi elles, on trouve une société de deux membres, une de six et une de onze, trois de douze, deux de quinze, et deux de seize membres.

« Comprend-on l'utilité que peuvent avoir des sociétés ainsi réduites ? Si c'étaient des sociétés en formation, encore pourrait-on espérer les voir s'augmenter, mais elles sont anciennes ; deux datent de 1859 et une de 1844. Celle qui a deux membres a été créée en 1879, elle est la seule qui possède dans cette catégorie un fonds de retraite qui s'élève à 2.800 fr. ; pas une n'a de membres honoraires. Quant aux fonds libres qu'elles possèdent, le rapport n'en dit rien. Il est à présumer cependant qu'elles doivent en avoir un, nous ne verrions pas de quelle utilité pratique de pareilles sociétés pourraient être pour leurs membres, si elles n'avaient pas de fonds ». Il ajoute : « Le rapport constate avec satisfaction que le nombre des sociétés en France s'est augmenté. Eh ! bien nous avouons, nous, que notre satisfaction serait plus grande si elles avaient diminué et que le nombre des mutualistes se soit augmenté. — Marseille ne perdrait rien à ce que les 182 unités, dont nous parlons, se soient concentrées en une centaine seulement dont les effectifs seraient alors de cent membres en moyenne. Nous estimons qu'une société doit avoir une centaine de membres pour qu'elle puisse fonctionner et rendre le service qu'elle se propose.

« On comprend que dans une petite commune rurale qui n'a que quelques centaines d'habitants, on se contente du nombre d'adhérents qu'elle peut donner ; mais dans une ville de près de 500 mille âmes des effectifs restreints ne devraient pas exister. »

Ces observations sont absolument justes, une société de secours mutuels doit avoir de 100 à 500 membres. Au-dessous de 100 membres, on ne peut établir de moyenne exacte pour les secours à fournir, et au-dessus de 500 membres on ne se connaît plus, la surveillance devient difficile et les frais à proportion sont beaucoup plus grands. La moyenne des membres de chaque société est, d'ailleurs, d'environ 150 (1.599.438 membres pour 10.588 sociétés.)

Il serait à désirer que les trop petites sociétés se fusionnassent entre elles, mais c'est très difficile à obtenir. Chacune tient à son autonomie, car chacune, on le vera, a ses règles à part, pour les cotisations, les secours, chacune a sa caisse plus ou moins pourvue et quelquefois ses réserves. Puis, il y a les questions de quartier, de personne, etc... et c'est ce qui explique la présence de sociétés minuscules.

Qui compose ces sociétés, j'entends comme membres participants, car peu importe les membres honoraires ? Ce sont évidemment des personnes qui, ayant de faibles gains et, par suite, peu d'épargnes, sentent le besoin de s'assurer contre l'imprévu ; ce sont donc surtout des ouvriers ou artisans travaillant à leur compte, mais avec de faibles ressources, des employés de commerce ou de l'industrie.

Nombre des femmes et enfants. — Quelle est la part réciproque des hommes et des femmes ? D'après la statistique officielle déjà citée, les hommes étaient pour l'ensemble, dans la proportion de 81,2 0/0, les femmes 15,7 et les enfants 3,1 0/0 seulement.

Il y a quelques sociétés composées uniquement de femmes, ce sont des sociétés professionnelles. Elles sont 363 en tout ; d'ordinaire hommes et femmes se rencontrent dans les mêmes sociétés, lorsque toutefois on veut bien y admettre les femmes, car on ne les reçoit pas partout. Il y avait, en 1895, 2046 sociétés mixtes, soit composées d'hommes et de femmes et 226 ne comprenant que des femmes.

Question de l'admission des femmes. — La question de savoir si on doit les admettre est, en effet, l'une des plus discutées. En leur faveur on fait valoir l'influence qu'elles exercent dans leur intérieur. N'est-ce pas elles qui donnent l'impulsion à leurs maris et à leurs fils ? Il importe donc de les avoir avec soi et non contre soi. Si elles sont bien convaincues de l'utilité de ces sociétés, on peut compter que les cotisations seront payées régulièrement ; au besoin, elles viendront payer elles-mêmes, elles feront même inscrire leurs enfants. Et comme on s'intéresse surtout aux institutions dont on fait partie, il faut s'efforcer de les faire entrer dans ces sociétés. Quant aux veuves et aux filles obligées de gagner leur vie, on sait combien elles ont de peine à subsister, elles ont donc un besoin urgent d'être secourues en cas de maladie ; il est odieux de prétendre les exclure, alors que leur position est particulièrement précaire.

La raison que l'on donne pour les repousser est qu'elles sont plus souvent malades. Mais leurs maladies sont moins longues et cela vient, suivant un auteur mutualiste bien au courant des questions pratiques (M. Jeanne, *La Mutualité, son organisation, etc.*), de ce qu'elles ont plus « d'endurance » que les hommes. Et toutefois le même, très partisan d'ailleurs de leur admission, signalait un inconvénient sérieux : c'est que les femmes restant habituellement chez elles, ont bien plus de facilités pour simuler des maladies que les hommes, qui ne peuvent demeurer à la maison sans perdre leur salaire, sauf dans la morte-saison ou à la campagne pendant l'hiver. « Nous avons, disait-il, connu des femmes qui pour mieux simuler des maladies, se faisaient soigner par le médecin et jetaient les remèdes payés par la société. Elles ont été exclues de la société. Nous avons dû en venir là, sous peine d'être ruinés ou de prononcer l'exclusion de toutes les femmes.

« Depuis cette époque, beaucoup d'entre elles qui étaient toujours malades, ne le sont plus souvent et même quelques-unes pas du tout. Plus heureux que le médecin, notre réforme a opéré des cures merveilleuses. »

Le même fait de simulation est signalé par la *Revue mutualiste* pour la société des instituteurs et institutrices : la dépense moyenne annuelle était de 4 fr. 74 par homme et de 7 fr. 05 par femme, bien que le secours ne fût accordé que sur *visa* de l'inspecteur d'académie. On constata de fausses maladies et après quelques exclusions tout rentra dans l'ordre.

Il n'en faut pas conclure qu'on doive exclure les femmes des sociétés de secours mutuels, mais seulement qu'une surveillance exacte est nécessaire et qu'il ne faut pas craindre d'avoir recours à une très energique répression. Cette surveillance, d'ailleurs, est possible, surtout si les membres de la société qui sont les premiers intéressés à éviter le gaspillage veulent bien s'en occuper.

L'admission des enfants. — On trouve un certain nombre de sociétés qui reçoivent des enfants (710). Mais le rapport du ministre ajoute de suite, qu'ils paient peu ou même point de cotisations, et qu'ils sont, au fond, pour les sociétés qui les reçoivent, une charge librement acceptée d'ailleurs par ces sociétés.

On conçoit que les enfants, dont les gains sont faibles ou même nuls, ne soient pas en état de payer les cotisations ordinaires; et, d'autre part, habitant en principe chez leurs parents, ils ne sont pas pour eux en cas de maladie une charge nouvelle, sauf pour les soins médicaux souvent accordés par les statuts des sociétés ordinaires à la famille de leurs membres. On a organisé pour les enfants des sociétés spéciales dont il sera parlé plus loin.

Conditions d'admission. La santé. — Mais la condition que doivent remplir les adhérents à une société est d'être, au moment de leur admission, en *bon état de santé*. Cette exigence semble parfois excessive et révolte au premier abord. Quoi ! il s'agit d'une institution faite pour secourir les malades et on va se montrer aussi difficile ?

Ecoutons sur ce point un homme pratique, M. Jeanne. « Une société de secours mutuels n'est pas un hôpital ouvert aux phtisiques, paralytiques, ou autres malades incurables. Si l'on veut éviter la ruine à brève échéance, il importe de n'accepter que des personnes jouissant d'une bonne constitution et sur la présentation d'un certificat de médecin attestant qu'elles ne sont affectées d'aucune maladie ou infirmité chronique. »

Un âge maximum. — En effet, une société de secours mutuels est une institution de garantie réciproque, on donnera des secours aux collègues dans le besoin, à condition d'en recevoir, il faut donc que la maladie ne soit qu'un accident. Si elle doit être l'ordinaire, si celui qui se présente est atteint d'une maladie incurable, il tombe ou tombera bientôt à la charge de ses collègues, or les cotisations de ceux-ci ne sont pas suffisantes pour secourir à perpétuité une partie des sociétaires ; la place de ceux-là est dans les hospices, ou parmi les inscrits du bureau de bienfaisance.

Comment sera constatée l'aptitude physique ? Dans les grands centres par une visite du médecin de la société ; dans les campagnes, où l'on se connaît bien, par le consentement des autres sociétaires intéressés à n'accepter que des collègues bien portants.

Pour la même raison, c'est-à-dire, parce que les risques de maladie et surtout la durée des maladies augmentent avec l'âge, on ne reçoit de nouveaux membres que jusqu'à un âge de...d'ordinaire 30 ou 35 ans. On admet d'habitude à partir de 16 ou 18 ans. Avant cet âge on ne gagne pas assez pour faire face aux cotisations, et c'est seulement alors que l'on commence à avoir, dans les professions manuelles, une situation indépendante et qu'on est sorti de l'enfance.

B. *Les ressources des Sociétés de secours mutuels.*

C'est ce qui permettra aux sociétés de fonctionner, c'est-à-dire de remplir leur office ; l'objet est donc important. Les recettes de nos sociétés sont de deux sortes, ordinaires et extraordinaires. Les ordinaires sont la cotisation des membres, les extraordinaires sont les dons et legs qui leur sont faits, parfois les subventions de l'Etat ou des villes et le produit des loteries ou fêtes de charité.

Ressources extraordinaires. — Laissons les ressources extraordinaires, il serait imprudent de faire fond sur elles et de les faire entrer en ligne de compte. Les dons ou legs sont exceptionnels, les subsides ou municipaux ou de l'Etat ont plus de fixité, en ce que souvent ils sont renouvelés chaque année, mais encore ne sont-ils pas certains ; les budgets sont votés par des assemblées changeantes et changent par suite ; quant aux loteries et aux fêtes de charité elles sont un appoint qui peut être utile et que l'on ne doit pas négliger (à condition, bien entendu, d'avoir des fêtes qui couvriront leurs frais : et il n'en est pas toujours ainsi) ; mais comme il faut pour les loteries une autorisation spéciale, pour les fêtes aussi des conditions qui ne se trouvent pas souvent, on ne peut considérer les ressources obtenues ainsi que comme pouvant servir dans des cas exceptionnels. Pour le courant de la société, il ne faut compter absolument que sur les cotisations, parce qu'elles seules procurent des ressources fixes et régulières.

Ressources ordinaires : les cotisations. — Il sera même prudent de ne compter que sur les cotisations des membres participants, et de régler ses dépenses sur les ressources qu'ils peuvent fournir. Les cotisations des membres honoraires doivent servir seulement à parer à l'imprévu, à combler les déficits ou à constituer des pensions de retraites.

C'est ce qu'écrivait dans son rapport au ministre M. Léon Marie, dont il est superflu de vanter la compétence : « Les charges essentielles d'une société ne peuvent être équilibrées que par les seules cotisations des membres participants ; c'est là un principe d'une importance capitale ». Elles forment, ajoutait-il, le budget ordinaire ; les cotisations des membres honoraires, dons, etc... ne sont que des ressources extraordinaires qui peuvent seulement atténuer les rigueurs exigées par l'équité.

Quelle devra être la cotisation des membres participants ? (celle des membres honoraires dépend toute de leur bon vouloir). Impossible de donner un chiffre unique, elle dépendra des ressources des associés et du désir qu'ils ont de s'assurer plus ou moins en cas de maladie. Elle est plus forte avec des artisans, petits commerçants, employés de commerce, ou avec des ouvriers habiles ou ayant une profession lucrative ; elle le sera moins avec de simples journaliers gagnant péniblement leur vie. Le chiffre de 1 fr. par mois est fréquent, on ne va guère au delà de 2 fr. ni au-dessous de 0 fr. 50. En

1895, et d'après le rapport au ministre, la moyenne des cotisations avait été, dans les sociétés approuvées, de 14 fr. 91 pour les hommes, de 10 fr. 68 pour les femmes ; dans les sociétés autorisées de 16 fr. 21 pour les hommes et 10 fr. 08 pour les femmes.

Les cotisations doivent-elles être égales pour tous les associés, mettons à part les enfants ? Il arrive dans les sociétés mixtes, c'est-à-dire contenant des hommes et des femmes, que l'on réclame des cotisations plus faibles aux femmes, parce qu'on sait que leurs ressources sont moindres ; elles reçoivent aussi de moindres secours. Quant aux cotisations payées par les personnes de même sexe, elles devraient, en théorie, varier avec l'âge des participants, les chances de maladie étant plus grandes pour les personnes âgées.

M. Léon Marie voudrait qu'on les fît varier par période de cinq ans. En fait on ne le fait pas, parce qu'il y aurait une complication et que les sociétés de secours mutuels sont administrées d'après des principes très simples ; on ne comprend qu'une seule cotisation pour les hommes, et une seule pour les femmes. La seule compensation que l'on apporte aux charges résultant de l'âge de l'associé, est dans les variations du droit d'entrée. Tout sociétaire entrant paie une petite somme une fois versée qui varie d'ordinaire de 4 à 6 fr. 37 dans les sociétés approuvées. de 2 fr. 18 à 4 fr. dans les autorisées. En nombre de sociétés (mais non cependant dans toutes) elle s'élève avec l'âge du sociétaire admis, ceci encore ne se trouve guère que dans les sociétés qui reçoivent des membres jusqu'à un âge relativement avancé, c'est ainsi que la société de Demigny (Saône-et-Loire) qui admet des membres de 18 à 50 ans fait varier les entrées de 5 à 15 fr. suivant les âges (correctif encore faible pour d'aussi tardives admissions).

On peut indiquer ceci en passant que pour éviter les frais, les cotisations surtout dans les sociétés à faible effectif, ou formées entre gens qui travaillent ensemble, sont recueillies à tour de rôle par chaque associé successivement. On a vu déjà de ces collecteurs dans les syndicats professionnels et, en général, dans les diverses sociétés populaires.

Il importe, on le conçoit, que les cotisations rentrent exactement. Comment donnerait-on des secours si la caisse est vide parce que les associés doivent et ne paient pas ? On a donc dû, contre les retardataires, employer deux procédés : les amendes, et pour manquements prolongés le remède extrême de la radiation.

Les amendes. — On a vu déjà le rôle malheureusement. nécessaire, des amendes dans les sociétés populaires (Pour citer un trait qui

rentre dans notre sujet, une société de secours mutuels de Liège, qui
avait omis de punir d'amendes les absences aux assemblées générales annuelles eut un jour à l'assemblée 8 présents sur 281 membres ; il fallut réparer l'omission). On ne s'étonnera pas que ces
amendes soient pour les sociétés une ressource. C'est ainsi, qu'en
1894, *La Prévoyante de Montmorency* (Seine) établissait ainsi ses recettes : cotisations des membres honoraires 2.333 fr. ; des membres
participants 4.124 fr. ; amendes 1.901 fr. Une autre société avait,
avec le produit des amendes, payé et au delà les frais funéraires.
Au total, le produit des amendes en 1895 avait été de 431.208 fr. dans
les sociétés approuvées et 166.476 fr. dans les autorisées.

Les subventions, etc. — Après les amendes viennent les subventions
qui, pour les sociétés approuvées, avaient donné avec les legs (les
deux produits sont confondus dans le rapport officiel) 1.609.133 fr.,
il y avait en outre 1.687. 568 fr. de « recettes diverses ». Enfin
sur 24.277.500 fr. de recettes totales, les cotisations des membres
participants donnaient 14.958.814 fr., les amendes 431.208 fr., les
droits d'entrée 354.931 fr ; voilà ce qu'avaient fourni les intéressés.
Le reste venait : des membres honoraires : 2.346.900 fr. ; de l'intérêt des fonds placés : 2.808.956 fr. et des dons, legs et subventions.
Pour les sociétés autorisées, les recettes étaient seulement de
8.571.556 fr. savoir : 4.791.000 fr. par les cotisations des intéressés, 166.496 fr. par les amendes, 100.774 fr. par les droits d'entrée. Puis à côté : membres honoraires : 336.535 fr. intérêts des
fonds placés : 1.358.331 fr. ; dons manuels (il n'y a pas de subventions) : 707.369 fr. ; recettes diverses : 693,636 fr.
On pourrait nommer encore une autre source de revenus pour
les sociétés de secours mutuels, mais qui est en espérance bien plutôt qu'en effet ; ce sont les profits que peuvent donner d'autres entreprises, telles que, par exemple, les sociétés coopératives de consommation. Les statuts de quelques-unes de ces sociétés ont prévu
un prélèvement sur les bénéfices, pour en gratifier telle ou telle œuvre
de prévoyance et d'assistance comme les sociétés de secours mutuels, par exemple. Mais le fait est rare, les revenus provenant
d'une telle source sont forcément aléatoires, il ne faut compter assurément que sur les cotisations des membres participants et c'est en
proportion de ces cotisations que l'on pourra donner des secours.
Ces secours quels seront-ils ?

C. Charges des Sociétés de secours mutuels.

Ces charges sont parfois multiples comprenant le secours contre
la maladie, le paiement d'une indemnité en cas de décès, ou en cas
d'accident, les retraites pour la vieillesse, etc... Il ne s'agit en ce moment que des secours en cas de maladie, mais pour ce cas même le
devoir de la société peut être entendu de plusieurs manières.

Secours en cas de maladie. — Un journal technique, la *France sociale*
ne comptait pas moins de treize diverses manières d'opérer, seulement pour les secours en cas de maladie. Certaines sociétés accordent à la fois les soins du médecin, les remèdes et une indemnité
aux sociétaires malades ; c'est le plus ordinaire. Mais d'autres sociétés ne donnent que les soins médicaux et les remèdes ou encore
les soins seuls du médecin. Les unes étendent ces allocations à la famille du sociétaire, dans une mesure plus ou moins large ; d'autres les
limitent aux seuls membres de la société. Il y a dans cette pratique
de l'extension des secours à la famille, une bonne mesure, puisqu'elle
maintient le foyer et aide les familles nombreuses, et un danger si
on les accorde à trop de personnes, car il faut se souvenir que les
ressources des sociétés sont limitées et que les allocations accordées doivent être en rapport avec le nombre des membres participants, de telle sorte qu'on puisse, à l'avance, proportionner les
secours aux recettes.

Nombre de statuts portent que l'on ne doit pas de secours lorsque la maladie existait avant que le membre entrât dans la société
et a été dissimulée par lui ou encore lorsqu'elle provient de causes
honteuses : alcoolisme ou débauches ; quelques statuts ajoutent :
lorsqu'elle provient de duel ou d'aliénation mentale. Quelques sociétés enfin ont des lits dans les hôpitaux privés ou relevant de
l'administration publique (1).

Les sociétés qui donnent à la fois une indemnité en argent et des
soins en nature font d'ordinaire la même dépense pour chacun de
ces deux objets : la moitié des ressources dont elles disposent vont
aux allocations en argent et l'autre au traitement. Dans cette seconde part, la plus grosse portion est d'habitude absorbée par les

(1) Au IV° Congrès mutualiste (St-Etienne 1895) on a entendu une société
de St-Etienne qui plaçait ainsi de ses malades dans un hôpital de l'Etat et
une société de Marseille qui mettait les siens chez les frères St-Jean de Dieu.
La première payait 650 fr. par an et par malade, la seconde payait pour chaque
malade 1 fr. par jour.

remèdes ; il est rare qu'ils ne coûtent pas sensiblement plus chers que les soins médicaux, mais ceci sera traité à part.

Les tables de morbidité- — Fixer la quotité des secours est chose délicate, puisqu'elle dépendra des ressources, et cependant il faut qu'elle soit arrêtée à l'avance, car chaque associé veut connaître, en entrant dans la société, quelles vont être ses charges et quels seront aussi ses droits. Il y a donc, pour les rédacteurs des statuts, un calcul à faire, ce calcul en principe doit être établi au moyen de tables dites de « morbidité » et qui donnent par âge et autant que possible par profession le nombre moyen des jours de maladie. Malheureusement de telles tables n'existent pas en France. Quelques sociétés d'assurances, à prime fixe, ont seulement rédigé des tables de mortalité, mais il n'y a pas de table récente de morbidité donnant la proportion des malades. Nous n'avons sous ce rapport qu'une table ancienne déjà, car elle remonte à quarante ans, et les conditions de la vie et de la santé publique ont changé depuis : c'est la table de Hubbard, ou encore quelques tables étrangères, mais applicables à des populations placées dans une autre situation que nous et souvent rédigées de la manière la plus différente les unes des autres ; dans l'une on compte même les indispositions, dans l'autre seulement les maladies sérieuses. Bref, il serait nécessaire d'avoir des tables faites sur un type unique et connu à l'avance.

Le gouvernement impérial, lorsqu'il a rendu le décret de 1852 sur les sociétés de secours mutuels, avait promis de faire rédiger une telle table par ses fonctionnaires et on l'aurait tenu au courant. Rien n'a été fait. Les sociétés de secours mutuels agissent par habitude. Elles ont constaté que pour donner un secours de.... il fallait telles cotisations. Les sociétés qui se fondent ont l'expérience des autres et si elles ont commis, au début, quelques erreurs de calcul, elles sont amenées vite à les rectifier.

Indemnité pécuniaire. — Aucune difficulté d'ailleurs sur le premier mode de secours, paiement d'une indemnité pécuniaire pour les jours de maladie. Notons, en passant, qu'en règle ordinaire le chiffre de l'indemnité journalière égale celui de la cotisation mensuelle. C'est le second objet : soins donnés aux sociétaires malades qui soulève de nombreuses difficultés.

Laissons de côté les questions de maladies simulées qui peuvent être résolues par une active surveillance (parfois difficile à exercer, il faut le reconnaître), mais il y a la question des secours médicaux et la question des remèdes.

Soins médicaux — La société a toujours *son* ou quelquefois *ses* médecins, mais sera-t-il loisible à l'associé reconnu malade de l'appeler à volonté? Il est fort à craindre qu'il en abuse, surtout avec la disposition qu'ont les gens du peuple à consulter de plusieurs côtés à la fois, principalement, lorsque cela ne leur coûte rien (1). Aussi les sociétés s'en remettent-elles ordinairement à l'appréciation du médecin. Seulement il y a ici deux écueils, le médecin est payé ou à l'abonnement, c'est-à-dire qu'il reçoit tant par an pour visiter les membres de la société qui ont besoin de ses soins, ou à la visite. Au premier cas, les malades se plaignent d'être abandonnés et de ne pas voir le médecin, au second cas c'est souvent la société qui trouve excessifs les frais faits.

Rapports des sociétés avec les médecins. — La difficulté la plus sérieuse, n'est pas dans ces récriminations inévitables, elle est dans l'entente entre les sociétés et les médecins. Au début, lorsque les sociétés de secours mutuels étaient faibles à la fois et peu répandues, les médecins habitant dans leur ressort avaient consenti à faire des visites pour un prix infime et aujourd'hui ils déclarent ne plus pouvoir continuer leur concours dans les mêmes conditions.

Plaintes des médecins. — Non seulement le nombre des mutualistes est devenu beaucoup plus grand, mais il se trouve parmi eux des gens aisés et même riches. Il y aurait comme membres participants affirment quelques médecins, des millionnaires, qui trouvent fort commode de se faire soigner eux et leurs familles moyennant de faibles cotisations « J'ai soigné des mutualistes plus riches que moi », disait un docteur. Et il citait le propos de l'un d'eux, propriétaire d'un café, bien achalandé qui expliquait pourquoi il était entré dans la société. « Mon café est situé sur la place en face de l'église, les jours d'enterrement les confrères ne pourront se dispenser de venir chez moi » ! Il profitait aussi des secours médicaux. Un autre médecin signalait à la *Ligue de la Mutualité* une société de secours mutuels qui employait un « *rebouteur* » et le payait plus que son médecin, ce qui, ajoutait-il, est peu flatteur pour notre corporation.

(1) Comme curieux exemple, je puis citer celui d'un cocher de Paris, qui, blessé à l'épaule et, par suite, ne pouvant conduire, mais pouvant circuler, allait régulièrement à la consultation de deux hôpitaux différents. Il avait, en outre, obtenu les visites du médecin, du bureau de bienfaisance, et enfin, il se donnait le luxe de quelques consultations payées. Ces quatre médecins simultanément consultés lui avaient prescrit des traitements différents. Il les suivait tous avec le goût qu'ont les hommes de son milieu pour les remèdes et pour les drogues.

« Vos sociétés, disait le docteur Savourrin, au conseil de la *Ligue Mutualiste*, ne sont plus une question de charité, mais une combinaison économique d'assurances, dans laquelle entrent des gens de toutes conditions. Leur avoir se compte par gros chiffres, elles reçoivent des subventions assez fortes prélevées sur les contribuables et que donnent-elles à leurs médecins ? Des honoraires dérisoires : 2 fr. et même 1 fr. dans les grandes villes ; on signale une société qui a payé 3.000 fr. pour 7.000 visites ! »

Dans les campagnes où les médecins sont rares c'est bien autre chose. Un membre du conseil général de la Nièvre, parlant des médecins cantonaux, c'est-à-dire rétribués par les départements pour soigner les malades pauvres, reconnaissait que « le médecin cantonal obligé à visiter quatre ou cinq communes, plus ou moins éloignées les unes des autres, était astreint à parcourir en un jour — pour obéir au premier appel, même au premier caprice d'un malade — des distances véritablement effrayantes et il reçoit pour un semblable labeur des honoraires variant de 150 à 300 fr. par an, à peine la ferrure de son cheval ».

Dans le Loiret, un médecin cantonal avait parcouru en un an 1.600 kilomètres (à peu près la distance de Paris à St-Pétersbourg) et pour cela il touchait 150 fr., un peu moins de 10 cent. par kilomètre. De plus les malades ne se montrent pas faciles envers un médecin qui est « obligé » de les soigner. « Les exigences du pauvre vis-à-vis du médecin, disait l'un deux, sont bien plus grandes que celles du riche ». « Les pauvres, disait un membre du Conseil général des Basses-Pyrénées, sont d'une extrême exigence dans leurs maladies, aucun médecin ne les satisfait ». Ceci concerne les médecins cantonaux, mais est tout aussi vrai des médecins des sociétés de secours mutuels, dont la situation est analogue, car s'ils n'ont pas une clientèle d'indigents, ils sont payés et traités comme médecins des pauvres.

Ces plaintes des médecins se sont fait entendre souvent dans leurs assemblées et elles ont pris corps à la suite de la loi du 21 mars 1884 sur les syndicats professionnels. Ils ont fait des associations pour convenir entre eux d'exiger de leurs peines une rétribution convenable, et de refuser leurs soins aux payeurs récalcitrants. Entravés d'abord par la jurisprudence qui leur refusa le droit d'user de la loi de 1884, ils ont vu leur droit de se syndiquer, proclamé par une loi spéciale de 1893 et en ont usé immédiatement. Entre eux et les sociétés de secours mutuels la lutte est devenue quelquefois très vive, certains mutualistes n'ont ménagé aux médecins syndiqués, ni les reproches, ni même les injures, les accusant de négliger le côté élevé de leur profession, le dévouement qui doit en être l'essentiel pour s'attacher à de méprisables questions pécuniaires. A quoi les médecins répondaient qu'il leur fallait vivre de leur profession, qu'ils voulaient bien s'accorder à être modérés, mais qu'ils ne pouvaient accepter des émoluments absolument insuffisants et ridicules (1). A la vérité, la *Ligue de la Mutualité* qui donne suivant son pouvoir la direction au mouvement, a émis le vœu que « les personnes riches, membres des sociétés de secours mutuels, fussent invitées à ne pas user habituellement du service médical ». Mais si ce vœu est excellent il est tout platonique ; comment le faire exécuter ?

Il faut pourtant arriver à une entente, car les sociétés de secours mutuels ne peuvent se passer de médecins, et, d'autre part, leur clientèle est tentante pour de jeunes docteurs qui débutent, ils y trouvent un gain sans doute faible, mais non méprisable et le moyen de se faire connaître. La situation est d'ailleurs très différente selon les endroits : ici l'accord est fait et les relations très bonnes entre le syndicat des médecins et les sociétés mutuelles, ailleurs on n'a pu trouver encore un *modus vivendi* satisfaisant pour les deux parties.

Les médicaments. — La question des médicaments ne donne pas lieu aux mêmes difficultés, mais elle soulève des plaintes d'autre sorte. La dépense en remèdes est, en effet, beaucoup plus forte d'ordinaire que la dépense en honoraires de médecins.

Ainsi les frais de maladie s'étant élevés au total (et toujours pour 1895) à 15.901.843 fr., il y a 7.920.397 fr. d'indemnités pécuniaires, c'est presque exactement la moitié de la dépense comme il a été dit et puis on a pour frais pharmaceutiques 4.435.660 fr. contre 3.545.900 fr. pour honoraires de médecins, c'est presqu'un quart en plus pour les remèdes. On s'étonnerait de l'excès des dépenses de pharmacie, si l'on ne connaissait le goût que montrent pour les drogues les gens de petite et quelquefois de moyenne condition, c'est-à-dire de ceux qui, précisément, composent les sociétés de secours mutuels. Ils ne se croient pas soignés si on ne leur prescrit quantité de remèdes ; un médecin n'est bon et habile que s'il ordonne beaucoup de drogues. Ils se jugeraient même abandonnés

____

(1) D'après le rapport officiel pour 1895, certains syndicats de médecins auraient arrêté qu'ils ne tiendraient pas pour mutualistes et par suite qu'ils refuseraient de soigner les membres des sociétés ayant des domestiques ou occupant un logement d'une valeur locative de....

par la science et perdus à bref délai, si on ne leur prescrivait rien
ou très peu. De plus ils réclament volontiers les nouveautés pharmaceutiques, qu'ils ont vu annoncer à grand renfort de publicité
ou encore qui ont le mérite de représenter à leurs yeux « les derniers progrès de la science ». — De leur côté, les jeunes médecins,
parmi lesquels se recrutent surtout ceux qui soignent des mutualistes, sont assez enclins à user de ces remèdes. On s'élève souvent
parmi les mutualistes contre cette fâcheuse tendance à exagérer la
dépense en pharmacie, et c'est une des critiques que l'on adresse
aux médecins ; ils se montrent trop faciles à prescrire des remèdes
et des remèdes chers. Mais ici la correction n'est pas aisée, il faudrait changer le tempérament de la plupart des mutualistes.

La société d'Astaffort (Lot-et-Garonne) a mis dans ses statuts :
« La société paie aux membres malades une partie du coût des
médicaments ; elle paie la totalité lorsque le bureau juge que les
ressources de la société le permettent ». Il est clair que les membres d'une société se montrent moins pressés de se faire droguer
lorsqu'ils savent qu'une partie des frais leur incombe. Mais une telle
clause est très rare. D'autre part, quelques sociétés ont interdit
par leurs statuts, l'emploi des spécialités, ou bien quelques assemblées générales annuelles en prononcent l'interdiction. Mais
ce sont là des mesures que l'on vote en séances lorsqu'on se
trouve en présence d'un budget qui ne s'équilibre pas et que l'on
serait bien fâché de se voir appliquer si l'on venait soi-même à
tomber malade.

On a proposé, d'autre part, de donner uniquement aux malades
une indemnité pécuniaire, leur laissant le soin de se faire soigner à
leur guise. Pareille proposition n'a encore été admise nulle part et
a peu de chance de l'être. Le médecin est moins payé par une société
de secours mutuels que par une personne isolée, parce qu'il peut,
à raison de la nombreuse clientèle que lui procure la société, restreindre ses honoraires ; pour la même raison le pharmacien fait
une remise ; il y a donc avantage à tenir de la société les soins et
les remèdes. Un mutualiste fait remarquer à ce propos qu'une
société peut avoir plusieurs médecins pour laisser le choix à ses
membres, mais qu'elle ne doit avoir qu'un seul pharmacien ; c'est
ainsi seulement qu'on en aura à de bonnes conditions.

On s'est demandé aussi si les sociétés n'auraient pas avantage à
avoir des maisons de secours spéciales à leurs malades. A cela il a
été répondu que de tels établissements seraient fort nuisibles à l'esprit de famille ; que de plus ils passeraient les ressources de l'ordinaire des sociétés. Rien n'empêche, d'ailleurs, les sociétés qui le

peuvent, et y ont avantage, d'avoir des lits dans les maisons spéciales de santé, comme on a vu que quelques sociétés l'avaient fait.

Allocations en travail. — On trouve, quelquefois, mais presque uniquement dans les campagnes, des allocations en travail ; on ne remet pas d'indemnité pécuniaire, mais si l'on est au moment des travaux de la terre, les membres valides vont à tour de rôle, travailler dans la propriété du malade et exécuter ce qu'il eût fait s'il avait été bien portant.

Dans quelques sociétés se rencontre aussi une pratique imitée des anciennes confréries, et qui mérite d'être louée. Des membres désignés à tour de rôle se rendent auprès des malades, et ces visiteurs sont toujours bien accueillis, leurs visites sont « attendues et désirées ». Il faudrait souhaiter que cette pratique existât dans toutes les sociétés, car on comprend qu'elle est pour le malade un véritable soulagement.

Il est bien entendu que ces secours, quels qu'ils soient, ne peuvent se prolonger pendant toute la durée d'une maladie quelconque ; les statuts marquent le temps pendant lequel on y aura droit. Ce n'est d'ordinaire qu'après quelque temps de présence dans la société, six mois, par exemple ; c'est un moyen d'évincer les incurables, et les gens atteints de maladies chroniques. Puis ils ne sont dûs que si la maladie dure depuis quelques jours. Ils ne comptent, par exemple, que du cinquième jour : enfin ils ne sont payés que pendant trois mois, quatre mois, six au plus (1).

Il est ordinaire encore de trouver dans les statuts des tarifs décroissants, c'est-à-dire que les allocations diminuent avec la durée de la maladie. Le contraire assurément vaudrait mieux, car les besoins augmentent lorsque la maladie se prolonge ; il est regrettable de les diminuer, plus regrettable encore de les supprimer tout à fait au malheureux malade, mais il y a là une question de ressources, et il faut que le sentiment cède au calcul. Or des cotisations annuelles de 12, 15, 18 fr. sont lourdes pour de petits ménages : on ne peut songer à les accroître et cependant on a vu qu'elles étaient plutôt insuffisantes, même pour fournir des secours ainsi limités ; on ne peut donc songer à étendre ces secours.

(1) Voici une fraude qui est quelquefois pratiquée. Un membre atteint d'une maladie chronique, obtient du médecin de la société, lorsqu'il approche du terme des secours, un *exeat* constatant que la maladie est finie, et puis, quelque temps après, il se fait porter malade à nouveau, la maladie prenant un autre nom. Il n'y a, lorsque pareille fraude est constatée, qu'à remercier le médecin et expulser le sociétaire.

Veut-on savoir, ce que, même avec le système actuel qui semble d'abord rigoureux, il en coûte à quelques sociétés pour donner les secours statutaires ?

« Si l'on remonte à cinq ans en arrière, disait à l'assemblée générale du 25 décembre 1895, le rapporteur de la Société de secours mutuels des voyageurs de commerce, on trouve, en 1891, 59 sociétaires décédés qui ayant versé, en moyenne, pendant leur sociétariat 242 fr. de cotisations, ont reçu en indemnité particulière de maladie et de décès, 896 fr. chacun. — En 1892, 63 décédés, ayant versé chacun 261 fr. ont reçu 999 fr. — En 1893, 57 décédés, ayant versé une somme moyenne de 281 fr. ont touché 1.157 fr. — En 1894, 47 décédés ont versé chacun 284 fr. et ont reçu 1.213 fr. — En 1895, enfin, 69 décédés, qui ont payé 300 fr. en moyenne ont récupéré pendant le cours de leur sociétariat et par suite de leur décès 1.150 fr.

« Et ces sommes perçues sont des moyennes, qui, pour quelques intéréssés, ont été dépassées ».

Le rapporteur ajoutait « Voilà, chers camarades, au point de vue purement *indemnité pécuniaire*, ce que peut produire une cotisation de deux sous par jour, appliquée à une collectivité prévoyante, pour laquelle le mutualisme n'est pas seulement un mot ».

Il s'agit là d'une société où les cotisations sont élevées : 36 fr. par an ; de plus on a vu que les allocations, en cas de décès, s'ajoutaient aux secours donnés dans la maladie. On peut compter que ces secours représentent environ le cinquième des sommes allouées.

Une autre société de Paris (ouvriers sculpteurs) fêtait en 1896 sa cinquantaine, et son président pouvait dire : « Depuis l'existence de la société, il a été dépensé pour maladies : 254.831 fr. 45 qui se décomposent ainsi : indemnités journalières 123.454 fr. 85 ; frais de médecin 46.119 fr. 85 ; médicaments 85.257 fr. 10. Les indemnités journalières représentent environ 53.000 journées.

« On a appelé quelquefois notre société du nom de *la Tisane* ; eh ! bien nous nous sentons de force à supporter cette ironie, et comme vous le voyez la somme de 85.257 fr. 10 dépensée pour médicaments, représente pas mal de bols de tisane.

« Mais, dira-t-on, si vous avez dépensé beaucoup d'argent, l'avez-vous bien dépensé ? ne vous êtes-vous pas montré trop parcimonieux ?

« A cela, nous répondrons : un sociétaire B. a coûté jusqu'à ce jour 7.216 fr. 60 ; un autre nommé C. a dépensé 4.287 fr. 45 ; si vous prenez enfin le résumé des dépenses par sociétaire, depuis dix ans, que j'ai dressé l'an dernier, vous y verrez que 45 sociétaires ont coûté plus de 500 fr., 20 plus de 1000 fr. et 4 plus de 2.000 fr.

« On ne peut donc pas nous accuser de ne pas bien soigner nos malades et quelques-uns même seraient disposés à trouver que nous les soignons trop bien.

« Notre société donne 2 fr. 50 par jour pendant huit mois, le médecin et les médicaments, elle paie les opérations chirurgicales jusqu'à concurrence de 500 fr., elle rembourse les bains, fournit les appareils orthopédiques, quels qu'ils soient et les renouvelle. Aussi, pour nier les bienfaits de notre société, il faut ou les ignorer, ou un parti pris évident. »

De tels chiffres font comprendre mieux que des raisonnements, quelles charges sont pour une société quelques membres souvent malades et combien les sociétés doivent se montrer soigneuses de n'admettre que ceux qui, vraisemblablement, ne réclament de secours que dans la proportion ordinaire.

D. *Comment sont fondées et dirigées les sociétés de secours mutuels.*

Comment elles sont fondées. — Comme toutes les fondations, celles-ci sont l'œuvre d'hommes d'initiative qui décident quelques camarades, s'ils sont ouvriers ou employés, quelques hommes de condition laborieuse, si ces promoteurs appartiennent à la classe libérale (1).

On commence à quelques-uns, puis on fait de la propagande autour de soi, la vue de quelques malades secourus parle mieux que les paroles ; on fait peu à peu des recrues.

C'est ainsi, par exemple, que l'une des plus grandes sociétés de secours mutuels de France, l'*Emulation Chrétienne de Rouen*, a été fondée en 1849 par 7 ouvriers, lors de l'épidémie cholérique. — En 1896, elle avait 3.800 membres, avec 111.000 fr. de recettes. Elle était présidée par le bâtonnier des avocats de Rouen, M. Vermont.

C'est souvent l'exemple des sociétés voisines qui décide les promoteurs et en même temps ces sociétés fournissent des modèles, sur lesquels on se réglera. Il est arrivé, quelquefois, que l'administration a poussé à ces fondations, notamment sous le second empire

---

(1) A Nancy, dans mon rayon, écrivait en 1895 à la *Revue de mutualité*, un député, M. Papellier, j'ai fait de la propagande, et en dix mois j'ai fait créer six sociétés ayant déjà un millier d'adhérents. Un excellent moyen de propagande, c'est la causerie avec des personnes influentes dans les milieux ouvriers.

où les sociétés de secours mutuels étaient bien vues du gouvernement, M. Emile Laurent , qui s'est beaucoup occupé de ces sociétés, cite ce qui s'est passé dans le Jura.

« Dans un pays que son peu d'aisance aurait pu faire croire inaccessible aux idées d'épargne raisonnée, 216 sociétés ont été établies. L'honneur en revient tout entier à l'intelligente initiative de l'administration. Les 216 sociétés du Jura, n'existeraient pas sans les juges de paix, les maires et beaucoup d'autres fonctionnaires, recevant à des degrés divers l'impulsion administrative. S'ensuit-il qu'il ne s'agisse là que du produit factice, peut-être éphémère de la pression administrative ? L'avenir en décidera ».

L'avenir en a décidé, en effet, écrit un autre écrivain, M. Louis de Goÿ (dans la *Revue Parlementaire* de décembre 1895) car depuis 1870 ces 216 sociétés sont tombées à 96. Et pourtant dans son ensemble, le progrès des sociétés de secours mutuels a été grand depuis 1870. Le Jura, qui est en décroissance, fait certainement exception et ce fait prouve que les créations et la pression administrative ne valent rien ici non plus que dans les choses de l'ordre économique.

Cet encouragement à ériger des fondations peut venir d'une association privée : c'est ce que fait « *La Ligue mutualiste* » qui existe en France depuis quelques années à Paris, rue Bonaparte. Elle a 500 adhérents, compte parmi ses membres des hommes spécialement compétents et publie un bulletin qui a été cité ici plusieurs fois : la *Revue de la Prévoyance et de la mutualité*. Elle se soutient avec des souscriptions privées et aussi avec un subside annuel de 5.000 fr. qui lui est alloué sur les fonds du budget. Son but est de provoquer la formation de sociétés de secours mutuels, d'aider à la diffusion et à la propagation du mouvement, de renseigner les sociétés existantes ou en fondation sur tout ce qu'elles ont besoin de savoir. Elle est divisée en sections formées d'hommes ayant des connaissances techniques et qui ont souvent fourni aux intéressés d'utiles communications (1).

Comment elles sont gérées. — Enfin voici la société fondée. Comment va-t-elle fonctionner ? Ici il suffira de renvoyer à ce qui a été dit au sujet des autres associations, syndicats professionnels ou

(1) On peut signaler en passant, comme curiosité, un projet rapporté par la *Revue de Mutualité*, en 1895 (page 849). Il s'agit d'une société de secours mutuels projetée entre gardes champêtres. A l'inverse de ce que rapportait M. Emile Laurent, ce sont ici les intéressés qui ont pris l'initiative, mais en déclarant tout haut qu'ils comptaient bien avoir comme membres honoraires, les préfets, maires, conseillers généraux et députés qu'on se proposait de solliciter d'abord et qui décemment ne pourraient pas refuser.

sociétés coopératives, d'abord sur la nécessité d'avoir des statuts bien faits, ensuite sur la manière dont s'administrent les sociétés.

Le pouvoir est à l'ensemble des sociétaires réunis en assemblées générales; ce sont ces assemblées qui admettent de nouveaux membres ou prononcent des exclusions conformément aux statuts, qui nomment les administrateurs de la société et apprécient leur conduite. La fonction d'administrateur est habituellement gratuite et toute de dévouement comme celle des collecteurs des cotisations et des visiteurs des malades ; seules les sociétés importantes ont recours au service d'agents salariés.

Frais de gestion. — Les frais de gestion s'étaient élevés pour 1895 à 4, 69 0/0 des dépenses dans les sociétés approuvées et seulement 3.82 0/0 dans les sociétés autorisées.

Il est certain que dans les sociétés de ce genre plus encore que dans d'autres, le bon vouloir et l'initiative des membres sont le grand élément du succès. Une société où les associés se désintéressent de l'affaire commune au point qu'il ne s'en trouve, comme dans cette société de Liège, que 8 sur 280 à l'assemblée générale annuelle, a peu de chances de succès, à moins qu'elle n'ait de très dévoués administrateurs.

On remarque quelquefois que le zèle du début ne se soutient pas, et tombe avec le temps ; il n'en est pas toujours ainsi heureusement, et je me souviens d'avoir entendu, il y a peu d'années, le zélé président de l'émulation chrétienne de Rouen, cette société qui a déjà 48 ans et voit croître sans cesse le nombre de ces membres, vanter le bon esprit de ceux-ci, l'exactitude avec laquelle ils payent leurs cotisations, encore qu'elles soient pour beaucoup d'entre eux une lourde charge et parfois même un véritable sacrifice.

Il faut, pour être complet, ajouter que parmi les sociétés de secours mutuels recensées dans les documents administratifs figurent des associations de gens aisés qui, tout en se proposant le même but que l'ordinaire des sociétés, sont loin d'avoir les mêmes besoins.

Sociétés de gens aisés. — Ainsi, dit M. Léon Marie dans son rapport, la commission a constaté l'existence de sociétés qui donnent 10 fr. par jour de maladie, 20.000 fr. au décès d'un membre et des pensions de 3.600 fr.

On relève dans les tableaux qui complètent le rapport du ministre, la société des artistes qui possède 4.660.000 fr., reçoit souvent des dons ou des legs et compte 3.500 membres tous participants, c'est-à-dire, se recrutant dans une profession qui est aujourd'hui l'une des plus lucratives.

Faut-il les proscrire ? Nullement. Pourquoi serait-il interdit aux personnes dans l'aisance de s'aider et de se secourir mutuellement ? Ce ne peut être un privilège réservé aux gens besoigneux ; comment aussi marquerait-on la limite ? La seule différence qu'il y ait lieu de faire, M. Léon Marie l'a exactement indiquée, c'est que les sociétés formées ainsi de gens à l'aise ne pourront prétendre aux subsides et autres avantages que les législateurs se montrent actuellement très disposés à concéder aux sociétés de secours mutuels.

Questions discutées. Peut-on être de plusieurs sociétés à la fois ? — Une autre question est souvent agitée, et a paru assez importante aux gens pratiques pour que les mutualistes, réunis en congrès à St-Etienne, en 1895, en aient fait l'objet d'une enquête poursuivie, auprès des sociétés de secours mutuels. Peut-on admettre que la même personne fasse partie de plusieurs sociétés à la fois ?

Les sociétés interrogées se sont divisées sur la solution. Les unes ont déclaré qu'elles ne voyaient pas de raison pour que celui qui a cotisé de plusieurs côtés ne profitât pas de ses versements. Les autres ont répondu que par ce moyen on pourrait, avec une maladie simulée, se procurer plus qu'en travaillant. Ceci suppose ou la complicité, ou l'ignorance des médecins des diverses sociétés. L'objection la plus grave vient du fait des subsides versés par les pouvoirs publics, et qui changent tout l'ordre naturel des choses. Ces subsides sont donnés aux sociétés de secours mutuels, parce qu'on les considère comme formées de gens de petite condition et de peu de ressources, qui font effort pour se préserver de la misère et qui méritent ainsi d'être aidés. Ici on se trouverait en présence de gens aisés qui, en divisant leurs souscriptions, profiteraient des subventions que la loi n'a entendu donner qu'à des personnes de condition très modeste.

Ces adhésions à plusieurs sociétés à la fois sont rares en effet et ceci est heureux au point de vue des prohibitions rêvées : car on se demande comment on ferait pour constater que le même individu appartient à plusieurs sociétés. On le saurait assez facilement dans une petite localité ; mais dans les grands centres ? Et c'est là que les sociétés de secours mutuels sont surtout nombreuses.

E. *Sociétés rurales de secours mutuels.*

Elles méritent une mention à part étant, en quelques points, différentes des sociétés qui viennent d'être décrites. On a souvent insisté sur l'utilité qu'il y aurait à avoir de ces sociétés dans nos campagnes, où les institutions de secours, souvent abondantes dans les villes, sont rares et parfois font absolument défaut. On a même signalé ce manque de moyens d'assistance comme une des causes qui poussent à la désertion des campagnes : le paysan se sent abandonné, il voit qu'en cas de besoin il ne peut compter sur aucun secours. A la campagne, en effet, il n'y a ni hôpitaux, ni hospices, et les hospices ou hôpitaux des villes ne reçoivent pas, sauf de rares exceptions, les gens de la campagne ; il y a peu de bureaux de bienfaisance. Tous ces établissements de secours sont à la ville. Il y a là des maisons d'assistance pour les malades, pour les vieillards, pour les orphelins, pour ceux même qui sont momentanément dans la détresse ; à la campagne il n'y a rien. Une loi de 1893 a bien obligé les départements et les communes à secourir leurs malades indigents, mais cette loi, quelqu'opinion que l'on ait sur sa valeur en principe, a produit jusqu'ici peu d'effet, et on peut dire qu'en matière d'organisation d'assistance tout est à faire dans les campagnes.

La mutualité rare dans les campagnes — Or, les sociétés de secours mutuels, qui y seraient si nécessaires y manquent presque absolument. Nous n'avons pas de statistique précise parce que les chiffres officiels donnant le nombre des sociétés de secours mutuels, ne distinguent pas entre la ville et la campagne. Il faudrait d'ailleurs marquer précisément, ce qui serait malaisé, à quel signe une société doit être tenue pour *urbaine* ou *rurale*. Ce qui est assuré, c'est qu'en 1893, 29.378 communes n'avaient pas de sociétés de secours mutuels ; or, comme il y en a dans toutes les villes (bien rares sont celles qui n'en ont pas) que la même ville en a souvent plusieurs (la seule ville de Marseille en a 253), on peut conclure que la plupart des communes rurales n'en ont pas.

Pourquoi n'en ont-elles pas ? C'est que d'abord l'esprit d'initiative est bien moindre chez le paysan que chez l'habitant des villes, ceci a déjà été expliqué à propos des syndicats professionnels. Il sera très extraordinaire de voir un paysan prendre l'initiative d'une telle fondation. Il est bien vrai qu'il y a dans les campagnes des propriétaires instruits qui peuvent donner le branle, ils l'ont fait pour les syndicats, et on remarque aussi dans les sociétés de secours mutuels rurales, plus de membres honoraires, à proportion, que dans les sociétés urbaines ; mais il ne s'en rencontre pas dans toutes les localités.

Le gouvernement du second Empire poussait fort pour divers motifs à la fondation des sociétés de secours mutuels. Les fonctionnaires locaux, pour être agréables, s'y employèrent et c'est à cela qu'il faut attribuer le fait rapporté plus haut, et cité par M. Emile Laurent, des sociétés fondées dans le Jura par l'action de l'administration. On a vu aussi pourquoi ce procédé n'était pas désirable. Il faut dire enfin pour expliquer le petit nombre des sociétés rurales (dont beaucoup encore sont récentes), que la situation est autre à la campagne que dans les villes.

La détresse d'abord y est moins pressante. Le salarié des villes qui cesse de gagner manque de tout parce que, d'habitude, il lui faut tout payer avec son gain : son logement, sa nourriture et il n'a personne près de lui dont il puisse naturellement attendre un secours. Le rural a presque toujours sa maison à lui ou faisant partie du domaine qu'il exploite ; le loyer, objet de terreur et d'effrayante perspective pour le citadin pauvre, n'est que bien rarement un sujet d'inquiétude pour le campagnard.

Ce dernier a presque toujours un jardin et même quelques petits champs qui lui fournissent des légumes ; il a souvent une vache, des chèvres, par suite il a quelques provisions, quelques denrées assurées. Il n'est pas obligé d'acheter journellement sa nourriture comme le citadin. Et puis comme la population rurale est plus stable que celle des villes et que les liens de famille sont mieux conservés, celui qui est dans la détresse reçoit facilement des secours des siens. A défaut de parenté, il aura plus souvent ceux des voisins, ou même de la commune ; on lui donnera des secours en nature, du blé, des pommes de terre, du bois de chauffage. En résumé, si les établissements d'assistance sont très rares dans les campagnes, la misère y est moins intense et moins pressante que dans les villes.

Et puis, il y a une grande différence entre la condition hygiénique des travailleurs des villes et des paysans. On ne peut pas, dit justement un mutualiste que j'ai plusieurs fois cité, parce que son sentiment est celui d'un homme pratique, M. Jeanne, on ne peut pas appliquer les moyennes de maladies relevées dans les villes aux habitants des champs. « Non ! ces chiffres ont pour base les dépenses des mutualités des grandes villes empestées par les miasmes exhalés par les égouts, par l'air malsain, irrespirable des usines et manufactures, enfin par l'énervement de la vie surchauffée des grands centres.

« Nous n'avons pas affaire au même personnel. Pour s'en convaincre, il suffit de voir le développement physique de nos mutualistes campagnards rompus aux rudes travaux des champs, leurs membres vigoureux, la carrure de leurs torses, leurs femmes toutes flambantes de santé et les figures joufflues des enfants. »

Leur situation, différente de celle des sociétés urbaines. — Autre différence, les secours donnés habituellement, par les sociétés de secours mutuels, et qui sont leur raison d'être : indemnité, secours de médecins, remèdes, sont bien difficiles à procurer par une société rurale.

L'indemnité pécuniaire. — L'indemnité d'abord : les salaires **sont** faibles à la campagne et on ne peut demander que de minimes cotisations, aussi le secours principal que fournissent nos sociétés est la prestation ; les collègues travailleront aux champs du malade, c'est d'ailleurs lui rendre un très grand service.

Il est fort heureux que les sociétés rurales n'aient pas à fournir d'indemnités pécuniaires, car elles rencontreraient de grandes difficultés pour fixer les quotités. Non seulement, ces sociétés sont en petit nombre, mais elles ont encore très peu de membres. L'auteur, déjà cité, d'un article paru dans la *Revue Parlementaire* de décembre 1895, M. Louis de Goy, affirme qu'elles n'ont pas plus de 35 membres en moyenne, et que de plus les gens âgés y sont dans une proportion bien plus grande que dans les villes. Ainsi, d'après lui, la proportion des individus, ayant dépassé 55 ans, serait de 10 0/0 dans les sociétés rurales. Si bien, fait-il remarquer, que les tables ordinaires de morbidité ne peuvent leur servir. On a vu que ces tables se réduisaient à peu de chose : ce que l'on peut dire est que les tarifs dressés par les autres sociétés de secours mutuels ne leur sont d'aucun usage.

Les soins médicaux. — D'autre part, les sociétés rurales ont bien plus de peine que les sociétés urbaines à procurer à leurs membres les secours médicaux et les remèdes. Les médecins sont rares dans les campagnes, souvent même ils font absolument défaut. Il y a en France 14.900 médecins ; qu'on y joigne quelques mille officiers de santé, cela ne fait pas un médecin ou officier de santé pour deux communes, et comme le moindre chef-lieu d'arrondissement en a plusieurs, qu'il en est ainsi dans toutes les villes de quelqu'importance, que les grandes villes en attirent beaucoup, on comprendra que d'assez grandes étendues de campagne en soient privées. Comment, dès lors, les sociétés procureraient-elles à leurs membres des secours médicaux certains ? Un assez grand nombre de Conseils généraux ont tenté depuis trente à quarante ans d'attirer des médecins à la campagne et ils n'ont eu que des résultats très incomplets.

Les remèdes. — S'il est difficile d'avoir des médecins, il est plus difficile d'avoir des remèdes, car le médecin peut encore venir et le pharmacien ne se déplace pas ; il faut aller chercher les remèdes assez loin. Le bon côté de cette situation difficile, est que les ruraux se connaissent très bien les uns les autres, sont très durs à eux-mêmes et que, par suite, les simulations de maladie, si à craindre dans les villes, sont bien moins à redouter dans les campagnes, où l'on se surveille exactement.

Il n'en faut pas moins reconnaître que les obstacles sont grands, et c'est ce qui faisait écrire à M. Jeanne, traitant des *sociétés rurales* : « Dans les petits bourgs et dans les villages, n'essayez pas de sociétés de secours mutuels, vous seriez trop peu nombreux. Joignez-vous à la société urbaine la plus proche et dans un rayon qui permette au médecin de venir ou aux membres de consulter ce médecin. » Reste à savoir toujours si le taux des cotisations fixées pour les citadins, n'éloignerait pas les paysans. En tous cas, la société urbaine aura son pharmacien qui fournira des remèdes avec remise.

Actuellement, remarque M. de Goy, le plus grand nombre des sociétés rurales est formé entre vignerons ; est-ce parce que la population est plus dense dans ces pays, la culture des vignes exigeant beaucoup de main-d'œuvre ? Il note aussi que l'on trouve assez de sociétés formées entre sapeurs-pompiers ; c'est là, surtout, assure-t-il, que les membres honoraires sont nombreux.

F. *Mutualité scolaire.*

Les enfants dans les sociétés — On a vu que certaines sociétés, en petit nombre d'ailleurs, recevaient des enfants, qui, en effet, ne leur apportaient aucun appoint utile.

Le rapport du ministre a soin de déclarer que les indications fournies par ces sociétés sur le chiffre des cotisations versées par ces enfants comme aussi sur les secours qui leur sont fournis sont absolument fictifs et qu'en effet la présence de ces enfants est une charge pour les sociétés qui les acceptent. Le nombre des enfants ainsi favorisés ne s'élève au total qu'à 40.000, ce qui est peu sur le nombre des intéressés.

On a songé à donner aux enfants des écoles, le goût de la mutualité en les faisant entrer en des sociétés faites exprès pour eux et qui serviraient surtout à les instruire des bienfaits de la mutualité formant ainsi à leur égard de véritables « leçons de choses ».

Sociétés scolaires. — La première de ces sociétés et qui a servi de modèle, a été érigée dans une école communale, du XIX° arrondissement de Paris, par un ancien juge au tribunal de commerce, M. Cavé, en 1891. Il a décidé un certain nombre d'enfants à verser aux mains de l'instituteur, 0 fr. 10 par semaine, moyennant quoi, ils avaient droit en cas de maladie d'abord à 0 fr. 50 c. puis à 0 fr. 25 par jour pendant plusieurs mois. Ces indemnités sont naturellement remises aux parents. Les sommes en excédant devaient être versées au fonds de retraite.

Cette société suscita naturellement un certain nombre de bienfaiteurs ; elle reçut des dons et des subventions. A la fin de 1895, la situation était florissante. D'après le rapport du ministre, le nombre des participants dépassait 3.000, la société avait payé 36.000 fr. pour journées de maladies, elle avait versé 42.000 fr. sur 3.500 livrets individuels et avait pu encore mettre à la caisse des retraites où elle avait un compte de 143.000 fr.

Quelques autres sociétés s'étaient établies à l'imitation de celle-là. La société du VIII° arrondissement comptait 1.500 enfants et avait secouru 496 familles ; elle avait encore 50.000 fr. en caisse (On ne dit point si elle avait reçu des dons, ce qui est vraisemblable). Il y avait une quinzaine de ces mutualités dans la banlieue de Paris ; celle de St-Denis comptait 2.400 enfants. Il y en avait 18 dans le Nord, 12 dans les Basses-Pyrénées, etc., enfin une centaine en tout, mais, ajoutait le rapport, le mouvement est en voie d'accroissement, l'administration y pousse et lui ménage ses faveurs. Il est fâcheux seulement qu'on retrouve là l'esprit étroit et exclusif qui se rencontre trop souvent dans cette matière de l'enseignement. Ainsi les statuts de la société scolaire de Rouen stipulent qu'on n'y recevra que les élèves des écoles communales ; ceux des écoles libres sont exclus.

Ces sociétés ne peuvent être fondées que grâce à une propagande active de l'instituteur, consentant à recueillir les cotisations et à tenir les comptes, ou d'une personne bien disposée, comme était M. Cavé, et encore faut-il l'aide de l'instituteur pour maintenir et administrer la société. Ce ne sont point les encouragements qui font défaut, mais il est assez difficile de décider les enfants ou plutôt les parents, car on ne peut attendre d'enfants d'ouvriers, ou même d'enfants quelconques, qu'ils fassent un prélèvement sur leur petit argent de poche, pour un but qui ne paraît nullement utile à leurs yeux. Il faut donc que ce soient les parents qui consentent et fournissent la cotisation.

On espère cependant que les enfants chargés de remettre la cotisation de 0 fr. 10 pourront être parfois obligés de la réclamer à leurs parents et que témoins d'autre part, des versements faits par la société, s'ils viennent à être malades, ils s'intéresseront à cette organisation, en comprendront les bienfaits et seront tout gagnés à la cause de la mutualité. C'est ce qui arrive certainement pour une partie des enfants, mais pour combien ? Il y a pour les enfants, une dangereuse époque, c'est celle qui s'écoule entre leur sortie de l'école, et l'âge où gagnant leur vie et souvent devenus eux-mêmes chefs de famille, ils sentent le besoin de s'assurer contre les risques de la maladie. Il y a là une période de cinq à six ans au moins et quelquefois de dix à douze, pendant laquelle l'enfant ne fait partie d'aucune société mutuelle et alors les impressions parfois s'effacent, le contact est perdu et de tout ce qu'on avait tenté de lui inculquer, il reste peu de chose.

Propositions pour y remédier. — On a cherché des remèdes à ce grave inconvénient et on a fait en ce sens deux propositions, qui toutefois sont restées de simples propositions. On s'est demandé d'une part, si les sociétés scolaires ne feraient pas bien de garder les enfants après la sortie de l'école, lorsqu'ils sont apprentis ou attachés à un travail quelconque. On augmenterait un peu l'indemnité qui est payée en cas de maladie et qui est bien faible ; d'autre part, on demande pourquoi les sociétés ordinaires n'abaisseraient pas l'âge de réception des membres de manière à recevoir des enfants de 14 à 15 ans qui paieraient une cotisation plus faible et recevraient aussi moins de secours.

Evidemment l'une et l'autre de ces deux propositions peuvent être mises à effet, mais il faut remarquer qu'il sera bien difficile à l'enfant qui a quitté l'école pour aller travailler au loin de rester dans son ancienne société. Alors même qu'il continuerait à habiter dans un rayon peu éloigné, il lui est malaisé d'aller porter sa cotisation hebdomadaire à l'instituteur, y songera-t-il même ? Combien d'hommes faits oublieraient de payer leur cotisation, si le collecteur ne venait la leur réclamer ? Quant aux sociétés ordinaires, elles pourraient assurément avoir des sociétaires-enfants, à de plus faibles conditions, comme elles ont des sociétaires-femmes ; mais il faut bien rappeler ici ce que constate le rapport du ministre : les enfants ainsi admis — et il y en a déjà un certain nombre (40.000) — sont purement et simplement une charge pour les sociétés qui les acceptent. Il suit de là que seules les sociétés, ayant de l'aisance, peuvent se donner un tel luxe et le nombre de ces sociétés n'est pas encore bien grand. En somme, les sociétés scolaires sont encore rares ; mais d'après les dernières informations elles s'accroissent rapidement.

G. *Mises en subsistance. Réassurances.*

Ce qu'est la mise en subsistance. — Mise en subsistance est un terme militaire qui veut dire qu'un homme de troupe étant détaché temporairement de l'unité : compagnie, escadron, batterie, à laquelle il appartient, on le place provisoirement dans une autre qui est chargée de pourvoir à ses besoins. Voici ce que vient faire ce terme dans la question qui nous occupe. Ce qui souvent fait hésiter les ouvriers lorsqu'on les sollicite d'entrer dans une société de secours mutuels, est qu'ils craignent d'avoir à changer de domicile.

On sait en effet qu'à notre époque, l'industrie n'est pas stable ; des ateliers et même de vastes usines se ferment tout à coup, obligeant leur personnel, ouvriers et employés, à chercher une autre occupation et souvent ce n'est qu'en une autre région qu'on peut la trouver.

Voilà donc, ce semble, tous les versements faits depuis des années à la société devenus inutiles, car, pour en être, il faut habiter dans l'endroit. Comment sans cela recevrait-on les soins du médecin de la société et les remèdes de son pharmacien ? Comment même la société pourrait-elle constater la maladie ? Aussi les statuts contiennent-ils habituellement cette clause que celui qui vient à quitter la localité cesse de faire partie de la société et d'y avoir aucun droit.

On a donc songé à cette éventualité, très fréquente, de changement de domicile et on s'est demandé si le membre d'une société changeant ainsi de lieu ne pourrait avoir dans la société de son nouveau domicile, les droits qu'il a acquis par ses versements dans la société qu'il quitte.

Les statuts-type pour sociétés de secours mutuels publiés par le ministère de l'intérieur, prévoient en effet ce cas : ils portent que toute société approuvée devra recevoir le membre d'une autre société arrivant avec un certificat de son président. Bien entendu, on ne reçoit ainsi que les membres des sociétés qui ont inscrit dans leurs statuts la même clause : il faut qu'il y ait réciprocité.

Cette clause toutefois est très rare. Elle pourra se rencontrer dans une région déterminée où les sociétés sont fort semblables, mais comment aurait-elle cours avec des sociétés qui réclament des cotisations tout autres et, par suite, donnent des secours très différents ? Peut-on exiger qu'une société à cotisation élevée donne les secours ordinaires au subsistant qui a payé des cotisations moitié moindres ? Or, la diversité est infinie entre les diverses sociétés de France. Il

est donc difficile que la pratique de la mise en subsistance se
répande beaucoup. D'ailleurs, il importe de bien remarquer qu'il ne
s'agit là que de donner des secours temporaires, la « mise en subsistance » ne comporte pas autre chose. Il n'y a donc assistance que
pour le mutualiste en résidence passagère hors de son domicile
accoutumé. On n'a point jusqu'ici demandé que le régime fût appliqué aux ouvriers quittant leur localité sans esprit de retour, ou
pour un temps indéterminé.

On comprend qu'il ne soit pas équitable à une société, qui a profité des cotisations d'un membre jeune, de demander à une autre
société de recevoir ce membre alors qu'il est âgé ; laissons de côté
même la différence entre les sommes, ou promises ou reçues par
l'une ou l'autre société. Et pourtant c'est là le cas le plus ordinaire ; il est rare que les membres des sociétés de secours mutuels,
à raison même du milieu dans lequel elles se recrutent, fassent de
fréquents séjours hors de chez eux.

Quelques sociétés, il est vrai, permettent aux membres quittant
la localité de rester dans la société en versant leurs cotisations,
mais sans avoir droit aux secours médicaux ; ils ne touchent que
l'indemnité pécuniaire. Pareille combinaison est bien peu utile pour
l'assuré, car il perd les principaux avantages qu'il pouvait attendre
de sa présence dans la société. Quant à la société, elle a l'inconvénient
de ne pouvoir vérifier les maladies alléguées par le membre, joint à
la difficulté qu'elle éprouve à envoyer les indemnités et à toucher les
cotisations.

M. Jeanne, que je cite volontiers, à cause de sa compétence
technique, se demande (car il s'agit ici de supposer, rien n'existe) si
une société quelconque ne pourrait pas accepter un sociétaire venu
du dehors, sauf à compter ensuite avec sa société d'origine. Théo-
riquement c'est souhaitable, pratiquement ce serait malaisé. Il
faudrait une entente préalable entre les deux sociétés et puis les situations étant différentes, il en résulterait des calculs bien compliqués
pour la plupart des sociétés de secours mutuels dont les directeurs
ne sont pas comptables de métier.

Il faut donc en somme constater que la question de la « mise en
subsistance » dans les sociétés de secours mutuels, est jusqu'ici bien
peu avancée et rencontre de telles dificultés d'exécution qu'il est
peu probable qu'elle se répande. Ce qui serait vraiment pratique
serait la commodité, pour les membres de ces sociétés, de passer,
lorsqu'ils y seraient contraints par des déplacements professionnels,
d'une société dans une autre. Mais il faudrait pour cela unité ou au
moins similitude de situation dans les sociétés, ce qui ne peut exister

qu'entre gens de même professsion et encore dans un pays où les
salaires sont partout les mêmes ou sensiblement les mêmes. Cela se
trouve en Angleterre dans les *Friendly Societies* et les *Trade Unions*,
il en sera parlé plus loin.

Sociétés de réassurance. — Les sociétés de réassurance dont le
nom figure en tête de ce chapitre sont autre chose. On a vu que les
secours donnés par les sociétés de secours mutuels, ne pouvaient
être que temporaires ; ils durent trois ou quatre mois, six au plus.
Que deviendront ensuite les membres dont la maladie se prolonge ?
Les statuts de quelques sociétés portent qu'il pourra, si la situation
de la caisse le permet, leur être alloué des secours temporaires,
mais il n'y a là aucune certitude pour ces malheureux. Les sociétés
de réassurance sont destinées à leur en donner une.

Moyennant une cotisation très faible comme 0 fr. 20 par mois,
la réassurance s'engage à payer une somme de... (1 fr. par exemple), au sociétaire qui sera malade et n'aura plus rien à attendre de
sa société, ayant dépassé le délai statutaire. Bien entendu, la somme
allouée sera en rapport avec les ressources de la société. Souvent
alors, la société donne par exemple, 1 fr. 50 pendant trois mois et 1 fr.
après. Le secours est à temps ou permanent suivant la richesse de
la caisse et on peut penser en considérant combien les cotisations
sont faibles que si les sociétés sont réduites à cette seule ressource,
elles ne pourront faire que peu de choses. Elles comptent d'ordinaire
sur les cotisations des membres honoraires et les dons privés, mais
surtout sur les subventions venant des pouvoirs publics.

Pour que ces sociétés puissent fonctionner utilement, il faut
qu'elles comptent un nombre considérable d'adhérents ; il faut de
plus qu'elles prennent, elles aussi, ces précautions que les simples
sociétés, sont, nous l'avons vu, obligées de prendre pour garder
leur caractère et sauvegarder leurs fonds, à savoir : de n'admettre
que des membres n'ayant pas dépassé un âge de..., non atteints de
maladies chroniques et de refuser tout secours aux membres dont
la maladie serait antérieure à leur entrée dans la société, ou aurait
une origine honteuse, telle que l'ivrognerie ou la débauche, ou
coupable comme le duel. En principe, du reste, les sociétés de réas‑
surance n'ont pas affaire aux membres des sociétés, mais aux sociétés elles-mêmes qui se chargent de verser les cotisations au
nom de tel ou tel. Ces sociétés sont récentes et encore très peu
nombreuses.

Situation de ces sociétés. — D'après M. Eugène Joly (*Passé, présent
et avenir de la Mutualité*), — il faut bien, le rapport au ministre n'en

parlant pas, s'en tenir à des renseignements de source privée — il y aurait une de ces sociétés dans le département de la Seine, laquelle compterait 4.419 adhérents (les chiffres donnés sont de 1893) participants — l'auteur n'indique pas le nombre des membres honoraires — et aurait, avec des cotisations de 0 fr. 20 par mois, payé en sept années plus de 41.000 fr. à raison de 14 fr. 75 par mois, soit un peu moins de 0 fr. 50 par jour, Angers possède aussi une caisse de réassurance qui, moyennant des cotisations de 0 fr. 20 par mois, donne après six mois de maladie (quelle que soit la durée des allocations de la société) 9 fr. d'abord et puis 6 fr. par semaine. Mais elle reçoit un subside de la ville ; avec ses seules ressources elle ne pourrait tenir un engagement aussi onéreux. A Reims, la cotisation est de 0 fr. 10 par mois seulement et la caisse fournit un secours de 7 fr. par semaine la première année, de 3 fr. 50 la seconde année. La caisse de Toulon moyennant un droit d'entrée de 0 fr. 50 et une cotisation de 0 fr. 10 donne aux malades une indemnité de 1 fr. 25 par jour, pendant trois ans, et aux incurables une indemnité de 0 fr. 30 par jour indéfiniment. 18 sociétés sur 49 que compte la ville de Toulon profitent de cette caisse. On cite une malade qui, en trois ans, n'a pas touché moins de 1.562 fr. C'est assurément excessif, la caisse est épuisée par les fonds donnés à quelques malades. A Lyon on avait d'abord (cet exemple et le précédent, sont donnés par la *Revue mutualiste*), recueilli des personnes de tout âge et sans rien exiger ; on a été bientôt encombré par des invalides. Il a fallu revenir à des pratiques plus prudentes et, en attendant, réduire à 0 fr. 30 la part des sociétaires incurables.

Ainsi qu'on le voit, ces caisses de réassurance, bien qu'elles attirent l'attention comme se proposant un but excellent et très souhaitable, sont encore très rares. D'après M. Eugène Joly il y en aurait, (en 1893), 10 en France et 2 à l'étranger, la première ayant été fondée à Nantes en 1881. Avec une certaine diversité dans les détails, elles ont des règles et une manière de fonctionner fort semblables, mais elles ne servent, en somme, qu'à un bien petit nombre de mutualistes.

§ 3. — Fédération des sociétés de secours mutuels.

Il est superflu d'énumérer les avantages que trouvent à s'unir des associations qui ont le même caractère et poursuivent le même but, on en a vu des exemples pour les sociétés coopératives de diverses sortes comme pour les syndicats professionnels. On ne s'étonnera

pas que les sociétés de secours mutuels, que plusieurs d'entre elles
au moins, aient tenté de se fédérer.

Ligue nationale de la mutualité. — J'ai nommé déjà la *Ligue Nationale de la Mutualité*, fondée à Paris en 1890 par M. Hyppolite Maze,
député, dans le but de donner au mouvement mutualiste plus d'extension et en même temps pour fournir aux sociétés existantes un
centre de renseignements et de bons conseils donnés par des hommes techniques. Elle s'adresse à l'ensemble du territoire, mais n'a
cependant pu grouper jusqu'ici que 500 sociétés, petite proportion
sur le total qui est de plus de 10.000. Il faut considérer toutefois
que le nombre des sociétés adhérentes importe peu ici, puisque
l'utilité procurée par la société vient toute de la présence dans ses
comités de membres éminents, de spécialistes, actuaires, économistes ou autres, qui procurent aux sociétés des conseils et des avis que
tous les membres réunis ne pourraient leur donner.

A côté de cette société d'une sorte toute particulière, et qui est
moins une fédération de société qu'une association d'hommes instruits réunis pour procurer aux sociétés de secours mutuels toutes
sortes de bons offices, on trouve de véritables groupements de sociétés, mais qui ne s'étendent pas au pays entier.

Fédérations locales. — Elles ne comprennent que les sociétés d'un
département ou quelquefois même d'une seule ville. La plus ancienne
est le *Comité général des sociétés de secours mutuels* de Lyon qui date
de 1871 ; on voit que le mouvement est très récent. Il se propose
d'après ses statuts de : 1° relier entre elles les sociétés de secours
mutuels et créer ainsi un syndicat qui représente l'ensemble des sociétés et travaille aux intérêts communs ; 2° fournir aux présidents
les moyens de se rencontrer, de se consulter, de s'éclairer réciproquement et de rechercher ensemble tout ce qui pourra favoriser
l'extension des sociétés et leur progrès au double point de vue matériel et moral ; 3° proposer des mesures générales dont l'adoption
toujours libre et volontaire de la part des sociétés adhérentes permettrait de diminuer les frais de chacune d'elles, comme d'obtenir
des réductions de tarifs, d'améliorer le service des malades, celui
des incurables, des veuves, des orphelins, etc.

Le programme du Comité Lyonnais, se retrouve en d'autres endroits : A Paris, où la *Chambre consultative des sociétés de prévoyance de la Seine*, déclare avoir pour but « d'étudier les questions
générales et spéciales pouvant intéresser les sociétés de secours mu-

tuels, et rechercher les solutions les meilleures, les leur indiquer et en favoriser l'application dans leur sein ».

A St-Etienne où l'*Union de la Loire*, qui groupe les sociétés de secours mutuels du département, se propose : « 1° d'aider au développement des sociétés de secours mutuels, en fournissant aux membres de ces sociétés, les moyens de se rencontrer, de s'éclairer, de chercher ensemble ce qui peut favoriser l'extension et le progrès de ces associations, au double point de vue matériel et moral ; 2° de représenter vis-à-vis de l'autorité les sociétés dont elle émane, de prendre la défense de leurs droits, de se faire leur interprète en ce qui concerne leurs besoins et leurs vœux ; 3° de proposer toutes les mesures générales dont l'adoption toujours libre et volontaire de la part des sociétés adhérentes tendra à diminuer les frais de chacune d'elles ; 4° de juger sans frais toutes les difficultés qui pourraient s'élever dans les sociétés adhérentes entre les sociétaires et l'administration ou entre les sociétaires eux-mêmes. »

Le programme est plus étendu que celui du comité de Lyon et de la chambre consultative de la Seine, il se propose de défendre les sociétés à l'endroit des pouvoirs publics ; c'est une imitation des syndicats professionnels, aussi l'*Union de la Loire* est-elle fort récente. On en peut dire autant du rôle conciliateur que les statuts attribuent à l'Union de la Loire (1), on l'a pu remarquer dans les statuts des syndicats professionnels proprement dits.

Du reste, plusieurs de ces fédérations ont pris le nom de syndicats. La fédération qui groupe les sociétés de secours mutuels de Toulon a pris le nom de *Syndicat mutualiste*. Ce nom de syndicat a l'avantage de donner l'idée très nette d'une association constituée pour défendre les intérêts communs de ses membres.

Secours médicaux procurés par les Fédérations. — Les syndicats mutualistes, quelque nom qu'ils prennent d'ailleurs, ont fait comme les syndicats professionnels agricoles qui, à côté de ce but assez idéal, ou si l'on veut d'une application assez rare : défendre les intérêts communs, propager les idées communes, ont voulu avoir un but plus pratique et plus positif. On a vu que les syndicats agricoles avaient créé des sociétés pour l'achat en gros des denrées et instruments nécessaires à leurs membres comme aussi pour la vente

---

(1) Il y a à Marseille un « grand Conseil » qui date du commencement du siècle et a pour mission de servir d'arbitre entre les membres des sociétés charitables et de secours mutuels. Il s'est trouvé, en fait, jouer le rôle d'un comité de fédération et a contribué à organiser les services médicaux et pharmaceutiques, dont il va être parlé.

de leurs produits. Les fédérations ou syndicats mutualistes ont organisé entre leurs membres le service médical et le service pharmaceutique.

Le Comité Lyonnais qui est nommé d'abord comme le plus ancien, a organisé un service médical : un certain nombre de médecins ont accepté de donner leurs soins aux malades des sociétés adhérentes, divisées en zones pour les visites à faire. Les sociétés paient au comité central un abonnement de tant par membre, et la somme est répartie par le comité entre les médecins au prorata de leurs visites. 142 sociétés ont adhéré entièrement et 32 autres ont donné une adhésion partielle. Quoique les sociétés lyonnaises présentent la plus grande variété, puisqu'il n'y a pas moins de treize manières différentes de distribuer des secours, on est arrivé à une entente qui a donné les meilleurs résultats. « Nos rapports avec les médecins sont excellents, lit-on dans une notice historique sur ce comité publiée par la *France Sociale*, du 19 septembre 1896 ; quoique la massse provenant des abonnements ait produit à la répartition des sommes un peu faibles, le concours dévoué du corps médical n'a pas un seul instant fait défaut... Dans certains quartiers les sociétaires ont eu jusqu'à huit médecins à leur choix ce qui est très recherché des malades ».

La chambre consultative des sociétés de prévoyance de la Seine a organisé un service analogue. La cotisation qu'elle demande aux sociétés affiliées n'est que de deux francs par membre et cependant le comité de médecins qui a accepté de donner son concours à la fédération compte des célébrités médicales fort en vue. Ce qu'il faut noter seulement est le petit nombre des sociétés adhérentes. En 1893, d'après M. Eugène Joly, il n'était que d'une centaine avec 4.500 membres, très faible chiffre pour la Capitale quoiqu'il fût en voie de s'augmenter.

Marseille a aussi un service médical mutualiste, auquel s'est rallié une partie des sociétés adhérentes (en 1893, 43 sur 250). L'abonnement est de 7 fr. par an et par famille (les membres de la famille ayant droit sont définis par les statuts). Le service médical est fait par neuf médecins recevant des honoraires de 1.000 à 3.000 fr., chiffre convenable ; par quatre sages-femmes payées de 175 à 500 fr. et par un chirurgien dentiste.

Service pharmaceutique en commun. — Le service pharmaceutique en commun à été organisé en plus d'endroits que le service médical. Grenoble a eu la première pharmacie sociétaire (on l'appelle pharmacie coopérative) création du « grand Conseil » sorte de fédération qui groupe 40 sociétés. Dès son début, cette pharmacie a dû soutenir un procès contre les pharmaciens de l'Isère qui prétendaient que cette création était un empiétement sur leur privilège. Elle le gagna et l'arrêt a depuis fait jurisprudence.

Il est donc entendu que les sociétés de secours mutuels peuvent avoir leur pharmacie, la plupart cependant ont préféré traiter avec un pharmacien qui leur accorde une remise. Le traité, on le comprend, sera plus avantageux s'il est fait par une fédération, parce que représentant un grand nombre d'adhérents, elle est en mesure d'obtenir des conditions meilleures. Ainsi, l'*Union médicale et pharmaceutique* instituée par la *Chambre consultative* de Paris a obtenu pour ses membres un rabais de 25 0/0 sur le tarif établi par les pharmaciens de la Seine. L'*Union de la Loire* a fait avec un pharmacien de St-Etienne un arrangement moyennant lequel toute société peut assurer à ses membres, la fourniture des remèdes qui leur sont nécessaires moyennant 2 fr. 50 par an et par famille et 1 fr. 80 par membre seul. Une commission de contrôle nommée par le syndicat a tout pouvoir pour vérifier les produits qui doivent être de première qualité. L'*union pharmaceutique* de Toulon a passé avec un pharmacien de la ville un traité qui assure des avantages analogues à ses membres contre un abonnement annuel.

On peut remarquer, en passant, qu'à Toulon l'union pharmaceutique a précédé le syndicat à l'inverse de ce qui se fait d'habitude où c'est le syndicat qui organise pour ses adhérents un service pharmaceutique ou médical.

Le traité passé par l'*Union pharmaceutique* d'Angers permet aux membres des sociétés de secours mutuels adhérentes d'obtenir, moyennant une cotisation annuelle de 2 fr., une remise de 50 0/0 sur tous les médicaments. Avec une cotisation supplémentaire de 1 fr. par an, les mêmes membres ont droit à l'usage du dispensaire, qui leur prête alors tous les appareils de médecine ou de chirurgie : bandes de linge, charpie, lit ou chaise mécanique dont on peut avoir besoin dans une longue maladie. Il y a même une bibliothèque, ressource précieuse pour les malades. Il faut ajouter que le dispensaire ne se soutiendrait pas s'il n'était aidé par les subventions municipales.

Le comité de Lyon, n'a pas jugé à propos d'organiser une pharmacie centrale, qui, à raison de l'étendue de la ville, n'aurait rendu que des services très limités ; mais il a obtenu pour les membres des sociétés adhérentes une réduction sur les cachets de bains et un taux de faveur pour le séjour dans les stations thermales françaises.

Nombre des fédérations ; leurs autres buts. — Il y a de ces fédérations dans dix à douze villes de France, elles groupent habituellement les sociétés de secours mutuels de la ville, parfois du département, rarement elles s'étendent à plus. Leurs frais sont supportés par la contribution que paient les sociétés adhérentes, laquelle d'ordinaire, est proportionnée au nombre des membres de la société. Les délégués de ces sociétés forment le conseil de direction. C'est à ces syndicats ou fédérations qu'on doit, comme il a été dit, les unions médicales et pharmaceutiques, les sociétés de réassurance, et quelques autres institutions secourables dont il sera parlé. En même temps, ces unions s'occupent de propager les idées mutualistes par des conférences, des publications, enfin par les moyens en leur pouvoir.

Quelques-uns de ces syndicats ou groupes font de la statistique, celui de St-Etienne aurait même l'ambition de dresser des tables de mortalité et de morbidité qui, en effet, font défaut, les dernières au moins et il est certain que seules les fédérations qui groupent d'assez nombreuses sociétés peuvent entreprendre un travail semblable.

Enfin le mouvement qui tend à multiplier ces sociétés fédératives ou syndicats est sensible dans notre pays, et il convient d'ajouter qu'il est bien vu des pouvoirs publics et des particuliers. Ainsi une fédération, dite l'*Union du Nord*, et groupant dès son origine (1896) une trentaine de sociétés du département s'est vu accorder par la compagnie du chemin de fer du Nord, le parcours gratuit pour les membres se rendant aux assemblées générales.

Le groupement des mutualistes, peut prendre d'ailleurs différentes formes. Reims, qui possède une société de réassurance, n'a point de syndicat, mais un cercle destiné à « permettre à tous les mutualistes de discuter toutes les questions ayant trait à la philanthropie et à l'œuvre commune, de se tenir au courant de ce qui a rapport au progrès, à la science, à l'économie sociale, de ce qui doit élever le niveau intellectuel et moral et améliorer la situation de tous. Il a aussi pour but de réunir les mutualistes dans des idées de bonne confraternité et de s'entr'aider dans les différentes phases de la vie. » Moyennant une faible cotisation de 1 fr. 20, les mutualistes ont la jouissance d'un local commode, avec des journaux, des livres nombreux. Il est évident que de tels avantages supposent le concours de membres honoraires bienveillants.

Les congrès mutualistes. — On n'aurait pas donné une idée complète du mouvement mutualiste si on ne mentionnait les congrès qui, depuis 1883, se tiennent régulièrement tous les trois ans sur divers points de la France. Le premier, dû à l'initiative du Comité Lyonnais, se tint à Lyon, le second se réunit à Marseille en 1886, le troisième à Paris en 1889, le quatrième à Bordeaux en 1892, le cinquième à St-Etienne en 1895, le sixième a eu lieu à Reims cette année même : 1898.

Dans ces congrès, on expose la situation de la mutualité, on mesure les progrès faits et l'espace parcouru depuis le congrès précédent, on s'entretient des questions débattues, des difficultés pendantes. Au congrès de St-Etienne, on s'occupa beaucoup du projet de loi en préparation et les délégués firent entendre à ce sujet de vives réclamations qui ne furent pas sans effet, car le projet primitif, déjà voté par l'une des Chambres du Parlement, fut remanié dans le sens des réclamations qui s'étaient élevées au congrès. Ainsi ces assemblées n'ont pas l'avantage seulement de faire trouver ensemble des hommes qui, sans se connaître, poursuivent un même but et ont mêmes sentiments et de leur permettre de se renseigner mutuellement, elles servent encore à éclairer les pouvoirs publics sur les besoins et sur les vœux des mutualistes. Les voix de ces hommes qui ne seraient pas entendues si elles restaient isolées, se font écouter alors, même des puissants et des politiques.

' Mais les sociétés de secours mutuels n'ont pas pour but unique le *secours* aux *malades*, c'est assurément leur but principal, elles se proposent d'autres objets encore : allocation d'une somme à la famille d'un membre décédé, ou comme secours ou pour frais de funérailles du défunt ; secours en particulier aux veuves ou orphelins (objet qui se confond avec le précédent). Elles s'occupent quelquefois de placer leurs membres sans travail, il faut parler de tout cela.

CHAPITRE II

Frais funéraires. — Le principal est d'assurer à la famille des
membres défunts, ou une somme fixe destinée ordinairement à
payer les dépenses des funérailles, ou des secours variables suivant
les besoins des parents du défunt et suivant les ressources de la
société, quelquefois même il s'agit de secours donnés aux membres
de la société dans le besoin. — Il a été payé par les sociétés de secours mutuels en 1895, d'après le rapport au ministre, pour frais
de funérailles par les sociétés approuvées une somme de 980.405 fr.
pour 15.291 membres participants décédés, ou 64 fr. 12 par tête, et
par les sociétés autorisées 244.092 fr. ou 66 fr. 55 par décédé, la
proportion est sensiblement la même. Il faut ajouter, de suite, que
les sociétés approuvées, mais elles seules, ont droit pour les convois
de leurs membres à une réduction, sur la taxe ordinaire des pompes
funèbres.

Secours aux veuves et aux orphelins. — Les secours donnés aux
veuves et aux orphelins des membres défunts, se sont élevés en
1895, d'après le rapport officiel, dans les sociétés approuvées à
461.721 fr. soit en moyenne 73 fr. 86 et dans les sociétés autorisées
à 216.219 fr., en moyenne 112 fr. 73, soit presque le double des
secours alloués dans les sociétés approuvées.

Il faut remarquer seulement, que, pour les frais funéraires, les
statuts fixent presque invariablement une somme unique qui est
due par la société, tandis que les secours donnés aux veuves et aux
orphelins sont arbitraires, le bureau de la société appréciant ce
qu'il est possible de faire et rendant compte ensuite à l'assemblée
générale. On peut cependant citer, à titre tout exceptionnel, une
société dite du « Dernier Souvenir » formée entre ouvriers et employés du chemin de fer de l'Est résidant à Troyes, où, d'après les
statuts, tout adhérent est tenu, lors du décès d'un membre, de verser
une somme de..... pour être remise à sa femme et à ses enfants.

C'est un reste de ce qui se faisait dans les anciennes confréries où la cotisation toutefois était volontaire et d'un chiffre indéterminé.

Dans un tout autre endroit de la France, à St-Etienne, l'*Union de la Loire*, dont il a été parlé déjà à propos de fédération, a créé une caisse des veuves et des orphelins de la « Mutualité Corrézienne ». Chaque société adhérente paie annuellement 0 fr. 50 par membre et moyennant cela toutes veuves ou orphelins, ont droit à un secours (unique) de 20 fr. à la mort de leur chef. Des secours extraordinaires peuvent être alloués en sus. De 1881 à 1893 la caisse avait distribué 1.960 fr. de secours ordinaires à 98 titulaires et 1.000 fr. de secours extraordinaires à 35 autres, et son avoir était encore de 3.000 fr., ce qui semble prouver que la société est aidée par les dons de membres honoraires.

Ce sont aussi des dons et des subsides qui ont permis à l' « Orphelinat des sociétés de secours mutuels d'Angers » de distribuer en 1891 5.000 fr. entre 231 orphelins de membres des sociétés adhérentes en recevant seulement de ces sociétés un versement mensuel de 15 centimes par sociétaire homme et 7 et demi centimes par femme.

Secours accidentels aux membres. — Ajoutons de suite pour n'y plus revenir que nombre de sociétés sont autorisées par leurs statuts à donner à ceux de leurs membres qui sont âgés ou infirmes et n'ont pas de pensions, des secours qui ont été en 1895, d'après le rapport du ministre dans les sociétés approuvées de 1.652.007 fr. pour 16.572 secourus, soit un secours moyen de 88 fr. par membre. Dans les sociétés autorisées, qui sont bien moins nombreuses (2.892 contre 7.696, et aussi moins riches (leur avoir moyen est de 14.993 fr. par société contre 24.851), ces secours ont été de 529.163 fr. ou 117 fr. 57 par tête ; on voit combien la proportion des secours est plus forte que dans les sociétés approuvées.

Caisse officielle d'assurance en cas de décès. — Il y a en dehors des sociétés dont nous nous occupons, des hommes appartenant surtout à la classe aisée, qui, désirant assurer à ceux qu'ils laisseront derrière eux un capital plus ou moins fort, versent une prime périodique à quelque société d'assurance, laquelle s'engage en échange à payer à leur famille une somme de... en cas de décès. Nous avons en France une caisse d'État, fondée, dirigée et soutenue par le Gouvernement qui s'engage à payer au décès des assurés, des sommes n'excédant pas 3.000 fr. Cette caisse qui d'ailleurs fait peu d'opérations (en 1896 dernier chiffre connu, elle a fait 83 assurances individuelles pour 117.448 fr., chiffre infime si on le compare au chiffre d'affaires des compagnies d'assurances privées), reçoit des sociétés de secours mutuels les versements que ces sociétés font en vue d'assurer à leurs membres un certain capital (1.000 fr. au plus) en cas de décès. — En 1896, 69 sociétés avaient fait ainsi des versements pour le compte de 13.336 de leurs membres. Les primes versées, au nom de ces membres, s'étaient élevées à 76.750 fr., faible chiffre puisqu'il représente moins de 6 fr. par membre.

Résultats onéreux pour le Trésor. — Et cependant l'opération est très onéreuse pour la caisse officielle, c'est-à-dire pour les contribuables, puisque d'après M. Léon Marie (rapport déjà cité), de 1868 à 1888, 126 sociétés seulement avaient contracté des assurances collectives ; elles avaient versé 991.000 fr. et reçu 1.293.000 fr., la caisse perdant ainsi 302.000 fr. ou le tiers des primes. On est donc obligé, puisque la différence doit être comblée par les contribuables, de se féliciter du petit nombre des versements faits par nos sociétés à la caisse officielle. Et cependant, cette pensée de garantir aux siens un secours pour le moment où il viendra à mourir est chez un père de famille, une idée bien digne d'être approuvée et encouragée. Faire l'assurance en cas de décès en promettant des sommes fixes est bien difficile pour les sociétés de secours mutuels parce que cela demande des calculs très justes, avec un important maniement de fonds qui passent le rôle et la capacité moyenne de ces sociétés. Ce que l'on peut souhaiter est que les mutualistes, ceux du moins qui le peuvent, aient la bonne pensée de s'adresser à des compagnies particulières d'assurances. Il y en a en Angleterre qui ont une clientèle d'ouvriers et ne craignent pas d'encaisser de très faibles primes et nous en aurions en France si elles trouvaient une clientèle suffisante pour les couvrir de leurs débours. La plus grande difficulté actuellement est dans le taux des primes, c'est une question compliquée dont il sera parlé a propos des retraites.

Caisse de la Gendarmerie. — Comme organisation très spéciale, on peut citer la caisse de la gendarmerie qui assure une petite somme à la veuve au décès de son mari, des secours dans la maladie et 30 fr. à la naissance de chaque enfant, ce qui est très original tout en étant très pratique. Cette caisse (décrite dans la *Revue de la Mutualité* de 1897, page 391) a été fondée par un officier de gendarmerie, le capitaine Paoli. La solde nette des gendarmes étant seulement de 93 fr. 30

à 102 fr. 30 par mois, suivant l'ancienneté, on comprend qu'il leur soit difficile de verser la cotisation demandée, 1 fr. ou 1 fr. 50 par mois. On a obtenu cependant un assez grand nombre d'adhésions et la caisse n'a pas moins de 913.000 fr. Il va sans dire qu'elle a reçu bon nombre de dons, en sorte qu'on retrouve constamment la charité venant en aide à la mutualité pure.

Mutualité maternelle — On la rencontre encore, et très largement dans la société de mutualité maternelle fondée par Mme Carnot, veuve de l'ancien président de la république, pour donner des secours aux ouvrières en couches ; elle n'a que 243 membres payant 0 fr. 50 de cotisations par mois. Cette Société avait, en 1893, reçu une subvention de 25.000 fr. prise sur les fonds de l'impôt du pari mutuel.

Prêts gratuits et placements. — Quelques sociétés de secours mutuels ont encore comme accessoires, diverses institutions, qui tout en servant à leurs membres, ne rentrent pas dans le but ordinaire que se proposent ces sociétés. Ainsi le *Comité général Lyonnais* fait à ses membres des prêts gratuits, mais cela grâce à un don de 1.000 fr. qui lui a été fait dans ce but. Plusieurs sociétés professionnelles de secours s'occupent de procurer à leurs membres du travail ou un emploi, grâce sans doute au concours de membres honoraires ; il y en a 13 à Paris seulement. Elles rendent ainsi service à leurs membres, ce qui naturellement aide à leur recrutement. Des esprits hardis se sont demandé aussi pourquoi les sociétés de secours mutuels n'étendaient pas leur activité à d'autres objets encore et pourquoi, par exemple, elles ne s'occuperaient pas de garantir contre les risques du chômage et de l'incendie.

CHAPITRE III

Assurances contre le chômage. — Pourquoi, a-t-on dit, les sociétés de secours mutuels qui ont pour objet de garantir les ouvriers, les employés, les artisans contre les circonstances imprévues qui les empêchent de toucher leur salaire habituel, ne les garantiraient-elles pas contre le chômage ? N'est-ce pas un risque terrible qui laisse sans ressources, indépendamment de tous ses efforts, le salarié ? Celui qui ne gagne rien parce que le travail lui fait défaut contre son vouloir est-il moins dénué, moins à plaindre que celui qui ne gagne pas parce que la maladie l'en empêche ? Les besoins de la famille de cet ouvrier ne sont-ils pas aussi pressants dans les deux cas ? Oui, tout cela est vrai, tout cela est juste ; et cependant, on ne peut conseiller aux sociétés de secours mutuels d'assurer contre le chômage, on ne peut conseiller aux ouvriers, aux salariés employés ou artisans, de faire des sociétés spéciales dans ce but, on doit même les en détourner. Pourquoi, puisque l'objet qu'on se propose d'atteindre est bon ? C'est qu'il n'est pas possible avec ce que sont les sociétés de secours mutuels. Il faut se rappeler qu'elles se composent de membres, versant de petites sommes et ne pouvant guère, en principe, augmenter leurs versements. Comme on sait par expérience que le nombre de malades est dans une proportion sensiblement la même, on peut statuer d'avance que moyennant une cotisation de.... on pourra leur donnert el ou tel secours. On ne sait pas, au contraire, ce que seront les chômages, et on ne peut guère le savoir ; comment alors promettre une indemnité lorsqu'on ne sait si on pourra payer ? Qu'on entende bien ceci : il y a des chômages périodiques et prévus dans certaines industries, il y a des métiers ou l'on reste des mois entiers, parfois la plus grande partie de l'année sans travailler. Mais ce n'est point à une société de secours mutuels, ni à une société d'assurances spéciale qu'on peut demander de payer des indemnités à tous les sociétaires pendant un si long temps. De telles sociétés ne pourraient garantir que contre le risque accidentel, et à condition qu'il atteigne, tantôt tel membre et tantôt tel autre. Mais

tous à la fois, tous les ans et pendant des semaines comment y suffire ? D'après le rapport du ministre pour 1895, le nombre des journées de maladie ayant donné lieu à des secours avait été de moins
de six par associé (ceci bien entendu est une moyenne, certains
membres n'ont pas été malades du tout) et l'on a vu que le montant
des dépenses excédait celui des cotisations et qu'on devait aux cotisations des membres honoraires et aux allocations privées ou publiques de n'être pas en déficit, et ici les secours ne seraient pas de
cinq à six jours par an, mais dix fois plus considérables, et ce ne
serait souvent pas assez.

Les ouvriers des professions sujettes à ces chômages réguliers
doivent en tenir compte dans leur budget particulier. La plupart
d'ailleurs ont une seconde profession ou du moins une occupation
pour ces longues périodes de chômage et d'autre part, leur salaire
fixe est ordinairement plus élevé, ce qui est justice, dans ces professions à durée intermittente, à moins qu'il ne s'agisse de travaux
pouvant être éxécutés par de simples manœuvres.

Sociétés municipales d'assurances contre le chômage. — Si l'on veut
savoir à quel point est difficile cette sorte d'assurance, il faut considérer les essais tentés en ce sens, non par des sociétés privées, il
n'y en a pas d'exemples au moins ayant un caractère sérieux, mais
par deux municipalités de la Suisse, pays où le socialisme d'État
est surtout florissant, Berne et St-Gall.

A Berne, l'assurance est volontaire ; ne sont admis que les ouvriers
résidant à Berne. Ils versent 50 centimes par mois et ont droit à 70
jours de secours, en hiver seulement et après 8 jours de chômage. Les
secours sont de 1 fr. 50 à 2 fr. par jour ; ceux qui les touchent sont
tenus d'accepter le travail quelconque que leur propose la municipalité.

La caisse a commencé en 1893 et en 1897 (1) il n'y avait encore
que 544 adhérents ; pour une grande ville comme Berne le chiffre
est petit. Ces 544 membres avaient fourni 1.961 fr. de cotisations
et les indemnités payées avaient été de 10.643 fr., cinq fois plus que
le chiffre des cotisations. C'étaient des dons particuliers et surtout
un subside municipal de 7.000 fr. qui avaient parfait la différence.
Croit-on qu'on eût pu organiser une société mutualiste avec de
pareils éléments ?

On pourra dire : les éléments dont était formée cette société

____

(1) Ces chiffres sont tirés d'un travail de M. Cornil : *Assurances municipales
contre le chômage involontaire*, Bruxelles, 1898.

étaient forcément défectueux ; c'étaient des gens exposés à de forts chômages qui étaient allés s'inscrire. A St-Gall l'assurance était obligatoire, tout ouvrier gagnant moins de 5 fr. par jour devait verser de 15 à 30 centimes par semaine suivant son salaire et avait droit à des secours de 1 fr. 50 à 2 fr. 40 par jour pendant 60 jours au plus et en hiver. Les chômeurs devaient accepter tout travail entrant dans leur profession.

En 1895-96, première année d'exercice, il y eut 3.035 assurés (dont 489 étrangers n'ayant pas droit au secours). Il payèrent 21.787 fr. obtenus avec beaucoup de peine — il fallut instituer un agent spécial pour faire rentrer l'argent — la ville ajouta 4.000 fr. plus 5.618 fr. de frais de gestion et tout fut dépensé pour 360 chômeurs.

Le second exercice 1896-97 donna, avec un même nombre d'inscrits, plus de chômeurs : 498, si bien que la dépense fut de 38.831 fr. (non compris les frais de gestion : 4.516 fr.). Malgré un subside municipal de 14.000 fr. il y avait un déficit de 5.500 fr. et la rentrée des cotisations avait été si difficile qu'il restait à recouvrer un arriéré de 5.700 fr. dû par 1.396 assurés. On fit, de plus, diverses remarques : la première fut que 258 des chômeurs, soit plus de la moitié, avaient déjà touché une indemnité l'année précédente ; la seconde fut qu'un assez grand nombre de chômeurs après avoir touché le *maximum* de l'indemnité quittèrent immédiatement St-Gall ; la troisième qu'on avait la plus grande peine à décider les chômeurs à accepter le travail qui leur était offert ; il fallait les contraindre.

Après ce deuxième exercice, l'institution fut abolie et abolie à la demande des ouvriers qui firent ressortir que la caisse profitait à peine à 15 ouvriers sur 100 (non pas encore aux plus laborieux) et pesait sur tous.

Il faut avouer que ces exemples, supérieurs à toutes les théories du monde, ne sont guère propres à pousser les sociétés de secours mutuels vers cette sorte d'assurance.

La question devant notre Parlement. — On a discuté deux fois devant notre Chambre des députés, les 9 mars 1896, et 21 mai 1897, la question de savoir s'il devait être licite aux sociétés de secours mutuels de garantir contre le chômage et la question a été avec raison résolue par la négative. Ce qui paraît avoir frappé surtout les députés, c'est l'incertitude absolue du risque à couvrir. Il y a des tables de mortalité, il n'y a pas et il ne peut y avoir de tables de chômage.

On peut faire à cette sorte d'assurance de bien autres objections. Il n'est dû d'indemnité, en principe, qu'à ceux qui chôment involontairement. Or comment distinguer le chômage volontaire du chômage involontaire ? On peut, grâce à l'examen du médecin, savoir si le membre d'une société de secours mutuels qui réclame des secours est ou n'est pas malade, comment savoir si l'ouvrier qui vient réclamer une indemnité de chômage n'aurait pas pu avec un peu d'activité trouver du travail ? Si celui, surtout, qui continue à toucher une telle indemnité ne peut vraiment pas s'en procurer ? Vivre sans rien faire, même vivre chichement est une tentation bien grande (1).

Il n'est pas bon d'y exposer les gens en leur faisant espérer une indemnité, dès qu'il leur plaira de déclarer qu'ils ne peuvent trouver à s'occuper. La persistance des assistés à demander des secours a été l'une des causes qui ont obligé de mettre fin à l'assurance de St-Gall.

Avec notre système de subventions accordées facilement aux sociétés de secours mutuels, on pourrait craindre de voir des sociétés de résistance prendre la forme de sociétés de secours mutuels, ce qui s'est vu lorsque les syndicats n'étaient pas licites.

Concluons que les sociétés de secours mutuels ne doivent pas s'occuper du chômage.

Assurance contre l'incendie. — Doivent-elles assurer leurs membres contre les risques d'incendie ? Un homme fort compétent en matière d'assurance, M. Eugène Rochetin, fait ressortir dans un travail sur l'assurance ouvrière, combien est triste la situation de l'ouvrier incendié. Il perd son mobilier, ses effets, ses outils parfois et il n'est jamais assuré. On voit à Paris même, de ces incendies qui détruisant plusieurs maisons, ruinent des quantités de pauvres ménages. M. Rochetin, cite, dans le seul faubourg St-Antoine, un incendie rue de Charonne qui a détruit près de 450 ménages, un autre rue Crozatier, qui en a détruit 500. Le coût de l'assurance serait au total minime, des ménages aisés s'assurent pour 30 à 40 fr. Mais il est difficile de demander à l'ouvrier qui paie déjà pour s'assurer contre la maladie, contre le risque de décès, contre la vieillesse, une nouvelle prime pour faire face à une éventualité bien plus incertaine que les autres. Il faut compter en outre avec les exigences fiscales. M. Rochetin nous apprend qu'une prime de 2 fr. 75 par an doit payer au Trésor 3 fr. 25 pour la première an-

____

(1) On a vu en 1848, des ouvriers aimer mieux aller aux ateliers nationaux où ils recevaient 1 fr. 50, et 1 fr. pour ne rien faire que d'aller, chez un patron qui leur offrait 3 et 4 fr., mais exigeait du travail en échange.

née, ce qui n'est point propre à encourager ces ouvriers qu'on a tant de peine à décider. — Une telle assurance n'en est pas moins désirable, à l'inverse de celle qui concerne le chômage, et comme on ne peut guère l'attendre des compagnies privées, (l'une d'elles, *Le Globe* l'a tenté, mais sans succès nous dit M. Rochetin), car les primes sont très faibles et très difficiles à percevoir avec l'extrême instabilité des ouvriers, les sociétés de secours mutuels seraient tout indiquées pour servir d'intermédiaire, c'est-à-dire traiter avec les compagnies (on ne peut conseiller à nos sociétés de faire l'assurance elles-mêmes, ce serait dangereux) et ensuite percevoir les primes, les verser à la compagnie, se faire enfin, en cas de sinistre, l'organe de leurs réclamations ; ce serait un rôle très utile, mais il n'est pas à ma connaissance qu'aucune société de secours mutuels l'ait tenté.

Il faut revenir au positif, c'est-à-dire, à ce qui se fait : les sociétés de secours mutuels ont encore un but et le plus important, après le secours de la maladie, c'est de payer à leurs membres des pensions de retraite pour leur vieillesse. C'est un objet trop important pour ne pas être traité à part.

Frais de gestion des sociétés. — Ajoutons, avant de terminer, un renseignement statistique. Les frais de gestion s'étaient, d'après le rapport du ministre et pour 1895, élevés à 2.311.125 fr. pour 21.334.000 fr. de recettes dans les sociétés approuvées ; à 693.606 fr. pour 5.339.254 fr. de recettes pour les sociétés simplement autorisées.

CHAPITRE IV

Attrait des pensions. — Ainsi que l'écrit M. Léon Marie, dans le rapport déjà cité : « L'appât d'une pension est ce qui engage la plupart des membres dans les sociétés de secours mutuels ». Il suffit pour en être convaincu de remarquer avec quel empressement sont recherchées les positions qui assurent à ceux qui les occupent des pensions fixes, à l'époque de leur vieillesse. Ce n'est pas une des moindres raisons qui poussent tant de gens vers la carrière administrative. On sait que les fonctionnaires, s'ils sont souvent peu payés, ont du moins un salaire assuré et qu'ils conserveront sous le nom de retraite, une partie de ce traitement jusqu'à leur mort. Les compagnies de chemin de fer, et beaucoup de grandes maisons industrielles ou commerciales, donnent aussi des pensions de retraite à leur personnel, ce qui fait rechercher leur service, en dehors même de toute autre considération. Rien en effet n'est plus désirable que d'être assuré dans sa vieillesse d'un revenu même minime. En avoir est, il faut le reconnaître, une des plus louables ambitions que puissent se proposer, dans l'ordre des désirs matériels, les personnes qui n'ont que de petits gains, en particulier les salariés. Mais comment se procurer cette retraite ?

La caisse officielle des retraites pour la vieillesse. — Nous avons bien en France une institution officielle, la caisse des retraites pour la vieillesse qui reçoit les versements faits par n'importe qui, de toutes sommes (depuis 1 fr.) et qui capitalise ces sommes à un taux fixé annuellement par décret pour procurer à ceux au nom de qui les versements sont faits des retraites, lesquelles toutefois ne peuvent être acquises avant un certain âge (55 ans) ni dépasser un maximum de 1.200 fr.. Cette caisse reçoit d'assez nombreux versements, mais surtout par intermédiaire, c'est-à-dire que ce ne sont pas les intéressés, ceux qui jouiront de la pension, qui versent en leur nom. C'est qu'en effet les grandes maisons, les grandes compagnies qui assurent des pensions de retraite à leurs employés, trouvent avantage à charger de l'opération la caisse officielle. Elles sont débarrassées de tous frais de gestion, du risque que l'on court dans les placements à faire, et enfin elles profitent du grand avantage qu'il y a à avoir un taux d'intérêt fixe pendant au moins une année. Pourquoi les intéressés versent-ils beaucoup moins ? C'est qu'il n'est guère loisible à l'ouvrier ou à l'employé de se déranger pour aller faire des versements périodiques de très petites sommes et que de lui-même il y pensera peu. C'est toujours la même situation : si on lui réclame de petites cotisations, ou mensuelles, ou plutôt hebdomadaires, il versera ; s'il doit y songer lui-même, y aller lui-même, on ne peut guère compter sur son exactitude. C'est pourquoi la caisse officielle des retraites ne reçoit guère de versements de ceux qui auraient le plus besoin de pension.

Mais alors comment feront les salariés, ou petits artisans à leur compte, qui n'ont pas un patron opulent disposé à verser pour eux ? L'intermédiaire, c'est alors la société de secours mutuels : c'est elle qui percevra les cotisations de ses membres et qui traitera directement avec la caisse des retraites pour la vieillesse. Et, comme le disait justement l'exposé des motifs d'une loi belge sur la matière, « Il appartient à l'esprit d'association de réagir contre les habitudes d'imprévoyance de la famille ouvrière ».

Cet esprit d'association s'est manifesté dans la recherche des pensions de retraite, comme dans le secours pour la maladie, avec toutefois moins d'intensité.

Pensions servies par les sociétés de secours mutuels. — Le rapport au ministre relève au 31 décembre 1895, 4.071 sociétés approuvées, plus 62 sociétés autorisées, soit un peu plus de 4.100 sociétés mutualistes, donnant des retraites à leurs membres. Sur les 4.071 sociétés, 143 avaient pour but principal les retraites, c'est-à-dire qu'elles ne donnaient rien aux malades, se bornant seulement à des secours funéraires et à des allocations aux veuves et orphelins ainsi qu'aux incurables. Il en est de même des 62 sociétés autorisées donnant des retraites. Elles aussi laissent de côté les malades pour concentrer toutes leurs forces sur le paiement des pensions.

Chiffres actuels des pensions. — Le nombre total des pensions avait été en 1895, d'après le rapport au ministre, de 37.036 et la pension moyenne n'avait été que de 72 fr. 60 ; l'âge moyen des pensionnés était de 64 ans ayant cotisé, pendant 27 ans. Il faut ajouter à la vérité les pensions données par les sociétés, non plus au moyen de la caisse des retraites, mais par des prélèvements sur leur fonds de réserve et dont la moyenne se relève à 95 fr., mais au total c'est un chiffre de pensions de 2.640.694 fr. pour le service fait par la caisse nationale des retraites et 1.960.700 fr. pour les pensions données sur le fonds de réserve, soit un peu plus de 4 millions et demi et ce chiffre, il faut l'avouer, fait petite figure à côté des 33.131.000 fr. qu'avait payés cette même année la caisse nationale des retraites (moyenne de la pension 165 fr.) et des soixante et quelques millions (plus de 70 actuellement) payés chaque année par l'Etat à ses anciens fonctionnaires.

Sur les 37.036 pensions, 31.751 étaient au-dessous de 100 fr., 733 seulement dépassaient 200 fr. et il n'y en avait que 134 allant de 301 au chiffre *maximum* de 600 fr.

Le rapport du ministre se félicitait avec raison de l'augmentation du nombre des pensions : 2.300 en 1869 et 37.036 en 1895 ou quinze fois plus, mais il ne faisait pas ressortir que si le nombre des pensions s'accroît par l'adhésion de nouvelles recrues, le chiffre des pensions diminue à cause de cette irrésistible baisse du taux de l'intérêt. Les pensions servies par la caisse des retraites ont été en moyenne de 75 fr. ; elles ne sont plus que de 72 fr., celles données par les réserves sont à 95 fr. et ont été de 133, 138 et même 154 fr. en 1886, 1887 et 1888.

Pensions constituées par les sociétés coopératives. — Ajoutons de suite que cet espoir d'une retraite étant un singulier attrait, on rencontre quelques sociétés coopératives qui essaient d'en constituer à leurs membres.

J'ai connu une société coopérative de production qui s'étant trouvée, à la suite d'une opération heureuse et imprévue, à la tête d'un fort capital eut l'idée de constituer à ses membres, ou du moins aux plus anciens d'entre eux, des pensions de retraites, lesquelles devaient être servies avec l'intérêt de ce capital augmenté des cotisations des futurs pensionnaires. On trouve dans les statuts d'un certain nombre de sociétés de consommation le *desideratum* d'une pension de retraite à servir aux associés au moyen d'une partie des bénéfices mis à part.

Je trouve dans un numéro de la « France Sociale » une notice sur la *Caropolitaine* société de consommation de Charleville (Ardennes) qui est arrivée à ce résultat. « Voyant que même avec une cotisation spécialement affectée à la retraite, elle n'arrivait qu'à de piètres résultats, la société s'est adjoint un moyen coopératif qui est le suivant ». Elle a traité avec des commerçants qui font une remise de

5 0/0 sur toutes les denrées achetées chez eux. Mais la remise est faite à la société et les 5 0/0 sont portés au compte de chaque membre ; chaque 100 fr. d'achat augmente de 5 fr. le compte de retraite du sociétaire. « Ainsi, écrit le trésorier de la *Caropolitaine*, un sociétaire âgé de 25 ans, n'ayant versé que sa cotisation de 0 fr. 10 par semaine pour la retraite, n'aurait pu obtenir qu'une pension de 122 fr. s'il avait pris sa retraite à 55 ans ; il aura une pension de 490 fr. s'il prend 100 fr. de jetons par mois (on paie les commerçants avec des jetons), de 370 fr. s'il en prend pour 67 fr., de 245 fr. s'il en prend seulement pour 33 fr. Les calculs étant de 1889, où l'intérêt était à 4 0/0, il convient de réduire les pensions d'un quart, mais les résultats n'en sont pas moins très curieux.

Pensions constituées par des syndicats. — Voici maintenant que les syndicats professionnels entrent à leur tour dans cette voie et ce qui a décidé les premiers d'entre eux est une très large libéralité du comte de Chambrun. Faisant pour les travailleurs ruraux ce qu'il avait fait pour ceux des villes, il distribuait en octobre 1898, 35 pensions viagères de 200 fr. l'une, à autant de cultivateurs méritants désignés par leurs syndicats. Or six de ces syndicats ont voulu compléter ou mieux accroître chacun par sa propre action, l'œuvre généreuse du comte de Chambrun et ils ont décidé de changer ces rentes viagères en rentes perpétuelles, si bien qu'après la mort du titulaire la pension sera reversée sur un autre choisi par le syndicat, et ainsi à perpétuité.

Pour y arriver, chacun de ces syndicats a dû ajouter au prix de la rente viagère ce qui était nécessaire pour avoir une rente perpétuelle. Il fallait pour cela 6.667 fr., or les sommes versées par le comte de Chambrun pour procurer les rentes viagères variaient pour ceux désignés par ces syndicats de 1.174 fr. à 1.456 fr., c'est donc une somme de 5.210 fr. à 5.492 fr. que chacun des syndicats a dû fournir. Bel exemple et qui, dans le présent travail surtout, méritait d'être cité.

Mais prenons l'ordinaire, l'habituel, les pensions servies par les sociétés de secours mutuels.

A. *Comment sont constituées les pensions de retraite dans les sociétés de secours mutuels.*

On a vu précédemment que les cotisations des membres participants ne suffisent pas, d'habitude, pour couvrir les dépenses ordinaires et courantes, soit les secours en cas de maladie, comment alors peut-on constituer en plus le capital nécessaire au paiement des pensions ? Il faut reconnaître que dans la plupart des sociétés, le fonds des pensions n'est formé qu'avec les produits extraordinaires, et on entend par là les cotisations des membres honoraires, les dons et les subventions.

Question de la spécialisation des recettes. — Ici arrive une grave question souvent agitée, c'est celle de la spécialisation des recettes. Une société doit-elle, lorsqu'elle se propose plusieurs buts, diviser ses recettes en autant de groupes que de buts à atteindre ; par exemple, les cotisations des membres participants iront pour quatre cinquièmes aux frais de maladie et pour un cinquième aux retraites ; les cotisations des membres honoraires pour un quart aux dépenses accessoires : frais funéraires, secours aux veuves, et pour trois quarts aux retraites, etc ?... Ou bien, n'est-il pas plus simple de tout verser dans un même fonds, où l'on puisera d'abord les secours aux malades, ensuite les frais funéraires, après, les secours aux veuves, si les sociétaires jugent à propos d'en accorder, et enfin les pensions de retraites ?

Les actuaires, les comptables, les hommes de doctrine enfin, sont très nets en faveur de la spécialisation. C'est, disent-ils, une nécessité. Si l'on ne marque d'avance la destination de telles ou telles recettes, il n'y aura rien d'assuré. En particulier, les pensions promises ne pourront être payées. On trompera ainsi la confiance des associés, qui auront versé une partie de leurs cotisations pour être aidés dans leur vieillesse et qui ne le seront pas, parce qu'on aura employé leurs fonds à autre chose.

Rien assurément ne paraît plus raisonnable et pourtant les mutualistes y sont absolument opposés, jusque là, que l'obligation de séparer et de spécialiser les recettes ayant été écrit dans un projet de loi sur les sociétés de secours mutuels, ils ont mené une campagne très active pour faire effacer cette disposition. Est-ce de la routine et de l'ignorance ? Mais il y a parmi ces opposants des hommes instruits, à la tête depuis longtemps de sociétés de secours mutuels florissantes ; ils ont pour eux l'expérience et la pratique. Ecoutons au moins leurs raisons. — Il peut, disent-ils, se présenter des cas qui déroutent les prévisions ordinaires, par exemple une épidémie qui amène un nombre exceptionnel de malades ; avec la spécialisation des fonds on est bientôt à court et on se trouve en face d'associés malades que l'on ne peut secourir, parce que la caisse des malades est vide. Va-t-on les laisser sans soins, sans remèdes, sans indemnités, alors qu'il y a de l'argent à côté dans une caisse destinée aux retraites, c'est-à-dire à une dépense future ?

Quand on en aurait la pensée, on ne le pourrait pas, il faudrait céder au cri unanime des membres de la société et en venir à ce qui se fait maintenant.

On secourt les malades, c'est le plus pressé ; quant au vide ou plutôt au moindre gain qui en résultera pour la caisse des retraites, il y sera pourvu par les recettes d'une autre année qui comptera moins de malades que la moyenne prévue. C'est ce procédé qui est toujours suivi et au contentement général.

L'autre méthode peut être belle en théorie, ceux qui la prônent ne se sont jamais trouvés aux prises avec les difficultés de la pratique. S'ils tentaient de faire prévaloir ces principes absolus, ils arrêteraient net le recrutement des sociétés et auraient tous les sociétaires contre eux. Voilà ce que disent les anciens des sociétés de secours mutuels, et ce qu'il faut considérer.

Promesses de pensions excessives. — Mais si dans cette question on peut céder à un sentiment en lui-même respectable et qui s'appuie sur une longue pratique, il faut, par contre, résister fermement et on ne saurait le faire avec trop de force, à la très fâcheuse tendance qu'ont naturellement les sociétés qui se fondent à promettre plus qu'elles ne peuvent tenir.

On comprend bien, en effet, que les fondateurs d'une société, c'est-à-dire des hommes ignorant les calculs, et poursuivant d'ailleurs un but excellent qui est d'assurer la sécurité de leurs vieux jours, écrivent dans leurs statuts que les pensionnaires auront des retraites d'un chiffre en rapport avec leurs besoins. Ils ne comprennent pas, en effet, que l'on fasse des sacrifices pendant de longues années si ce n'est pour avoir dans sa vieillesse au moins le nécessaire. Ils voient autour d'eux les retraités de l'Etat, des chemins de fer, des grandes maisons industrielles ou commerciales qui touchent des retraites fort honnêtes. Pourquoi n'en donneraient-ils pas autant à leurs associés ; ce ne doit pas être fort difficile ? Ils promettent donc sans se rendre compte de ce que réserve l'avenir. Ce qui les confirme dans leur sentiment, c'est qu'au début tout va bien et tout est facile, point de retraites à payer, peu de malades, parce que la société a beaucoup de jeunes membres, c'est, pour employer la pittoresque expression de M. Cheysson, la période de « la lune de miel » de la société.

On est alors mal venu à faire entendre la voix de la prudence ; tous ces calculs compliqués ne sont point notre affaire, disent les mutualistes, nous agissons par sentiment et alors arrivent ces grands mots trop ordinaires dans les discours et dans les écrits et qui exercent sur le public et surtout sur un public français une si décisive et si fâcheuse influence. Ce n'est pas avec des prévisions et des calculs qu'on règle l'avenir, il suffit d'invoquer la « Fraternité et la Solidarité » !

Tendance fâcheuse au sentiment. — Cette disposition d'esprit est bien mise en relief dans le rapport rédigé par M. Léon Marie au nom d'une commission chargée par le ministre de l'Intérieur de s'enquérir de l'état des sociétés de secours mutuels.

Que nous répondent, écrit la commission, les membres des sociétés auxquels nous signalons les dangers de promesses de pensions excessives ? « Vous voulez traiter notre société, comme une société d'assurance cherchant des bénéfices ; nous sommes mutualistes et à vos calculs avides nous opposons, nous, l'arithmétique du cœur. » Et un mutualiste s'écriait au congrès de St-Etienne (le quatrième de la mutualité) avec l'approbation de l'auditoire : « L'économie sociale tient plus du cœur que des mathématiques! » De telles paroles font sourire ceux qui ont quelque connaissance des choses économiques ou, simplement quelque habitude des affaires, mais qu'on ne s'y trompe pas elles sont aujourd'hui encore applaudies dans les milieux populaires.

Ce n'est point que le danger n'ait été signalé; il ne se peut rien lire de plus instructif que l'étude de M. Cheysson, sur l'*imprévoyance dans les institutions de prévoyance*, qui déjà remonte à plus de dix ans (mai 1888). Avant lui M. Prosper de Laffite avait déjà jeté le cri d'alarme (*Le déficit dans la plupart des sociétés approuvées*). Mais il faut le reconnaître, ces bons avertissements ne sont entendus que des hommes d'étude, ou qui au moins ont l'habitude de la lecture ; ils ne pénètrent point dans les milieux ouvriers.

Il est difficile, très difficile, non pas sans doute d'arriver à prendre la parole dans quelque assemblée mutualiste, mais d'y être crû, mais de convaincre ces esprits prévenus et enchantés d'illusions dont la séduisante image l'emportera toujours sur des conseils qui semblent moroses et importuns.

Effet des intérêts composés. — On s'explique ces illusions, non seulement parce qu'on est disposé à croire ce qui plaît, mais parce que les exemples de ce que peuvent les placements à intérêts composés sont bien faits pour donner le vertige et faire croire que tout est possible. En voici deux bien curieux exemples que cite M. Cheysson :

Un misérable millime placé à 5 0/0 sous Charlemagne, assurerait à chacun des 1.500 millions d'habitants du globe 6 milliards de rente annuelle par tête. Si l'un de nos ancêtres prévoyants, avait eu l'heureuse inspiration de placer un pauvre petit franc sous Louis XI, notre héritage serait aujourd'hui d'un milliard. Sans aller jusqu'à ces conséquences qui deviennent absurdes par leur énormité et pour rester dans les limites que peut embrasser la prévoyance humaine, un franc placé à intérêts composés à 4 0/0 double en 18 ans, triple en 28 ans, quadruple en 36 ans, quintuple en 41 ans, décuple en 59 ans, vingtuple en 76 ans, cinquantuple en 100 ans, centuple en 118 ans.

Ils ne se produisent qu'après un long temps. — Seulement ce que ne considèrent pas ceux qui exaltent de tels exemples (c'est alors qu'ils célèbrent la science, qu'ils veulent bien de l'arithmétique, et s'appuient volontiers sur les calculs qui donnent de tels effets), c'est que ces résultats prodigieux ne viennent que du très long temps de l'opération. Au début et pendant même bien des années, ces effets sont insignifiants, c'est seulement à la longue que les grosses multiplications se produisent et donnent ces chiffres étourdissants. Mais comment de petites sommes placées pendant vingt ans au plus, moins parfois, pourraient-elles se multiplier ainsi ?

La Baisse du taux de l'intérêt. — D'autant qu'il faut compter avec un fait qui se produit sous nos yeux et va s'accélérant de plus en plus, la baisse du taux de l'intérêt. Ce fait, heureux pour ceux qui font des entreprises, parce qu'ils trouvent ainsi de l'argent à très bon compte, est désastreux pour nos sociétés, parce qu'elles voient décroître de plus en plus le rendement de leurs capitaux. Ainsi dans les exemples cités plus haut, on supposait un rendement de 5 0/0, qui se trouvait jadis ; or l'intérêt moyen est aujourd'hui de 3 à peine et il tombera plus bas.

Son effet sur les pensions. — C'est ainsi que même de grandes compagnies, bien pourvues cependant de comptables et d'actuaires, c'est-à-dire de calculateurs de métier, conduites par des hommes habiles, ont maintenant de terribles mécomptes, avec les caisses de retraites instituées pour leur personnel. M. Cheysson cite la compagnie du chemin de fer P. L. M. qui, en 1856, a institué une caisse de retraites, pour son personnel ; elle a eu soin d'accroître ses versements à mesure que diminuait le rendement des capitaux et à la fin de 1885 elle avait un capital de 75.408.000 fr. « Cet énorme actif, écrit M. Cheysson, semble révéler une situation très florissante, mais un calcul exact a établi que les charges tant liquidées que futures s'élevaient à 83.919.000 fr., ce qui a fait apparaître un déficit très inattendu de 8. 510.000 fr., dont la compagnie a pris la responsabilité. »

Mais voyant le taux de l'intérêt diminuer de plus en plus, elle s'est décidée, dix ans après, à supprimer pour l'avenir les pensions à taux fixe, se bornant à faire pour ses agents des versements à la caisse officielle des retraites, ce qui leur procurera des pensions d'un chiffre incertain. « Toutes les institutions de prévoyance, écrivait M. Guyesse (*Revue de la Mutualité*, 1895) sont en déficit, en raison du faible revenu annuel des capitaux : les compagnies de chemins de fer, de mines, etc... L'Etat n'a même pas échappé à la loi commune et il continue bravement à prélever 3 et 5 0/0 en vue des retraites, alors qu'il faudrait prélever 12 à 15 0/0. »

Exemples de calculs de pensions mal faits. — Le gouvernement possède une ressource illimitée dans la bourse des contribuables, mais il n'en va pas de même des particuliers ; de grandes compagnies même peuvent se trouver dans l'embarras. M. Cheysson cite l'exemple de la Caisse centrale de prévoyance, établie à Charleroi, en faveur des ouvriers mineurs. « Cette caisse qui embrasse 49 compagnies particulières et 35.000 ouvriers a passé par toutes les phases de prospérité et de déclin dont j'ai esquissé tout à l'heure le trop véridique tableau. De 1841 à 1875, son avoir s'est sans cesse accru jusqu'à 2.550.000 fr. A ce moment a commencé pour elle l'ère des difficultés. Voyant entamer sérieusement son capital, la commission administrative décide une première fois qu'à partir du 1er juillet 1884, les pensions d'ouvriers vieux et infirmes et des veuves d'ouvriers existant à cette date seront respectivement diminuées de 25 et 50 0/0 de leur montant annuel. Cette mesure n'ayant pas suffi pour défendre l'encaisse contre le déficit, la commission décrète à partir du 1er octobre 1885 une nouvelle réduction de 33 0/0 sur les pensions d'ouvriers et de porions vieux, de 50 0/0 sur les pensions de veuves d'ouvriers et d'enfants, de 10 0/0 sur toutes les autres pensions et les secours.

« Un ouvrier vieux et infirme qui avait, en 1880, une pension de 200 fr. l'a vu tomber à 150 fr. en 1881 et à 100 fr. en 1885. Pour une veuve d'ouvrier vieux ou infirme, la pension est tombée en deux étapes au quart de sa valeur primitive.

« Malgré ces restrictions dont je me dispense d'apprécier ici la rigueur et qui ont fait tomber la dépense des secours de 800.000 fr. en 1875 à 512.000 fr. en 1886, la chute de l'encaisse a continué

presque sans se ralentir de 2.550.000 fr. à 1.250.000 fr. Le service
est mal assuré et le déficit se creuse de plus en plus ». Même aven-
ture est arrivée, on le conçoit, à bien des petites sociétés de
secours mutuels. Je citais l'exemple de cette société de production
qui avait promis des pensions de la manière et dans les conditions
que l'on a vues. Elle s'aperçut dès le premier paiement de la première pension, qu'elle serait hors d'état de payer les suivantes.
Elle voulut les réduire toutes y compris celle déjà échue, le titulaire de celle-là eut recours aux tribunaux, lesquels déclarèrent
qu'il avait un droit acquis et maintinrent sa pension.

Conséquences de ces calculs. — Ce sont de tels exemples qu'il faut,
autant qu'on le peut et sans se lasser, porter à la connaissance des
mutualistes, par tous les moyens, par la parole, par les écrits. Il
faut leur inculquer les paroles de M. Léon Marie. « Ici comme en
chimie, rien ne se perd, rien ne se crée ; ce qu'on donnera en
trop à quelque sociétaire on le donnera en moins à d'autres ». Il faut
en effet, que les mutualistes sachent bien qu'une société ne peut être
généreuse envers les uns qu'au détriment des autres et que si elle
donne trop aux premiers, elle sera obligée de rogner sur la part de
ceux qui viendront après, encore que ceux-là aient fourni mêmes
cotisations que les autres. Et tandis que les erreurs que l'on fait en
promettant trop aux malades sont vite réparées parce qu'on s'en
aperçoit de suite et que l'on rectifie, au contraire, l'erreur que l'on
commet en promettant de trop fortes pensions ne se voit que bien
plus tard et il faut alors diminuer les pensions, c'est-à-dire tromper l'attente de pauvres gens qui avaient réglé sur le chiffre de ces
pensions tout l'arrangement de leur vieillesse. Veut-on savoir, au
surplus, et pour bien faire voir que cette insistance n'est pas inutile,
quel est l'excès de l'imprévoyance de beaucoup de ceux qui désirent
s'assurer une pension de retraite et sont disposés à faire des sacrifices pour y arriver ?

Les Prévoyants de l'Avenir. — Voici un exemple éclatant. Qui ne
connaît, de nom au moins, une société très bruyante, faisant beaucoup de réclame, les *Prévoyants de l'Avenir* ?

En 1894, treize ans après sa naissance, elle comptait déjà 1.700.000
membres. Or, sa constitution était celle-ci (et l'est encore si les critiques formulées au nom de la *Ligue de la Mutualité* par M. Adrien
Marie, n'ont point touché les membres de la société et entraîné un
changement dans les statuts). Les associés versaient une cotisation
annuelle, et ces cotisations formaient un fonds commun inaliénable

auquel il était convenu qu'on ne toucherait pas durant vingt ans pour lui permettre de s'accroître par ses revenus. Au bout de ce temps, on partagera chaque année les revenus entre les ayants droit, soit entre ceux qui seront inscrits depuis vingt ans et voici le résultat : La première année en 1901, les fondateurs, ceux inscrits en 1881, toucheront chacun, d'après les prévisions, plus de 5.000 fr., c'est-à-dire bien des fois leurs cotisations ; ils auront fait une très belle affaire. Il en sera tout autrement de ceux qui sont entrés après. Les inscrits de 1882, 1883, 1884, 1885 auront encore de bons dividendes, mais chaque année le nombre des parties prenantes augmentant, la part de chacun diminuera. On estime que les inscrits de 1897, ne toucheront en 1917 que 12 fr. 06 et pourtant ils auront versé autant de cotisations que ceux des premières années. On se doute si peu de cette situation que les adhérents continuent à venir en grand nombre, attirés par les promesses des fondateurs.

La France prévoyante. — Bien plus, il s'est établi une autre société la « France prévoyante » fondée sur le modèle de la précédente, mais renchérissant sur elle pour attirer des adhérents, car elle partagera les revenus après 15 ans au lieu de 20. Elle déclare dans ses statuts qu'elle se propose « d'assurer à toute personne ayant versé mensuellement de 1 à 5 fr. une rente lui permettant de vivre à l'abri de la misère pendant toute sa vie ».

On comprend que M. Léon Marie, chargé par la *Ligue de la Mutualité,* laquelle avait été priée de le faire par quelques sociétaires inquiets de l'avenir (1) d'examiner la situation ait pu écrire : « Si la France prévoyante est en mesure d'obtenir un aussi magnifique résultat, elle possède, à coup sûr la pierre philosophale de la mutualité, capable de transformer le billon en or pur et ses fondateurs sont de véritables bienfaiteurs de la mutualité ».

Et il calcule que si la société continue à s'accroître comme elle le fait depuis sa fondation, elle comptera lors du premier partage de dividendes en 1901 (date choisie pour n'être pas au-dessous des *Prévoyants de l'avenir,* la société a été établie en 1886), 372.000 sociétaires et un capital de 34 millions et demi. Or, la première année les fondateurs et adhérents de 1886 qui sont peu nombreux toucheront chacun 1.142 fr., la seconde année, on ne touchera plus (les adhésions s'étant multipliées en 1887), que 113 fr., mais en 1914, le dividende ne sera plus que de 4 fr. et quelques centimes. Ce n'est

(1) Un jugement du tribunal civil de la Seine du 22 juillet 1896 a déclaré nul l'engagement pris par un ouvrier à l'égard de cette société. « Celle-ci ayant fait des promesses qu'elle est incapable de tenir. »

pas avec de telles allocations qu'on peut « vivre à l'abri de la misère pendant toute sa vie ». Et cependant les sociétaires (ils étaient déjà plus de 60.000) avaient adhéré avec pleine confiance à une société qui promettait tant et le rapport de M. Léon Marie fut pour presque tous une très surprenante découverte (1).

Comment fixer le droit à une pension ? — Comment alors une société qui se fonde, pourra-t-elle fixer le droit pour ses membres à une pension ? Si elle ne veut s'adresser à un actuaire, ce qui est le plus sûr de beaucoup, il lui faut observer au moins les règles de prudence que l'expérience a indiquées. D'abord ne promettre de pensions que si la société est nombreuse, si elle compte au moins 1.000 membres, dit M. Léon Marie. On fixera ensuite pour avoir droit à la retraite un âge avancé, 55 ans par exemple et plutôt 60. Il y a des sociétés assez imprudentes pour promettre des retraites à 50 ans et même 45 ans et alors que l'on a cotisé 15 et même 10 ans seulement, il faut 20 ans au moins de cotisations, et plutôt davantage. On ne saurait trop montrer aux mutualistes, combien ils gagneront à retarder l'échéance de leurs pensions. Ainsi, d'après M. Léon Marie, un membre, âgé de 25 ans, versant 10 fr. par an, peut à 45 ans avoir une retraite de 21 fr. 40, mais s'il attend jusqu'à 70 ans, il en aura une de 294 fr. 27 ou quatorze fois plus forte. On prend ici un âge assez avancé pour faire voir l'extrême différence des situations et l'intérêt que l'on a à retarder la date de la pension et pour mieux faire ressortir ce fait, que la multiplication des sommes versées se produit surtout dans les dernières années.

Chiffres des cotisations. — A combien fixera-t-on le taux des cotisations destinées à former les caisses des retraites ? Il n'est point possible, on le conçoit, d'indiquer ici un chiffre unique, les cotisations devront être en rapport avec le montant des pensions désirées, en tenant compte, autant qu'on le pourra faire, du taux de l'intérêt payé par la caisse nationale des retraites, lorsqu'on établira la pension.

Actuellement, pour avoir 360 fr. de rentes, à cette caisse, il faut verser annuellement 40 fr. depuis l'âge de 25 ans. On a calculé aussi que le tiers des vivants, disparaît entre 25 et 60 ans. On devra en tous cas se souvenir de ce que disait M. Léon Marie dans son rapport au ministre « On se trompe et on trompe sa clientèle en lui affir-

(1) En l'année 1897, la société instruite par le rapport dont il s'agit s'est décidée à modifier ses statuts. Ce qui prouve, en passant, l'utilité d'un bon conseil.

mant qu'avec de faibles sacrifices, il est possible d'assurer le service d'une retraite significative ».

Deux parts à faire dans les pensions. — Il sera bon, en outre, de prendre la précaution de diviser les retraites en deux parts ; retraites fixées par les statuts et retraites éventuelles. Les premières que l'on fera bien de borner à un chiffre modique, seront d'une somme certaine, les autres seront allouées par les assemblées générales suivant les ressources de la société.

Pour bien connaître la situation, il est indispensable — c'est le seul moyen assuré qu'indique l'expérience — de faire faire de temps en temps, tous les cinq ans par exemple, des états de situation donnant les obligations de la société à ce jour les pensions échues ou en voie d'accomplissement, et mettant en regard les ressources destinées à y satisfaire. Ce sont de tels bilans qui font voir nettement où l'on en est, montrent les vices de l'organisation primitive, et indiquent qu'il est nécessaire, ou de diminuer le chiffre des pensions promises ou de relever le taux des cotisations.

Comment procèdent les sociétés de secours mutuels. — Voilà ce que l'on peut indiquer aux sociétés de secours mutuels, comme voie à suivre. Il faut dire à présent comment elles procèdent en effet, ou du moins, comment procèdent les sociétés approuvées qui seules font des pensions de retraite, le nombre des sociétés autorisées qui en font étant infime.

Il y a pour les sociétés deux moyens de constituer des pensions. Le premier, et le moins usité il est même d'un emploi fort rare, est le système dit du « *livret individuel* ».

Système dit du livret individuel. — La société fait pour ses membres ce que font actuellement pour leur personnel les patrons — individus ou compagnies — qui veulent leur constituer des pensions à la caisse nationale des retraites de la vieillesse. Ils font à cette caisse des versements au nom de chaque employé et ces versements portant l'intérêt que paie la caisse, sont capitalisés pour former une pension. Ainsi font quelques sociétés, elles versent périodiquement au nom de chacun de leurs membres, et ceux-ci ont chacun leur livret, ce qui, dès le début, leur donne droit aux sommes que la société verse en leur nom.

Système du fonds commun. — Il faut qu'une société soit riche pour opérer ainsi, la plupart lorsqu'une pension est due, soit d'après les statuts, soit à la suite d'un vote de l'assemblée générale prélèvent sur le « fonds commun » qu'elles ont à la caisse des consignations, la somme suffisante pour constituer à la caisse nationale des retraites la pension convenue. Qu'est-ce que le fonds commun ?

Les sociétés approuvées doivent, d'après le décret de 1852 qui les règle, verser à la caisse des dépôts et consignations toutes les sommes qu'elles ont en caisse et qui excèdent 3.000 fr. pour les sociétés ayant 100 membres, 1.000 fr. pour les sociétés ayant moins de 100 membres. Elles ont d'ailleurs la facilité d'opérer le versement aux agents du Trésor, receveurs, percepteurs, etc... La caisse leur donne de cet argent un intérêt de 4 1/2 0/0.

Cette obligation qui leur était imposée parce qu'on se défiait d'elles et qu'on craignait de les voir dilapider leurs fonds, se trouve être aujourd'hui très avantageuse, puisqu'elle leur procure un intérêt de leurs capitaux qu'elles ne pourraient trouver aujourd'hui. Aussi font-elles à la caisse des dépôts des versements même sans y être contraintes, ni arrivées à la dernière limite.

C'est dans ce fonds commun qu'elles puisent pour les dépenses exceptionnelles, telles que secours aux veuves, allocations pour frais funéraires, voire pour les dépenses de maladies payées habituellement sur le courant des cotisations lorsqu'elles dépassent l'ordinaire et enfin pour les pensions. Et pour le dire en passant, cette situation qui est tout l'opposé du système recommandé par les théoriciens de la spécialisation des fonds, est cause que l'on ne fait aucune restitution à ceux qui quittent la société, alors même qu'ils auraient fait des versements pour des pensions de retraite, les fonds affectés à cet objet ne se distinguant pas des autres.

La société qui doit une pension tire donc du fonds commun qui existe à son nom à la caisse des dépôts et consignations le capital nécessaire pour constituer à la caisse des retraites pour la vieillesse (autre caisse officielle) la pension convenue. Cette pension est à capital réservé au nom de la société, ce qui veut dire qu'à la mort du titulaire le capital sera reversé (1) à la caisse des consignations au nom de la société, ce qui viendra augmenter son fonds commun.

La société pourrait constituer la pension à capital aliéné, ce qui demanderait un capital moindre, mais la somme serait perdue pour elle, aussi les constitutions de pensions sont-elles presque toujours à capital réservé (Il n'y en a que 92 sur 37.036 qui soient à capital aliéné).

---

(1) Retirer, reverser la somme est une manière de parler ; en fait la caisse des dépôts et consignations et la caisse de la vieillesse étant situées dans un même bâtiment (à Paris, quai d'Orsay), tout se fait par des écritures

Ainsi, en versant dès le début à la caisse des retraites pour la vieillesse au nom d'un membre nominalement, la société a de son argent un intérêt variable 3 0/0 actuellement (1), en mettant son argent à la caisse des dépôts dans le fonds commun elle reçoit 4 1/2 0/0 jusqu'au jour où elle retirera la somme pour constituer la pension.

Avantages réciproques des deux systèmes. — Pourquoi alors se trouve-t il des sociétés qui aiment mieux employer le premier système, c'est-à-dire avoir un intérêt de 3 0/0 que de 4 1/2 ? C'est que le livret individuel donne un droit au titulaire dès le début, alors que le pensionné sur le fonds commun, n'est sûr d'avoir sa pension que quand il tient le livret de la caisse nationale des retraites ; jusque-là le chiffre peut être réduit, contesté, son droit peut être retardé etc... Une fois la pension constituée, c'est autre chose ; il a pour débiteur, non la société, mais la caisse d'Etat qui lui paie directement sa retraite. Ainsi le premier système est plus attrayant pour les individus, le second plus avantageux pour les sociétés, c'est pourquoi le second système est ordinairement suivi.

Perte pour les sociétés venant du formalisme administratif. — La position du titulaire même au second cas est excellente, puisqu'il a le plus sûr des débiteurs et sera payé jusqu'à sa mort, quant à la situation des sociétés elle n'est pas aussi bonne à raison d'une circonstance résultant du formalisme administratif. La caisse de la vieillesse ne restitue les fonds à la caisse des dépôts que sur le vu d'un acte de décès et les sociétés ne sont pas toujours informées de la mort de leurs pensionnaires. Ceux-ci ont quitté la localité et n'ont plus de lien avec leur ancienne société ; ils ont leur livret sur la caisse nationale. Lorsqu'ils viennent à mourir, personne n'en informe les sociétés, les parents n'ont aucun intérêt à le faire puisque le capital est réservé au profit des sociétés.

On ne saurait croire le nombre de pensions qui s'éteignent ainsi sans que les sociétés en soient informées. Le président d'une société de secours mutuels d'Orléans, M. Baguenaud de Puchesse, faisait en janvier 1896 à la *Chambre consultative de la Seine*, la curieuse communication que voici :

« Quand, il y a quelques années, j'ai été nommé président de la société d'Orléans comprenant en moyenne 1.000 membres et ayant

(1) A l'origine, les sommes versées à la caisse des retraites donnaient un intérêt fixe, 5 ou 4 1/2 0/0. Il en résulta une telle perte pour le Trésor (72 millions en huit ans) qu'une loi de 1888 décida que le taux d'intérêt serait fixé chaque année par décret.

organisé les retraites dès sa fondation (1850) avec livrets individuels et capital réservé au profit de la société. J'ai été singulièrement frappé de trouver dans les archives 500 livrets dont les titulaires étaient entièrement perdus de vue. Ces livrets représentaient une somme de 51.000 fr. et ils appartenaient à des sociétaires, morts sans doute depuis longtemps, à d'autres vivants et pour lesquels la pension, n'avait jamais été liquidée, tous ces titulaires ayant quitté la ville d'Orléans, sans faire connaître leur nouveau domicile.

« Je fis faire à grands frais relativement — plus de 1000 fr. — les recherches les plus actives pour retrouver, à l'aide de la date et du lieu de la naissance inscrits sur le livret et du dernier domicile inscrit sur nos registres, l'état civil présent de ces 500 personnes. Je n'ai pu réussir que pour la moitié et je viens de recouvrer de cette façon pour ma société 26 à 27.000 fr. Mais la caisse des dépôts n'a pas voulu me restituer le capital afférent aux sociétaires âgés de plus de cent ans dont je ne pouvais présenter l'acte de décès, et pour les vivants dont j'ai fait liquider la pension à 60 ans, beaucoup ont perdu une partie de leurs arrérages, la loi les prescrivant au bout de cinq ans.

« Vous voyez, quelle perte a subi depuis longtemps la société d'Orléans, perdant l'intérêt et la disponibilité de 50.000 francs qui auraient été si productifs replacés chaque année sur la tète de nos sociétaires. »

Les mutualistes réclament et avec raison ; ils voudraient que la caisse fût obligée de restituer au moins le capital des pensions constituées sur la tête de personnes ayant atteint l'âge de cent ans et n'ayant pas touché leur revenu depuis au moins dix ans. Actuellement ces revenus profitent à la caisse de la vieillesse, puisque au bout de cinq ans, ils sont prescrits et il y a des capitaux que les sociétés ne reverront jamais, faute de pouvoir prouver le décès, bien qu'elles aient constitué les retraites à capital réservé.

Il faut reconnaître d'ailleurs que si les sociétés subissent du chef des formalités administratives certaines pertes parfois sensibles, elles reçoivent d'autre part de larges subsides sur les fonds publics. Mais c'est un objet qu'il faut considérer à part.

B. Les subsides dans les Sociétés de secours mutuels et le placement de leurs fonds.

Comme on l'a vu, la cotisation des membres participants ne suffit pas, même pour les dépenses courantes des sociétés de secours mutuels, c'est-à-dire pour payer les frais de maladies et de décès, puisque ces frais s'élèvent pour les sociétés approuvées les plus nombreuses et les seules donnant des retraites, à 19 fr. 35 par membre, alors que les recettes ne donnent par membre participant que 14 fr. 91. Il faut donc reconnaître, quelque déplaisante que puisse être dans certains milieux cette constatation, que les sommes affectées aux retraites viennent de l'extérieur et ne sont point fournies par les membres des sociétés, soit par les intéressés.

Subsides fournis par les particuliers. — Les membres honoraires en donnent une partie, la loi même n'autorise les sociétés approuvées à donner des retraites que si elles ont un nombre « suffisant » de membres honoraires (ce sont les termes de la loi).

Jusqu'en 1879, dit le rapport du ministre pour 1894, la cotisation des membres honoraires avait été supérieure au montant des versements au fonds de retraites. Après 1880, elle a été inférieure à cause seulement de la création de quelques sociétés ayant la retraite pour but unique et fournissant de fortes sommes : « Déduction faite de ces sociétés, ajoute le ministre, c'est au concours financier et désintéressé des membres honoraires que sont dus les versements au fonds de retraites, lesquels ont provoqué les subventions de l'État et les intérêts capitalisés ».

Comme exemple de ce concours désintéressé, on peut citer la société de retraite des ouvriers (et ouvrières) en soie de Lyon, qui reçoit les subsides de la chambre de commerce lyonnaise. Il y a deux sociétés distinctes bien que composées du même personnel, la société qui fournit des secours aux malades, aux veuves et aux orphelins, elle est désignée plus spécialement sous le nom de société de secours mutuels et la caisse des retraites. L'une et l'autre de ces deux sociétés reçoivent des subsides, mais la plus forte part est pour la caisse des retraites. Elle a depuis son origine reçu de la chambre du commerce 3.427.000 fr. alors que les sommes fournies par ses membres ne se sont élevées qu'à 758.000 fr. La société reçoit des femmes et en a plus que d'hommes, parcequ'elles sont repoussées de la plupart des sociétés ordinaires.

A citer dans cet ordre d'idée une société libre *La Prévoyance Nancéenne*, fondée en 1894, pour encourager la mutualité, par des allocations aux sociétés du département de Meurthe-et-Moselle, elle a majoré de 30 fr., 225 pensions de retraite. Un grand manufacturier, M. Solvay, lui a donné 150.000 fr. Par où l'on peut voir une fois de plus, que la simple charité — cette charité dont on ne veut pas — est indispensable pour soutenir les sociétés de secours mutuels et leur permettre de donner des retraites ; réduites à leurs propres forces, elles ne le pourraient pas.

Subsides de l'Etat. — A côté des subsides fournis à titre gracieux par des particuliers, soit comme cotisations annuelles, soit sous forme de dons ou de legs une fois faits, se placent les subsides provenant des pouvoirs publics et dont jusqu'ici il n'a pas été parlé parce que tout en ayant pour titre : subsides accordés aux sociétés de secours mutuels, ils s'adressent, en effet, aux seules sociétés qui accordent des pensions de retraite, soit aux sociétés approuvées — parmi les sociétés autorisées 62 seulement donnent des pensions, — en vue d'accroître ces pensions.

D'après le rapport du ministre, les sociétés auraient depuis leur origine jusqu'au 31 décembre 1895, affecté à leur fonds de retraites une somme totale de 115.328.611 fr. composée : de 57.300.455 fr. fournis par elles-mêmes, c'est-à-dire par les cotisations des membres participants ou honoraires, mais surtout honoraires ; 21.421.784 fr. versés par l'Etat ou si l'on aime mieux par les contribuables ; 2.105.416 fr. venant de dons et legs ; 34.500.905. fr. provenant d'intérêts capitalisés.

Les subsides ont depuis été fort augmentés. Ils comprennent : 1º le revenu d'une somme fixe de dix millions, revenu s'élevant à 510.000 fr. qui est distribué aux sociétés en proportion à la fois des versements faits par ces sociétés en vue des pensions de retraite et du nombre comme aussi de l'âge de leurs membres. — 2º Les « fonds abandonnés des caisses d'épargne ». Ce sont les fonds déposés aux caisses d'épargne et non retirés dans un certain délai ; une partie est attribuée aux caisses d'épargne et l'autre aux sociétés de secours mutuels. Le rendement est forcément variable et incertain, le rapporteur du projet de loi au Sénat, M. Lourties, estimait qu'il arriverait bien à produire un million, mais plus tard ; actuellement on peut compter sur environ 150.000 fr. — 3º Partie d'une somme de 200.000 fr. destinée à accroître les pensions les plus faibles servies par la Caisse des retraites, mais sans distinction de mutualistes ou de non mutualistes. A remarquer que cette somme de 200.000 fr. n'augmente pas les pensions de l'année ; elle est capitalisée et le revenu seul s'ajoute aux pensions en cours. — 4º Les subsides inscrits au budget. Celui de 1898 contient une somme de 810.000 fr. avec cette rubrique : « subventions aux sociétés de secours mutuels » et une autre de 900.000 fr. sous le titre de : majoration des pensions de retraite des sociétés de secours mutuels. — 5º Enfin la disposition écrite dans la loi de 1898 et portant que toutes sommes versées par les sociétés à la caisse des dépôts recevront un intérêt de 4 1/2, « au moyen d'un crédit inscrit chaque année au budget du ministère de l'Intérieur ».

L'intérêt fixe aux fonds des sociétés. — A combien se montera cette dernière subvention ? On l'a estimée à deux millions au moment des débats sur le projet de loi et si la loi s'était bornée à garantir ces intérêts aux sommes alors versées par les sociétés, il est probable que ce chiffre aurait été exact. Mais ainsi que le faisait remarquer M. Léon Marie (*Revue de mutualité* d'avril 1898) la fortune des sociétés s'accroît vite, elle double au moins en dix ans. Elle était de 52 millions en 1875, de 104 millions en 1885, de 180 millions en 1895. si bien que, ajoutait le même et très compétent auteur, « cette disposition engage l'avenir au delà de toute prévision ».

Le Ministre qui soutenait le projet de loi disait au Sénat (11 février 1898) « quand bien même ce devrait être une dépense dans vingt ans de 7, 8, 9, 10 millions, je le déclare au nom du gouvernement, c'est là une conséquence que le gouvernement accepte ».

« Ce sont là des crédits de solidarité sociale, de défense sociale (très bien ! très bien !) ».

Les contribuables déjà si lourdement chargés ne seront pas tentés de répéter : très bien ! très bien ! Il y avait une mesure juste à prendre, c'était de donner cet intérêt de 4 1/2 aux fonds versés avant 1880 par exemple ou, si l'on avait voulu être très large, aux fonds versés avant le vote de la loi. La loi de 1852 en effet obligeait les sociétés de secours mutuels à verser à la caisse des dépôts toutes sommes qu'elles détenaient à partir de 1.000 fr. ou de 3.000, suivant le nombre de leurs membres, et que leur servait-on ? Un intérêt de 4 1/2 0/0 et même moindre au moment du règlement des retraites. Or, disaient ces sociétés, si on nous eut laissé libres de placer cet argent, nous pouvions jadis acheter des immeubles ou même des rentes sur l'Etat donnant 5, presque 6 0/0. L'Etat a placé notre argent à ce taux et que nous donne-t-il ? 4 1/2 0/0. Il eût donc été juste d'assurer 4 1/2 0/0 en faisant remarquer aux sociétés que les subsides à elles alloués depuis, la continuité d'un tel taux d'intérêt malgré les conversions et autres causes d'abaissement de ce taux, enfin l'avantage de pouvoir verser en une fois à la caisse des retraites tout le capital nécessaire à constituer une pension, alors que les particuliers ne peuvent verser au plus que 1.000 fr. par an, compensaient bien une différence de 1 ou même 1 1/2 0/0 d'intérêt. Mais il n'y a aucune raison pour donner aux sociétés de secours mutuels pour l'avenir cet exorbitant intérêt de 4 1/2 0/0.

Critiques adressées aux subsides. — Du reste, même les subsides ordinaires, les allocations de sommes d'argent, ont trouvé des contestants : un député, M. Laniel, s'est plaint à la Chambre (séance du 2 juin 1897) que l'on réservât les subsides pour les sociétés qui opèrent elles-mêmes des versements dans les caisses publiques « de sorte que les sociétés pauvres n'ayant pas de membres honoraires ne reçoivent rien de l'Etat, tandis qu'au contraire les sociétés auxquelles le concours d'un certain nombre de membres honoraires permet de faire d'importantes économies sont d'autant plus favorisées des deniers publics, qu'elles sont plus riches et ont moins besoin. »

C'était une critique sur le mode d'attribuer les subsides ; on a discuté le principe même des subsides. Une demande de crédit d'une somme de deux millions ayant été portée à la Chambre en 1895, il y eut des députés qui répondirent : On veut 2 millions pour les pauvres soit ! mais pourquoi les destiner aux membres des sociétés de secours mutuels ; ils ne sont pas sans ressource puisqu'ils ont de petites pensions et qu'ils ont pu faire des versements périodiques. Il y a ceux qui n'ont pas de pensions, qui n'ont pu faire aucun versement à cause de la médiocrité de leurs ressources et parce que jamais ils n'ont gagné assez pour pouvoir épargner : Voilà, les plus dignes d'être aidés et c'est à eux que devraient aller les 2 millions.

Réponses aux attaques : Le subside juste en soi. — Il a été répondu à la Chambre et répondu au dehors avec une grande véhémence que l'Etat fait un acte à la fois de justice et de bonne économie en accordant ces subsides. Un acte de justice parce que de tous ceux qui ont part aux largesses publiques, les plus méritants ne sont pas ceux qui n'ont jamais rien fait pour eux-mêmes, qui s'en remettent tout à l'assistance, ce sont ceux qui ayant épargné, ayant su, par de longs, par de constants efforts, se créer quelques ressources, mais très insuffisantes (en moyenne 0 fr. 20 de pension par jour), méritent qu'on les aide et que l'on complète ce qu'ils ont su ainsi s'amasser.

C'est un acte de bonne économie parce qu'à peu de frais, on décharge le budget de l'assistance publique.

Ces subsides déchargent l'assistance publique. — Ce budget atteint près de 200 millions par an, il serait bien plus fort, s'il ne se trouvait des gens disposés à s'aider eux-mêmes, à vivre avec peu, pourvu que l'Etat de son côté leur donne quelqu'assistance. Un lit dans un hospice coûte en moyenne 650 fr. (1). N'y a-t-il pas économie à doubler au besoin la pension moyenne des mutualistes qui est de 74 fr. par an, pour les dispenser d'aller à l'hospice ? Et puisqu'il y a un puissant intérêt à pousser les hommes des classes laborieuses à se constituer ainsi une petite retraite, quel meilleur moyen de les y décider que de leur montrer l'Etat ajoutant à leurs épargnes, les aidant à proportion de ce qu'ils ont fait eux-mêmes, mais le faisant d'une manière assurée certaine ? C'est à ce prix qu'on obtiendra des sacrifices pénibles et constants, car c'est ainsi que se forment les pensions de retraite.

Les sociétés voudraient pouvoir faire des placements en immeubles. — Les mutualistes présentent une autre requête, à laquelle il serait juste de faire droit. Qu'on nous donne, disent-ils, la liberté qui nous a été déniée jusqu'ici de disposer de notre argent et de faire nous-mêmes nos placements. Et qu'on ne nous oppose pas ici : Quel placement vous donnera les 4 1/2 0/0 de la Caisse des consignations et même les 3 1/2 0/0 de la Caisse nationale des retraites pour la vieillesse ? Car il y a un placement qui donne 4 0/0 et même plus, c'est le placement en immeubles urbains. Un journal qui réclame vivement cette liberté de placement pour les sociétés de secours mutuels: la *France Sociale* donne périodiquement le prix des immeubles vendus à Paris aux enchères publiques soit du palais de justice, soit de la Chambre des notaires et il montre que le revenu net moyen dépasse souvent 5 0/0. On sait qu'il donne environ 4 0/0 dans les maisons dites « *Economiques* », et il semblerait juste de permettre aux sociétés de secours mutuels, d'employer leurs fonds à construire de ces maisons, dont on a vu l'utilité, et qui ont ceci de recommandable, qu'elles sont destinées, elles aussi, aux classes laborieuses.

C'est à la vérité une sorte de coutume juridique de refuser aux associations le droit de posséder des immeubles. On leur permet encore d'avoir des valeurs mobilières, mais non des immeubles. Il n'y a pourtant aucune raison pour cela, pas plus à l'égard des sociétés de secours mutuels qu'à l'endroit des autres. On ne peut dire que la gestion dépasse leurs capacités ; de très ordinaires particuliers administrent ou font administrer des fortunes immobilières. Ne voit-on pas des hommes de même condition et capacité que les mutualistes fonder et gérer ces sociétés pour la construction de maisons économiques dont il a été parlé plus haut ? Les sociétés

(1) Chiffre donné par M. Vermont au IX⁰ congrès mutualiste.

de secours mutuels reconnues d'utilité publique, peuvent avoir des immeubles. Un récent décret (17 avril 1896) autorisait une de ces sociétés : l'*Association Fraternelle des employés de chemins de fer français*, à acquérir des immeubles, pourvu que leur valeur ne dépassât pas une certaine proportion de son avoir. Ensuite de ce décret le 15 décembre 1896, la société se présentait à la Chambre des notaires, et mettait enchères sur un vaste immeuble du boulevard Magenta dont la mise à prix était de 1.100.000 fr. sans les frais. Inutile de faire remarquer que la société était importante : elle avait, en 1895, 76.923 membres et 15.723.000 fr. de capital. Elle vint donc surenchérir et arrêta ses offres à 1.208.000 fr. ; un autre l'emporta. Même à ce taux, fait remarquer la *France Sociale* du 19 décembre 1896, c'eût été un revenu de 4 fr. 75 0/0.

La loi du 1er avril 1898 a donné, en partie seulement, satisfaction aux réclamations des mutualistes, au sujet du placement en immeubles.

Part des mutualistes dans la constitution des retraites. — Revenons maintenant à la question des subsides : on a vu ce qu'ils sont ; le rapporteur du projet de loi les estimait en 1897, avant le vote de l'intérêt fixe, à plus de deux millions et demi. Mais il demandait : « A côté de cela quel a été l'effort des mutualistes participants ? Minime on peut le dire. Ainsi les sociétés approuvées ont employé, prenons pour exemple l'année 1890, la situation n'a guère changé depuis (ajoutons : les subsides seuls se sont accrus), 4.494.981 fr. en pensions de retraite, lesquels ont été fournis savoir : 2.060.619 fr. par les membres honoraires, 915.000 fr. par l'Etat, 1.208.720 fr. provenant des dons et legs et 310.641 fr. fournis par les membres participants. Les sociétés autorisées y ont affecté 1.078.260 fr. dont 617.041 fr. fournis par les participants. D'où il ressort que les membres des sociétés de secours mutuels affectent annuellement à la constitution des pensions de retraite 30 centimes par membre dans les sociétés approuvées, 1 fr. 81 dans celles autorisées. C'est un effort absolument insuffisant. »

Le même rapport faisait remarquer que durant vingt ans, de 1876 à 1895, les sociétés ont reçu des membres honoraires 35.663.451 fr. et ont d'autre part versé à la caisse des dépôts pour leurs retraites 46.607.000 fr., c'est-à-dire que les participants ont ajouté seulement 9 1/2 millions aux dons des membres honoraires. Assurément l'effort est minime.

Il convient d'ajouter que les ouvriers de certaines manufactures de l'Etat et de la ville de Paris reçoivent des retraites comme de

véritables fonctionnaires et que des subsides sont votés annuellement
pour majorer les versements faits à la caisse nationale des retraites
par les cantonniers, les plus modestes et les moins payés des fonctionnaires ; ils n'ont droit à aucune retraite.

Il n'en reste pas moins que le chiffre des pensions servies par les
sociétés de secours mutuels est bien faible, en moyenne un peu
moins de 20 centimes par jour ! Ne pourrait-il être augmenté, non
certes ! par les subventions, mais par des cotisations plus fortes
des participants ?

Les participants pourraient-ils faire plus ? — On ne méconnaît point
ce que ces cotisations demandent souvent de sacrifices, mais est-il
vrai qu'elles ne puissent être augmentées ni en quotité, ni en
nombre ? car ce chiffre de 37.035 pensions pour les artisans et ouvriers de la France entière, même avec les suppléments des sociétés et les pensions servies par les patrons, est faible. Est-il vrai
que ces artisans et ces ouvriers ne puissent, en dehors de ce qu'ils
font à présent, rien prélever sur leur salaire ?

La France Sociale répondait à cette question : « Je reste au-dessous
de la vérité en évaluant la dépense moyenne que l'ouvrier *borain*
fait au cabaret en temps ordinaire à 4 fr. par semaine dont moitié
pour le dimanche. Les amateurs de tir à l'arc dépensent de leur
propre aveu 5 fr. en moyenne par dimanche durant une moitié de
l'année. Cela fait en moyenne et en chiffre rond 200 fr. par an, voilà
ce qui se passe en Belgique. Mais qu'on traverse la frontière et on
verra dans nos grandes villes manufacturières du Nord des abus
aussi excessifs. Nous avons vu, à Roubaix par exemple, des gens
qui boivent cent chopes dans leur journée le dimanche. Comment
vient-on objecter qu'il est impossible de relever la cotisation de nos
sociétés de secours mutuels ? »

J'ai bien connu un ouvrier typographe, metteur en pages, de Paris, qui me disait : dans l'intervalle de la mise en page des journaux, nous descendons, mes camarades et moi, chez le marchand de
vins et chacun paie alternativement sa tournée, si bien que chacun
de nous laisse par semaine 20 fr. sur le comptoir. Cela fait 800 fr.
pour 40 semaines seulement et plus de 1.000 fr. pour l'année complète. Quelle belle retraite on pourrait se constituer avec le quart
ou le cinquième de cette somme, avec le dixième seulement !

Ces exemples particuliers font voir ce qu'est dans le monde ouvrier la dépense en boissons. « On boit par an, disait la *Revue de la
mutualité*, en France seulement, pour plus d'un milliard de bitter,
absinthe, amer-picon, etc... Quand le chiffre serait trop fort, quand il

faudrait le réduire de moitié, que sont à côté de ces 500 millions les 19 à 20 millions formant le total des cotisations des membres participants de nos sociétés de secours mutuels ?

Oui, c'est dans une moindre dépense en alcool ou même en boissons dites *hygiéniques* mais qui ne le sont pas prises en grande quantité (exemple les cent chopes en une journée), c'est là que les hommes de la classe laborieuse peuvent trouver de quoi constituer des pensions de retraite. Mais il faut qu'ils le veuillent et ceci ressort du côté moral.

CHAPITRE V

Il faut bien, quoique ce soit ici accessoire, parler de la question de légalité. Les sociétés de secours mutuels ne peuvent, en effet, s'établir et se conduire que suivant certaines règles marquées par la loi. On a vu qu'il était question de sociétés approuvées, de sociétés autorisées, c'est qu'il y a plusieurs catégories de sociétés qui, légalement, ont des situations différentes.

La première loi sur ces sociétés est de 1850, elle a été remplacée bientôt par un décret-loi du 26 mars 1852, lequel est resté en force jusqu'à la loi du 1er avril 1898 qui forme la règle actuelle.

La loi de 1852. — Le décret-loi de 1852 qui était en vigueur notamment au cours de l'année 1895 dont les résultats sont décrits par le dernier rapport du ministre, distinguait trois sortes de sociétés : reconnues d'utilité publique, approuvées et autorisées.

Les sociétés reconnues d'utilité publique. — Elles étaient en 1898, au moment du vote de la loi nouvelle, au nombre de 13 seulement, car la reconnaissance est conférée par un décret lequel, en fait, n'est pas aisé à obtenir. Ces sociétés d'ailleurs sont importantes, elles n'ont pas moins de 40.000 membres, dont 4.500 honoraires ; beaucoup même de participants sont des gens aisés. Ainsi en est-il de la société des artistes dirigée par le baron Taylor qui a 127.000 fr. de revenus et avait en deux ans reçu plus de 90.000 fr. de dons ou encore de celle des auteurs dramatiques présidée par M. Victorien Sardou qui en 1895-96 avait perçu 3.586.000 fr. de droits d'auteur.

Les sociétés « reconnues » peuvent posséder et acquérir même des immeubles, mais elles sont pour tous leurs actes considérées comme mineures et le tuteur c'est l'Etat. Elles peuvent recevoir à titre gratuit (dons ou legs), mais il leur faut pour chaque don ou legs une autorisation d'accepter et c'est le pouvoir public qui la donne ou la refuse à son gré.

Sociétés autorisées. — Les sociétés autorisées avaient simplement le droit d'exister qui leur était conféré par une autorisation spéciale, puisque, d'après notre loi française, nulle association de plus de vingt personnes ne peut exister sans permission de l'autorité. Cette autorisation était d'ailleurs révocable.

Les sociétés approuvées. — Les plus nombreuses et aussi celles dont la situation était la meilleure, c'étaient les sociétés approuvées. Le gouvernement du second empire était attentif aux questions ouvrières et il espérait faire des sociétés de secours mutuels autant d'institutions destinées à maintenir l'attachement des populations au régime impérial. Il voulait au moins avoir la main sur ces sociétés qui se multipliaient et diriger un mouvement qui pouvait prendre de l'importance. Aussi le décret de 1852 commençait ainsi : « Une société de secours mutuels sera formée par les soins du maire et du curé dans chaque commune où l'utilité en aura été reconnue.

« Cette utilité sera déclarée par le préfet après avoir pris l'avis du conseil municipal. »

Cette prescription du décret ne fut pas exécutée, parce qu'on ne crée pas une société de secours mutuels seulement par déclaration du préfet, mais le pouvoir public provoqua la formation d'un certain nombre de sociétés qui étaient alors, ainsi que toutes celles qui recherchaient les faveurs officielles, des sociétés *approuvées*.

Ces sociétés devaient naturellement être autorisées et faire autoriser leurs statuts comme aussi toutes les modifications qui y étaient apportées ; elles avaient un président nommé par l'administration et devaient tous les ans envoyer au préfet un compte rendu de leur gestion « morale et financière ». Le préfet pouvait dissoudre les sociétés pour inexécution des statuts, violation de la loi ou seulement mauvaise gestion et il n'y avait aucun recours contre sa décision.

En échange de cette sujétion dont la partie la plus pénible, le président imposé, avait d'ailleurs été supprimée après la chute de l'empire, les sociétés approuvées tenaient de la loi de 1852 de très sensibles avantages : les communes leur devaient un local pour leurs réunions et tous les registres nécessaires ; elles avaient droit à une remise sur le prix des envois funèbres ainsi qu'à diverses exemptions de timbre. Elles pouvaient verser toutes sommes quelconques à la caisse des dépôts qui leur en donnait, comme on a vu, un intérêt de 4 1/2 0/0 ; tandis que les particuliers ne peuvent verser qu'un chiffre *maximum* de 1.000 fr. par an à la caisse des retraites, les sociétés approuvées pouvaient verser un chiffre quelconque pour constituer de suite une pension. Elles pouvaient verser jusqu'à

8.000 fr. à la caisse d'épargne au lieu de 1.500, *maximum* pour les particuliers. Elles pouvaient enfin recevoir avec l'approbation du préfet des dons et legs n'excédant pas 5.000 fr.

On comprend que la qualité de société approuvée fût recherchée, mais on comprend aussi que la législation de 1852 donnât lieu à de nombreuses critiques : on lui reprochait d'être peu libérale, de contenir de nombreuses entraves à l'endroit des mutualistes. Un projet de loi était en préparation depuis longtemps, il a fini par aboutir à la loi du 1er avril 1898. La commission de la *Ligue Nationale de prévoyance et de mutualité* avait été entendue par la commission du Sénat chargée de préparer le travail de la Haute-Chambre et avait eu la satisfaction de voir la plupart de ses réclamations admises et devenant texte du projet d'abord et ensuite texte de loi.

La loi du 1er avril 1898. — La loi nouvelle distingue aussi trois sortes de sociétés : reconnues d'utilité publique, libres et approuvées.

Les sociétés reconnues d'utilité publique et les sociétés libres. — Les premières restent dans la même situation que précédemment, les secondes peuvent s'établir sans avoir besoin d'autorisation préalable et à charge seulement de déposer à la sous-préfecture du lieu de leur domicile un exemplaire de leurs statuts et le nom de ceux qui dirigent la société. Elles peuvent, avec l'autorisation du préfet, recevoir des dons et legs mobiliers. Elles s'administrent librement, mais ne peuvent posséder d'immeubles ; elles peuvent louer seulement ceux qui seront nécessaires à leur fonctionnement.

Les sociétés approuvées. — Les sociétés approuvées se fondent comme les précédentes sans autorisation préalable, mais elles doivent faire approuver leurs statuts par arrêté ministériel. Seulement l'approbation ne peut être refusée que « pour non conformité avec les dispositions de la loi ou si les statuts ne prévoient pas de recettes proportionnées aux dépenses pour la constitution des retraites garanties ou des assurances en cas de vie, de décès, ou d'accidents ». La société dont on refuse d'approuver les statuts a un recours devant le Conseil d'Etat. L'autorisation peut être retirée pour le même motif, la société ayant le même recours.

Ces sociétés peuvent, avec autorisation du Conseil d'État, recevoir des dons et legs même immobiliers et posséder les trois-quarts de leur avoir en immeubles ; seulement les acquisitions et aliénations d'immeubles doivent être approuvées par les associés réunis en assemblée générale et à une certaine majorité. Le reste de la fortune sociale doit être placé en rentes sur l'État français ou en valeurs garanties par lui. Ces valeurs sont déposées à la caisse des dépôts qui se charge d'encaisser les coupons.

Comme les anciennes sociétés approuvées, les nouvelles jouissent de diverses exemptions de droit de timbre, de réduction des droits dus à l'administration des pompes funèbres et enfin les communes sont tenues de fournir à celles qui le demandent (il est vraisemblable que la plupart le demanderont) les locaux nécessaires à leurs réunions ainsi que les livres et registres nécessaires à l'administration et à la comptabilité. Elles ont droit, ainsi que les sociétés « reconnues » au taux de faveur de 4 1/2 0/0 pour les capitaux qu'elles verseront à la caisse des dépôts.

Les pensions continuent à pouvoir être constituées soit au moyen d'un livret individuel, soit par prélèvement sur le fonds commun et dans ce cas elles doivent être constituées à capital réservé au profit de la société. Nul sociétaire n'a droit à une retraite s'il n'a cinquante ans d'âge et quinze ans au moins de cotisations.

Contrôle exercé par l'État. — « Les sociétés qui constituent sur le fonds commun des pensions de retraite garanties, sont tenues de produire tous les cinq ans au moins au ministre de l'Intérieur la situation de leurs engagements éventuels ou liquides et des ressources correspondantes en se conformant aux modèles qui leur seront fournis par l'administration compétente. Elles devront modifier leurs statuts, s'il y a lieu, d'après les résultats de ces inventaires au moins quinquennaux. »

Du reste toutes les sociétés approuvées doivent, dans le premier trimestre de chaque année, adresser au ministre de l'intérieur, par l'intermédiaire des préfets et dans les formes prescrites, le compte rendu de leur situation morale et financière.

« Elles sont tenues de communiquer leurs livres, registres, procès-verbaux et pièces comptables de toute nature aux préfets, sous-préfets et à leurs délégués. Cette communication a lieu sans déplacements, sauf le cas où il en serait autrement ordonné par arrêt du préfet. »

Les subventions sont à part, étant réglées par les lois fiscales ; la tendance du parlement est de les étendre plutôt que de les diminuer. La loi du 1er avril 1898 contient seulement à ce sujet la disposition suivante : « Les sociétés de secours mutuels qui accordent à leurs membres ou à quelques-uns seulement des indemnités moyennes ou supérieures à 3 fr. par jour, des allocations annuelles ou des pensions supérieures à 360 fr. et des capitaux en cas de vie ou de décès supérieurs à 3.000 fr. ne participent pas aux subventions de l'Etat et ne bénéficient ni du taux spécial d'intérêt (4 1/2 0/0), ni des avantages institués par la présente loi : remise de droits d'enregistrement et de frais de justice. »

Des peines spéciales sont portées contre celui qui tentera, en adhérant à plusieurs sociétés, d'obtenir plus que le *maximum* permis.

Critiques à la loi. — On peut assurément critiquer cette disposition de la loi qui fait trois sortes de sociétés et demander pourquoi les sociétés libres n'ont pas les mêmes avantages que les sociétés approuvées, pourquoi par exemple il leur est interdit d'avoir des immeubles comme placement de leurs fonds. On répondra sans doute qu'elles n'ont qu'à faire approuver leurs statuts et à se soumettre aux envois de situations annuelles ou quinquennales. Mais au sujet de cette approbation des statuts, il faut convenir que notre administration se trouve chargée, étant donnée son peu de connaissance juridique, d'un rôle difficile : apprécier la valeur légale des statuts d'une société, et le Conseil d'Etat, tribunal tout administratif, n'a guère de compétence non plus sur la question. Et encore s'il est possible, puisque cela requiert seulement la connaissance des lois, de dire si les statuts sont ou non conformes à ces lois, il est singulièrement délicat de prétendre apprécier si les recettes sont bien proportionnées aux dépenses, dépenses de retraites ou autres ; ici on est en plein arbitraire puisqu'on voit les prévisions des hommes techniques démenties par les événements et par des événements qu'ils n'avaient pu prévoir.

Quant aux mesures de contrôle inscrites dans la loi, on comprend très bien, en principe, que le pouvoir public protège les membres des sociétés de secours mutuels contre leur propre incompétence ; qu'il veuille garantir ces hommes qui n'ont aucune connaissance de ces matières contre un danger évident et ne leur laisse pas sans les avertir apporter avec persévérance leur argent à une institution qui souvent ne pourra leur rendre le service qu'ils en attendent et qu'elle leur a promis.

C'est ainsi qu'en Angleterre où les sociétés de secours mutuels sont, on va le voir, plus nombreuses à la fois et plus importantes que dans notre pays, un *Registrar en chef* — fonctionnaire qui n'a point d'analogue en France par sa compétence technique et la confiance qu'il inspire — s'est vu obligé par le devoir de sa charge de déclarer dans son rapport annuel au Parlement, il y a une trentaine d'années, que « sur 23.000 sociétés il ne pouvait répondre de la solvabilité de plus de vingt ». En suite de cette déclaration si grave le Parlement a voté en 1875 une loi refaite en 1896 qui établit pour les sociétés de secours mutuels des moyens de contrôle assez stricts et leur impose des obligations étroites.

Mais les lois anglaises ont posé des règles qui obligent toutes les sociétés, tandis que la nôtre n'y astreint que les seules sociétés approuvées. « Or si l'on estime que ce moyen de contrôle est nécessaire on y doit soumettre toutes les sociétés, s'il ne l'est pas, pourquoi l'imposer à quelques-unes ?

Quant au rapport quinquennal exigé des sociétés qui donnent des pensions de retraite, il excitait déjà, n'étant pas encore voté, les réclamations des mutualistes : « Ceux qui, écrivait l'un d'eux à la *Revue mutualiste* (1897, page 80), ont lu M. Pierre de Laffitte (un spécialiste très compétent), savent quel travail cela exige et ceux qui en ont fait faire par M. Guyesse (actuaire et député, vice-président de la société chargée alors d'examiner le projet de loi) savent ce que cela leur coûte (1). » C'était assez dire : on veut imposer aux sociétés une charge, qui écrasera les faibles sous prétexte de les aider à mettre en ordre leur situation.

L'exigence de cette mesure n'en a pas moins été votée, elle est dans la loi de 1898 et voici ce qu'écrivait à ce propos (dans la *Revue de mutualité* d'avril 1898) M. Léon Marie dont on connaît la compétence : « Quant à exiger des sociétés la production quinquennale de leurs engagements et des ressources correspondantes, c'est demander l'impossible. Comment mettre en regard des engagements formels et des ressources aléatoires dont l'importance ne peut être évaluée comme les cotisations des membres honoraires, subventions, dons, etc ? Là encore il aurait fallu exiger le calcul précis des réserves pour toutes les pensions gagées sur les cotisations des membres participants et laisser toute liberté pour la distribution des allocations prises sur les ressources extraordinaires. Toutes ces choses se tiennent étroitement et l'oubli des principes mêmes sur lesquels devrait reposer le fonctionnement du service des pensions, rend illusoire et sans effet toutes les prescriptions adoptées ».

Ce que M. Léon Marie reproche à la loi de 1898 est de n'avoir fait qu'une règle pour les sociétés qui ont de très diverses manières de fonctionner. Pourquoi, par exemple, dit-il, obliger une société à garantir toutes les pensions qu'elle promet ? Ne peut-elle donc

---

(1) L'auteur de ces observations disait plus loin que M. Guyesse s'était fait remettre 1.000 fr. pour avoir fait l'état de situation de la société de secours mutuels des comptables. Et il ajoutait : « c'est une telle mesure qu'on prétend imposer à toutes les sociétés même rurales et n'ayant souvent pas 1.000 fr. de recettes annuelles ? »

stipuler — et cela se fait actuellement — qu'elle donnera des pensions à proportion des ressources extraordinaires qui lui surviendront? Et pourtant si elle fait cela, on devra refuser d'approuver ses statuts. Voilà bien le défaut trop ordinaire dans notre pays de vouloir tout prescrire, tout ordonner.

Progrès introduits par la loi. — Il ne faudrait pas cependant que ces critiques fissent oublier les progrès sérieux introduits par la nouvelle loi. Ainsi le rôle des sociétés est plus large qu'autrefois où on les limitait à l'excès (1). Elles peuvent donner des secours en cas de maladie, promettre une somme en cas de décès, des secours aux parents, constituer des pensions de retraite (sans restriction s'il s'agit des sociétés libres), faire des assurances individuelles ou collectives au profit de leurs membres auprès des caisses de l'Etat. Elles peuvent même créer au profit de leurs membres des cours professionnels, des offices gratuits de placement et enfin des caisses d'assurance en cas de chômage. Ces trois dernières institutions doivent être toutefois alimentées par des ressources à part.

Les femmes peuvent faire partie de ces sociétés et en créer sans l'assistance de leurs maris (elles ne le pouvaient pas légalement auparavant, elles le faisaient en fait); les mineurs peuvent de même y entrer verser et recevoir des fonds sans l'assistance de leurs parents ou tuteurs.

Les pensions et secours donnés par les sociétés de secours mutuels sont incessibles et insaisissables à concurrence de 360 fr. de rente annuelle, de 3000 fr. en capital.

Les mêmes sociétés peuvent agir en justice par leur président ou par des délégués spéciaux ; c'était avant une question fort discutée.

Elles peuvent organiser entre elles des unions qui ont pour but de permettre les réassurances, de permettre à un sociétaire de passer d'une société dans une autre et de mieux organiser les retraites, car si les secours en cas de maladie sont mieux donnés par une petite société, il y a tout avantage à être nombreux pour donner des retraites.

Leur droit de posséder a été augmenté sans être encore ce qu'on souhaiterait, notamment au point de vue du droit qu'ont les sociétés libres d'avoir des immeubles.

(1) Le décret de 1852 sur les sociétés portait : « Les sociétés de secours mutuels auront pour but d'assurer des secours temporaires aux sociétaires malades, blessés ou infirmes et de pourvoir à leurs frais funéraires. Elles pourront promettre des pensions de retraite si elles comptent un nombre suffisant de membres honoraires ». En fait les sociétés avaient étendu leurs attributions sans être reprises par le pouvoir public.

La loi encore reconnaît aux statuts le droit de stipuler que les membres honoraires qui tomberaient dans la misère pourraient devenir participants et profiter ainsi des secours donnés.

Il est interdit de faire dans les sociétés plusieurs catégories de membres et d'assurer aux uns des avantages que les autres n'auraient pas (1).

Enfin la loi de 1898 porte que « dans un délai de deux ans les ministres de l'Intérieur et du Commerce feront établir des tables de mortalité et de morbidité applicables aux sociétés de secours mutuels ». Agréable promesse, écrit M. Léon Marie, qui d'ailleurs se trouvait aussi dans le décret de 1852 et n'a pas encore été tenue depuis quarante-six ans. Elle le sera sans doute cette fois, car on charge deux ministres de l'exécuter.

Les mutualistes ne tiendront pas pour un progrès la disposition de la loi qui les oblige d'adresser au ministre de l'Intérieur par l'intermédiaire des préfets, dans le premier trimestre de chaque année et dans les formes qui seront marquées, la statistique de leur effectif, du nombre et de la nature des cas de maladies de leurs membres. C'est une exigence contre laquelle ils avaient protesté par avance lorsque la loi n'était encore que projet.

Situation des étrangers. — La situation des étrangers dans les sociétés de secours mutuels était assez incertaine. La loi de 1898 l'a précisée : « l'administration des sociétés de secours mutuels ne peut être confiée qu'à des Français majeurs ; ils (les étrangers) peuvent être simples membres. Les sociétés formées entre étrangers ne peuvent exister qu'en vertu d'un arrêté ministériel toujours révocable. Par exception elles peuvent choisir leurs administrateurs parmi leurs membres.

« Les subventions de l'État en vue de la retraite par livret individuel profiteront aux étrangers lorsque leur pays d'origine aura garanti par un traité des avantages équivalents à nos nationaux.

« Les pensions allouées sur le fonds commun ne pourront être servies aux étrangers que dans le cas où ils résideraient sur le territoire français. »

Il a paru nécessaire de décrire assez au long la nouvelle loi, il faut maintenant reprendre la suite du sujet en parlant des sociétés de secours mutuels en Angleterre et en Amérique.

(1) Ces diverses dispositions ont été introduites, pour la plupart, à la sollicitation de la « Ligue Nationale de la mutualité ».

CHAPITRE VI

LA MUTUALITÉ EN ANGLETERRE ET AUX ETATS-UNIS D'AMÉRIQUE

Nous avons étudié déjà les unions ouvrières ou syndicats professionnels de l'Angleterre ; l'étude de leurs sociétés mutualistes n'offre pas moins d'intérêt.

Leur nombre. Leur importance. — Ces sociétés qui portent le nom de *Friendly societies* (mot à mot, sociétés amicales) sont très nombreuses, on n'en compterait pas moins de 24.000 ayant ensemble 4 millions de membres (un député disait même à la Chambre des communes 8 millions) et possédant 570 millions de francs. Quelques-unes ont de très grandes proportions ; s'il faut en croire des renseignements anglais, écrivait en août 1897 la *Revue de la mutualité* (page 716), les *Odd Fellows* de Manchester auraient 750.000 membres et 200 millions de patrimoine, les *Foresters* n'auraient pas moins de 880.000 membres payant 17 millions de cotisations annuelles. L'*ancien ordre des Druides*, celui *des Bergers* doivent avoir la même importance. Bien entendu, à côté de ces colossales sociétés, qui se divisent en quantités de branches se trouvent des sociétés minuscules, qui ne comptent quelquefois pas 50 membres.

L'une des raisons de l'importance de ces *Friendly Societies* est leur ancienneté. Si elles ne remontent pas, comme elles le prétendent, à Robin des Bois, et au temps des Druides, elles sont anciennes assurément ainsi que le prouvent les mots de passe secrets, et les signes de reconnaissance dont elles se servent encore, sans utilité aucune, mais qui ont toujours un grand attrait pour les gens du peuple. L'habitude de faire partie de l'une de ces sociétés et de compter sur son assistance est très répandue, et l'on ne trouverait guère d'ouvriers, qui ne soient membres de quelqu'une d'elles ou d'un *trade union*. Ils paient souvent des cotisations assez fortes, mais aussi ces sociétés se proposent plus de choses que les nôtres. Non seulement donner des secours en cas de maladie, ou d'accident, mais assurer des pensions de retraite aux vieillards, payer une indemnité en cas de décès, une allocation fixe pour aider aux funérailles (chose à laquelle les Anglais tiennent beaucoup), mais assurer une somme marquée en cas d'incendie, de perte d'outils, de filets, etc., ou bien lors de la naissance d'un enfant ou encore en cas de voyage, de perte d'emploi, etc. De plus les secours donnés par ces associations ont une bien autre importance que ceux alloués par nos sociétés. Dans la discussion qui précéda au Parlement anglais le vote de la loi sur les accidents du travail (loi du 6 août 1897) un membre des Communes, M. Allan, cita (3 mai) le cas de l'un de ses ouvriers qui mourut victime d'un accident du travail ; sa veuve reçut de la société dont son mari faisait partie depuis six mois seulement le secours statutaire : 200. L. ou plus de 5.000 fr. D'autres ouvriers devenus par suite d'accident incapables de travailler reçoivent des secours de la même société. Aussi, ajoutait-il, j'ai assuré mes ouvriers à la *Friendly*. Voilà un spectacle qui pour nous n'est pas ordinaire : un patron assurant ses ouvriers à une société de secours érigée et conduite par des ouvriers, alors que chez nous les patrons les assurent à la caisse officielle.

Le marquis de Londonderry déclarait de son côté (Chambre des Lords, 26 juin) qu'il connaissait trois sociétés de prévoyance (*Permanent relief societies*) qui soutenaient ensemble 12.000 personnes : infirmes, vieillards, veuves et enfants. Aux Communes (15 juin) un député, M. Jenkins, déclarait que le « fonds de secours » de la Galles du Sud (c'est une société privée) distribuait par an 80.000 L. ou plus de 2 millions de francs, et un autre député, M. Geoffroy Drage, estimait que dans l'année précédente les sociétés ouvrières avaient payé 250.000 L. ou plus de 7 milions et demi en secours aux victimes des accidents du travail et 27.000 L. (675.000 fr.) en frais de funérailles.

Les unions de métiers qui se proposent comme nos syndicats de défendre les intérêts professionnels : salaires et autres conditions du travail, ont compris qu'elles feraient bien plus de recrues si elles donnaient des secours et les unions anciennes en donnent d'une si large manière qu'elles en font parfois leur but principal. Un ancien ouvrier devenu député, M. Thomas Burt, citait aux Communes (17 mai 1897) la société d'ouvriers mineurs du Durham et Northumberland qui a 122.000 membres versant 99.167 L. de cotisations. Elle avait en 1896 payé aux veuves et enfants 20.500 L., aux incurables, 15.000 L., en pensions de retraite 34.000 L. (La L. sterling : 25 fr.). Notre loi française sur les syndicats professionnels leur permet d'organiser des sociétés de secours mutuels ou des caisses des retraites, mais alors les deux institutions doivent être distinctes, tandis qu'en Angleterre, il n'y a qu'une caisse pour les deux buts. En temps ordinaire, elle sert les secours promis, mais vienne une grève, la distribution des secours cesse, comme le paiement des indemnités et des pensions ; soutenir la lutte contre les patrons devient le principal et l'unique objet, il n'y a plus rien pour les malades, pour les vieillards, pour les familles éprouvées. C'est le faible de cette organisation en double partie (1).

Loi qui règle les Friendly societies. — Voici du reste quelle est la législation de ces *Friendly societies.* Comme il était rappelé plus haut, elle est la conséquence de cette menaçante révélation d'un *Registrar,* qu'à son sens, presque toutes les *Friendly* étaient insolvables (ce qui veut dire hors d'état de tenir pour l'avenir les engagements qu'elles avaient pris). La législation crut devoir, sans les soumettre à ce que nous appelons en France la tutelle administrative, qui met une société sous la main de l'administration et ne lui permet pas d'agir, ni même de branler tant soit peu sans l'autorisation d'un fonctionnaire, leur imposer certaines mesures de précaution. C'est à quoi a pourvu une loi de 1875, qui a été remaniée, mais sans avoir subi de changement notable en 1896.

D'après cette dernière loi, du 7 août 1896, toute société, pour être légale, doit être enregistrée, c'est-à-dire, non pas assujettie à payer une certaine taxe, ce que fait supposer notre mot d'enregistrement ; mais acceptée, comme conforme à la loi par un fonctionnaire spécial, le *Registrar,* qui reçoit ou refuse les statuts qui lui sont présentés. En cas de refus, la société peut s'adresser à la haute cour de justice.

Cette disposition a été, on l'a vu, imitée par notre loi de 1898, mais d'une manière très imparfaite. Au lieu qu'en Angleterre c'est un fonctionnaire technique qui examine les statuts et un tribunal judiciaire qui décide, notre loi commet la même charge et le même pouvoir à des fonctionnaires et à des juges administratifs également incompétents sur la question légale. Quelle compétence peut avoir aussi le Conseil d'État pour apprécier si « les statuts ne prévoient pas de recettes proportionnées aux dépenses pour la constitution des retraites garanties ou des assurances en cas de vie, de décès ou d'accidents » ? Ni le *Registrar* anglais ni la haute-cour n'ont à résoudre pareille question.

---

(1) En France, l'inverse se voit quelquefois, ce sont des sociétés de secours mutuels, dont les fonds sont employés à soutenir des grèves contrairement aux statuts, alors qu'en Angleterre la double opération se fait ouvertement. On se rappelle aussi qu'avant la loi de 1884 rendant licites les syndicats professionnels, plusieurs de ceux-ci se dissimulaient sous la forme de sociétés de secours mutuels.

Les sociétés peuvent promettre des secours de toutes sortes et des pensions de retraite, mais non des indemnités en cas de chômage, comme font les *Unions de métiers*. Elles peuvent encore prêter à leurs membres une partie de leurs fonds, disposition qui ne se trouve pas dans notre loi. Autre différence encore : les cotisations des membres ne peuvent être recouvrées en justice ; disposition notable et toute contraire à ce qui se fait en France où les cotisations passées ou de l'année courante sont exigibles par le moyen des tribunaux. Ainsi encore les statuts peuvent disposer que tout litige entre la société et ses membres sera jugé par des arbitres, disposition plus libérale que celle de la loi française qui interdit cette même clause ; on ne peut s'en rapporter à un arbitre que pour les litiges déjà existants, et non pour ceux à venir.

Toute société doit, à la fin de chaque année, soumettre son bilan à un *auditor* ou expert public ; ce bilan indique à part chacun des engagements de la société avec mention des ressources destinées à y faire face. Il doit être envoyé à tout associé ; chacun d'eux, de plus, a le droit d'examiner les livres de la société sauf le compte particulier de ses collègues. Les *Friendly* doivent encore faire faire tous les cinq ans un état de situation par un *évaluateur*, sorte d'expert officiel comme l'*auditor*.

Et comme les législateurs anglais ont bien compris que la dépense de ces bilans peut être un obstacle, non sans doute pour les *Odd-fellows* ou les *Foresters*, mais pour les petites sociétés, ils ont écrit dans leur loi que ces experts seraient rétribués suivant un tarif fixé par le pouvoir public.

Les sociétés doivent envoyer au *Registrar* une expédition de leur bilan annuel, et aussi de la situation quinquennale. Si ce *Registrar* (il y a un *registrar en chef* et des *assistants registrars*) croit d'après ce bilan ou sur d'autres indications que la société est dans une situation difficile, ou encore, s'il en est requis par une certaine partie des membres, il peut nommer un inspecteur chargé d'examiner les livres de la société et de lui faire un rapport. Si ce rapport, en effet, est de nature à montrer que la société n'est pas en état de tenir ses engagements, et même sans ce rapport, le *Registrar* peut réunir une assemblée générale des sociétaires lesquels sont consultés sur la question de savoir s'il ne leur convient pas de mettre la société en liquidation (1). La liquidation toutefois ne peut avoir lieu que du con-

---

(1) Bien que notre loi française de 1852 ne contienne aucune des dispositions analogues, on lit dans la *Revue des institutions de prévoyance et mutualité*, de janvier 1888 (page 30) la curieuse mention d'une société de secours mutuels *des dames et demoiselles de commerce* dont l'assemblée générale est appelée à se prononcer sur le rapport d'un délégué du ministre de l'intérieur, chargé d'examiner la situation de la société, compromise par ses administrateurs.

sentement de ceux qui ont des droits acquis (soit des pensionnai-res), c'est-à-dire après qu'on aura fait provision pour les contenter.

Le *Registrar* peut, après avertissement, suspendre toute société qui manquerait à la loi ou à ses statuts ; il peut même prononcer la dissolution de la société, qu'il croit n'être pas en état de remplir ses engagements et ordonner lui-même la répartition de ses fonds. Et ce qu'il faut noter, est que la société qui, en cas de suspension, peut former appel devant une cour de justice, est en cas de dissolution, sans aucun recours. « Les décisions du *Registrar* en ce cas, dit la loi, sont définitives et sans appel. » La seule atténuation est que le *Registrar* ne prononce une pareille peine qu'après un avis préalable donné trois mois à l'avance et rendu public.

Les sociétés ont donc ce délai pour réclamer auprès du *Registrar* et se mettre en mesure de conjurer, en s'amendant, la mesure qui les menace.

Le Registrar anglais. — Les Français qui ne sont point au courant de la pratique anglaise seront surpris du grand pouvoir donné au *Registrar*. Quoi donc ! un fonctionnaire qui peut, de son autorité et sans appel, dissoudre une société, sans qu'elle ait rien fait d'illégal et seulement parce qu'il estime qu'elle ne peut remplir ses engagements ? Est-ce donc cette liberté anglaise si vantée ? C'est que le *Registrar* a en Angleterre une situation qui, en France, n'a pas de similaire ; c'est un homme d'une valeur technique incontestée, qui est pour les sociétés un sûr conseiller, un bon guide. Il avertit celles dont les statuts contiennent des dispositions contraires à la loi, et il les renseigne sur les corrections à faire. Souvent, ces sociétés le prennent pour arbitre. Le pouvoir si grave qui lui est commis, il n'en use qu'en cas de nécessité absolue et à bon escient. J'ai connu personnellement un *registrar en chef*, M. Ludlow. C'était un homme d'une compétence absolue, d'un ferme caractère et d'une grande valeur. En France, il faut bien le dire, si une pareille charge existait, il serait fort à craindre qu'on la donnât ou à quelque chef de bureau, fort incompétent, mais ayant droit à un avancement, ou, ce qui serait pis, à un politicien. Les choix faits pour quelques fonctions analogues font comprendre que la crainte exprimée ici n'est pas vaine.

Les subventions. — Les sociétés anglaises ne reçoivent aucun subside du budget, elles ont seulement quelques exemptions de droit de timbre, etc... et peuvent déposer à la *Caisse pour l'amortissement de la dette nationale* (analogue par quelques côtés, mais nullement d'ailleurs par son objet principal, à notre Caisse des dépôts et consignations), les sommes qu'elles veulent et qui leur rapportent un intérêt variant entre 3 et 2 0/0. Il y a loin de là à l'intérêt de 4 1/2 0/0 que nos sociétés reçoivent. Elles sont libres d'ailleurs de placer leurs fonds comme elles l'entendent, et même en immeubles ou sur hypothèques, sans limite de chiffre.

Les sociétés pour lesquelles la loi anglaise a pris de telles précautions — celles précisément que nos actuaires et nos théoriciens recommandent, comme l'inventaire quinquennal — ont-elles du moins trouvé cette sécurité que l'on a voulu leur assurer ? La question est difficile à résoudre ; ce que je puis citer est l'opinion d'une revue anglaise, la *Quarterley review*, de 1895, p. 126 et suivantes, laquelle déclare que la situation de la plupart des *Friendly societies* est très dangereuse, elles seraient, par suite de leurs engagements excessifs, fort au-dessous de leurs affaires et incapables de tenir pour l'avenir ce qu'elles ont promis. Opinion que je rapporte sans pouvoir dire ce qu'elle vaut en effet.

A titre d'indication, voici ce que nous apprennent quelques auteurs sur les sociétés de secours mutuels américaines.

Les sociétés de secours mutuels aux États-Unis d'Amérique. — « Nos mutualistes, écrivait M. Eugène Rochetin dans le *Journal des Economistes* de 1896 (p. 30), ignorent qu'il y a en ce moment aux Etats-Unis, la terre classique des innovations heureuses en matière d'assurance, plus de 450 sociétés d'assurance mutuelle, ou associations fraternelles, qui comptent près de cinq millions d'adhérents, lesquels ont reçu en indemnités de toutes sortes plus de deux milliards et demi de francs (Une seule société aurait, assure-t-il, distribué, en 20 ans, plus de 200 millions aux familles des membres décédés).

« Savent-ils que le fonds de prévoyance de ces sociétés s'élève à plus de 250 millions, véritable propriété des associés ; que ces sociétés ont près de 36 milliards d'assurances en cours ?

« Ce sont des institutions qui ne visent aucun bénéfice et sont administrées par les adhérents eux-mêmes. Elles font simplement œuvre de prévoyance, et leur système est celui de la coopération pure, c'est-à-dire que ce sont bien des sociétés mutuelles et non des compagnies d'assurance ordinaires. »

Et toutefois, nous apprend M. Rochetin (*Revue politique et parlementaire*, novembre 1897), ce ne sont point des sociétés de secours mutuels proprement dites, ce sont des sociétés amicales, faites entre gens de la même loge (des loges maçonniques, mais fort différentes des nôtres) et qui ne suivent pas de règles fixes. Elles n'ont ni réserves, ni tables de mortalité et de morbidité, ni cotisations bien fixes. Comme dans les assurances mutuelles, on répartit les charges entre les adhérents.

Le but de ces sociétés au surplus est d'aider leurs membres dans les circonstances difficiles de la vie, mais surtout d'aider la famille après le décès de son chef ; c'est leur objet principal.

A ceux qui leur reprochent le défaut de régularité scientifique de leur organisation, les membres répondent en montrant qu'ils existent depuis 40 ans et sont prospères. « Nous sommes les défenseurs d'un principe dont l'application a permis de constater de tous temps les heureux résultats. » Il peut y avoir cependant un danger pour l'avenir dans cette manière de faire, et M. Rochetin l'indique.

« Le fait à retenir est que plus de douze milliards et demi d'assurance en cours ne sont garantis actuellement que par les engagements des membres, c'est-à-dire, les *assessements* mortuaires pouvant être appelés ». Comment jusqu'à présent n'a-t-on pas eu de manquements aux engagements pris ? Notre auteur nous en donne l'explication, en nous disant que ces sociétés se remuent fort pour faire de nouvelles recrues et y réussissent, puisque en 1893, on comptait dans les 475 sociétés, 3.478.000 membres dont 730.886, admis dans l'année. La situation n'en est pas moins dangereuse et le procédé nullement à recommander.

Il y a du reste aux Etats-Unis de vraies sociétés de secours mutuels et M. Levasseur les a décrites dans la *Revue de Mutualité* de 1897, (p. 340). Beaucoup de ces sociétés sont *confessionnelles*, réunissant des personnes du même culte. Même sans cela il est ordinaire d'exiger des candidats, qu'ils croient à l'existence de Dieu « et aient un bon caractère ». Les statuts refusent tout secours pour les maladies venant de vices ou d'excès. D'autres sociétés sont nationales et rassemblent les gens de même origine comme les Canadiens Français. Les Allemands en ont qui se proposent en même temps de conserver la langue de la mère-patrie. M. Levasseur cite une société qui ne reçoit que des socialistes. En Europe, les socialistes sont nettement hostiles aux sociétés de secours mutuels comme à tout ce qui peut améliorer le sort de l'ouvrier.

Comme en Angleterre, les cotisations sont élevées, au moins comparativement aux nôtres, et elles le sont même avec des gens ayant de faibles salaires comme les Canadiens-Français. Ce qui est bien américain, c'est la grosse proportion des frais de gestion, dans l'ensemble des dépenses. « La démocratie américaine, fait remarquer M. Levasseur, ne donne pas ses services à bon marché ». Si, en France, nous ne pouvons offrir les gros chiffres que l'on trouve aux Etats-

Unis, au moins rencontre-t-on chez les membres de nos sociétés un dévouement qui réduit fort les dépenses d'administration (1), et c'est un détail qui n'est pas méprisable.

(1) Ce qui ne les empêche pas d'arriver à plus du dixième des sommes employées. Voir page 305.

CHAPITRE VII

Ces accidents — ceux qui viennent du travail professionnel — ont de tous temps fait des victimes, mais aujourd'hui le nombre infiniment plus grand des ouvriers de l'industrie, les accidents plus éclatants dus au régime de la production en grand, le bruit que la presse ne manque pas de faire dès qu'un accident se produit, et enfin l'inclination que l'on a de nos jours à s'occuper de ce qui concerne les travailleurs, ont fait chercher les moyens les meilleurs de réparer ces accidents. Si le dommage a été minime, c'est-à-dire s'il n'en est résulté qu'une maladie temporaire, le blessé trouve des secours auprès des sociétés de secours mutuels ordinaires ; mais s'il s'agit de blessures graves entraînant des infirmités permanentes, si les accidents ont été suivis de mort, alors les secours temporaires et les petites allocations que donnent les sociétés sont insuffisants.

Assurance contre les accidents venant des ouvriers. — Le secours nécessaire certains ouvriers le trouvent auprès des sociétés organisées par eux-mêmes. On a vu dans le chapitre précédent combien les ouvriers anglais étaient avancés de ce côté. D'autres ouvriers du même pays s'adressent à des sociétés d'assurance ordinaires dont quelques-unes opèrent surtout avec des ouvriers acceptant les plus petites cotisations. L'une de ces sociétés : *La Prudential,* « une des plus grandes sociétés du monde », assure la *Revue de Mutualité* qui nous donne ces détails (1896, p. 635), avait dans sa « branche industrielle », fin 1894, des assurances contre les accidents pour une somme de 2 milliards 700 millions, la plupart contractées par des ouvriers directement au moyen de primes de 10 et 20 centimes par semaine.

En France, nous ne voyons rien de tel chez les ouvriers, quelques sociétés de secours mutuels donnent des secours peu élevés et quant aux assurances, celles qui existent sont contractées par les patrons.

Assurances faites par les patrons. — Elles se trouvent surtout dans les grandes villes et dans les grands ateliers. Elles sont alors de deux sortes : ou bien le patron seul en fait les frais et la compagnie d'assurance promet de le garantir contre toute réclamation du chef d'accidents arrivés à ses ouvriers ; ou bien les versements sont fournis partie par les patrons et partie par les ouvriers au moyen d'une retenue sur les salaires. Les ouvriers assurés ont droit alors en cas d'accident à une indemnité fixe marquée dans la police.

Il ne faut pas croire que ces assurances soient rares, la *Réforme sociale*, qui est bien renseignée pour parler avec compétence de ces choses, assurait (n° du 10 février 1896) que les deux tiers des industriels français avaient contracté ainsi des assurances au profit de leurs salariés.

La Caisse nationale d'assurance en cas d'accidents. — Nous avons aussi une Caisse officielle d'assurance contre les accidents. Elle a été, lors de sa fondation en 1868, dotée d'un subside assez large dont elle n'emploie même pas le revenu, car la caisse, depuis son origine jusqu'au 31 décembre 1896, n'avait fait que 39.654 assurances pour lesquelles elle avait reçu 251.516 fr. de primes et avait payé en tout 191.216 fr. (indemnités et frais accessoires) pour 81 sinistres. En 1896 elle avait reçu de 1.488 personnes 9.460 fr. ou un peu plus de 6 fr. par assuré ; elle avait réglé trois sinistres pour le prix de 6.400 fr.

C'est là un résultat absolument misérable et qui ne contenterait pas la moindre caisse particulière. Encore devons-nous, comme contribuables, nous réjouir de ce résultat, car les tarifs de la caisse ont été établis de la manière la plus surprenante, accordant uniformément la même indemnité aux ouvriers de toutes les professions, et si l'existence de la caisse était connue — elle l'est très peu — on verrait sans doute les patrons des industries dangereuses assurer en masse leurs ouvriers, et la caisse se trouverait bientôt en déficit, comme il est arrivé à la *Caisse nationale de la vieillesse*, lorsqu'elle a commencé à voir affluer les versements.

Sociétés patronales de secours contre les accidents. — Les associations faites en vue de ce genre d'assurance ne se rencontrent que parmi les patrons. L'*Annuaire des syndicats professionnels* signalait en 1897 l'existence de 24 caisses mutuelles d'assurance contre les accidents du travail fondées par des syndicats ou des unions de syndicats, mais toujours syndicats de patrons.

La plus ancienne a été établie en 1859 par des entrepreneurs de maçonnerie parisiens et a été décrite au congrès des accidents du travail tenu à Berne en 1891 par le président du Syndicat des entrepreneurs de bâtiment de Paris, M. Leturgeon. Le nombre des adhérents était alors de 250 (entrepreneurs) et la société avait payé déjà 1.350.000 fr. d'indemnité. En cas d'accident elle se substituait au patron du blessé pour traiter avec ce dernier et 98 fois sur 100 un règlement amiable était intervenu. Il s'est fondé postérieurement six autres associations pareilles, toutes dans l'industrie du bâtiment et qui, ensemble, avaient perçu, en 1896, 400.000 fr. de cotisations (à proportion du nombre et du salaire des ouvriers — les salaires des ouvriers assurés s'élevaient à 45.000.000 fr.) — Elles avaient payé 350.000 fr. d'indemnité, les frais de gestion avaient été de 20.000 fr.

Elles donnent au blessé même n'ayant pas droit à une indemnité 250 fr. de rente viagère en cas d'incapacité absolue de travail, 180 fr. de rente pour incapacité partielle ; pour empêchement temporaire de travail, la moitié du salaire pendant 180 jours, plus les soins du médecin et les remèdes. En cas de mort la famille reçoit une indemnité fixe de 3.000 fr.

L'Association des forges de France. — Une autre société, plus récente, mais plus importante aussi a été fondée en 1891 par le Comité des forges de France et est réglée par le décret du 28 janvier 1868, sur les assurances mutuelles. Elle comprenait au 31 décembre 1896 48 établissements occupant plus de 58.000 ouvriers. Elle demande à ses membres des cotisations de deux sortes : 1° fixes et devant, d'après les calculs probables, suffire aux besoins ; 2° éventuelles, au cas où les premières n'auraient pas suffi. Les cotisations annuelles représentent 13 fr. 35 par ouvrier, mais la société paie à ses membres des primes qui s'étaient élevées à 115.000 fr. en 1892 (dernier chiffre) ; de plus, elle a constitué un fonds de réserve, propriété indivise des associés qui monte à 286.000 fr., et il faut noter qu'à l'inverse de corporations allemandes, le Comité des Forges capitalise les sommes destinées aux pensions.

Les placements se font en valeurs sur l'Etat : c'est le décret de 1868 qui l'exige. Ces placements sont indépendants du fonds de réserve dont l'emploi est entièrement libre.

Elle cherche à prévenir les accidents. — La société cherche à prévenir les accidents, et pour cela un ingénieur-inspecteur visite les usines et ateliers des associés, indique les réfections à faire, les mesures de garantie à prendre. Ceux qui tardent à exécuter les mesures prescrites voient leur cotisation majorée de 25 0/0, ceux, au contraire, qui se distinguent par des procédés adroits et évitent les accidents, reçoivent des primes et c'est l'emploi des 115.000 fr. que l'on a vus. Tout cela se fait volontairement et régulièrement, l'inspecteur est bien accueilli et les bons résultats sont visibles, car la proportion des accidents n'est que de 6,88 pour 1000, alors qu'elle est de 7,50 dans la corporation allemande analogue. Il est bien entendu que ces indemnités (elles ont été en moyenne, de 1.780 fr. chacune depuis la fondation de la société, jusqu'en 1896) ont été payées amiablement ou encore sur décision de justice rendue à la demande de quelques-uns des ouvriers contre quelque patron syndiqué, car les droits que les ouvriers tiennent de la loi n'ont pas été changés par la création de cette société. Ils peuvent toujours, dès qu'ils estiment que l'accident est arrivé par la faute du patron, l'actionner en justice comme ils peuvent traiter avec lui ou avec la société qui prend son fait et cause.

En 1897, la caisse syndicale des forges de France avait touché 986.000 fr., de cotisations, elle avait dépensé en indemnités 672.000 fr., pour frais de gestion 45.900 fr., sa réserve de prévoyance montait à 400.000 fr., les salaires assurés s'élevaient à 72.870.000 fr., Elle garantit aux ouvriers assurés et à leur famille des indemnités proportionnelles au salaire de la victime.

Par ordre d'importance vient ensuite la caisse des textiles : cotisations perçues en 1897, 90.830 fr., indemnités payées, 51.484 fr., frais de gestion, 9.452 fr., salaires assurés, 30 millions. Les autres associations analogues sont récentes et moins importantes.

Associations pour prévenir les accidents. — Mieux vaut prévenir le mal qu'avoir à le réparer, cette pensée à fait ériger plusieurs sociétés de préservation contre les accidents. Il s'agit là de sociétés dues seulement à l'initiative privée, où ni l'impulsion, ni les faveurs officielles n'ont joué aucun rôle. La première de ces sociétés a été fondée en 1867 par quelques industriels Alsaciens, la plus puissante est actuellement : « l'association des industriels de France contre les accidents du travail ».

Association des industriels de France. — Elle date de 1883, compte actuellement (1898) 2.280 fabricants adhérents, répartis dans 73 départements et occupant au delà de 250.000 ouvriers, versant chaque année au moyen de cotisations proportionnelles au nombre d'ouvriers qu'ils occupent, plus de 80.000 fr., pour permettre à la société d'atteindre son but. De plus, chacun des adhérents accepte de faire de bonne volonté, à son outillage et à son installation, les modifications que l'association indique. Voici, au surplus, comment le rôle de l'association était décrit par son président, M. Périssé, ingénieur (*Réforme Sociale* du 1ᵉʳ octobre 1897, p. 536).

« Son action s'exerce par les inspections de ses ingénieurs dans les usines et ateliers de ses membres. Dans ces visites, les inspecteurs donnent aux industriels les conseils et les renseignements nécessaires pour éviter les accidents et ils s'appliquent à ce que leurs conseils présentent un caractère essentiellement pratique, conciliant les exigences de la sécurité et de l'hygiène avec celles du travail industriel ; des rapports écrits, visés par le directeur sont adressés aux industriels après chaque visite pour résumer les mesures indiquées.

« L'action des inspecteurs est complétée par les publications de l'association, lesquelles se composent de bulletins annuels, de brochures spéciales aux diverses industries ou aux diverses sortes de machines, enfin d'instructions — affiches imprimées en gros caractères et destinées à être placardées dans les ateliers — pour mettre constamment sous les yeux des ouvriers et des contremaîtres ce qui leur est recommandé ou ce qui leur est défendu de faire.

« En dehors de ces inspections et de ces publications, l'association ouvre annuellement des concours publics pour provoquer la création d'appareils de sécurité ou d'hygiène dans le but d'améliorer ce qui existe ou combler une lacune. Quatre de ces concours ont déjà eu lieu et ils ont pris un caractère international, car une proportion importante de concurrents étrangers y ont participé. Les appareils présentés sont examinés par une commission spéciale qui s'éclaire en les mettant en service pratique pendant un temps suffisant pour juger de leurs avantages et de leurs inconvénients.

« Le premier de ces concours a porté sur la création d'un bon type de lunettes pour ateliers et l'association a été heureuse de récompenser en première ligne le modèle présenté par M. Simmelbauer de Montigny-lès-Metz. La pratique est venue sanctionner notre choix, car depuis trois ans cet inventeur a vendu 75.000 paires de lunettes du modèle primé dont 3/5 en France et 2/5 à l'étranger.

« Le dernier concours a porté sur un chapeau de sûreté pour scies circulaires. Plus de trente appareils ont été présentés par les inventeurs de cinq à six pays de l'Europe, et dix-sept d'entre eux ont été mis en pratique industrielle dans le département de la Seine. »

Aucun des appareils n'a répondu exactement aux *desiderata* du concours, mais il arrivera certainement içi ce qui arrive en cas pareil, à savoir que les inventions produites profiteront à ceux qui vont construire ou refaire un outillage et il se produira enfin assurément quelque combinaison des systèmes proposés qui arrivera au but poursuivi : un appareil pratique, évitant la plupart des accidents des scies circulaires tout en ne gênant pas le travail industriel.

La société ne dédaigne pas de faire concourir non seulement les directeurs, mais les contremaîtres et simples ouvriers au but généreux qu'elle poursuit. Elle décerne sous forme de médailles et de diplômes des récompenses à ceux qui se sont signalés par l'observation des mesures de protection dans le travail et l'amélioration de l'hygiène des ateliers, ainsi qu'à ceux qui ont créé ou perfectionné des dispositifs de sécurité. Voici comme exemple les titres de quelques lauréats du concours 1897 : « Irlande-Durand, ouvrier à la société anonyme du chocolat Lombard, à Paris, travaille depuis 25 ans à la scie circulaire, fait un usage constant du *couvre scie* et ne souffre pas que ses camarades négligent d'en faire usage ». Ceci peut étonner le lecteur qui n'est point au courant des habitudes ouvrières, il faut donc l'avertir que l'ouvrier est essentiellement imprudent, méprisant, bravant même le danger, à ce point qu'il est dans les mines à peu près impossible d'empêcher les ouvriers d'enlever le grillage de leurs lampes qui est destiné à empêcher les explosions de grisou. En ouvrant les lampes, ils mettent en péril leur vie et celles de leurs camarades ; ils le savent et le font cependant. On comprend donc la récompense décernée. — Autres exemples. « Jolivet, régleur des métiers renvideurs, chez MM. Harmel frères au Val-des-bois (Marne). Attention constamment en éveil au point de vue des accidents à éviter ; initiative intelligente dans les mesures de protection à prendre. — Solviche, ouvrier mécanicien au petit Creuzot, a inventé un pare-bavures qui a donné de très bons résultats pour empêcher la projection des éclats de rivets. »

Effets de ces associations pour prévenir les accidents. — On estime que les accidents ont diminué de près de la moitié dans les usines affiliées à cette société. Or, pour qui veut se rendre compte de ce que signifie cette proportion, il faut rappeler quelques chiffres. M. Cheysson disait, en 1892, à l'ouverture de son cours à l'école des sciences politiques. « On peut compter qu'il y a en France environ dix millions d'ouvriers, parmi lesquels, année moyenne, on compte bien 7.500 tués par accidents, laissant 5.000 veuves, 40.000, orphelins, et 500 ascendants ; plus 31.000 blessés avec incapacité de travail de plus de treize semaines et 140.000 blessés avec moins de treize semaines d'incapacité. On voit quel bienfait procurerait une institution qui diminuerait de moitié le nombre de tués et de blessés.

Cette proportion de 50 0/0 des accidents évités est celle qu'accusait la société de Mulhouse déjà ancienne, la société de Rouen plus récente portait à 63 0/0 la proportion des accidents qui, en suivant ses indications, auraient pu être évités, et une société autrichienne analogue, celle de Linz, estimait à 66 0/0 la proportion des accidents, qu'on aurait pu prévenir. M. Engel Gros, le fils du fondateur de la première société de Mulhouse (elle date de plus de trente ans déjà), disait au congrès des accidents de Berne, 1891 : D'après diverses statistiques, notamment celle de l'Office impérial allemand, il y aurait dans les divers pays industriels 40 millions d'ouvriers, et en moyenne, il y a par an quatre accidents par 1.000 ouvriers. Avec les mesures préventives, on éviterait donc 80.000 accidents par an. « Je l'avoue, ajoutait-il, ce n'est pas sans émotion que j'ai fait ce calcul ». Voilà les services que peuvent rendre ces associations, qui encore ne coûtent rien à l'Etat. Celle qui vient d'être citée a pour ressources les cotisations des maisons adhérentes, lesquelles sont en proportion du nombre d'ouvriers occupés par chacune d'elles. La moyenne de la cotisation est de 50 francs. Indépendamment du résultat : sauver des vies humaines et des souffrances humaines, qui seul suffirait à les attirer, les chefs d'industrie doivent considérer encore qu'ils diminuent fort ainsi leur responsabilité pécuniaire, ayant moins d'indemnités à donner. M. Cheysson nous apprend (*Bulletin de la participation*, tome II, 1893) que les compagnies d'assurance accordent aux membres de la Société des industriels de France sur leurs tarifs ordinaires, une remise qui va jusqu'au montant même de la cotisation annuelle due par les industriels à l'association préventive. Ainsi tout concourt, aussi bien leur intérêt personnel que la sollicitude qu'ils doivent avoir pour leurs ouvriers à presser les patrons d'adhérer à de telles sociétés.

La nouvelle loi sur les accidents du travail menaçante pour ces institutions. — Malheureusement, et les sociétés de prévoyance pour assurer des indemnités en cas d'accident et les sociétes même destinées à les prévenir sont fort menacées par la nouvelle loi sur les accidents (1). Cette loi rend les patrons responsables de tout accident arrivé à leurs ouvriers même par la faute lourde de ceux-ci, c'est-à-

(1) Cette loi est du 9 avril 1898, mais en ce moment (janvier 1899) elle n'a pas encore été mise en vigueur parce qu'elle ne peut entrer en force que quand on aura fait paraître plusieurs règlements d'administration publique nécessaires à son fonctionnement et qui ne sont pas faits.

dire même par leur extrême négligence ou leur désobéissance, et la loi taxe le montant de l'indemnité. Il n'y a donc plus lieu à aucun accord avec les ouvriers, il n'y a plus qu'à traiter avec des compagnies d'assurance qui se chargeront du payement éventuel des indemnités. La loi a prévu que les patrons voudraient s'assurer et un règlement d'administration publique marquera les conditions que devront remplir les compagnies ordinaires d'assurances. S'occupera-t-il des caisses syndicales ? Et s'il leur permet de faire l'assurance à des conditions acceptables conviendra-t-il aux patrons de les continuer ? Des dispositions légales analogues ont ruiné les institutions patronales en Suisse et en Alsace.

CHAPITRE VIII

LE PÉRIL POUR LES ASSOCIATIONS DE PRÉVOYANCE
ET D'ASSISTANCE

Il est dans les lois qui font que le secours dans la maladie, dans les accidents, dans la vieillesse, dans l'indigence, n'est plus le prix de l'économie et de l'épargne, mais une dette que les gens dans le besoin (ou disant y être) peuvent exiger soit de l'État, soit de tels ou tels de leurs concitoyens.

L'assistance obligatoire dans les campagnes. — De telles lois tuent sûrement l'initiative privée. Ainsi en France nous avons depuis quelques années une loi sur le service médical gratuit dans les campagnes. C'est le commencement dans notre pays de l'assistance obligatoire, puisque cette loi contraint les communes rurales, aidées au besoin par les départements et par l'État, de secourir les malades réputés indigents. Lorsqu'on a introduit dans sa législation un pareil principe, on en doit toujours craindre, non seulement l'effet immédiat, mais les suites qu'on lui peut donner. S'il est du devoir du pouvoir public de secourir ceux qui sont dans le dénuement, pourquoi se borner aux seuls malades et ne pas aider tous les indigents ? « Prenons-y garde, Messieurs, disait justement à la Chambre, un député, M. Lechevalier (séance du 7 mars 1896), prenons-y garde ! avec l'assistance mutuelle gratuite dans nos campagnes, vous savez combien les ouvriers sont incités à se faire inscrire sur nos listes d'assistance. Il faut peu de chose pour les décider à se retirer des sociétés de secours mutuels, car pour mettre 35 ou 40 centimes de côté chaque semaine, on ne s'imagine pas les privations auxquelles ils se soumettent. Nous avons un intérêt considérable, nous législateurs, à encourager ces hommes prévoyants, travailleurs, et ces petites sociétés. » Or, ce n'est pas encourager ces prévoyants, ni ces travailleurs, que de leur dire : Qu'avez-vous besoin de songer à l'avenir, de prévoir et d'épargner, la commune est forcée de vous secourir. N'est-ce pas ce que leur dit toute loi sur l'assistance obligatoire ?

Qu'on se rappelle la chanson anglaise : « Au diable le souci et la tristesse, la paroisse n'est-elle pas là pour nous secourir ? »

L'Angleterre est en effet un pays d'assistance obligatoire. La grande prospérité des *Friendly* est postérieure à la réforme de 1834, laquelle, sans abroger le principe de l'obligation, l'a si bien réduit, qu'en fait, le nombre des indigents secourus en Angleterre représente à peine le quart de ceux qui, légalement, auraient droit d'être assistés (1).

Jusqu'ici l'assistance obligatoire a été peu, et même pas organisée dans nos campagnes, et au point de vue mutualiste, c'est heureux. Que répondre, en effet, à ces hommes que vous sollicitez d'épargner, de se priver, de faire des sacrifices en vue de l'avenir s'ils peuvent vous dire : notre avenir ? la commune s'en charge ! elle y est obligée par la loi ! Il n'est point douteux que le service d'assistance, s'il se développe, arrêtera net le mouvement d'expansion des sociétés rurales, si même il ne ruine celles qui existent à présent.

La certitude d'être secouru détruit l'initiative privée. — La certitude d'être secouru, en cas de besoin, rompt absolument l'esprit d'économie et d'initiative. Voici ce qu'écrit à ce sujet un homme qui connaît bien les ouvriers, M. Mayault, ingénieur de la compagnie de Bessèges, laquelle a organisé pour son personnel, comme du reste la plupart des grandes compagnies minières, toutes sortes d'institutions secourables. La citation est tirée d'un rapport de M. Léon Marie au ministre de l'intérieur, sur les sociétés de secours mutuels pour 1893. « En général, l'ouvrier des grandes compagnies, surtout de celles qui pratiquent largement l'assistance en cas de détresse, devient de moins en moins prévoyant. Une fois embauché, il lui semble qu'il n'a plus à se préoccuper de l'avenir ni pour lui, ni pour les siens. Il abandonne carrément ce soin à la compagnie qui l'occupe et absorbe tout ce qu'on met à sa disposition, même les crédits qu'il peut obtenir ». C'est-à-dire, sans doute, que les ouvriers de Bessèges n'ont point organisé parmi eux de sociétés de secours mutuels et qu'il ne faut pas songer à leur demander d'en faire. Mais qu'adviendrait-il donc si l'État prenait l'initiative d'établir de ces œuvres d'assistance et de les établir sur tout le territoire, soit par lui-même, au moyen de ses agents, soit en les imposant aux

---

(1) Il faut de plus se souvenir que les secours aux malades qui sont en France l'objet principal des sociétés de secours mutuels, n'ont pas en Angleterre la même importance. Ce sont les secours en cas de décès, les frais funéraires etc., qui sont la grande attraction des *Friendly*.

chefs d'industrie ? Que resterait-il des efforts individuels et quels citoyens désormais voudraient se priver, épargner, prendre soin d'une caisse mutuelle, le tout, pour avoir en cas de besoin, quelques secours que leur voisin, indolent et dépensier, recevrait, sans avoir fait acte d'économie, en disant seulement : Je suis malheureux, parce qu'imprévoyant, donc légalement j'ai droit à des secours !

L'espoir dans l'Etat ôte toute initiative. — « L'un de nos correspondants, tout dévoué à la cause de la mutualité nous écrit : (*Revue Mutualiste* de 1896, p. 177) : Rien n'est plus propre à retarder notre marche, à paralyser nos efforts, que la campagne actuellement poursuivie par le socialisme dans quelques départements. On ne saurait amener l'ouvrier, soit des champs, soit de la ville, à la petite épargne qui exige une attention persévérante et un petit sacrifice quotidien, lorsque d'autres avis lui permettent de croire que l'Etat va bientôt assurer le bonheur national (1). » Que ceci soit entendu des personnes qui, par sentiment et tenant peu de compte de l'expérience et des faits, attendent tout de l'Etat et le poussent à entreprendre sans cesse, oubliant qu'il ne le peut faire qu'en chargeant les contribuables tout en ruinant l'initiative individuelle.

Faible de l'action de l'Etat. — Que vaut cependant cette action de l'Etat ? C'est un ministre, M. Ribot, qui en 1895, disait au banquet d'une grande société mutualiste (*Revue de Mutualité*, 1896, p. 150) : « L'Etat s'il s'était chargé d'une semblable besogne, n'aurait plus maintenant les quinze millions dont vous disposez. Combien auraient fondu en route ? »

Effet de l'assurance obligatoire. — Et c'est un haut fonctionnaire, M. Herbette, notre ambassadeur à Berlin, qui écrivait au ministre des affaires étrangères (Rapport sur les conditions du travail dans les pays étrangers, 1892) : « Une des conséquences de l'assurance obligatoire, en Allemagne, a été un affaiblissement immédiat des sentiments de dignité et des habitudes de contrôle réciproque chez les ouvriers qui cherchent à se procurer l'indemnité la plus forte : celle réservée pour l'incapacité totale du travail.

« Nombre d'entre eux aspirent au moyen de la nouvelle loi à se faire considérer comme invalides, ou tout au moins allonger la durée de la maladie ».

---

(1) Le comité de propagande de la *Ligue Mutualiste* constatait en janvier 1894 qu'à Fourmies le recrutement mutualiste se ralentissait grâce à la propagande socialiste.

Et M. Raffalovich, correspondant de l'Institut, rendant compte à l'Académie des sciences morales d'une récente enquête allemande sur les résultats du principe d'obligation pouvait dire (*Journal des Economistes*, décembre 1895, p. 583) « : La nouvelle législation n'a pas produit les effets attendus ; les colères, les rancunes n'ont pas été calmées, les masses ouvrières et socialistes n'ont pas été ramenées. Au point de vue de l'assistance publique, les nécessités n'ont pas été moindres, on pensait que le budget de la charité pourrait être diminué, grâce au fonctionnement de l'assurance, or de tous côtés on a dû constater que les dépenses étaient plus lourdes qu'avant ».

Qu'on ne me dise pas : ceci est en dehors de la question. Quoi donc ! le présent travail a été employé à montrer ce que peut le principe d'association, quels résultats on en peut attendre si on a soin d'en bien user, et il faudrait, après tant d'efforts et tant d'études, s'abstenir et passer avec indifférence lorsque ces associations sont menacées dans leur essentiel et dans leur existence même ? Car il n'y a plus de sociétés de secours mutuels, ni d'autres sociétés analogues, si l'assistance obligatoire est dans nos lois, si les communes doivent des secours à tout indigent ou réputé tel, si les patrons doivent des secours à tout ouvrier blessé, si l'Etat doit des retraites à tous les vieillards. Après avoir, au cours de cette étude, défendu sans relâche la liberté individuelle, non comme une fin, ce qu'elle n'est pas évidemment, mais comme un moyen de laisser produire tous ses fruits au bon vouloir et à l'activité des citoyens, je veux encore que ma dernière parole et ma conclusion soient un appel en faveur de cette liberté trop délaissée de nos jours et ensemble un avertissement contre le péril des envahissements toujours croissants de l'Etat.

TABLE DES MATIÈRES

	Pages.
AVANT-PROPOS	1
PRÉFACE	9
PREMIÈRE PARTIE. — *Associations destinées à accroître le gain de leurs membres*	13
Chapitre premier. — Les sociétés coopératives de production	13
§ 1. — Ce qu'elles sont	13
§ 2. — Historique	14
§ 3. — Etat actuel	21
§ 4. — Comment se fondent les associations de production	25
§ 5. — Comment fonctionnent les associations de production	29
§ 5 *bis.* — De quelques écueils à éviter pour les sociétés de production	35
§ 6. — La véritable utilité des sociétés de production	43
Chapitre II. — Les syndicats professionnels de l'industrie	47
§ 1. — Historique	47
§ 2. — Situation actuelle	49
§ 3. — Les syndicats ouvriers	50
§ 3 *bis.* Les syndicats ouvriers (*Trade Unions*) en Angleterre	62
§ 4. — Les syndicats de patrons	66
§ 5. — Les syndicats mixtes	74
Chapitre III. — Associations pour l'achat et la vente en commun	79
Chapitre IV. — Les syndicats et les associations agricoles	82
§ 1. — Les syndicats agricoles proprement dits	84
§ 2. — Les syndicats agricoles allemands	92
§ 3. — Associations pour aider au travail agricole	94
A. — Associations pour l'achat des engrais	94
B. — Associations pour l'emploi des machines agricoles	96
C. — Associations pour la reconstitution des vignobles	97
D. — Associations pour préserver les récoltes	98
§ 4. — Associations pour faciliter l'élève des bestiaux	99
§ 5. — Laiteries coopératives	102
§ 6. — Autres associations pour la transformation des produits agricoles	106
§ 7. — Associations pour la vente en commun	111
§ 8. — De la culture en commun	120

Chapitre V. — Les Syndicats obligatoires................................... 125
Chapitre VI. — Les sociétés de crédit mutuel 133
    § 1. — Historique.. 136
        A. — Les sociétés allemandes de crédit............ 136
        B. — Les banques populaires dans les autres pays... 140
        C. — Les sociétés de crédit en France 142
    § 2. — Les Sociétés urbaines de crédit. — Comment elles
        sont fondées et administrées............................ 144
    § 2 bis. — Les caisses rurales de crédit mutuel............ 156
DEUXIÈME PARTIE. — *Associations permettant de vivre avec plus
        d'économie* 171
Chapitre premier. — Sociétés coopératives de consommation..... 171
    § 1. — Historique.. 171
    § 2. — Utilité des sociétés de consommation 176
    § 3. — Dangers que court la coopération de consommation. 183
    § 4. — Les diverses formes de sociétés 192
    § 5. — Comment se fondent et fonctionnent les sociétés de
        consommation 200
        A. — Comment elles se fondent 200
        B. — Comment elles fonctionnent.................... 204
    § 6. — Les fédérations et les sociétés d'achat en gros....... 214
Chapitre II. — Sociétés pour la construction de maisons à bon
        marché.. 221
    § 1. — Les *Building societies* anglaises et américaines........ 223
    § 2. — Les sociétés de construction en France............. 228
    § 3. — Les lois belge et française........................... 232
    § 4. — Comment fonctionnent les sociétés de construction.. 239
TROISIÈME PARTIE. — *Associations d'assistance et de prévoyance*....... 253
Chapitre premier. — Associations pour s'aider en cas de maladie. 255
    § 1. — Historique.. 255
    § 2. — Comment sont organisées les sociétés de secours
        mutuels.. 258
        A. — Leurs membres.................................... 258
        B. — Leurs ressources................................. 265
        C. — Leurs charges..................................... 269
        D. — Comment elles sont fondées et dirigées 277
        E. — Sociétés rurales de secours mutuels.......... 280
        F. — Mutualité scolaire 284
        G. — Mises en subsistance. — Réassurances 287
    § 3. — Fédérations de sociétés de secours mutuels......... 290
Chapitre II. — Autres modes d'assistance par les sociétés de se-
        cours mutuels.. 297
Chapitre III. — Autres buts proposés pour les sociétés de secours
        mutuels.. 301
Chapitre IV. — Associations pour assurer des pensions de retraite
        dans la vieillesse 306
        A. — Comment sont constituées les pensions de
            retraite dans les sociétés de secours mutuel. 309
        B. — Les subsides dans les sociétés de secours mu-
            tuels et le placement de leurs fonds........ 321
Chapitre V. — Situation légale des sociétés de secours mutuels.. 330

Chapitre VI. — La mutualité en Angleterre et aux Etats-Unis d'Amérique 338

Chapitre VII. — Sociétés pour prévenir ou réparer les accidents du travail 346

Chapitre VIII. — Le péril pour les associations de prévoyance et d'assitance 354

www.ingramcontent.com/pod-product-compliance
Lightning Source LLC
LaVergne TN
LVHW010737060726
842527LV00002B/293